비트겐슈타인과 히틀러

비트겐슈타인과 히틀러 —— 두 천재의 투쟁과 홀로코스트의 배후

초판 1쇄 발행 __ 2007년 6월 30일
초판 2쇄 발행 __ 2018년 1월 20일

지은이 • 킴벌리 코니시 ┃옮긴이 • 남경태

펴낸이 • 유재건┃펴낸곳 • (주)그린비출판사┃신고번호 • 제2017-000094호┃
주소 • 서울시 마포구 와우산로 180, 4층┃
전화 • 702-2717┃팩스 • 703-0272┃E-mail • editor@greenbee.co.kr

책값은 뒤표지에 있습니다. 잘못 만들어진 책은 구입하신 서점에서 바꿔드립니다.
ISBN 978-89-7682-500-1 03900

비트겐슈타인과 히틀러

두 천재의 투쟁과 홀로코스트의 배후

히틀러

킴벌리 코니시 지음 | 남경태 옮김

B
그린비

| 일러두기 |

1 이 책은 Kimberley Cornish, *THE JEW OF LINZ : Wittgenstein, Hitler and Their Secret Battle for the Mind*(Century, 1998)의 한국어판 완역본이다.

2 이 책의 주는 크게 인용주와 내용주로 구분되어 있다. 인용 출처를 밝혀 놓은 인용주는 일련 번호(1, 2, 3 ……)로 표시되며 후주로 처리되어 있고, 내용주는 별표(*)로 표시되며 각주로 처리되어 있다.

3 각주의 문헌들은 거의 국내에 번역되지 않은 것들이므로 독자들이 찾아보기 쉽도록 문헌명과 지은이 이름을 영문 그대로 노출시켰다. 단, 문헌과 무관하게 본문에 언급된 인명들은 외래어 표기법에 근거해 한글로 표기했다.

4 인명이나 지명, 그리고 작품명은 〈국립국어원〉에서 2002년에 펴낸 '외래어 표기법'에 근거하여 표기했다. 단, 이미 관례적으로 쓰이고 있는 표기는 관례를 그대로 따랐다.

5 단행본·전집·정기간행물·신문·오페라 등에는 겹낫표(『 』)를, 회화·영화·사진·논문 등에는 낫표(「 」)를 사용했다.

. 한국의 독자들에게 .

나는 한국에 가 본 적이 없지만 계수가 한국인이라 한국과 사적인 연관이 있고, 한국이 달성한 성과에 놀라움을 느끼고 있다. 전쟁 이후 한국은 어떤 기준으로 봐도 엄청난 성장을 이루었다. 지금까지 오스트레일리아에서 나는 한국인 학생을 많이 가르쳤는데, 모두 예외 없이 유능하고 공손한 데다 공부도 썩 잘했다. 그런 탓에 한국의 그린비 출판사에서 내 저작을 출간하기로 결정한 것에 각별한 행복을 느낀다. 내 연구의 결실이 유럽의 역사만이 아니라 한국의 역사에도 작으나마 빛을 던져 주기를 기대한다. 유럽의 역사에 관해서는 특별히 할 말이 있다.

오스트레일리아에 있는 내가 지구 반대편에 있는 유럽의 역사를 연구했다는 것은 그만큼 내가 놓친 것이 많이 있다는 뜻이다. 하지만 유럽에서 멀다는 사실은 다른 한편으로 유리한 점도 있다. 오스트레일리아에서는 사건의 한복판이 아니라 멀찍이 거리를 두고 있기 때문에 연구 대상을 냉철하게 바라볼 수 있다.

내 책이 영국에서 처음 출간된 뒤 런던에서 나를 인터뷰한 독일 기자는 "히틀러가 유대인에 관해 쓴 모든 내용이 정말 사실이라고 믿는 겁니까?"라고 물었다. 내 연구와는 약간 초점이 다른 질문이다. 나는 히틀러가 유대인을 비난한 글을 보았고, 그것을 히틀러가 만난 어느 인물과 맞추고자 했다. 따라서 독자는 히틀러의 비난이 유대인 전체에 통용된다고 생각할 필요가 전혀 없다. (실제로 폴란드 유대인촌에서 학살당한 유대인들은 독일의 재계를 주무르지도 않았고, 독일의 미술과 음악에 영향을 주지도 않았다.) 하지만 히틀러의 비난은 그가 학창 시절에 만난 빈의 명문가 출신 한 인물에 관해서는 **정확히** 부합한다. 현재 독일의 역사가들은 모두 히틀러의 비난을 순전한 편집증의 발현으로 간주한다. 그러나 오스트레일리아에서는 특별히 신경을 써야 할 역사가 없으므로 "히틀러가 누구를 지칭했는가?"라는 의문을 조사하기에 가장 적합한 환경이다. 히틀러가 염두에 둔 인물을 조사하기 위해서는 그가 최초로 한 반유대주의 발언을 무시하지 말아야 한다. 그것은 어떤 내용이었고 누구를 향한 것이었을까?

다음 명단에서 맨 마지막 인물을 제외하고는 린츠의 파딩거가(街)에 있는 분데스레알김나지움(히틀러와 비트겐슈타인이 함께 다닌 슈타인가의 레알슐레)의 현직 교장에게서 얻은 자료다. 당시 학생들의 이름과 종교적 성향이 지금도 남아 있다. 16번까지의 레알슐레 학생들은 **전부** 1903/4년 유대교 율법에 따르는 유대인들이다.

1. 프리트만, 파울   1886년 8월 18일 생

2. 그로아크, 빌헬름   1892년 1월 7일 생

3. 그륀, 오스카르   1892년 9월 8일 생

4. 클라인, 오슈발트   1889년 3월 23일 생

5. 루트비히, 로베르트   1886년 6월 18일 생

6. 마이, 하인리히   1890년 5월 15일 생

7. 페셰크, 오스카르   1890년 11월 7일 생

8. 피싱거, 프리츠   1892년 8월 8일 생

9. 피슈카티, 에르빈   1890년 6월 13일 생

10. 피슈커, 요한   1887년 9월 7일 생

11. 로젠블룸, 에밀   1891년 3월 28일 생

12. 뤼빈슈타인, 에른스트   1890년 1월 31일 생

13. 타우시크, 브루노   1890년 4월 24일 생

14. 타우시크, 에르빈   1890년 12월 4일 생

15. 타우시크, 빅토르   1887년 3월 9일 생

16. 포겔팽거, 구스타프   1892년 1월 3일 생

17. 비트겐슈타인, 루트비히   1889년 4월 26일 생

이 명단에 있는 열일곱 명의 학생 가운데 비트겐슈타인만이 유일하게 로마가톨릭이었다. 하지만 동료들은 그를 유대인으로 여겼고 '유대 혈통'이라는 것을 분명히 알았다. 그가 유대인이라는 근거는 훗날 그가 케임브리지에서 유대인임을 '고백'했거나 자신의 생각이 '100퍼센트 히브리적'이고 자신이 가장 위대한 유대인 사상가라고 주장했기 때문이 아니라, 유대인 3대 조상의 혈통을 이어받은 그의 어머니가 그를 유대 율법에 따르는 유대인으로 만들었기 때문이다. 하지만 비트겐슈타인은 여느 유대인 학생들과 달리 가톨릭으로 등록했다. 명단에 있는 나머지 학생들은 모두 유대인으로 등록했고, 유대인임을 자각하고 있었다.

이제 히틀러가 최초로 반유대주의 발언을 한 기록을 살펴보자. 그 말을 한 사람은 프란츠 케플링거였다. 흥미로운 것은 그가 히틀러와 같

은 반이 아니라 비트겐슈타인의 급우였다는 사실이다. (이 자료도 분데스레알김나지움이 제공했다.) 그는 히틀러를 알았고, 나중에 뮌헨으로 그를 찾아간 일도 있었다. 케플링거는 프란츠 예칭거(Franz Jetzinger) 박사에게 자세한 내용을 이야기했다. "언젠가 아돌프는 한 소년에게 '두 자우유트!'(Du Saujud, 이 더러운 유대놈아!)라고 소리쳤어요. 그 소년은 깜짝 놀랐죠. 그때까지 그는 자신이 유대 혈통인 줄 모르고 있다가 몇 년 뒤에야 알게 되었거든요.……"〔예칭거, 『히틀러의 소년기』(*Hitler Jugend*)〕. 욕을 먹은 소년이 유대인임을 몰랐다는 사실로 미루어 우리는 그가 누구인지 추측할 수 있다. **유일한** 후보는 루트비히 비트겐슈타인(Ludwig Wittgenstein)이다. 다른 학생들은 모두 자신이 유대인임을 알고 있었기 때문이다. 그들은 부모가 유대인으로 등록한 탓에 별도의 종교 수업을 받았거나, 여느 오스트리아 학생들과 달리 할례를 받은 상태였으므로 자신이 유대인이라는 것을 당연히 알았다. 레이 몽크(Ray Monk)는 비트겐슈타인 표준 전기 5쪽에서 비트겐슈타인의 고모들 중 한 사람이 빈의 비트겐슈타인 가문이 유대 혈통이라는 것을 몰랐다가 친척에게 듣고 나서야 '순수 혈통'임을 알게 되었다고 말한다. 이로 미루어 비트겐슈타인 가문이 유대 혈통이라는 사실은 가문 내에도 널리 알려지지 않았고, 이를 거북하게 여겨 숨겨 왔다는 것을 알 수 있다. 즉 히틀러의 첫 반유대주의 발언에서 비난의 대상이 된 그 소년은 말더듬이에다 말끔한 옷차림의 동성애자였고, 오스트리아-헝가리 제국의 부유한 가문 출신인 루트비히 비트겐슈타인이었다.

이런 추론이 잘못될 수 있는 유일한 가능성은 그 학교에 유대 혈통으로 판단할 수 있는 다른 학생이 있느냐 여부다. 내 책에서 제시한 통계에 있을지 모르는 오류와는 별개로, 그 학교에 '유대 혈통'의 학생이 한두 명 더 있을 가능성도 있다. 브리짓 해먼(Brigitte Hamann)의 책 『히틀러의 빈』(Hitler's Vienna)은 오버외스터라이히 전역의 유대인 수가 1102명보다 많지는 않았으며, 린츠의 유대인 수는 1900~10년에 대략 500~600명으로 불변이었고, 레알슐레 유대인은 약 15명이었다고 말한다. 린츠에서는 다른 종교 간의 통혼이 없었고, 오스트리아 전 지역에서도 매우 드물었다.

이 논거는 다른 사람들이 뭐라고 비판하든 내가 제시하는 사례가 틀리지 않으리라는 것을 말해 준다.

빈 비트겐슈타인 가문의 복잡한 종교적 성향 때문에 60년 동안이나 연구자들은 갈피를 잡지 못했다. 역사가들은 독일인과 유대인의 관계에 홀로코스트의 기원이 있으리라는 믿음에서 방대한 문헌을 작성했지만 모두 인물들을 착각하고 있다. 홀로코스트를 연구하는 역사가들은 유대인이라고 간주되는 사람들에 초점을 맞추었으나 히틀러의 유대인 정의는 그보다 더 넓었다. 히틀러는 분명히 빈의 비트겐슈타인 가문이 유대인이라고 생각했을 것이다. 그 중 한 사람 —— 이 책의 중심 인물 —— 은 히틀러의 독일에게 치명적인 위험이었다.

루트비히 비트겐슈타인 —— 아돌프 히틀러의 반유대주의의 근거가 된 유대인 —— 이 나치 제국을 무너뜨린 바로 그 인물이라는 것이 내 책의 주장이다. 나는 방대한 증거를 모으고 생각을 보탠 끝에 숙고할 만한 사건을 엮을 수 있었다. 독일의 어느 신문은 『런던 타임스』에 실린 내 책에 대한 설명을 근거로 삼아 '앵글로색슨 팩션(faction)'이라며 일축했는데, '팩션'이란 실화(fact)와 소설(fiction)을 합친 용어로, 엄밀하고 철저한 독일 작가와는 달리 영국 작가들이 쉽게 빠지기 쉬운 장르다. 사려 깊은 독자라면 내 책에서 실화와 소설을 구분할 수 있으리라

믿는다. 하지만 그런 주장에 맞서 나는 내가 무엇을 믿고 책에서 무엇을 주장하려 했는지 정확히 진술하는 게 최선이라고 생각한다.

내 책은 히틀러가 반유대주의를 품게 된 원인이 비트겐슈타인이라는 사실을 합리적인 의심의 여지 없이 논증한다. 그의 반유대주의는 린츠의 레알슐레에 다니던 한 학생과의 관계에서 비롯되었다. 객관적인 독자라면 당시 유대인 학생 열일곱 명 중에 비트겐슈타인이 누구보다 적합한 후보라는 사실을 의심하지 않을 것이다. 히틀러와 비트겐슈타인이 함께 나온 내 책 표지의 사진에 관해, 전시 O.S.S.(전략정보국. 2차대전 때 활동한 미국의 정보기관: 옮긴이)를 연구한 월터 레인저(Walter Langer)는 『아돌프 히틀러의 심리』(The Mind of Adolf Hitler)에서 히틀러가 열네 살이던 1904년경의 사진이라고 단정했다. 내 책을 비판한 독일의 신문은 어느 오스트리아 교수의 말에 근거하여 문제의 그 사진이 1901년, 즉 비트겐슈타인이 린츠로 가기 전의 것이라면서 내 책의 논지가 틀렸다고 주장했다. 하지만 다행히 현재 독일의 학술적 견해에 따르면 그 사진의 연대는 내가 밝힌 바와 같다.

그 사진은 보기에는 놀랍지만 내 논지와 관련해서는 사소한 것에 지나지 않는다. 히틀러와 비트겐슈타인이 같은 학교에 다녔다는 사실은 이미 1980년대에 뫼커(Möcker) 교수의 연구를 통해 알려졌다. 내 책은 이 사실만을 토대로 한다. 나는 원래 그 사진을 보기 전에 『쿼드런트』(Quadrant)와 『미드스트림』(Midstream)에 기고한 논문들을 통해 처음으로 히틀러/비트겐슈타인이라는 주제를 제기한 바 있었다!

하지만 내가 비트겐슈타인으로 규정한 사진 속 인물이 진짜 비트겐슈타인일 확률은 그 사진 속의 히틀러가 진짜 히틀러일 확률보다도 더 크다. 예를 들어 제1차 세계대전이 터졌을 때 뮌헨의 오데온 광장에서 히틀러가 군중과 함께 환호하고 있는 모습을 찍은 유명한 사진이 있다. 부지런한 연구자는 돋보기로 그 사진을 세심하게 관찰하여 미래의 퓌러(Fürer, 원래는 '지도자'라는 뜻으로, 히틀러가 자신의 칭호로 사용한 용어다: 옮긴이)를 찾아냈다. 내가 아는 한 이 사진은 지금까지 컴퓨터 분석을 받지는 않았지만 그 인물이 히틀러인 것은 확실하다. 그것과 달리 레알슐레 사진은 빅토리아 경찰 사진연구소 측에서 확대하고 화질을 개선했다. 연구소는 화상의 입자들을 조정해서 소프트웨어를 통해 인위적으로 낡게 만들었고, 성인 시절에 촬영한 비트겐슈타인의 다른 사진들과 대조했다. 또한 안면 비율과 귀, 코, 입술의 형태 등도 측정했다. 오데온 광장의 사진 속에 히틀러가 있다면, 그보다 더 확실하게 비트겐슈타인은 레알슐레 사진 속에 있다.

1920년대에 히틀러는 반유대주의를 취하게 된 이유가 뭐냐는 질문을 받고 '사적인 이유'라고 대답했다. 연설을 통해 유대인의 결함을 맹렬하게 비난했지만, 그때까지 유대인을 증오하는 공식적인 이유를 밝히지는 못한 것이다. 또한 그는 '과학적' 반유대주의자로 자처했다. 하기야, 공식 석상에서 열다섯 살 때 유대인 소년과 다툼을 벌인 데서 반유대주의가 싹텄다고 말한다면 얼마나 난감한 일이겠는가! 거기에 '과학'이 있는가? 『나의 투쟁』에서 그는 그 유대인 소년의 존재를 마지못해 인정해야 했다. 당시 오스트리아에는 그의 학창 시절을 기억하는 사람들이 있었으므로 기자에게 내용을 밝힐지도 몰랐다. 그는 사건 전체가 공개되기 전에 선수를 쳐야 했다. 그래서 그는 『나의 투쟁』에서 자신의 반유대주의가 빈의 유대인들 때문에 생겼노라고 주장했다. "그렇다. 학창 시절에 나와 다툰 소년이 있었던 것은 사실이다. 하지만 내가 반유대주의를 품게 된 **진짜** 이유는 어린 시절의 다툼 때문이 아니라 빈에서 사회 연구자의 냉철한 관점으로 관찰한 결과 때문이었다!" 그러나 내 책은 그 소년이 누구인지 밝혀냈다. 그의 신분만 생각해 봐도 히틀러가 무엇을 숨기고 있었는지 거의 추론해 낼 수 있다.

이 점에서 내가 옳다면 또 다른 문제가 제기된다. 만약 나의 주장대로 비트겐슈타인이 히틀러의 반유대주의를 촉발한 근원이었다면, 그는 그 뒤로 길게 이어지는 반유대주의 사슬의 단지 첫번째 고리일 뿐이었을까, 아니면 다른 어느 것보다 더 중요한 고리였을까? 내가 보기에 다른 계기는 없고 결과도 전혀 없다. 히틀러의 유대인 증오는 오랜 기간에 걸쳐 형성된 게 아니라 그리스의 아테나 여신처럼 젊음의 힘과 활기로 불쑥 솟아난 것으로 보인다. (쿠비체크의 증언에서 보듯이) 히틀러의 반유대주의가 1905년에도 이미 격렬했다는 사실을 감안하면 비트겐슈타인이 결정적 역할을 했다고 볼 수 있다.

그런 내용은 그 자체로 흥미롭지만 내 책은 거기서 멈추지 않는다. 진지한 성찰은 여러 가설을 비교하고 저울질할 수 있게 해준다. 히틀러와 비트겐슈타인이 같은 학교에 다녔다는 뫼커 교수의 발견은 아프리카와 아메리카 대륙의 지도를 처음 작성한 옛 항해자의 발견과 비슷하다. 알프레트 베게너(Alfred Wegener)가 대륙이동설을 주장한 것처럼, 항해자와 같은 명료하고 명백한 관찰을 통해 우리의 정신은 더 포괄적인 결과를 얻어 낼 수 있다. 그렇다면 묻지 않을 수 없다. 만약 비트겐슈타인이 히틀러에게 그렇듯 중대한 영향을 주었다면, 히틀러도 역시 비트겐슈타인에게 똑같이 중대한 영향을 주지 않았을까? 비트겐슈타인은 소수의 케임브리지 교수들 앞에서 히틀러를 공박하기보다 다른 효과적인 방식으로 히틀러에 대해 반대 행동을 취하려는 마음을 먹지 않았을까? 내 책에는 더 포괄적인 가설이 제시되어 있다. 히틀러에게 처음으로 유대인에 대한 증오심을 각인시켜 준 유대인은 나치 제국을 무너뜨린 바로 그 유대인이다. 그는 암호 해독 기술을 이용하여 러시아의 적군(赤軍)에 선을 댔고 동부 전선에서 러시아가 승리하도록 도왔다. 이 가설은 분명히 안성맞춤으로 들어맞는다. 더없이 역설적이고, 극적이고, 아름답기까지 하다. 하지만 과연 옳을까?

그 가설이 옳다면 비트겐슈타인은 쇼아(Shoah, 홀로코스트를 뜻하는 히브리어: 옮긴이)의 가장 중요한 주역일 것이다. 물론 다른 주역들도 있다. 우선 생각나는 것은 바르샤바 게토(1943년 바르샤바 게토에 수용된 유대인들이 봉기를 일으켜 한 달 동안 나치 독일에 저항한 사건: 옮긴이)다. 하지만 그 전투는 파멸할 수밖에 없는 자들의 마지막 저항이었으며, 그 영웅적 행위도 홀로코스트를 막지는 못했다. 그러나 만약 암호 해독 기술이 이전된 덕분에 러시아 군이 우크라이나를 탈환하고 폴란드로 진격할 수 있었다면, 그 기술을 적군에 제공한 사람은 유대인 수용소의 비참한 생존자들을 구한 결정적 주역이 된다.

비트겐슈타인이 유대인들을 구한 장본인이라는 사실이 바로 내 연구의 핵심 주제다. 나는 그 입장이 많은 결실을 낳았기 때문에 더더욱 틀림없다고 확신한다. 지금까지 그것이 틀렸다는 기미는 전혀 드러나지 않았다. 오히려 그것이 옳다는 가정 하에 연구를 진행한 결과, 다른 방식으로는 발견하지 못했을 수많은 부차적인 정보들이 밝혀졌다. 예를 들어 신생국 이스라엘이 생존할 수 있었던 것은 당시 체코슬로바키아였던 곳에서 스탈린이 뭔가를 허락한 덕분이다. 거기서 뭘 얻었을까? 독일 점령지였던 체코슬로바키아에는 헤르만 괴링 제철소가 있었다. 이 방대한 설비를 갖춘 클라드노의 공장은 원래 폴딘카 제철소였는데, 체코슬로바키아를 병합했을 때 그의 수중으로 넘어갔다. 그런데 왜 이름이 폴딘카였을까? 그 이유는 루트비히 비트겐슈타인의 어머니인 레오폴디네 비트겐슈타인의 이름을 땄기 때문이다. 억만장자 기업가인 루트비히의 아버지 카를이 폴딘카를 세운 것이다. 말하자면 이스라엘의 건국은 비트겐슈타인의 총포와 두뇌로 이루어진 셈이다. 나치즘의 초자연적 상징 —— 친위대가 사용한 SS 상징과 같은 룬 문자 —— 은 비트겐슈타인 가문과 어떤 연관이 있을까? 오스트리아에서 발생한 현대 룬 문자 신비주의의 창시자인 구이도 폰 리스트(Guido von List)는 1903년에 『룬 문자의 비밀』(*The Secret of the Runes*)을 출간했다. 그는 오랜 기간 관계를 맺은 출판업자이자 재정적 후원자인 프리드리히 바니에크(Friedrich Wannieck)에게 자신의 책을 헌정했다. 그런데 마침 바니에크는 카를 비트겐슈타인의 사업 파트너였다. 룬 문자 신비주의를 재정적으로 뒷받침한 것은 비트겐슈타인 가문의 돈이었다. 죽음의 현장에 있던 많은 유대인이 SS 상징을 보고 그런 배경을 알았을까? 아무도 몰랐을 것이다!

비트겐슈타인이 러시아에 협력했다는 것은 내 책에도 잘 나와 있지만 내가 특별히 새로 발견한 사실은 아니다. 비트겐슈타인이 1935년에 레닌 대학교의 철학 교수직을 제의받았다는 것은 오래전부터 알려졌다. (비트겐슈타인 본인도 그렇게 밝혔다.) 어떤 학자도 이 사실에서 이상한 점을 보지 못했다는 것은 정말 놀라운 일이다. 그 시기에 그 나라의 철학 교수직을 제의받은 사람이라면 그 세계를 동경하는 스탈린주의자여야 할 것이다. 이 사실만으로도 나의 주장은 입증된다. 물론 그가 공산주의의 대의에 헌신한 정확한 이유는 아직 분명치 않다. 내 논지를 비판하는 사람들에게 묻고 싶다. 트리니티칼리지(케임브리지 대학교에 속한 대학: 옮긴이) 시절 비트겐슈타인의 활동에 관한 나의 주장을 부인한다면, 그가 공산주의의 대의에 보여 준 헌신이 과연 레닌이 세운 대학교에서 철학 교수로 초빙될 만큼 투철한 것이었다고 볼 수 있을까? 그가 카잔 대학교의 교수직을 제의받은 적도 있다는 사실을 감안할 때 그와 케임브리지 공산주의자들의 관계가 단지 사소한 것이었다고 생각할 수 있을까?

이 책에 제시된 비소유 이론(no-ownership theory, 의식, 자아, 언어가 정신, 두뇌, 인격 같은 실체의 소유물이 아니라 독립적으로 존재한다는 이론. 20세기 분석철학의 기본 전제다: 옮긴이)에 관해서는 별로 덧붙일 게 없다. 중요한 것은 히틀러/비트겐슈타인 관계의 성격이 어땠느냐하는 문제다. 이 문제에 관해서는 일종의 선험적인 논거가 있다. 이를테면 천재란 대단히 희귀하다는 것이다. 칸트, 가우스, 괴테처럼 각자의 분야에서 비범한 재능을 지닌 천재는 수백 년 만에 한 번씩 나올 정도로 드물다. 히틀러는 분명히 천재 정치인이었다. 사악한 천재였으나 보기 드문 천재인 것은 틀림없었다. 또한 비트겐슈타인도 가장 위대한 철학자라고 불러도 손색이 없는 천재 철학자였다. 저주인지 축복인지 모르지만 오스트리아의 조그만 지방 학교에 두 천재가 같은 시기에 다녔다니 얼마나 놀라운 일인가! 그것을 어떻게 설명할까? 유전자가 무작위로 결합해서 인간의 현실에 엄청난 영향력을 행사했다고 봐야 할까? 아니면 다른 설명을 찾아야 할까? 신기원을 이룩한 두 인물이 같은 학교에 다녔다는 일이 어떻게 가능할까? 그저 유전자의 우연적 조합이 빚어낸 결과일까?

우리가 알다시피 비트겐슈타인은 아주 젊은 나이에 중대한 발견을 이루었다. 히틀러 역시 레알슐레에서 그에 못지않게 중대한 것을 발견했다. 그렇다면 그 발견은 내용과 무관하게 **같은 성격**을 지녔다는 가설을 세울 수 있다. 히틀러와 비트겐슈타인 두 사람이 역사에 두드러진 발자취를 남기게 되고, 독특한 개성과 탁월한 능력으로 동료들을 매료시키게 된 비밀은 바로 거기에 있다. 히틀러는 실천적인 언어 사용의 본보기를 보여 주었고, 비트겐슈타인은 이론적인 언어 사용의 본보기를 보여 주었다. 이 두 언어의 천재가 오스트리아의 작은 지방 학교에서 같은 해에 있었다는 것은 결코 우연이 아니다! 언어와 밀접한 연관을 가졌고, 독일과 세계에 지대한 영향을 미친 두 사람의 뛰어난 경력의 원천은 유전자 따위가 아니라 바로 그 발견에 있다는 것이 나의 가설이다. 비트겐슈타인의 비소유 심리 이론과, 공통의 민족정신을 강조한 나치 이데올로기가 서로 연관된다는 것은 내가 보기에 불가피한 일이다. 이 문제에 관해서는 앞으로 더 나올 자료가 있으리라고 믿는다.

비소유 심리 이론의 본질은 인간의 정신은 독립적이고 고립된 컴퓨터와 같은 게 아니라 네트워크처럼 연결되어 있다는 것이다. 따라서 한 정신의 내용이 다른 정신으로 이전될 수 있다. 영국의 학자인 리처드 도킨스(Richard Dawkins)는 『이기적 유전자』(The Selfish Gene)라는 책에서, 개별 정신 속에 마치 인체 안의 유전자처럼 기능하는 실체가 있다는 가설을 제기하고 그것을 밈(meme)이라고 불렀다. 밈은 정신 안에서 생각의 근거와 같은 역할을 한다고 보면 된다. 마치 유전자가 키나 체격 같은 신체적 속성의 근거가 되는 것과 같다. 또한 유전자가 여러 신체에 존재할 수 있고 부모에게서 자식에게로 이전될 수 있는 것처럼 밈도 여러 인간 정신에 이식될 수 있고 증식도 가능하다. 바이러스가 한 인간의 신체에서 다른 신체로 옮겨 가듯이, 밈은 한 인간의 정신에서 다른 정신으로 전달될 수 있는 인과적 영향력이다. 도킨스는 밈의 경우에도 유전자처럼 자연선택의 원리가 통용된다고 보았다. 그러므로 밈은 생태학과 유사한 측면이 있다. 이 이론은 도킨스가 주장했지만, 나는 비트겐슈타인이 말한 정신의 개념에도 그런 것이 있다고 본다. 또 히틀러의 인종 개념도 마찬가지다. 사막이 적은 수분으로도 대사 활동을 할 수 있는 동식물의 생존 환경이 되듯이, 히틀러의 인종 개념도 밈들이 생존하기에 알맞은 환경이다. 히틀러와 비트겐슈타인은 그들의 시대보다 70년 뒤에 도킨스가 과학 문헌에서 제기하는 밈의 개념과 상당히 비슷한 공통 요소를 가진다. 관념 —— 비트겐슈타인이 말하는 '명제' —— 은 개별 정신에 고유한 게 아니라 자율적이고 살아 있는 실체로서, 인간을 매개로 발언한다.

한 가지 더 말할 것이 있다. 내 책을 다룬 영어권의 평가에 거의 빠짐없이 제기되는 비판은 내가 홀로코스트의 원인을 비트겐슈타인과 그의 가문에게로 돌린다는 것이다. 사람들은 홀로코스트의 원인이 틀림없이 그보다 더 깊은 데 있으리라고 여긴다! (내 말은 비트겐슈타인과 그의 가문이 홀로코스트에 책임이 있다는 뜻과는 전혀 무관하다. 나는 다만 비트겐슈타인이 홀로코스트의 원인이라고만 말할 뿐이다. 비트겐슈타인이 홀로코스트의 원인이라고 말하면 마치 그가 적극적이고 능동적인 역할을 했다는 뜻으로 오해될 가능성이 있다. 홀로코스트를 일으킨 사람은 물론 히틀러다.)

대니얼 골드하겐(Daniel Goldhagen)은 최근 홀로코스트의 원인을 독일 국민의 특성으로 규정했다. 즉 독일 국민들은 지난 수백 년 동안 유대인에게 나쁜 감정을 가지고 있었다는 것이다. 하지만 나는 전통적인 반유대주의로 홀로코스트를 이해하는 것은 적절치 않다고 본다. 독일 국민의 특성을 어떻게 규정하든 홀로코스트는 아돌프 히틀러라는 특별한 개인이 저지른 행위다. 역사적 사실과 무관한 주장을 하기보다는 차라리 역사 교과서에 나오는 것처럼 "히틀러가 없었다면 홀로코스트도 없었다"는 입장을 택하고 싶다. 이 논지가 옳다면(나는 논박의 여지가 없을 만큼 분명하다고 본다) 홀로코스트를 설명하는 데 중요한 인물은 수백 년 동안 박해를 받은 무수한 유대인이 아니라 히틀러가 반유대주의를 형성하는 데 중요한 역할을 한 소수의 유대인이다. 또한 반유대주의를 독일적인 현상으로만 간주하는 것도 잘못이다. 우리는 아돌프 히틀러와 아주 소수의 유대인들만 다룬다. 내 책의 논지는 그 유대인들 중에 비트겐슈타인 가문이 있다는 것이다. 그들은 바그너 부부와 어린 아돌프 히틀러에게 중대한 영향을 미쳤다. 여기서도 나는 '비트겐슈타인이 없었다면 히틀러도 없었다'는 입장을 교과서처럼 믿는다. 이 논지가 옳으냐 그르냐의 여부는 한두 줄의 서평으로 해결될 문제가 아니다. 1904년에 어떤 일이 있었는지 정확히 알기 위해서는 방대한 연구가 필요하다. 아마 영원히 밝혀지지 않을지도 모른다. 그러나 자료가 사라지지는 않았으므로 언젠가 어느 나라의 기록보관소에서 비밀문서가 나올 가능성은 충분하다. 어떤 결과가 빚어지든 우리는 더 이상 어둠 속에서 헤매지 않는다. 아직 찾고자 하는 것을 얻지는 못했지만 적어도 어디를 봐야 하는지는 우리도 알고 있다.

2004년 멜버른에서
킴벌리 코니시

비트겐슈타인과 히틀러 / 차례

.서론.

예전에 나는 한 용감하고 똑똑한 유대인을 알았다. 아돌프 히틀러가 유럽에서 추방한 무수한 '인간 찌꺼기' 중 한 사람이었다. 그는 파란색과 흰색의 유대 소년단 제복을 입고, 고향인 체코슬로바키아에서 퓌러가 행진하는 모습을 직접 지켜보았다. 나중에 그는 체코슬로바키아에서 탈출한 뒤 영국군에 입대해 참전했으나 그의 가족은 홀로코스트로 목숨을 잃었다. 그래도 고향에 돌아올 때는 부푼 꿈에 가득 찼지만 스탈린의 대자보를 보고 또다시 달아나야 했다.

홀로코스트의 많은 생존자와 함께 그는 오스트레일리아로 피신했다. 훗날 그가 밝힌 바에 따르면, 그런 경험 때문에 그는 정치적 후각이 크게 발달했고 정치 연구에 집요하게 매달렸다. 그런 경험을 했기에 그는 좌익이든 우익이든 정치적 전체주의에 대해서는 진저리를 냈다. 오스트레일리아의 지적인 정치 풍토는 그에게 잘 맞았다. 체코슬로바키아를 탈출한 뒤 그는 각국의 대학들이 좌익 전체주의의 위험성을 거의 알지 못하고 있다는 사실을 알았다. 나치가 연합국 측으로 참전한 소련에게 무너졌다는 사실이 낳은 신뢰감의 유산은 다른 어느 곳보다도 대학에서 가장 오래 남았다. 그가 보기에 오스트레일리아의 학술계는 소련의 정책과 요시프 스탈린이라는 인물을 잘 알지 못하면서도 전반적으로 공감하고 있었다. 이런 분위기를 마냥 무지하다거나 무해하다고 보고 넘길 수 없던 그는 자유를 옹호하는 글을 쓰기 시작했고, 그로 인해 논란의 대상이 되었다.

그는 데이비드 암스트롱(David Armstrong)의 초청을 받아 시드니 대학교에서 강의를 맡았다. 그러나 얼마 뒤 악명 높고 수치스러운 스캔들, 정치 조직화된 교수들의 파업이 전국적으로 벌어지면서 그는 멜버른 대학교로 자리를 옮겨야 했다. 여기서 그는 정치 토론의 방식으로 학생들을 지도했다. 그는 오스트레일리아에서는 보기 드문, 대단한 이야기꾼으로서 영향력 있는 인물의 지위를 유지했다. 역사에 남을 만한 그의 이름은 프랭크 노펠마허(Frank Knopfelmacher)다.

나는 그의 강의를 들은 적이 없지만 그와의 대화를 통해 많은 것을 배웠다. 그는 내게 많은 생각 거리를 주었는데, 그 가운데는 나치즘의 기원에 관해 즉흥적으로 해준 이야기도 있었다. 그는 늘 나치즘에 유대인이 관련되어 있다고 의심했다. 그가 생각하는 사람은 오토 바이닝거(Otto Weininger)였다. 빈의 의사로 바그너를 숭배한 바이닝거는 자신이 유대인이라는 이유로 자살했다.* 노펠마허 박사의 견해에 따르면, 나치즘은 바이닝거나 언론인 카를 크라우스(Karl Kraus) 등 20세기 벽두에 빈에서 활동한 사람들에게서 찾아볼 수 있는 유대인 출신 개종자들의 '자기 혐오'에서 비롯된 일종의 박탈감이다. 하지만 그는 그 사안의 배후에서 모습을 드러내는 진실에 관해서는 비관적이었다.

---

* 자살했다는 이유 때문에 히틀러는 『담화』(Table Talk)에서 그를 '훌륭한 유대인'이라고 말한다. 바이닝거는 또한 히틀러와 디트리히 에카르트(Dietrich Eckart, 반유대주의 잡지를 간행한 독일의 신비주의자: 옮긴이)가 공동으로 쓴 Bolshevism from Moses to Lenin에도 언급된다.

노펠마허 박사는 이미 세상을 떠났지만, 내 연구에 따르면 바이닝 거를 의심한 것은 잘못이다. 바이닝거는 나치즘이라는 수수께끼의 정 신이 형성되는 데 조연 역할을 했을 뿐이다. 또한 유대인의 자기 혐오 가 나치즘의 기원과 연관된다고 본 생각도 잘못이다. 그러나 거기에 한 명의 똑똑한 유대인 ── '3/4명의 유대인'이라고 해야 할까? ── 이 관 련되어 있다고 본 것은 옳다. 그는 스스로 유대인이라고 주장했으며(하 지만 정통파 유대인들은 그 말을 믿지 않는다), 사후 새 시대에 세계적인 명성을 얻었다. 실제로 그는 자신이 '가장 위대한 유대 사상가'의 한 사 람이라고 주장했다. 나치즘의 기원에서 그가 한 역할은 적극적이지 않 았다. 소극적이었다. 아마 그는 히틀러의 첫 희생자라고 해야 할 것이 다. 히틀러는 그를 몹시 싫어했다.

뒤늦게 그도 전력을 다해 히틀러와 싸웠다. 필사적인 처지에 빠진 그는 급기야 악한 수단에 손을 뻗기에 이르렀다. 노펠마허가 어느 나라 보다 높이 평가하는 영국에 심각한 피해를 입힌 것이다. 예언자 이사야 처럼[1] 그는 (스탈린이라는 형태를 취한) 죽음과 계약했고, 스올(Sheol, 성서에 나오는 저승, 무덤, 죽음: 옮긴이)과 밀약을 맺었다. 히틀러와 스 탈린 두 악의 세력 사이를 오락가락하면서 그는 한 세력으로 다른 세력 을 공격했다. 그의 역할은 60년 동안 비밀로 유지되었는데, 그 때문에 우리는 20세기의 주요 인과적 요인들 중 하나, 즉 히틀러의 반유대주의 의 기원을 올바로 파악하지 못했다. 또한 나치즘의 본질이 호도된 이유 도 그 때문이었다.

나치즘에 사악한 요소가 있다는 사실은 누구나 알지만, 그것을 제 대로 파악하려면 상당한 지적 노력이 필요하다는 사실은 다들 잘 모른 다. 나치즘의 형이상학은 뿌리가 깊다. 그 점을 간과하는 정치학은 나치즘을 연구한다고 표방하면서도 실은 다른 것, 이를테면 스스로 만들어 낸 허수아비를 연구 대상으로 삼게 된다. 나치즘의 형이상학은 심원한 철학적 성찰이 없으면 이해할 수 없다. 나치즘은 사실 이 유대인의 천재성이 발견한—혹은 재발견한—학설을 히틀러식으로 곡해한 것이다. 이 유대인은 위대한 철학자였으나 그의 학설은 그 자신이 말한 바에 따르면 "다양하게 오해되었고, 난도질당하거나 물에 희석되어 …… 이 시대의 어둠 속에서 인간에게 빛을 가져다 주기 어려운 상태"로 변질되었다. 그런 탓에 20세기를 유혈로 얼룩지게 만든 참된 원인은 대부분 안개 속에 가려져 버렸다. 이 안개를 걷어 내고 히틀러와 이 유대인의 천재성을 이해하려면 철학적 탐구가 필요하다. 노펠마허 박사의 생애에 작용한 힘들—나치즘, 홀로코스트, 스탈린이 동유럽에서 거둔 성과, 나아가 오스트레일리아 대학들의 정치적 성향까지—은 모두 그가 감지한 미지의 유대인에게서 영향을 받은 결과였다. 사실 노펠마허 박사는 알지 못했지만, 그가 오스트레일리아에서 전개한 정치 활동은 그 유대인의 주요한 오스트레일리아 제자에 의해 오스트레일리아 공산주의자들에게 속속 보고되고 있었다. 그 제자는 빅토리아 왕립위원회의 소개를 받아 공식적으로 공산당에 입당한 인물이었다.[2]

　정치학은 나치즘을 정치 학설로 간주하지 않으려는 경향이 있다. 실제로 홀로코스트를 보면 나치즘은 제도화된 인종차별주의 혹은 집단적 정신이상으로 규정하는 게 당연한 듯하다. 정치학을 공부하는 학생들은 세계를 좌지우지하는 인물이 그런 광기에 사로잡혔다는 사실에 망연자실할 수밖에 없다. 플라톤이나 마르크스의 정치사상과 달리 히틀러는 진지한 연구 대상이 되지 않는다. 하지만 그렇다면 히틀러는 언제나 과소평가되고 있는 것이다. 심지어 지금도 히틀러는 지성적 깊이가 부족한 것으로 오해되고 있다.

이 책에서 내가 주장하고자 하는 것은 나치즘의 핵심 학설이 히틀러의 발명이 아니라 아주 깊고 오랜 뿌리를 지닌 철학 사상의 곡해에서 비롯되었다는 사실이다. 그 철학 사상은 또한 비트겐슈타인의 저작에서도 핵심을 이룬다. 이 책의 2부에서는 히틀러가 바로 비트겐슈타인을 통해 그 사상을 처음 접했다는 점을 보여 줄 것이다. 그것은 이해하기 쉬운 사상이 아니다. 그래서 3부에서는 그 사상을 설명하는 데 주력하는 한편, 비트겐슈타인이 그것에 바탕을 두고 자신의 철학 사상을 구성했다는 점을 증명할 것이다. 3부에서는 또한 그 사상의 역사적 배경을 논구하고, 그것에 대한 몇 가지 비판도 소개할 것이다.

우리의 연구에는 다른 가닥도 있는데, 이에 관해서는 1부에서 다룬다. 여기서는 비트겐슈타인이 히틀러에게 준 영향이 아니라 그 반대의 영향에 주목한다. 나는 비트겐슈타인이 히틀러와 그의 학설에 대한 증오 때문에 은둔 생활을 했다고 믿는다(비트겐슈타인은 1920년대 10년 동안 오스트리아의 시골 초등학교를 전전하며 평범한 교사로 살았다: 옮긴이). 지금까지 그 점은 드러나지도 않았고 문제 제기조차 되지 않았다.

이런 가닥들을 한데 모으면 비범한 두 인물의 상호 영향으로 귀착된다. 독자들은 마치 탐정소설 같은 느낌을 받을 것이며, 언뜻 보기에는 전혀 믿기 어렵다는 생각이 들 것이다.* 신빙성을 높이기 위해서는 미리 어느 정도의 역사 연구가 필요하다. 그래서 우리는 우선 오스트리아의 린츠라는 도시에 살았던 유대인에게 관심을 기울이기로 한다.

---

* 1장의 요약은 1994년 뉴욕 시오니스트 간행물인 *Midstream*에 게재되었다. 또 같은 해 4월 오스트레일리아 문학지 *Quadrant*에는 그 글이 다소 수정되어 특집기사로 실렸다.

제 1부

두 천재의 만남

Wittgenstein
VS
Hitler

.1장. 린츠의 유대인

히틀러가 『나의 투쟁』(*Mein Kampf*)에서 처음으로 언급한 유대인, 그를 처음으로 반유대주의의 길로 이끈 린츠의 그 정체 모를 유대인 소년은 누구였을까? 그는 홀로코스트를 면했을까? 히틀러의 책에서는 상세한 설명을 볼 수 없다. 단지 그 소년이 히틀러와 같은 학교에 다녔다는 한두 문장만 나올 뿐이다. 하지만 신빙성 있는 추측은 가능하며, 그 추측의 내용은 대단히 놀랍다. 실제로 유럽의 유대인들이 잿더미 속으로 사라졌을 때 그 소년은 살아남았을 뿐 아니라 히틀러에게 심각한 타격을 가했다. 나치를 패퇴시키는 데서 그가 한 역사적 역할은 냉전시대에 커다란 비밀이었다.

제1차 세계대전 이전 오스트리아의 상황과 여러 상류층 가문에 관해서는 잘 알려져 있다. 먼저 세기말 빈의 명문가인 비트겐슈타인 가문과 그 가문의 유명한 아들 루트비히의 배경을 간략히 살펴보자. (루트비히를 말할 때 나는 다른 저자들의 일반적인 관례를 좇아 그를 그냥 '비트겐슈타인'이라고 부를 것이다. 약간 혼동이 있을 수 있겠으나 다른 가족을 가리킬 때는 성과 이름을 모두 표기해서 구분하기로 한다.) 당시 비트겐슈타인 가문이 살던 빈 지역의 전반적인 상황에 관해서는 많은 책과 전기에서 다루고 있으므로 그것들을 참고하도록 하라.*

오늘날 비트겐슈타인은 20세기의 독창적인 사상가로, 일급 논리학
자이자 철학자로 널리 알려져 있다. 그의 저작은 대부분 영국의 케임브
리지에서 출간되었다. 그는 1889년 4월 26일 빈의 유대인 대부호 가정
에서 태어났다. 가문의 배경은 상세히 알려지지 않았으나 그의 증조부
이름은 모제스 마이어(Moses Meier)로 추정된다. 마이어는 1808년 유
대인에게 성(姓)을 가지도록 한 나폴레옹의 법령에 따라 자기 고용주의
성인 비트겐슈타인을 성으로 취했다.** 그의 아들인 헤르만 크리스티안
비트겐슈타인(Hermann Christian Wittgenstein)은 그리스도교로 개종
하고 반유대주의를 취했으며, 자기 딸들을 유대인과 결혼시키지 않으
려 했다. 헤르만의 아들인 카를—비트겐슈타인의 아버지—은 미
국으로 달아나 뉴욕에서 한동안 지냈다. 이후 오스트리아로 돌아온 그
는 제철소의 경영자로 일했다. 레이 몽크의 비트겐슈타인 표준 전기에
는 그 뒤에 벌어진 급속한 사태를 다음과 같이 요약한다.

10년 동안 그는 오스트리아-헝가리 제국(1867년부터 1차 대전이 끝날
때까지 존속한 통합 제국: 옮긴이)에서 가장 기민한 사업가로 두각을
나타냈다. 그의 회사는 물론 그 자신도 많은 돈을 벌었으며, 1890년대
에 그는 제국에서 손꼽히는 부호이자 제철산업의 지도적 인물로 부상

---

* Janik and Toulmin, *Wittgenstein's Vienna*(Simon & Schuster, 1973)는 좋은 입문서다. 제목
과 무관하게 비트겐슈타인을 중점적으로 다루고 있다. Robert S. Wistrich, *The Jews of
Vienna in the Age of Franz Joseph*(Oxford University Press, 1990)도 좋은 문헌이다. 그밖
에도 괜찮은 책들이 많이 있다.

** Monk, *Ludwig Wittgenstein: The Duty of Genius*(Jonathan Cape, 1990)는 현재 일반적으
로 인정되는 비트겐슈타인 전기이며, 이 책을 토대로 많은 책들이 나왔다. Brian McGuinness,
Wittgenstein: A Life(Duckworth, 1988)도 꼭 필요한 책이다.

했다. 자본주의의 무도함을 비판하는 사람들 눈에 그는 적극적이고 탐욕스러운 기업가의 전형적인 인물로 보였다. 하지만 그의 덕분에 비트겐슈타인 가문은 외국의 크루프, 카네기, 로트실트 등의 가문과 맞먹는 오스트리아 명망가의 위치에 올랐다.*

카를은 클라드노에 있는 자신의 제철소와 비트코비츠에 있는 로트실트 제철소 간에 카르텔을 조직하고 중부 유럽의 철강 생산량을 통제했다. 체코의 보헤미아 지역을 중심으로 한 비트겐슈타인 카르텔은 제국 내 철강 생산량의 60퍼센트 이상을 장악했고 철도와 타이어 산업도 지배했다.**

카를의 아내인 레오폴디네(칼무스 태생)도 가톨릭 신도로 자랐으나 유대교 혈통이었다. 그들의 아들인 루트비히는 명목상 집안의 가톨릭을 물려받았지만 빈과 오스트리아 일대에는 그 가문의 유대 혈통이 잘 알려져 있었다. 예를 들어 루트비히와 그의 형 파울은 한 체육 클럽에 가입하려 했다가 아리아 혈통만 받아들인다는 기준 탓에 실패한 경험이 있었다.[1] 카를 비트겐슈타인도 신문을 통해 여러 차례나 그의 기업 활동이 수상쩍다는, 제국 내에 널리 퍼진 소문을 부정해야 했다. 요컨대 비트겐슈타인 가문은 엄청난 부를 쌓았고, 유대 혈통을 가졌으며,

---

* Monk, p.7. 바틀리(William W. Bartley)는 비트겐슈타인의 아버지에 관해서 다음과 같이 쓴다. "다뉴브 군주국(그 대부분 지역은 보헤미아에 있었으므로 1918년 이후 신생국 체코슬로바키아에 통합되었다)의 철강업을 발전시킨 공로로 카를 비트겐슈타인은 국내에서 미국의 앤드루 카네기나 독일의 크루프 가문에 맞먹는 지위를 누렸다. 사실 카네기 가문, 크루프 가문, 슈바프 가문, 비트겐슈타인 가문은 전쟁 전에 서로 친하게 교류했다." (Wittgenstein, Open Court, 1994, p.76)
** 카를 비트겐슈타인과 그의 프라하 제철소에 관해서는 Richard Rudolph, *Banking and Industrialization in Austria-Hungary*(Cambridge University Press, 1976)를 보라.

부도덕한 방식으로 재산을 모았다는 소문에 시달렸다.

카를 비트겐슈타인의 아들 중 셋은 동성애자였다. 1904년에 루트비히의 형인 루돌프는 동성애 때문에 자살했다. 몽크는 루돌프의 죽음에 관해 이렇게 쓰고 있다.

마지막 남긴 편지에서 그는 '자신의 도착적인 성향에 관한 회의' 때문에 죽음을 택한다고 말했다. 죽기 얼마 전에 그는 동성애자의 해방을 지지하는 운동을 펼치는 '과학-인도주의 위원회'에 도움을 요청했다. 하지만 그 단체의 연감에는 "그를 자기 파멸의 운명으로부터 구해낼 만한 힘이 우리에게 없었다"고 기록되어 있다.[2]

바틀리(Bartley)는 1902년에 자살한 루트비히의 형 한스도 동성애자였다고 말한다.[3] 공개된 자료에 비추어 볼 때 비트겐슈타인도 비슷한 성향을 가졌음이 분명하다. 이 문제는 한때 논란거리였으나 몽크는 비트겐슈타인의 일기에서 노르웨이에 살던 동성애 상대인 프랜시스 스키너(Francis Skinner)에 관한 언급을 찾아냄으로써 그 사안을 명쾌하게 해결했다. 비트겐슈타인은 스키너에게 "관능적인 욕구를 느꼈으며, 두세 차례 그와 잠자리를 함께했다. 처음에는 잘못된 행위라는 생각이 들지 않았으나 나중에는 수치를 느꼈다."* 여기서 내가 이 문제를 끄집어내는 이유는 나중의 사태와 관련이 있기 때문이다.

비트겐슈타인은 체육이나 운동을 좋아하지 않았고, 높은 음조의 목

---

*Monk, p.376. 비트겐슈타인이 동성애자였다는 바틀리의 주장은 처음 제기했을 때 많은 학자들의 비난을 받았으나, 위의 구절과 레이 몽크의 책에 나오는 다른 구절들을 통해 옳다는 것이 입증되었다.

소리 때문에 고민했으며, 유년기에는 말을 더듬기까지 했다.* 맥기니스
(McGuinness)는 우리의 목적에 더 잘 부합하는 사실을 밝히고 있다.

그는 섬세하고 예민한 성격이었고, 몸도 무척 약했다. 열네 살 때 학교
체육을 면제받았으며, 1차 대전에서 고생하기 전에도 작은 수술을 몇
차례 받았고 교정 장비를 착용했다(그는 이중 탈장을 앓았다).[4]

재력을 바탕으로 카를은 아들들 중 파울과 루트비히에게 가정교사
를 붙였는데, 맥기니스는 루트비히가 열네 살 때까지 가르친 가정교사
들을 언급한다.[5] 가정은 상당히 고급스러운 문화에 익숙한 분위기였으
며, 특히 음악적 흥취가 풍부했다. 예를 들어 브람스는 비트겐슈타인의
가정을 자주 방문했다.[6] 그러나 1903/4년의 둘째 학기에** 알 수 없는
이유로 카를은 루트비히를 고급문화의 가정환경에서 떼어 내 국립학교
로 보냈다. 그가 선택한 학교는 빈에서 멀리 떨어진 린츠에 있는 레알
슐레(Realschule, 실용 교육을 위주로 하는 독일의 중등학교: 옮긴이)였
다. 맥기니스는 그곳이 남학생 기숙학교였고, 비트겐슈타인이 김나지
움(독일의 대학입학을 위한 교육기관: 옮긴이) 선생의 집에서 살았다고
말한다. 상상할 수 있듯이 그런 환경의 변화에 비트겐슈타인은 잘 적응
하지 못했다. 몽크는 이에 관해 다음과 같은 중요한 말을 전한다.

---

* 맥기니스는 이렇게 쓴다. "말 더듬는 버릇은 이십대에 없어졌으며, 이후에는 언어장애를 극복한
  사람답지 않게 맑고 높은 목소리로 말했다."(McGuinness, *Wittgenstein : A Life*, Duckworth,
  1988, p.52)
** "루트비히는 린츠의 레알슐레에 다니던 시절 수업시간에 많이 빠졌다. 1903/4년 둘째 학기에도
  그랬고, 그 다음 해에도 그랬다."(Kurt Wuchterl and Adolf Hubner, *Wittgenstein*, Rowohlt
  Taschenbuch Verlag GmbH, 1979. 5, p.28)

그의 성적이 좋지 못한 것은 불행한 학교생활과 관련이 있다. 그는 난생 처음 특권적인 가정환경에서 벗어나 살게 되었으며, 대부분 노동자 가정 출신인 급우들과 제대로 어울리지 못했다. 그들을 보자마자 그는 그들의 거친 행동에 충격을 받았다. "더러워!" 이것이 그가 느낀 첫인상이었다. 반면 급우들이 보기에 그는 마치 다른 세계에서 온 학생 같았다(나중에 그 중 한 명은 비트겐슈타인의 누나인 헤르미네에게 그렇게 말했다). 그는 급우들에게 '당신'(Sie)이라는 경칭을 썼으나, 오히려 그 때문에 더욱 관계가 멀어졌다. 그들은 그의 불행한 처지와 그와 학교의 거리감을 비웃는 노래를 두운까지 맞춰 부르면서 그를 조롱했다. "Wittgenstein wandelt wehmutig widriger Winde wegen Wienwarts."(비트겐슈타인은 초라하고 바람 부는 길을 걸어 빈으로 간다네) 그는 친구를 사귀려 애썼으나, 훗날 토로한 바에 따르면, 급우들에게서 '왕따'를 당했다.[7]

그밖에 여러 전기에서 언급된 내용으로 볼 때 레알슐레에서 보낸 시절이 매우 불행했다는 것은 분명하다. 하지만 그 시절을 그의 삶에서 그저 불행하고 중요하지 않은 때로 치부하고 넘어가서는 안 된다. 그 반대로 그 시절은 무척 중요하다. 훗날 비트겐슈타인보다 훨씬 유명해지게 되는 또 다른 학생이 같은 학교에 다녔기 때문이다. 그는 20세기의 역사에 결정적인 영향을 남긴 인물, 바로 아돌프 히틀러였다. 맥기니스는 이렇게 쓴다.

린츠의 K.u.k. 레알슐레는 아돌프 히틀러가 1900년부터 1904년까지 다녔기 때문에 역사에서 작은 자리를 점한다. 히틀러는 루트비히보다

며칠 먼저 태어났으나 그들이 함께 학교에 다닐 무렵 그는 3학년인 데 비해 루트비히는 5학년이었다. 아마 그는 1년 뒤처졌고 루트비히는 평균보다 1년 앞서갔을 것이다. 그 학교는 독일 민족주의 색채가 강했다. 『나의 투쟁』에서 히틀러는 그 학교의 역사 선생이 독일의 위대한 역사를 튜턴족까지 거슬러 가며 훑었다고 말한다. 학교에는 따로 노는 유대인 학생이 몇 명 있었으나 학교의 엄격한 규칙 덕분에 박해를 받지는 않았다. 한 졸업생의 말에 따르면, 말다툼이 벌어졌을 때 유대인을 자우유트(Saujud)라고 부르는 것은 바바리아(현재 독일 남동부의 바이에른: 옮긴이) 사람을 자우프로이스(Saupreuss)라고 부르는 것처럼 흔한 일이었다고 한다.*

안타깝게도 맥기니스는 그 졸업생의 이름이 무엇인지, 누구에게서 그런 말을 들었는지 밝히지 않는다. 그의 설명은 예칭거의 책 『히틀러의 소년기』에 나오는 한 구절과 비교할 수 있다. 예칭거는 레알슐레에서 히틀러를 안 케플링거(Keplinger)라는 사람과 1938년에 대화를 나누었다.

언젠가 아돌프는 한 소년에게 "두 자우유트!"(이 더러운 유대놈아!)라고 소리쳤어요. 그 소년은 깜짝 놀랐죠. 그때까지 그는 자신이 유대 혈통인 줄 모르고 있다가 몇 년 뒤에야 알게 되었거든요…….[8]

---

* McGuinness, p.51. 자우유트=더러운 유대인('돼지+유대인'의 합성어로 유대인을 경멸스럽게 부르는 말: 옮긴이), 자우프로이스=더러운 프로이센인('돼지+프로이센 사람' : 옮긴이).

맥기니스는 비트겐슈타인의 전기에서 어느 '졸업생'의 말을 빌려, 당시 학교에서 "자우유트!"라는 말을 쓰기는 했으나 그것은 프로이센계 독일인을 부르는 별명 이상의 의미를 가지지는 않았다고 말한다. 그러나 예칭거는 그 말을 여느 학생이 아니라 바로 아돌프 히틀러가 했다고 말한다! 게다가 히틀러는 그 말을 유대인에게 한 게 아니라 유대 혈통의 학생에게 했다. 역사적 후각을 가진 독자라면 충분히 눈치 챘을 것이라고 믿는다. "그 불운한 학생이 대체 누구였을까?" 하고 자문해 보면 놀라운 의혹으로 이어진다. 그러나 그런 의혹이 정말 가능했을까? 어디 한 번 알아보자.

히틀러는 비트겐슈타인보다 불과 엿새 이른 1889년 4월 20일에 태어났다. 몽크는 히틀러와 비트겐슈타인이 같은 학교에 다닌 시기가 1904~5년이었다고 기록한다.[9] 앨런 불럭(Allan Bullock)의 히틀러 표준 전기에 따르면, 히틀러는 1900년 9월부터 린츠 레알슐레에 다니기 시작했다고 한다.[10] 몽크는 또한 "그들이 서로 관계가 있었다는 증거는 없다"고 말한다. 그럴지도 모른다. 하지만 히틀러가 열네 살 때 학교에서 찍은 사진을 보면 같은 나이의 비트겐슈타인이 한 줄 아래 왼쪽 아주 가까운 곳에 있다.* 이 사진은 빅토리아 경찰국 신원확인과에서 특수 개발한 독점 소프트웨어를 사용하여 확대하고 화질을 높인 것이다. 내가 비트겐슈타인이라고 주장하는 인물의 사진은 10년 가량 낡은 것

---

* 완전한 원래 사진은 독일의 코블렌츠 기록보관소에 있다. 그간 이 사진은 많은 출판물에 실렸지만 아무도 비트겐슈타인이 있다는 것을 알아채지 못했다. Walter C. Langer, *The Mind of Adolf Hitler*(전시 O.S.S. 간행물, 1973년 영국 북클럽 협회에서 재출간) 95쪽 이하에 여러 차례 실려 있다. 더 쉽게 그 사진을 보려면 William L. Shire, *The Rise and Fall of the Third Reich*(Bison Books, 1987) 17쪽을 참조하라. 지금 이 책에 실린 사진은 집단 사진의 위 오른쪽 부분을 잘라낸 것이다. 학급별이 아니라 연령별로 모인 집단처럼 보인다.

린츠 레알슐레 학교 사진의 세부. 히틀러는 맨 위 오른쪽에 있고, 비트겐슈타인은 한 줄 아래, 오른쪽에서 세번째에 있다.

처럼 만들었고, 성인 시절 비트겐슈타인의 사진들과 대조하는 과정을 거쳤다. 그 작업에 참여한 경찰 요원은 경찰에서 진행하는 표준적인 사진 신원확인 절차를 따랐으며, 그 결과는 경찰국이 제공할 수 있는 가장 높은 신뢰도, 즉 "가능성이 매우 높다"로 나왔다고 말한다.* 이 사진은 다른 곳에서 제기되지 않았지만 우리의 가설을 위해서는 대단히 중요하다.

맥기니스에게서 인용한 대목의 마지막 문장에 대해서도 세심하게 고려할 필요가 있다. "한 졸업생의 말에 따르면, 말다툼이 벌어졌을 때

---

* 이 기회에 나는 애드리언 패터슨과 글런 테일러의 노력, 그리고 빅토리아 경찰서의 그레이엄 싱클레어 국장에게 깊은 감사를 드리고 싶다. 그들은 귀와 얼굴 비율까지 비교하는 등 철저히 검토해 주었다.

유대인을 자우유트라고 부르는 것은 바바리아 사람을 자우프로이스라고 부르는 것처럼 흔한 일이었다고 한다."

왜 바바리아 사람일까? 그 학생들은 오스트리아인이 아니었을까? 그들이 모두 그렇게 자처하지는 않았다. 확실한 것은 비트겐슈타인의 교우들 중 한 명이 스스로 바바리아 사람이라고 말했다는 사실이다. 히틀러는 『나의 투쟁』에서 자기 부모를 '바바리아 혈통'이라고 말했다.[11] 또한 그는 "소년기에 내가 쓴 독일어는 남부 바바리아 사투리였다"고 썼다.[12] 자우프로이스와 관련하여 또 한 가지 주목할 것은 브래들리 스미스(Bradley Smith)의 책에 나오는 히틀러의 아버지 알로이스 히틀러(Alois Hitler)에 관한 짤막한 사항이다.

알로이스가 국왕의 충직한 신민이자 하인으로서 참을 수 없었던 것은 합스부르크 왕국이 멸망했고 오스트리아의 독일인들이 그가 그토록 혐오하는 프로이센인들에게 예속되었다는 생각이었다.[13]

'자우유트'는 물론 히틀러가 충분히 했음직한 표현이다. 하지만 만약 어린 아돌프가 아버지의 영향으로 프로이센에 악감정을 가졌다면 '자우프로이스'라는 말도 역시 자주 썼을 것이다. 이제 히틀러가 자신의 성장 과정에 관해 어떻게 말하는지 보자.

그는 자신의 가정이 반유대주의적이었다는 사실을 애써 부정하면서 자신의 반유대주의가 어떻게 생겨났는지 밝히고 있다.

'유대인'이라는 말이 언제 처음 내게 특별히 생각할 거리가 되었는지를 지금 와서 말하기란 불가능하지는 않아도 쉽지 않은 일이다. 아버지가 살아 계실 때 집에서 그 말을 들은 기억은 없다. 생각건대 아버지는 그 말을 문화적 후진성이라는 제한적 의미로 사용한 듯하다. 아버지는 살아오면서 어느 정도 세계주의적인 시각을 갖게 되었는데, 비록 민족적 감정은 단호했지만 그 점은 변치 않았다. 나도 그 영향을 상당히 받았다.[14]

계속해서 히틀러는 학교에서도 아버지에게서 물려받은 인상이 전혀 변하지 않았다고 말하지만 아주 흥미로운 조건을 붙인다. 다음 구절은 히틀러와 유대인의 첫 관계가 그에게 부정적인 영향을 미쳤음을 말해 준다.

레알슐레에서 나는 분명히 유대인 소년을 한 명 만났다. 우리는 모두 그를 조심스럽게 대했는데, 그 이유는 단지 우리가 여러 차례의 경험으로 그가 경솔하다고 의심하게 되어 그를 그다지 신뢰하지 않았기 때문이었다.[15]

이 얼마 되지 않는 구절이 우리 연구의 핵심을 이룬다. 우리의 추측은 이제 명백해졌다. 히틀러가 말하는 그 '유대인 소년', 장차 아우슈비츠까지 연결되는 증오심의 사슬에서 첫번째 고리가 된 인물은 다름아닌 루트비히 비트겐슈타인이었다. 그렇다면 루트비히 비트겐슈타인은 『나의 투쟁』에도 당연히 등장하리라고 볼 수 있다.

히틀러가 말한 그 미지의 유대인이 정말 비트겐슈타인일 가능성은 얼마나 될까? 맥기니스는 그 학교에 유대인이 '몇 명' 밖에 없었다고 말한다. 이 점은 "린츠에는 유대인이 거의 없었다"[16]는 히틀러의 말로도 뒷받침된다. 만약 그 학교에 유대 혈통의 학생이 단 한 명뿐이었다면 히틀러가 말하는 유대인은 분명히 비트겐슈타인이라고 단정할 수 있을 것이다. 물론 그 문제는 아직까지 매듭지어지지 않았으나 그밖에도 그 가능성을 평가하는 데 고려할 만한 요소가 몇 가지 더 있다. 이에 관해서는 잠시 후에 살펴보기로 한다.

두 소년은 매우 뚜렷한 개성을 지니기도 했지만 특이하다고 할 만큼 공통의 관심사도 가졌다. 우선 둘 다 쇼펜하우어와 음악에 대해 소년 특유의 열정을 보였다. 실제로 그 무렵 비트겐슈타인은 바그너에게 열광했고 『디 마이스터징거』(*Die Meistersinger*)를 송두리째 외웠다.[17] 스무 살이 될 때까지 그는 이미 서른 번이나 그 음악을 들었다.[18] 『디 마이스터징거』는 히틀러도 무척 좋아하던 오페라였다.[19] 존 톨런드(John Toland)는 이렇게 쓴다.

한프슈탱글(Hanfstaengl, 히틀러와 친했던 음악가: 옮긴이)은 히틀러가 『디 마이스터징거』를 잘 알았다고 말한다. "그는 그 음악을 완전히 외웠고, 휘파람으로 모든 곡조를 따라 불 수 있었다. 묘하게 예민한 떨림음이었으나 곡조는 완벽했다."[20]

훗날 히틀러는 『로엔그린』(*Lohengrin*)의 가사를 외워 보임으로써 독일의 음악학자들을 깜짝 놀라게 했다. 그것은 아무리 그가 바그너에 심취한 학생이라 해도 보기 드문 일이었다. 음악학교를 나온 사람도 그렇게까지 상세히 알기는 어려웠다. 바그너에 관한 히틀러의 지식은 어디서 나왔을까? 한프슈탱글은 린츠 시절부터였다고 추측한다.

나는 몇 번이나 그에게 이탈리아 오페라를 소개했지만 그는 언제나 바그너의 『디 마이스터징거』, 『트리스탄과 이졸데』(Tristan und Isolde), 『로엔그린』으로 돌아왔다. 내가 그 음악들을 수백 번이나 연주해도 그는 질리지 않았다. 그는 바그너의 음악을 잘 알았고 무척 좋아했다. 아마 내가 그를 알기 훨씬 전인 빈 시절부터 그랬을 것이다. 그 씨앗은 린츠에서 싹텄으리라고 생각된다. 20세기 벽두에 그곳에서는 괼러리히(Göllerich)라는 리스트의 제자이자 바그너의 열광적인 팬이 지역 오케스트라의 지휘를 맡고 있었다. 하지만 다른 곳에 있었다 해도 히틀러는 바그너를 좋아했을 것이다. 나는 『디 마이스터징거』의 서곡과 그의 연설이 구성상 직접적인 유사점을 가진다는 사실을 알게 되었다. 그의 연설 형식에서는 주악상, 장식, 대위법, 음악적 대비와 전개가 서로 얽힌 전반적인 양태를 명확히 확인할 수 있다. 그래서 그의 연설은 교향악의 구성을 지니며, 바그너의 음악에서 트롬본이 울려 퍼지는 것처럼 극적인 클라이맥스로 끝난다.[21]

괼러리히에게서 배운 걸까? 아니면 다른 사람일까? (리스트, 바그너, 비트겐슈타인 가문의 중대한 연관성은 다음 장에서 설명할 것이다.)

두 소년은 또한 건축에 대한 관심도 같았고, 언어의 힘에 매료된 것도 같았다. 앞의 인용문에서 히틀러의 비판은 3인칭으로 서술되었지만 ── "여러 차례의 경험으로 그가 경솔하다고 의심하게 되어" ── 실은 특정한 인물이 히틀러와 그 친구들의 관심사에 대해 경솔하게 처신했다는 의미다. 물론 정확한 정황은 알 수 없지만 나 자신이 사춘기 학창 시절에 겪은 경험으로 미루어 보면, 공통의 지적 관심과 열정을 가진 소년들은 결국 서로 멀어져 가는 경향이 있다. 게다가 두 사람은 20

세기 역사에서 보기 드문 강렬한 개성의 소유자였다.

『디 마이스터징거』를 부르는 히틀러의 휘파람이 '묘하게 예민한 떨림음'이었다면 비트겐슈타인은 휘파람에 무척 능했다. 몽크에 따르면, 훗날 비트겐슈타인의 한 지인은 다음과 같이 회상했다.

> 비트겐슈타인은 교향곡의 전 악장을 휘파람으로 불 수 있었으며, 그 중에서도 장기는 브람스의 『성 안토니우스 변주곡』이었다. 다른 사람들이 휘파람을 불다가 틀릴 경우 비트겐슈타인은 놓치지 않고 간간하게 지적해 의무실의 동료들과 알력을 빚곤 했다.[*]

다음은 시어도어 레드패스(Theodore Redpath)가 설명하는 비트겐슈타인의 특징이다.

> 음악과 관련한 사소하면서도 의미심장하고 흥미로운 에피소드가 있다. 어느 날 그와 내가 비제에 관해 이야기할 때였다. 비제를 아주 좋아했던 그는 비제의 '남유럽 음악'이 바그너의 '북유럽 음악'과 대비되어 니체의 관심을 끌었다고 말했다. 최근에 나는 혼자 『아를의 여인』(L'Arlésienne)을 피아노로 치면서 그 곡에 흠뻑 빠져 들었다. 내가 그에게 그 곡이 무척 좋다고 하자 그도 마음에 든다고 말했다. 나는 그에게 「서곡」의 오프닝 주제를 기억하느냐고 묻고 콧노래로 부르기 시작했다. 그런데 그는 어느 부분이 틀렸다며 휘파람으로 자신이 생각하

---

[*] Monk, p.443. 비트겐슈타인이 남들의 잘못을 지적하는 버릇에 관해서는 많은 사람이 증언한 바 있다.

는 멜로디를 불었다. 실제로 그는 휘파람에 무척 능했고, 이따금 피아노 반주에 맞춰 멋지게 휘파람을 불곤 했다. 하지만 이번에는 그의 멜로디가 틀렸다. 나는 대담하게 틀렸다고 말하고 멜로디를 바로잡으려 했다. 평소에 나는 휘파람에 별로 능숙하지 않았으나 그때는 적어도 음정만큼은 정확하다고 확신했다. 그러나 그는 버럭 화를 냈다. "우린 둘 다 멍텅구리야!" 나는 그 생각에 동의하지 않았지만 더 이상 그 문제를 따지지 않았다. 그는 잘못을 지적받은 것에 점잖게 대응하지 않았다. 실제로 그는 지나친 자신감에 사로잡혀 경솔하게 의견을 표명하는 일이 종종 있었다.[22]

바그너를 숭배하는 레알슐레의 두 휘파람꾼은 서로 어떤 사이였을까? 비트겐슈타인이 습관적으로 남의 잘못을 바로잡으려 했다는 주장과 히틀러의 독특한 감수성을 말해 주는 웨이트(Waite)의 주장을 비교해 보라.

전쟁 기간 중의 어느 날 저녁에 히틀러는 고전풍의 멜로디를 휘파람으로 불고 있었다. 비서가 용기를 내 멜로디가 틀린 부분을 지적하자 퓌러는 불같이 화를 냈다. 그는 자신의 취약함 —— 유머의 부족 —— 을 드러내며 소리쳤다. "난 틀리지 않았어. 이 대목에서 틀린 사람은 작곡가야."[23]

또한 비트겐슈타인 가문이 원래 어느 정도 반유대주의적 성향을 보였다는 사실도 있다. 이 점은 명백할 뿐만 아니라 예전에도 언급된 바 있다.[24] 맥기니스는 비트겐슈타인의 아버지가 쓴 「명예를 위해서는 유대인과 의논하지 말아야 한다」는 글을 인용한다.[25] 몽크의 전기 가운데 비트겐슈타인이 유대인을 '종양'에 비유하고 있는 다음과 같은 대목을 보라.

유대인은 유럽의 역사에 개입했어도 사실상 기여한 바가 없으므로 유대인의 역사는 유럽 여러 민족의 역사에 포함되지 않는다. 유럽에서 유대인은 일종의 질병이나 예외적인 요소에 불과하다. 질병을 정상적인 삶에 포함시키려는 사람은 없다. 또한 질병을 건강한 신체적 과정(고통스러운 과정까지 포함하여)과 똑같은 등급으로 간주하려는 사람은 없다. 이렇게 말할 수 있겠다. 종양을 신체의 자연스러운 일부분으로 여기려면 신체에 관한 모든 (국민적) 감정이 달라져야 한다. 그렇지 않다면 기껏해야 참고 견디는 방법 외에는 도리가 없다.

한 개인이라면 그런 인내심을 발휘할 수도 있고, 정 안 되면 무시해 버릴 수도 있다. 하지만 국민이나 국가라면 그럴 수 없다. 그런 것을 무시하면 국가가 성립할 수 없기 때문이다. 다시 말해 신체에 관해 예전부터 가지고 있는 심미적인 감정을 유지하면서 종양을 기꺼이 받아들이라는 것은 모순이다.[26]

이 시기 비트겐슈타인이 쓴 다른 글에도, 유대인은 독창적인 사고 능력이 없고 천성적으로 숨기는 게 많다고 되어 있다.* 앞에서 본 것처

---

* 몽크의 책에서 관련 부분 또는 비트겐슈타인의 책 *Culture and Value*(Blackwell, 1980)의 16, 18, 19, 20, 21, 22쪽을 보라. 특히 18쪽에는 "아무리 위대한 유대인 사상가라 해도 그리 대단한 재능은 없다. (내 경우가 그렇다.)"는 구절이 나온다. 권좌에 오른 히틀러가 유대인의 영향과 사상을 적대시하는 정책을 시행하자, 비트겐슈타인은 자신을 그냥 유대인이 아니라 위대한 유대인 사상가라고 말하기 시작했다.

럼 그의 가문은 반유대주의 성향이 강했다. "헤르만 비트겐슈타인은 반유대주의자로 꽤 이름이 높았고, 자손들이 유대인과 결혼하는 것을 엄금했다."[27] 맥기니스는 비트겐슈타인의 가족이 구스타프 프라이타크(Gustav Freytag)의 책 『차변(借邊)과 대변(貸邊)』(*Soll und Haben*)을 다른 사람들보다 비교적 나중에 읽었다고 말하면서도 이 책이 19세기 반유대주의의 중요한 저작이라는 말은 하지 않는다.* 몽크도 비트겐슈타인이 쓴 꿈 보고서에서 "모든 추잡한 행위의 배후에는 유대인이 있는 게 아닐까?"[28]라는 문구를 인용하고 있다.

자신을 유대인이라고 생각한 유대 혈통의 오스트리아인이 (1931년부터) 그런 감정을 가졌다는 것은 분명히 주목할 만한 일이다. 또한 국가사회주의(나치의 정식 명칭은 독일국가사회주의노동당이다: 옮긴이)가 정치 무대에 등장하기 한참 전에 비트겐슈타인의 사고에서 인종주의적 성향을 찾아볼 수 있다는 것도 역시 주목할 만한 일이다. 이미 1914년에 그는 이렇게 쓴 바 있다.

…… 나는 우리 독일 민족의 상황을 몹시 안쓰럽게 여긴다. 세계에서 가장 우수한 영국 민족은 패배를 모른다. 하지만 우리는 패배할 수 있고, 조만간 패배할 것이다. 우리 민족이 패배하리라고 생각하면 몹시 우울하다. 나는 철두철미한 독일인이니까.[29]

---

* 19세기 반유대주의 소설의 하나로 '멜컴 부인'(Mrs. Malcolm)이라는 사람이 영역한 소설이 있다. 연대 표시 없이 19세기 말에 런던의 로크 출판사에서 *Debit and Credit*이라는 제목으로 출간된 이 소설은 인종적으로 순수한 안토니 볼파르트라는 주인공이 바이텔 이치히라는 사악한 유대인의 계획을 좌절시키는 내용이다.

비트겐슈타인은 확실히 자신을 독일인이라고 여기며, (열네 살의 히틀러가 그랬듯이) 역사적 투쟁들을 민족적 견지에서 바라보고 있다. 이제 린츠와 히틀러로 돌아가자.

『유대 백과사전』(Encyclopedia Judaica)에 나온 린츠 항목에는 1880년 이 도시에 사는 유대인의 수가 533명이라고 되어 있다.* 남성과 여성의 수를 비슷하게 보고 약간의 인구 증가를 감안하면 1904년 린츠의 유대인 남성은 대략 300명쯤으로 추산할 수 있다. 이 수치에서 레알슐레에 다닌 유대인의 수를 추측할 필요는 없다. 그 수치는 이미 기록에 있기 때문이다. 베르너 마저(Werner Maser)는 히틀러가 다닐 무렵 그 학교의 유대인이 열다섯 명이었다고 말한다.

총 학생수 329명 중 유대인은 열다섯 명이었다. …… 1902년 초에 히틀러의 학급인 1반에는 가톨릭교도가 스물여덟 명, 유대인이 여섯 명, 신교도가 다섯 명이었다.**

---

* *Encyclopedia Judaica* 11, article 'Linz', p.262. 나는 이 귀중한 정보를 오스트레일리아 멜버른에 있는 베스 이스라엘 사원의 랍비 존 레비(John Levi)에게서 얻었다. 1910년 *Britannica*에는 1900년 다뉴브 강 린츠 쪽 연안의 인구가 5만 8778명이었고, 맞은편 우르사르의 인구는 1만 2827명이라고 되어 있다. 히틀러의 유명한 의사였던 에두아르트 블로흐는 *Collier's*(1941. 3. 15, p.34)에 실린 「나의 환자 히틀러」라는 글에서 히틀러가 열세 살이던 무렵 "린츠는 인구 8만 명의 도시였다"고 말했다.

** Werner Maser, *Hitler*, Trans. Peter Ross and Betty Ross, Allen Lane, 1973, p.165. 비트겐슈타인은 유대인이 아니라 가톨릭으로 등록되었다(McGuinness, p.52). 이 사실을 방증하는 것은 히틀러가 말한 '더러운 유대인'이 유대인을 향한 게 아니라 독일인으로 자처한 유대 혈통의 소년을 향한 것이라는 예칭거의 주장이다. Bradley Smith, *Adolf Hitler*, 88쪽에 나온 학생들의 민족적 분류에 따르면 이탈리아인 1명, 세르비아인 1명, 체코인 4명, 독일인 323명이며, 종교적으로는 가톨릭교도 299명, 신교도 14명, 그리스 정교회 교도 1명, 유대교도 15명이었다. 라울 힐베르크(Raul Hilberg) 교수는 그들이 나치에 의해 제거되었다고 내게 말해 주었다. 그렇게 제거했다는 사실은 뭔가 숨길 게 있었음을 나타내는 것으로 보인다.

(그 소년이 유대인이고 '우리'와 동류가 아니라는 사실 이외에) 또 하나 히틀러가 주는 단편적 정보는 그가 '경솔하다'고 의심하면서 거부감을 보이게 된 근거다.

히틀러가 그 소년의 경솔한 태도를 의심하게 된 계기는 전기에 명확히 기록된 비트겐슈타인의 또 다른 특성과 밀접한 연관이 있다. 그것은 바로 광적일 정도로 '정직성'에 집착하는 태도였다. 비트겐슈타인은 인간관계에서 다른 어떤 자질보다 정직성을 가장 중시했다고 한다. 그러나 내가 '광적'이라는 표현을 쓴 이유는 그가 정직성을 표출하는 묘한 방식 때문이다. 그는 정직하다는 관념을 남에게 무엇이든 고백할 수 있다는 것으로 이해했다. 훗날 케임브리지에서 그는 자신의 내밀한 사생활을 고백하겠다고 고집을 부려 동료들을 당황하게 하곤 했는데, 그 대표적인 동료가 철학자 G. E. 무어(Moore)였다.*

그런 특성은 신경증의 일반적인 징후다. 그런 사람들은 고독감을 느끼기 쉽고, 고백의 행위가 자신이 고백하는 상대방과 일종의 내밀한 유대감을 형성하기 위한 수단으로 작용하는 경우가 많다. 말하자면 이렇다. "봐라, 내가 그대에게 얼마나 정직한지를. 나는 그대에게 내가 얼마나 썩었고 경멸스러운 인간인지를 솔직히 말하고 있다! 내가 그대를 진정으로 좋아하고 존경하니까 이 끔찍한 비밀을 털어놓지 않는가?" 하지만 고백의 상대방이 제 역할을 하려 하지 않을 경우에는 그 경험 자체가 대단히 불쾌해지게 된다. 몽크의 전기에 나오는 다음 대목은 비

---

* 몽크의 책에서 '고백'이라는 장, 361~84쪽 혹은 비트겐슈타인이 자신의 죄를 버트런드 러셀과 의논하는 64~5쪽을 보라. 68쪽에서 몽크는 러셀이 "비트겐슈타인과 단독으로 만나고 싶어했다"는 리턴 스트레이치의 주장과는 반대로, 러셀은 "그동안 내내 시달려 온, 비트겐슈타인의 '죄'를 따지는 일에 또다시 하룻밤을 보내기 싫었다"고 말한다.

트겐슈타인의 고백을 사람들이 어떻게 느꼈는지 보여 준다.

롤런드 헛(Rowland Hutt)과 파니아 파스칼(Fania Pascal)에게 고백을 들어 주는 것은 불편한 경험이었다. 그래도 헛에게는 리옹의 카페에 앉아서 비트겐슈타인이 자신의 죄를 크고 뚜렷한 목소리로 암송하는 것을 듣는 일이 그저 당혹스럽고 불쾌한 정도였다. 그에 비해 파니아 파스칼은 그런 짓거리에 진저리를 쳤다. 비트겐슈타인은 적절하지 않은 시간에 전화를 걸어 그녀를 만나러 가도 좋은지 묻곤 했다. 그녀가 급한 일이냐고 물으면 그는 아주 급하다고 대답했다. 그녀는 그와 마주앉아서 속으로 생각했다. '이런 종류의 고백을 이런 방식으로 하는 거라면 전혀 급한 일이 아닌데.' 더구나 고백하는 그의 태도는 완고하면서도 막연해서 그녀는 도저히 공감할 수 없었다.[30]

이런 이야기를 들으면, 비트겐슈타인이 신중하지 못하다는 정도의 말은 부당한 비방이기는커녕 오히려 조심스러운 평가라고 할 것이다.*
이런 식으로 남들에게, 특히 사춘기 소년들에게 '고백' 해야 한다고 생각한다면 다른 사람들에게서 상당한 거부감을 살 것이고, 나아가 경멸을 받아도 마땅하다고 보지 않을 수 없다.

이와 같은 '고백의 특성' 은 비트겐슈타인의 성년기만이 아니라 린츠의 소년 시절까지 거슬러 올라갈 수 있다. 그가 레알슐레에서 이런 '고백' 을 해야 한다고 느꼈다는 사실은 그 자신의 입을 통해서도 밝힌

---

*물론 여기서 내 의도는 히틀러를 옹호하려는 게 아니라 논점을 명확히 하려는 것이다. 또한 비트겐슈타인이 케임브리지에서 고백한 내용 중에는 자신이 유대인이라는 것도 있었다.

바 있다. 예를 들면 이 시기에(1904년경) 비트겐슈타인이 자신의 심리 상태에 관해 글을 남긴 것이 있다. 비록 간신히 알아볼 수 있는 기록이지만 모종의 성적 경험과 관련된 내용으로 보인다.[31] (몽크의 설명에 따르면, 이 글에서 'P'란 'Pepi'라는 친구를 가리키며 'G'란 비트겐슈타인의 누나인 마르가레테를 가리킨다.)

레알슐레의 수업에서 느낀 첫인상. '샤워'를 했다. 유대인들과 사귀었고 페피와도 사귀었다. 사랑과 만족. P와 결별. 힘든 학업. P와 화해하는 듯싶다가 다시 결별. 아무것도 모르는 듯 인생의 현실을 배우고 있다. G의 종교적 영향. 급우들과 고백에 관해 얘기. 다시 화해한 P와 미묘한 관계.

여기서 보듯이, 비트겐슈타인은 레알슐레 시절에 '급우들과 고백에 관한 얘기'를 나누었다는 것을 분명히 밝혔다.* 비트겐슈타인이 『나의 투쟁』에 나오는 '유대인 소년'과 동일 인물이라면, 그 소년이 경솔하다고 불평한 히틀러의 심정은 충분히 설명된다. 문화의 세례를 받은 빈 사람이라면 그것을 진정 용기 있는 행위라고 볼지 몰라도, 촌뜨

---

* 여기서 '샤워'라는 표현이 흥미롭다. 이에 관한 가설이 있다(누구라도 생각할 수 있는 가설이다). 학교에 샤워실이 있는데, 만약 비트겐슈타인이 할례를 받았다면 샤워를 할 때 그 사실이 모두에게 알려질 것이다. 케임브리지에서 비트겐슈타인은 튼튼하고 건강한 모습으로 비쳤으므로(예를 들어 그는 규칙적으로 시골길을 멀리 산책했다), 만약 그가 학교 체육관에 가지 않는다면 남들은 건강 문제보다도 그 두려움 때문이라고 생각할 것이다. 그와 그의 형 파울은 체육 클럽에 가입하려 했지만 **유대인이라는 이유로** 거부당했다. '샤워' 바로 다음 문장에 '유대인'이 언급되는 것은 명목상 가톨릭으로서는 낯선 연결인 듯 보이지만, 그가 할례의 의미를 생각하지 않을 수 없었다면 쉽게 설명된다. 제1차 세계대전 중에 비트겐슈타인은 다른 병사들과 함께 잠을 자야 했는데(이는 곧 남들 앞에서 옷을 벗어야 한다는 이야기다), 몽크는 그가 신에게 용서해 달라고 기도했다고 전한다. 여기서 모든 문제는 비트겐슈타인이 할례를 받았는지 여부에 달려 있다.

기 소년이라면 다소 다르게 볼 수 있다. 특히 비트겐슈타인의 고백이 역효과를 빚었다면 더욱 그럴 것이다. 만약 리옹의 카페에서 드러난 것처럼 그의 고백에 신경증적인 요소가 있었다면, 사람들이 그것을 의심스럽게 여기는 것도 당연하다.[*]

비트겐슈타인은 히틀러가 처음으로 반유대주의 성향을 가질 무렵 언급한 그 유대인 소년의 유력한 후보다. 비트겐슈타인이 다른 학생들과 겉돌았고 친구를 사귀려 하지 않았다는 것은 분명하다. 그런 만큼 급우들은 히틀러가 언급한 '유대인 소년'처럼 그를 불신했을 것이다. 또한 유대인 학생들이 박해를 받지 않았다는 맥기니스의 말은 유대인이라는 이유로 박해를 받지는 않았다는 의미로 볼 수 있다. 하지만 비트겐슈타인은 분명히 박해에 시달렸다.

비트겐슈타인이 겪은 박해('자우유트'의 사례는 별도로 하고)는 반유대주의라기보다 특정한 개인에 대한 거부감이었는지도 모른다.[**] 사춘기 소년들이 왜 그를 싫어했는지는 알기 어렵지 않다. 그의 배경과 성격이 그에게 불리하게 작용했고 고립을 초래했을 것이다. 그의 가문은 유대인 계열의 로트실트(Rothschild, 영국으로 온 그 가문의 한 갈래는 영국식으로 이름을 읽어 '로스차일드'가 된다: 옮긴이) 가문과 연관이 있었고, 그의 아버지는 중부 유럽의 제철 카르텔을 형성하여 경제를 좌지우지했다. 그의 가문은 엄청난 부자였다. 요컨대 당시 비트겐슈타인은 다른 소년들의 못마땅한 시선을 받을 만한 사유가 있었다(게다가 그

---

[*] 리옹의 카페 사건은 프랑스가 아니라 영국의 유명한 체인 레스토랑에서 일어난 일이다. 지금으로 치면 맥도널드 햄버거가게 같은 곳이었다.

[**] 학교에서 별다른 반유대주의적 박해가 없었던 것은 마저(Maser)도 증언하고 있다. 그는 히틀러에 관해 이렇게 쓴다. "만약 그가 학교에서 반유대주의적 행위를 보았다면, 『나의 투쟁』에서 그는 자기 급우들 중 여섯 명이 유대인이었다는 점을 분명히 강조했을 것이다."(*Hitler*, p.165)

는 급우들을 천하게 여기면서도 '당신' 이라고 호칭했다). 다른 유대인 학생들도 같은 취급을 받았는지는 확실히 알 수 없지만, 그것과 무관하게 그는 학교에서 '왕따' 를 당할 소지가 충분했다. 몸집도 작고, 운동도 못하고, 말도 더듬고, 동성애 성향도 가진 사춘기 소년이 급우들에게서 따돌림을 면하기는 어려웠을 것이다.

그러므로 비트겐슈타인이 『나의 투쟁』에 등장하는 인물이라는 것, 그가 바로 '린츠의 유대인' 의 유력한 후보라는 것은 상당히 신빙성 있는 추론이다. 우리는 또한 20세기의 가장 두드러지고 독특한 두 인물이 같은 학교에 다른 300명의 학생들과 함께 있었다는 사실에도 주목할 필요가 있다. 비트겐슈타인은 성격이나 가문의 특성으로 볼 때 다른 학생들의 주목과 질시를 받기에 딱 알맞은 대상이었고, 그 점에서 별다른 라이벌도 없었을 것이다. 더욱이 그는 1900년 당시 히틀러처럼 같은 연령 집단과 어울린 게 아니라, 다른 학생들이 이미 4년 동안 학교에 다니며 자기들끼리 우정을 쌓은 상황에서 학기 도중에 국외자로 학교생활을 시작한 처지였다. 그렇듯 완벽하게 희생양이 될 수 있는 인물이 둘이나 한 학교에 다닐 확률은 대단히 희박하다.

비트겐슈타인은 훗날 제1차 세계대전이 끝날 무렵 폴란드에서 러시아 선박에 포로로 잡혀 있을 때 선원들에게서 조롱당한 경험을 다음과 같이 술회했다.

> 내 앞에는 엄청난 어려움이 있다. 지금 나는 오래전 린츠의 학창 시절처럼 속임과 배신을 당한 처지다.[32]

이렇게 말하는 배경이 무엇인지는 확실치 않으나 히틀러가 『나의 투쟁』에서 '경솔하다'고 말하게 된 사건과 비슷할 것이다. 어쨌든 비트 겐슈타인에게는 10년 뒤에까지도 뇌리에 남을 만큼 무척 중요한 일이었다. 아마 비트겐슈타인이 민감하고 중요한 어떤 일을 누군가에게 털어놓았는데, 그 이야기를 들은 사람이 나중에 비밀을 누설했을 것이다.* 비트겐슈타인은 스물세 살 때 데이비드 핀센트(David Pinsent)에게 9년 동안이나 지독한 외로움에 시달렸고 자살 충동까지 느꼈다고 말했다. 그렇다면 그 외로움의 기원은 레알슐레에서 보낸 중요한 시기에서 찾을 수 있을 것이다.

『나의 투쟁』 둘째 권에는 배신과 (린츠의 유대인에게 없었다는) 신중함에 관한 구절이 나오는데, 여기서는 배신을 당한 사람이 히틀러라는 점이 다르다.

전쟁 중에 우리는 우리 국민들이 침묵하는 능력을 갖추지 못했다는 불평을 자주 들었다! 중대한 비밀을 우리의 적에게 누설하지 못하도록 하는 게 얼마나 어려운 일이던가! 하지만 자신에게 이런 질문을 해보라. 전쟁 전에 독일의 교육은 개인들에게 침묵을 가르치기 위해 무엇을 했던가? 말하기 안타까운 일이지만 학교에서조차 어린 밀고자가 때로는 침묵하는 급우들보다 인기가 많지 않았던가? 과거에도 그랬고 현재도 그렇듯이, 밀고는 '솔직함'이라며 칭찬을 받고 분별력은 괘씸한 고집으로 욕을 먹지 않는가? 신중한 태도를 남자다운 귀중한 미덕으로 간주하려는 노력이 조금이라도 있었던가? 없다. 우리의 현행 학

---

* 그 비밀이 어떤 내용인지 상상할 수 있는 근거가 있다. 정신과 의사인 알프레트 아들러(Alfred Adler)는 The Neurotic Constitution에서 비트겐슈타인을 분석 치료 한 적이 있다고 말했다.

교제도의 관점에서 보면 그것은 사소한 사항일 뿐이다. …… 이 자리를 빌려 말하건대, 예를 들어 교사는 원칙적으로 혐오스러운 고자질을 배양함으로써 어리석은 아이들의 하찮은 지식을 빼내려 해서는 안 된다. …… 친구들을 등치는 아이는 결국 반역을 하게 되고 심성을 배신하게 된다. 확대 해석하면 그것은 조국에 대한 배신과 다를 바 없다. 그런 아이는 결코 '선하고 훌륭한' 어린이로 볼 수 없으며, 바람직스럽지 못한 품성을 가진 것이다. 고자질의 악덕을 조장하면 교사는 자신의 권위를 높이기에 편리할지 모르나, 어린이의 마음에 장차 재앙을 초래할 심성의 씨앗을 심는 격이다. 대개 어린 밀고자는 자라서 기껏해야 악한이 되게 마련이다![33]

'어린 밀고자.' 비트겐슈타인은 어렸고 남들에게 죄를 고백했다. 또 히틀러는 그 해가 끝날 무렵 학교에서 쫓겨났다. 여기에는 뭔가 연관성이 있지 않을까? 일부 학자들은 히틀러가 반유대주의 성향을 가지게 된 시기가 레알슐레를 떠난 뒤 빈에 있을 때라고 말한다. 그 무렵 반유대주의 책자들을 읽으면서 그런 성향을 키웠다는 주장이다. 히틀러가 빈에서 반유대주의 책자를 읽었다는 사실은 분명하지만, 내가 보기에 그토록 강렬한 증오심의 원인이 단지 그것뿐이라는 가설은 터무니없게 여겨진다. 그의 반유대주의는 그보다 더 일찍 시작되었음이 분명하다. '자우유트' 사건은 이미 본 바 있다. 마저는 이렇게 쓴다.

쿠비체크(Kubizek)는 1904년, 그러니까 히틀러가 그 학교에 다니던 무렵에 그를 처음 만났는데, 당시 그의 태도가 이미 '명확하게 반유대주의적'이었다고 말한다.[34]

웨이트가 연구한 히틀러의 심리를 보면 1903년 아버지가 사망한 뒤 히틀러의 가정이 제법 재정적 자립을 누리던 시기에 관한 설명이 나온다.

그는 지방 주도(州都)에서 예술을 비평하고 후원하는 여가 생활을 즐기면서, 지역 박물관과 도서관에 자주 다녔고 린츠의 오페라 공연을 거의 빼놓지 않고 관람했다. 흰 셔츠, 우아한 넥타이와 넥타이핀, 잘 재단된 트위드 양복을 깔끔하게 차려입고 챙이 넓은 검은색 모자를 대담한 각도로 쓴 그의 차림은 거리 젊은이들의 부러움을 샀다. 겨울에는 비단으로 테두리를 댄 검은색 외투를 입었다. 오페라를 관람할 때는 검은색 가죽장갑에 상아 손잡이가 달린 지팡이와 중산모 차림을 즐겼다.[35]

레알슐레 학생들 중 히틀러를 제외하고 오페라를 자주 관람한 학생은 얼마나 되었을까? 적어도 한 명은 있었다. 그는 오페라를 관람하는 데 필요한 값비싼 옷차림 정도는 전혀 걱정할 게 없는 부유한 가정 출신이었다. 지휘자인 브루노 발터(Bruno Walter)는 그 소년의 집에 자주 드나들었고, 빈 오페라하우스의 지휘자인 구스타프 말러(Gustav Mahler)도 소년의 집을 방문했다. 브람스는 소년의 집에서 사적인 공연까지 벌일 정도였다. 또한 음악사가들이 19세기의 가장 위대한 바이올린 연주자로 꼽는 사람——비트겐슈타인의 친척인 요제프 요아힘(Joseph Joachim)——은 그의 아버지와 같은 집에서 자랐다.[36] 나중에 보겠지만, 히틀러의 우상인 리하르트 바그너는 그 사람을 어느 유대인보다도 더 미워했다.

히틀러의 그림들

히틀러는 예술에 관심을 보였으나 그 빈 출신의 소년은 폰 알트(von Alt)와 클림트(Klimt)의 회화, 로댕(Rodin)과 메슈트로비치(Mestrovic)의 조각에 조예가 깊었다.[37] 존스(Jones)는 히틀러가 그린 그림에 관해 이렇게 말한다.

초기 시절의 드로잉은 거의 남아 있지 않지만 서툰 솜씨의 그림 몇 점이 전해지는데, 주로 건축적인 성격이었고 오스트리아의 거장인 루돌프 폰 알트의 양식을 본뜬 작품들이었다.[38]

히틀러의 예술적 취향을 어떻게 보든 그는 자신의 예술을 알고 있었다. 히틀러의 예술이 폰 알트를 모방했다는 존스의 말이 옳다면, 히틀러는 음악적 모범으로 삼은 바그너의 경우처럼 폰 알트에 관해서도 속속들이 알기 위해 노력했을 것이다. 그러므로 폰 알트의 작품들이 한 교우의 집에 소장되어 있었다는 것은 결코 사소한 일이 아니다. 나중에 보겠지만 카를 비트겐슈타인은 당시 오스트리아 예술계에 매우 중요한 후원자였다.

『담화』(*Table Talk*)에서 마르틴 보르만(Martin Bormann)이 전하는 바에 따르면, 히틀러는 이렇게 말했다고 한다. "유대인은 브람스를 정상으로 만들어 주었다. 그는 응접실에서 명사로 통했다."[39] 그가 말하는 응접실은 어떤 곳이었을까? 그곳을 찾을 수 있다면 그가 어떤 사람들을 유대인이라고 칭했는지 알 수 있을 것이다. 브람스와 관련하여 빈에서 그런 응접실을 찾는다면 그곳은 바로 비트겐슈타인 저택이다. 브람스의 몇 작품은 거기서 공식적으로 초연되었다.

그 의미심장한 1904년의 학창 시절 린츠의 히틀러에 관한 보고 중에는 다음과 같은 것도 있다.

…… 그 도시는 분명히 히틀러에게 계급적 이질감을 안겨 주었다. 레알슐레에서 그는 '친구도 벗도' 사귀지 못했다. 학기 중에 동년배의 다섯 학생과 함께 기숙하던 초라하고 낡은 세키라 부인의 집도 더 나을 게 없었다. 그는 주변과 어울리지 못한 채 이방인으로 지냈다. 어느 기숙생은 이렇게 회고한다. '다섯 명의 소년들은 아무도 그와 친구가 되지 않았다. 우리 동급생들은 자연스럽게 서로를 '너'라고 불렀지만 그는 우리를 '당신'이라고 호칭했다……."[40]

흥미로운 이야기다. 그 학교를 다닌 다른 사람의 보고에도 바로 그와 같은 태도의 문제가 등장하기 때문이다. 1904/5년도에 레알슐레 학생 두 명의 기록에 같은 내용이 나오는 것은 주목할 만한 사실이다. 다른 학생은 너무도 특이하고 흥미로운 성격이었으므로 그의 어투와 태도는 그가 사망한 지 10년이 지난 뒤에까지도 케임브리지의 철학 강사들에게서 찾아볼 수 있었다. 그것을 단지 우연의 일치로 여기고, 1904

년에 어떤 학생들(역사가의 관점에서 가장 흥미를 끄는 소년들)이 그냥 다른 학생들에게 특별히 정중하게 대한 것이라고 보면 되는 걸까? 히틀러의 그런 태도는 항구적이지 않았던 듯하다. 예칭거는 1938년에 케플링거(Keplinger)와 나눈 대화를 이렇게 기록한다.

"성인이 되어서 히틀러와 다시 만난 적이 있습니까?"
"네. 1927년 여름이었죠. 사업상 뮌헨에 있을 때 그에게 전화를 했어요. 그는 즉각 자동차를 보내 주고 브라운 하우스 앞에서 나를 기다렸습니다. 날이 더워서 반바지와 셔츠 차림이었죠."
"그에게 뭐라고 인사했나요?"
"'세르부스(servus, 노예라는 뜻의 라틴어), 히틀러'라고 했죠."
"그가 '당신'이라고 불렀습니까, '너'라고 불렀습니까?"
"물론 '당신'이었죠! 급우를 '너'라고 부르지는 않습니다!"[41]

비트겐슈타인의 누나인 헤르미네는 동생이 사용하는 '당신'이라는 표현에 관해 다음과 같이 말한다.

세월이 흐른 뒤에 동생의 동창 한 사람이 내게 말하기를, 루트비히는 다른 학생들에게 마치 외계에서 날아온 사람처럼 보였다고 했다. 동생은 다른 학생들과 생활양식이 전혀 달랐다. 예를 들면 급우들에게 '당신'이라는 격식을 갖춘 대명사를 썼다. 그렇잖아도 관심사나 읽은 책들이 남들과 크게 달랐는데, 그런 호칭 때문에 동생은 더욱 친구들과 어울리지 못했다. 아마 동생은 급우들보다 더 나이가 많은 듯했다. 반드시 나이가 아니더라도 동생은 남들보다 더 성숙하고 진지했다. 무엇보다도 동생은 특이할 만큼 예민했다. 동생에게도 다른 급우들은 마치 다른 세계, 끔찍한 세계에서 온 것처럼 보였을 것이다!*

'당신'이라는 호칭과 관련된 일이 비트겐슈타인과 히틀러 두 사람에게 모두 있었다는 사실은 여러 친척들, 급우들, 역사가들이 각자 별도로 눈여겨보았지만, 그 주목할 만한 습관이 그 해의 가장 역사적으로 중요한 두 학생에게 **공히** 일어났다는 놀라운 사실을 두고 아무도 별다른 견해를 내놓지는 않았다. 히틀러가 '당신'이라는 호칭을 계속 사용한 것에 관해 알베르트 슈페어(Albert Speer)는 이렇게 말한다.

1923년에 에카르트가 죽자 히틀러가 '너'라고 부르는 가까운 친구는 헤르만 에서, 크리스티안 베버, 율리우스 슈트라이허, 에른스트 룀 네 사람이 남았다. 에서의 경우 히틀러는 구실을 만들어 1933년부터 다시 격식을 차린 '당신'이라는 호칭을 사용했다. 또한 베버는 피했고, 슈트라이허는 매몰차게 대했으며, 룀은 살해당했다.[42]

『나의 투쟁』에서 히틀러는 '독일인'처럼 보이려 하는 유대인들의 '파렴치한 사기'를 비난하면서 "독일 정신은 전혀 없고 말 더듬는 기술만 가진"[43] 유대인에 관해 언급한다. 그 전에 그는 ('유대인 소년'을 말하는 바로 그 페이지에서) 마찬가지 맥락으로 린츠의 유대인들에 관해 다

---

* Hermine Wittgenstein, ‘My Brother Ludwig’, *Recollections of Wittgenstein*, p.2. 헤르미네의 추측은 사실 잘못이다. 루트비히는 다른 급우들보다 한 살 적었고, 히틀러는 자기 반의 다른 급우들보다 한 살 많았다. 그래서 히틀러는 6일 먼저 태어났음에도 그 어리고 동성애자인 데다 억만장자의 상속인인 비트겐슈타인보다 2학년이 후배였다.

음과 같이 말한 바 있다.

오랜 세월을 보내면서 그들의 외모는 유럽인화하였고, 인간다운 모습을 취하게 되었다. 실은 나조차 유대인을 독일인으로 착각할 정도다.

실제로 비트겐슈타인은 말도 더듬었고 유대인이 아니라 독일인처럼 보이려 했다. 『나의 투쟁』을 읽은 사람들은 히틀러가 유대인 전체를 말더듬이라고 부당하게 몰아붙였다고 생각할 것이다. 하지만 그는 비트겐슈타인 소년을 특별히 염두에 두고 말한 게 아니었을까?

『나의 투쟁』의 '국가와 민족' 부분은 유대인이 아리아 인종을 오염시키는 과정을 추적하는 데 전체를 할애하고 있다. 여기서 히틀러는 '독일 군주들'과 국가들을 맹렬하게 비난한다.

독일 민족이 유대인의 위협에서 영원히 벗어나지 못하는 이유는 독일 군주들 때문이다.*

유대인과 귀족의 결혼에 대해서는 다음과 같이 언급한다.

유대인 남자는 결코 그리스도교 여자와 결혼하는 법이 없다. 그리스도교 남자는 유대인 여자와 결혼한다. 하지만 그런 놈은 유대인을 흉내낸다. 특히 일부 지체 높은 귀족들은 완전히 타락한다.[44]

---

* *Mein Kampf*, p.282. **오스트리아** 군주들이라고 말하지 않은 점에 주목하라!

이제 비트겐슈타인은 귀족의 성(姓)을 얻었다. 모제스 마이어가 성을 취한 비트겐슈타인 가문은 원래 독일 비트겐슈타인 주의 바드 라아스페에 성(城)을 가진 군주 가문이었다.* 루트비히의 할아버지인 헤르만 크리스티안 비트겐슈타인은 유대인 여성과 결혼했다. 몽크는 케임브리지 시절 비트겐슈타인에 관해 다음과 같이 말한다.

비트겐슈타인은 평소에도 귀족이라는 인상을 주려고 애썼다. 거기에는 필경 허영심이 작용했을 것이다. 예를 들어 F. R. 레아비스는 언젠가 그가 "우리 집에는 그랜드피아노가 일곱 대나 있다"고 자랑하는 것을 듣고, 그가 음악 연감에 나오는 비트겐슈타인 후작부인과 친척 관계인가 보다라고 생각했다. 실제로 케임브리지에서 비트겐슈타인은 독일의 귀족 가문인 자인-비트겐슈타인(Sayn-Wittgenstein)가문 출신이라는 소문이 널리 나돌았다.[45]

케임브리지에서 그렇게 처신했다면 레알슐레에서 히틀러에게도 마찬가지로 행동했으리라는 추측이 가능하다.** 그렇다면 우리는 당연히 "음악 연감에 나오는 비트겐슈타인 후작부인"이 궁금해지지 않을 수 없다. 그녀는 누굴까?

레아비스가 말하는 '비트겐슈타인 후작부인'는 프란츠 리스트의 정부였다. 그런데 리스트가 또 다른 정부와의 사이에서 낳은 서녀(庶女) 코지마는 바로 반유대주의 작곡가인 리하르트 바그너와 결혼했다.

---

* 그 지역의 경계선은 샤를마뉴의 시대부터 거의 변하지 않다가 1975년에 확대되어 지겐-비트겐슈타인이 되었다.
** 마침 그 무렵 그는 어머니를 졸라 값비싼 그랜드피아노를 구입했다.

다시 말해 '비트겐슈타인'이라는 여성은 히틀러가 자신과 같은 튜턴족의 순수 혈통이라는 면에서 가장 숭배하던 인물의 장인과 사통한 관계였다.* 미래에 바그너 부인이 되는 코지마는 비트겐슈타인 부인을 싫어했다. 나중에 보겠지만, 어린 코지마를 그녀의 어머니에게서 떼어 내 멀리 보낸 사람은 바로 비트겐슈타인 부인이었다.

가수인 디트리히 피셔-디스카우(Dietrich Fischer-Dieskau)는 코지마가 한스 폰 뷜로(Hans von Bulow)를 버리고 바그너와 결혼했다고 말한다.

결혼할 무렵 코지마는 엇갈리는 감정에 휩싸였다. 아버지에게서도, 또 어머니인 마리 다구(Marie d'Agoult) 백작부인에게서도 아무런 전갈이 없었다. …… '타락한 여인'이라고 경멸과 비난을 보낼 법한 폰 뷜로 노부인에게서도 아무 말이 없었다. 하지만 코지마를 가장 괴롭힌 것은 자인-비트겐슈타인 후작부인의 증오였다. 아버지의 정부이자 평생의 동반자인 그녀는 냉정하고 심술궂은 여인이었으며, 나이가 들면서 더욱더 신앙심이 깊어지는 척했다. 자신이 과거에 리스트 때문에 가정, 돈, 명예를 버렸다는 사실은 아예 잊은 듯했다.[46]

그녀의 이야기는 계속된다.

---

*카롤리네 비트겐슈타인 부인(1887년에 사망)은 원래 러시아 태생으로, 자인-비트겐슈타인 가문에 시집온 사람이었다. 그러므로 그녀는 모제스 마이어의 후손이 아니지만 지방 학교의 열다섯 살짜리 소년들은 그 차이를 제대로 알지 못했을 것이다. 게다가 마이어 비트겐슈타인 가문은 고급문화를 즐겼고 대단한 부자였다. 코지마 바그너(1837~1930)는 파리에서 비트겐슈타인 후작부인이 엄격하게 발탁한 가정교사 두 명에게서 교육을 받았으며, 니체의 *Ecce Homo*에서는 세련된 취향으로 칭찬을 받기도 했다. 비트겐슈타인 부인과 코지마 바그너의 관계가 가지는 의미는 다음 장에서 다룰 것이다.

유대인을 유혹한 그 부인은 코지마의 '고정관념', 즉 그녀에게 늘 잠재해 있던 반유대주의를 표면화시켰다. 어떤 전기 작가들은 그녀가 평생토록 경멸한 계모 비트겐슈타인 부인이 유대계라는 사실과 반유대주의를 결부시키기도 했다.[47]

자인-비트겐슈타인 가문이 유대 혈통이라는 것은 주목할 만한 사실이다. 바그너의 사위인 휴스턴 스튜어트 체임벌린(Houston Stewart Chamberlain, 영국 출신으로 독일 민족주의를 주창한 철학자: 옮긴이)은 장인처럼 반유대주의자였는데, 1920년대에 히틀러를 만났다. 히틀러는 『나의 투쟁』에서 그를 칭찬했고 그의 장례식에도 참석했다. 1923년의 기록에 따르면, 히틀러의 서가에는 체임벌린이 쓴 바그너 전기가 꽂혀 있었다.[48] 만약 그 책을 읽었다면 히틀러는 학창 시절이 아니더라도 자인-비트겐슈타인 가문이 바그너와 연관이 있다는 사실을 알았을 것이다. 물론 히틀러는 바이로이트에서 열린 바그너 음악제에 참석했으며, 비니프레트 바그너(Winifred Wagner, 바그너의 며느리: 옮긴이)와 늙은 코지마 바그너를 만나기도 했다.

바틀리[49]는 『타임스』에 실린 비트겐슈타인의 부음 기사에 비트겐슈타인이 자인-비트겐슈타인 가문으로 되어 있는 점을 지적하며 "이 가문의 몇몇 사람은 종종 루트비히 비트겐슈타인 가문과 친척 관계라고 말했다"고 한다. 만약 자인-비트겐슈타인 가문이 정말 바그너와 체임벌린의 반유대주의 성향과 연관이 있다면, 이것은 대단히 중요한 사실이다. 그러나 바그너의 반유대주의와 비트겐슈타인 가문 간에는 더 직접적이고 중요한 연결고리가 있다. 그 상세한 내용은 다음 장의 주제다.

『나의 투쟁』의 '국가와 민족' 부분에는 주목해야 할 점이 또 있다.

유대인의 침투 과정을 설명한 뒤 히틀러는 '궁정 유대인'(court jew, 유럽의 그리스도교 귀족들에게 돈을 빌려 주고 재정을 관리해 준 유대인 은행가와 기업가: 옮긴이)에 관해서 쓴다.

그는 돈과 관련된 모든 일에서 능란하면서도 악랄한 방법으로 곤궁한 백성들의 돈을 쥐어짜 낸다. 사람들은 금세 맨주먹만 남게 된다. 그래서 모든 궁정마다 '궁정 유대인'이 있다. 이들은 '친애하는 국민들'을 괴롭혀 좌절을 안겨 주고 군주에게는 영원한 즐거움을 가져다 주는 괴물 같은 존재다. 그러니 이 인류의 장식품이 장식의 기능만 하다가 세습 귀족으로 발달하여 전통적인 관례를 우스꽝스럽게 만들 뿐 아니라 악화시킨다는 사실은 새삼 놀랄 일도 아니다. 말할 것도 없이 그는 자신의 지위를 악용하여 자신의 영달을 추구한다. 이윽고 그는 세례만 받으면 국민들의 모든 가능성과 권리를 빼앗을 수 있게 된다. 그 거래는 교회의 아들보다 교회에게 이득을 주며 사기극을 통해 이스라엘에게 이득을 준다.[50]

'궁정 유대인'과 그리스도교로 개종한 유대인을 겨냥한 이 문구를 보면 히틀러가 염두에 둔 사람이 과연 누구인지 궁금해진다. 그는 어떤 역사적 사실을 말하는 걸까? 로트실트 가문을 가리키는 걸까, 아니면 나치의 선전 영화 「유대인 쥐스」(*Jew Süss*)에 나오는 궁정 유대인을 가리키는 걸까? 로트실트 가문은 궁정 유대인이었으나 유대인의 편을 굳게 지켰으므로 히틀러가 그들을 가리키진 않았을 것이다. 비트겐슈타인의 문헌 관리자인 앤스컴(Anscombe) 교수는 비트겐슈타인과 나눴던 대화를 내게 말해 주었다. '비트겐슈타인'이라는 이름의 기원에 관한 앤스컴의 물음에 그는 자기 조상이 궁정 유대인이었다고 대답했다. 로트실트 가문과 달리 비트겐슈타인 가문은 그리스도교로 개종했다.

계속해서 히틀러는 유대인이 주식시장을 조작하는 등의 부정행위를 저질렀다고 주장하는데, 루트비히의 아버지인 카를 비트겐슈타인이라면 충분히 했음직한 짓이다. J. C. 니리(Nyiri)는 카를이 1888~1905년에 쓴 신문 기사들을 모아 출간했다.* 그 기사들은 관세와 국적 문제, 카르텔을 옹호하는 문제를 주로 다루었는데, 그 중 주목할 것은 1900년에 발표된 두 가지 기사다. 여기서 그는 주식시장의 조작에 관여하지 않았다고 주장한다. 하나는 1900년 6월 20일자 『아르바이터차이퉁』(Arbeiterzeitung, 사회당 기관지)에 실린 글이고, 다른 하나는 1900년 6월 24일자 기사다. 앞의 글에서 카를 비트겐슈타인은 이렇게 말한다.

어떤 신문들은 내가 주식 거래와 모종의 관련이 있다고 오래전부터 주장해 왔고, 지금도 그렇게 주장하고 있다.[51]

카를 비트겐슈타인은 그 주장을 부인하지만, 여기서 중요한 것은 그런 소문이 제국 전체에 널리 퍼져 있었고 그가 그 점에서 악명이 높았다는 사실이다. 맥기니스는 카를 비트겐슈타인의 기업 활동에 관해 다음과 같이 설명한다.

비트겐슈타인은 결국 기업 활동에서 손을 떼었는데, 여기에는 논란이

---

* *Karl Wittgenstein: Politico-economic writings*, John Benjamins Publishing Company, 1984. 이 훌륭한 책에는 니리와 맥기니스가 쓴 서문과 J. Barry Smith가 쓴 영문판 개요가 있다.

없지 않았다. 1898년 말경에 그의 동료들은 얼마 전에 축적된 프라하 회사의 적립금을 배분하려 했다. 이것은 명백한 주식 거래 조작이었고, 신문에서 혹독한 비난을 받았다. 심지어 추정 상속인인 프란츠 페르디난트(Franz Ferdinand) 대공이 관련되어 있다는 소문도 나돌았다. 결국 배분 문제는 1년 동안 지연되었으며, 크레디트-안슈탈트의 경영진은 프라하 회사의 이사직에서 물러나고 비트겐슈타인은 크레디트-안슈탈트의 이사직에서 물러났다. 비트겐슈타인이 자기 몫의 주식을 내놓았을 때 (그가 제철소를 그만둔 날 27플로린이나 떨어졌던) 주가가 갑자기 치솟은 것은 우연이 아니었다. 1년 뒤 카를 크라우스가 지적한 바에 따르면,[52] 배당금이 60플로린에서 50플로린으로 떨어지고 주가가 100플로린이나 하락했으나 비트겐슈타인은 이미 그 회사와의 관계를 끊었다고 공언했다.*

카를 비트겐슈타인은 『아르바이터차이퉁』 이외에 다른 신문들에도 기사를 썼다. 다음은 그 기사들의 목록이다. 니리의 책에 나온 것들을 연대순으로 정리했다. (여기 나온 글이 전부가 아니다.)

- 아메리카 여행에서 받은 인상, 『노이에 프라이에 프레세』(*Neue Freie Presse*), 1888년 8월
- 통화의 동화, 『노이에스 비너 타크블라트』(*Neues Wiener Tagblatt*), 1892년

---

*McGuinness, p.16. 히틀러는 유대인이 1차 대전을 일으켰다고 생각했다. 전쟁의 기폭제가 된, 암살된 오스트리아 대공이 비트겐슈타인 가문의 적이었다는 사실에 유의할 필요가 있다.

- 유덴부르크, 킨트베르크, 무르추슐라크에서 몰수된 낫 제품, 『노이에 프라이에 프레세』, 1892년
- 유덴부르크, 킨트베르크, 무르추슐라크에서 몰수된 낫 제품, 『노이에 프라이에 프레세』, 1892년 (비트겐슈타인이 법의 정신에 어긋나는 활동을 했다고 주장하는 기사에 항변하는 둘째 보고. 앞의 보고는 그가 생산한 세 가지 낫 제품을 몰수하고 창고를 봉인한 당국의 처사를 비난하는 내용이었다. 이 두 보고는 니리의 책에 10쪽에 걸쳐 소개되어 있다.)
- 오스트리아의 카르텔, 『노이에 프라이에 프레세』, 1894년
- 세계 여행에 관하여, 『노이에 프라이에 프레세』, 1898년
- 아메리카에서 산업 발달이 이루어진 원인, 『차이트슈리프트 데스 오스터. 잉게니오이르 운트 아르키텍텐 페라이네스』(*Zeitschrift des Osterr. Ingenieur und Architekten Vereines*), 1898년
- 비트겐슈타인 씨의 선언, 『아르바이터차이퉁』, 1900년
- 비트겐슈타인 씨의 둘째 선언, 『아르바이터차이퉁』, 1900년
- 현대 통상 정책, 『노이에스 비너 타크블라트』, 1901년
- 착각의 정치, 『프라하 타크블라트』, 1902년
- 헝가리의 곡물과 오스트리아의 낫, 『노이에스 비너 타크블라트』, 1902년
- 눈 먼 아메리카, 『인두슈트리에』(*Industrie*), 1902년경
- 편집자에게 보내는 서한, 『인두슈트리에』, 1902년
- 자유무역과 보호, 『차이트슈리프트 데스 오스터. 잉게니오이르 운트 아르키텍텐 페라이네스』, 1903년
- 신년의 성찰, 『보헤미아』(*Bohemia*), 1905년
- 제국독일의 산업침체와 오스트리아 경제사정(미발표 혹은 날짜미상)

당시 카를 비트겐슈타인은 단순한 기업가가 아니라 제국의 지성계에서 적극적인 역할을 수행하면서 오랜 기간에 걸쳐 각종 신문에 수준 높은 글을 기고하던 유명 인사였다.

공교롭게도 『노이에 프라이에 프레세』와 『노이에스 비너 타크블라트』는 히틀러의 직접 지시에 따라 폐간되었으나, 독일과 오스트리아의 다른 유대인 소유 신문들은 유대인 숙청 이후에도 발간이 허용되었다.* 빈에 머물던 시절에 히틀러가 『노이에 프라이에 프레세』를 읽었다는 사실은 『나의 투쟁』에 분명히 나와 있다. 린츠의 유대인 소년을 언급한 부분 다음 쪽에서 그는 "이른바 세계 언론(『노이에 프라이에 프레세』, 『비너 타크블라트』 등)을 열심히 읽었다"고 말했으며, 반유대주의를 몇 쪽에 걸쳐 설파한 뒤 이렇게 쓰고 있다.

이제 나는 이런 관점에서 친애하는 '세계 언론'을 검토하기 시작했다. 그런데 깊이 조사하면 할수록 예전에 가진 존경심은 점점 줄어들었다. 기사들의 논조는 점점 더 견디기 어려워졌다. 마침내 나는 그 내용이 본질적으로 천박하고 진부하다고 생각하지 않을 수 없었다. 설명의 객관성은 내가 보기에 정직한 진실보다는 거짓에 가깝다. 필자들은 바로 유대인이었다.[53]

사실 그랬다. 필자의 한 사람인 카를 비트겐슈타인은 '세계 언론'인 그 신문들을 통해서 정부의 관세 정책과 농민 보호 정책을 비판했

---

* 예를 들어 Frank Field의 카를 크라우스 연구인 *The Last Days of Mankind*(Macmillan, 1967) 237쪽을 보라.

다.* 여기서 다시 한 번 히틀러의 아버지인 알로이스가 세관원이었다는 사실을 상기하라. 1901년에 카를은 "과거 젊은 시절에 우리는 모두 자유무역을 지지했으며, 지금도 일부는 변하지 않았다"**고 썼다. 평생 징세 업무를 담당한 사람이 정부 정책을 비난하는 신문 기사를 어떻게 생각하겠는가? 더욱이 유대인과 깊은 연고가 있고, 수상쩍은 공적 명성을 가진 기업가가 쓰는 신문 기사라면 말할 것도 없다. 그가 부음 기사에 나온 것처럼 '박식한 인물'이라면 다소 편견이 섞인 반응을 보일 것은 당연지사다. 그의 아들이 지닌 가족적 성향으로 미루어 보면 아마 격노했을 것이다. 관세가 폐지된다면 생계 수단이 없어질 뿐 아니라 인생의 존재 근거가 의문시될 판이다. 그러니 알로이스가 빈의 영향력 있는 인물들에 관해 단호한 견해를 가졌을 것은 뻔하다. 히틀러의 기록을 보자.

나는 아버지에게 크게 고마워하고 있다. 아버지는 세관원이었다. 오스트리아인과 바바리아인, 독일인과 슬라브인, 이탈리아인과 프랑스인을 두루 알았다. 아버지가 보기에 오스트리아는 언제나 위대한 조국 독일의 일부분일 따름이었다. 나는 어릴 때부터 아버지가 수도에 모여 사는 잡종들의 도당이 빈을 지배한다고 말하는 것을 들었다. 훗날 나는 그 사실을 직접 체험할 수 있었다.[54]

---

* McGuinness, p.15. 카를 비트겐슈타인이 유대인인지 여부는 논란의 대상이었다. 그는 분명히 세례를 받은 그리스도교도였으므로 유대 공동체의 관점에서 보면 유대인이 아니었다. 그러나 장차 탄생할 나치의 견해는 달랐다. 나는 히틀러의 반유대주의가 정통 유대인들이 유대인이라고 간주하지 않는 인물과의 접촉으로 생겨났을지도 모른다는 무시무시한 추측을 가지고 있다.
** Nyiri, p.56. 그럼에도 불구하고 카를 비트겐슈타인은 농업과 카르텔을 어느 정도 보호해야 한다는 견해를 가졌다.

맥기니스는 또한 카를의 행위가 제국 내에 **민족적** 결과를 낳았다고 말한다.

…… 비트겐슈타인이 말한 것처럼 국적을 둘러싼 투쟁은 사실 빵을 얻으려는 투쟁이었다. 그러나 산업이 발달하면서 민족들 간의 대비는 더욱 커졌다. 여기서 성공한 그는 기업을 확장하고 체코인들을 독일인들보다 낮은 임금으로 고용했다. 결과적으로 (카를 크라우스가 지적했듯이)[55] 체코의 공업 지역에서 슬라브인들의 힘이 커졌고, 민족적 갈등은 더욱 첨예해졌다.*

카를 비트겐슈타인의 기업 활동은 1904년에 특히 두드러졌다.

은행들은 중요한 야금술에 큰 관심을 보였으나 비트겐슈타인의 프라하 제철소는 독자적인 행동이 가능한 위치에 있었다. 1904년에 보헤미아 제철소가 비트겐슈타인의 회사에 정식 합병되어 회사의 자본이 2450만 크라운으로 늘어났다. 이 회사는 체코 지역만이 아니라 오스트리아-헝가리 제국 전체에서 가장 큰 수익을 올리는 기업 중 하나가 되었다. 1912년에 회사의 자본은 3600만 크라운으로 증가했고, 순익은 거의 1600만 크라운에 달했다.[56]

1904년에 제국의 산업적 기반에서 그처럼 커다란 변화가 일어났

---

* McGuinness, p.15. 히틀러가 유대인들을 가리켜 "농촌에서 대도시로 이주해 먹고살기 위해 공장 노동자로 일하는 수백만이나 되는 사람들의 집단"(*Mein Kampf*, p.288)이라고 말한 것과 비교해보라.

다는 소식은 린츠의 정보에 밝은 신문 독자라면 누구나 알았다고 볼 수 있을 것이다. 그 거물 기업가의 아들이 시골 학교에 다녔다는 사실을 감안할 때, 『나의 투쟁』에서 드러난 맹렬한 반유대주의는 언뜻 유대인 전체를 향한 것처럼 보이지만 실은 비트겐슈타인 가문과 연관된 유대인을 향한 것이었다고 보는 게 옳을 듯하다.

카를 크라우스가 카를 비트겐슈타인을 비판하는 필봉을 휘두른 사실도 의미심장하다. 크라우스는 그저 그런 언론인이 아니라 나름대로 20세기 오스트리아 문단의 거물이었다. 위스트리치(Wistrich)[57]는 『노이에 프라이에 프레세』 편집장인 모리츠 베네딕트(Moritz Benedikt), 비트겐슈타인 카르텔에 소속된 기업으로 카를 비트겐슈타인의 친척이자 스승인 파울 쿠펠비저(Paul Kupelwieser)가 경영을 맡은 비트코비츠 제철소와 관련된 반유대주의에 관해 크라우스가 『디 파켈』(*Die Fackel*)[58]에서 말한 내용을 인용한다.

일부 이름 없는 유대인이 고통을 겪었고 몇몇 교사가 승진하지 못했으나 로트실트가 현지 사업에서 얻은 이익은 막대하다. 베네딕트 씨는 지난 20년 동안 빈의 유대인들에게 비트코비츠(로트실트 소유의 제철소)의 대차대조표 외에 다른 실질적 이익이란 없다고 설득했다. 그러므로 『노이에 프라이에 프레세』의 독자들이 뤼거(Lueger, 빈의 시장을 지낸 오스트리아의 정치가: 옮긴이) 체제에서 매우 안락함을 느끼는 것은 당연하다.[59]

위스트리치는 또한 크라우스의 글이 1933년 나치의 금서 조치를 모면했다는 점에 주목한다. 그 이유는 "세계 유대 경제의 국제적 음모를 폭로했기 때문"[60]이라는 것이었다. 실제로 그가 카를 비트겐슈타인에 관해 쓴 글의 내용은 그러했다.

다음 글은 1890년까지의 로트실트의 비트코비츠 제철소와 비트겐슈타인의 프라하 제철소의 현황을 비교하고 있다.

> 대형 제철소들 가운데 가장 강력한 것은 비트코비츠 제철소였다. 논의되는 시기 전반에 걸쳐 제철소들은 로트실트와 구트만 민영 은행의 소유였다. 프라하 제철소는 …… 비트코비츠 제철소에 버금갔으며, 철강 산업의 집중을 지향하는 가장 역동적인 기업이었다.[61]

로트실트와 비트겐슈타인은 복수심에 불타는 '유대인 독점자본'이며, 제국 경제의 핵심을 지배하는 강력한 철강 카르텔이다. 이 점은 대단히 중요하다. 히틀러의 반유대주의에 대한 과거의 설명에 따르면, 그는 유대인 권력자를 전혀 알지 못했고 빈 시절에 반유대주의 책자들을 통해 자신의 견해를 구축했다고 한다. 하지만 지금 밝혀진 바에 따르면, 히틀러는 감수성이 예민한 학창 시절에 제국의 주요 산업 부문을 지배하는 영향력 있는 유대인 가문과 연계를 가졌다. 그 가문은 히틀러가 도저히 모를 수 없을 만큼 유명했다. 카를 비트겐슈타인은 제국의 철강 산업을 주무르고, 영리하게 활동하면서 제국 전역에 배포되는 유수한 신문들을 통해 무역 문제에 관한 자신의 견해를 홍보한다. 그의 말더듬이에다 동성애자인 아들은 교우들을 쓰레기처럼 여긴다. 게다가 그의 형도 동성애자이며 1904년에 자살했고, 또 다른 동성애자인 형은 2년 전에 자살했다. 어린 루트비히는 린츠에서 화제의 대상이었을 게 틀림없다!

1922년 7월 28일 히틀러는 뮌헨의 연설에서 유대인을 비판했다.

…… 이 사도들은 자기들만 아는 말을 지껄이면서 엑셀시오르 호텔 (고급 호텔)에서 자고, 고속 열차로 여행하고, 니스에서 휴가를 즐깁니다. 인민을 사랑하는 데는 아무런 노력도 하지 않는 자들입니다. 그들은 우리에게 이득이 되지 않고 우리를 더욱 예속시킬 뿐입니다. 그들이 자립할 수 있는 근거, 바로 그들의 경제를 파괴해야 합니다. 자칫하면 유대 민족의 항구적인 노예제의 족쇄에 도로 빠져 버릴 수도 있습니다. 이 과정을 종식시키기 위해서는 대중 가운데 누군가가 들고 일어나 지휘권을 장악하고 동료들과 지지자들에게 불같은 열정을 불러일으켜 사기꾼들을 몰아내야 합니다. 여기에는 위험이 도사리고 있습니다. 유대인이 들고 나올 대응책은 단 한 가지뿐입니다. 그것은 바로 그들에게 적대적인 민족적 지식인들을 파멸시키는 것입니다.[62]

유대인들이 니스에서 휴가를 보낸다는 히틀러의 불만과 관련하여 맥기니스는 카를 비트겐슈타인이 "레스토랑에서 몬테카를로의 도박장까지 가는 도중에 금화들을 아무렇게나 던져 버렸다"[63]고 말한다. 물론 유럽의 다른 유대인들 중에도 리비에라에서 휴가를 보내는 사람들이 있었으나, 어쨌든 히틀러가 말한 '유대인'과 카를 비트겐슈타인은 그랬다. 우리가 열거한 우연의 일치들은 각각 거미줄의 한 가닥처럼 연약하지만 그것들을 한데 모으면 상당한 무게의 증거를 구성하기 시작한다.

당시 히틀러는 예술가의 꿈에 부풀어 있었으므로 경제나 정치가 아니라 예술에 주된 관심을 기울였을지도 모른다. 하지만 여기서도 카를 비트겐슈타인이 유럽의 다른 누구보다 영향력 있는 인물이었다는

"엑셀시오르 호텔에 유대인의 출입을 금지하라!"

사실이 말을 한다.

'분리파'의 역사는 20세기 예술에 관한 문헌이라면 거의 예외 없이 다루고 있다.* 분리파는 1897년에 형성된 분리를 지향하는 예술운동으로서, 가장 명망 높은 구성원은 루트비히 비트겐슈타인의 누나를 위해 훌륭한 초상화를 그린 구스타프 클림트였다. 분리파는 고전주의를 반대했으며, 아카데미가 빈 쿤스틀러하우스의 전시회에 가한 규제에 저항했다. 1902년에 분리파는 베토벤을 찬양하는 전시회를 조직하

---

* 가장 좋은 문헌은 Peter Vergo, *Art in Vienna 1899~1918*(Phaidon, 1975)이다. 클림트가 1905년에 비트겐슈타인의 누나를 그린 초상화는 버고의 책 182쪽에 실려 있으며, 원화는 뮌헨의 바이에른 국립미술관에 소장되어 있다. 분리파에 관한 또 다른 좋은 문헌으로는 James Schedel, *Art and Society: The New Art Movement in Vienna, 1897~1914*(Sposs, Palo Alto, 1981)가 있다. 또한 Gottfried Fliedl이 쓴 전기 *Gustav Klimt*(Benedikt Taschen, 1994)도 추천하고 싶다.

고 막스 클링거(Max Klinger)가 제작한 베토벤의 조각상을 중심 전시물로 삼았다.*

이 조각상의 운명은 맥기니스의 책 가운데 카를 비트겐슈타인의 알레가세 저택과 가구들을 묘사하는 대목에서 어느 정도 알 수 있다.

그 가족은 그렇게 부르지 않았으나 생활의 중심을 이루는 그 집은 비트겐슈타인 저택으로 불렸다. 저택 바깥에는 수위가 걸상에 앉아 있고, 1층에는 응접실이 있고, 후작부인의 명함을 위에 올려놓은 명함 접시가 있었다. 또 웅장한 계단과 널찍한 음악실이 있고, 식객, 가정교사, 하인들이 많았다. 안으로 들어가면 크라머(Kramer)가 그린 카를 비트겐슈타인의 기마 초상화, 라슬로(Laszlo)가 그린 당시 첨단 유행의 초상화가 있었다. 또 성공한 기업가가 흔히 그렇듯이 그는 1870∼1910년에 세간티니(Segantini), 루돌프 폰 알트, 클림트 등이 그린 현대적 느낌의 회화 작품들을 소장했다. 그와 더불어 로댕과 메슈트로비치의 조각품, 막스 클링거의 유명한 베토벤 조각상도 운치를 더해 주었다.[64]

클링거가 제작한 분리파의 중심 조각상은 결국 카를 비트겐슈타인의 소장품이 되었다.** 그러나 그와 분리파의 연관성은 단순히 분리파

---

* Jones, *Hitler in Vienna, 1907-1913*(Cooper Square Press) 19쪽 참조. 디트리히 에카르트에 따르면, 히틀러는 유대인이라는 이유로 자살한 오토 바이닝거를 '훌륭한 유대인'이라고 말했다 (*Table Talk*, p.141). 바이닝거는 1903년 10월 4일 베토벤이 죽은 슈바르츠슈파니에르 거리의 같은 집에서 자살했다. 그 무렵 베토벤에 대한 존경은 거의 우상숭배에 가까웠다. 별로 중요한 일이 아닐지 모르지만 Alan Janik은 루트비히 비트겐슈타인이 당시 커다란 공공 행사로 치러진 그의 장례식에 참석했다고 말한다(Alan Janik, 'Wittgenstein and Weininger', *Wittgenstein and His Impact on Contemporary Thought*, Hölder-Pichler-Tempsky, 1978, pp.25, 29).

예술품을 구입해 주는 정도에 그치는 게 아니라 그보다 훨씬 내밀한 관계였다. 카를 비트겐슈타인은 현재까지 남아 있는 분리파의 건물에 재정을 지원했다. 존스는 분리파 운동의 배경을 다음과 같이 개괄한다.

그룹의 주요 목적은 보수적인 쿤스틀러하우스가 과거에 금지한 것을 전시하는 데 있었다. 보복적 성격을 지닌 그들의 첫 전시회는 1898년에 열렸다. 전시회 장소는 라이벌인 쿤스틀러하우스 그룹이 임대하려던 링 공원이었다. 전시회는 경제적으로 대성공을 거두었다. 전시작은 클림트와 몰(Moll) 등 그룹 구성원들만이 아니라 빈에 전혀 알려지지 않은 휘슬러(Whistler) 같은 외국 화가들의 작품도 포함되었다. …… 빈 사람들은 그 전시회를 무척 좋아했다. 관람객은 5만 7천 명이 넘었고, 팔린 작품은 218점이나 되었다. 하지만 전시회에서 얻은 수익금으로 쿤스틀러하우스에서 카를 광장 건너편, 아카데미 뒤쪽에 있는 프리드리히가에 항구적인 전시장을 지을 무렵, 빈 사람들은 더 이상 그 자칭 반란자들의 견해를 그다지 믿지 않게 되었다. 올브리히(Olbrich)가 설계한 전시장 건물은 육면체의 소박한 모양에다 둥근 큐폴라(돔형의 둥근 지붕: 옮긴이) 때문에 '마디(Madhi, 이슬람교에서 말하는 종말론적 구세주: 옮긴이)의 무덤' 또는 '도금한 양배추'라는 별명을 얻었다. …… 바르(Bahr)는 분리파 건물이 건축되는 장면을 이렇게 묘사한다. "수많은 사람들이 새 건물 주위에 둘러서 있다. 일하러 가면서 ……

** 버고의 책 67쪽에는 1902년 제14차 분리파 전시회에 관한 사진이 있다. 루트비히가 학교를 다니기 시작할 무렵 분리파는 카를 비트겐슈타인이 완전히 장악했을 것이다. 혹시 비트겐슈타인은 미술시간에 뭐라고 말하지 않았을까? Bruno Walter는 클링거의 베토벤 '반라상'이 "분리파 전시회가 끝난 뒤 카를 비트겐슈타인의 집으로 옮겨졌다"고 말한다(Bruno Walter, *Theme and Variations*, Hamish Hamilton, 1948, pp.168, 179).

그들은 건물을 바라보고, 서로 묻고, 여러 가지를 논의한다. 이것은 이상하고 저것은 본 적 없고, 이것은 마음에 안 들고 저것은 싫다는 등의 이야기를 나눈다. 그들은 진지한 숙고를 통해 여기저기 둘러보고, 돌아보고, 뒤돌아 다시 보고, 떠나기 싫으면서도 일을 서둘러 끝내고 싶은 마음이 들지 않는다. 이런 식의 과정이 하루 종일 지속되었다!"[65]

그 결과 분리파 건물은 건축상의 혁신을 불러왔다. 몽크는 카를 비트겐슈타인이 건축비를 지원했다는 사실을 밝히고 그의 전반적인 예술적 관심을 설명한다.

카를 비트겐슈타인은 제철소에서 물러난 뒤 미술 후원자로 명성을 날렸다. 맏딸인 헤르미네 ── 재능 있는 화가였다 ── 의 도움을 받아서 그는 클림트, 모저(Moser), 로댕의 작품들을 포함하여 회화와 조각의 귀중한 소장품을 모았다. 클림트는 그를 '미술부 장관'이라고 불렀는데, 그럴 만도 했다. 그는 분리파 건물의 건축을 도와주었을 뿐 아니라〔이 건물에는 클림트, 실레(Schiele), 코코슈카(Kokoschka)의 작품이 전시되었다〕빈 대학교에서 거절한 클림트의 벽화에도 재정을 제공했다. …… 이리하여 비트겐슈타인 가문은 빈 문화계의 중심이 되었다.[66]

비트겐슈타인 가문의 전폭적인 예술 후원과 린츠 출신 가난한 화가 지망생의 필사적인 노력을 비교해 보라. 그는 빈의 관광객들에게 구걸하듯 자기 그림을 팔아서 간신히 생계를 꾸렸다! 빈에 머물던 시절에 적어도 한 번쯤은 링 공원 바로 옆에 있는 분리파 건물에 들어가 그 기묘한 전시회를 관람하지 않았을까? 톨런드는 히틀러가 "링가를 자주 들러 그 일대를 꼼꼼히 조사했다"[67]고 말한다. 그랬다면 분리파 건물을 둘러싼 무성한 소문에 관해서도 잘 알지 않았을까? 그는 빈의 건축에도 관심이 많았으니 충분히 가능한 일이다. 거기서 그는 클림트가 1905년에 그린 비트겐슈타인 누나의 초상화도 보지 않았을까? (나치가 권력을 잡았을 때 분리파 예술가들 중 일부, 특히 실레와 코코슈카는 분리파를 비난하는 국가 캠페인에 시달렸다.)*

그 이전 린츠에서 예술 학도로 지내던 시절에 히틀러는 이미 당대의 가장 역동적인 예술운동과 그 중요한 후원자에 관해 알지 않았을까? 빈에서 히틀러가 분리파 운동의 창시자인 알프레트 롤러(Alfred Roller)에게 사적으로 접근했다는 사실은 증명이 가능하다. 버고(Vergo)는 롤러에 관해 이렇게 쓴다.

그는 모저, 올브리히, 호프만과 함께 분리파 창립 멤버들 중 한 사람이었다.[68]

슈바르츠발러(Schwarzwaller)는 자신의 책 『알려지지 않은 히틀러』(The Unknown Hitler)에서 린츠를 떠나 빈으로 간 히틀러가 '린츠의 한 친구'**의 소개를 받아 당시 무대 배경으로 국제적 명성을 날리던 롤러에게 다가갈 수 있었다고 말한다. 그의 이야기를 들어 보자.

---

* "코코슈카의 자화상 같은 작품은 오래, 열심히 보아야 한다. 그러는 도중에 그 '백치 미술'의 끔찍한 내적 본성을 이해할 수 있다."(Ed. Robert Pois, *Alfred Rosenberg Selected Writings*, Cape, 1970, p.150)

** 이 사실은 톨런드(Toland)가 뒷받침한다. "한 이웃이 왕립 오페라단의 무대감독인 알프레트 롤러 교수에게 히틀러의 그림을 보고 충고를 해달라고 설득했다."(*Adolf Hitler*, p.39) 톨런드는 롤러의 제안이 1908년 2월 초였다고 말한다.

롤러는 빈 분리파 예술 운동의 공동 창시자이자 응용예술학교의 교장이었다. 구스타프 말러에 의해 제국 오페라단의 무대 디자이너로 발탁된 롤러는 말러가 제작하는 모든 바그너 오페라의 무대 배경을 제작했으며, 나중에는 리하르트 슈트라우스의 오페라도 담당했다.

롤러는 히틀러를 반갑게 맞아 주고 우정 어린 충고를 해주었으나 시간의 제약 때문에 제자로 받아들이지는 못했다. 그래서 그는 그 풋내기 젊은 화가를 경험 많은 교육자이자 조각가이며 드로잉 교사인 판홀처(Panholzer)에게 소개했다. 판홀처는 히틀러를 제자로 맞았다. 나중에 퓌러가 된 뒤 히틀러는 알프레트 롤러 교수의 제자였다고 자랑하곤 했다. 그것은 사실이 아니었으나, 빈 시절 첫 해에 그는 롤러가 무대 디자인을 담당한 오페라들을 빠짐없이 관람했다. 롤러를 절대적으로 존경한 히틀러는 심지어 1935년 당시 일흔네 살 노인이 된 그를 바이로이트로 불러 무대 디자인을 부탁하기도 했다. 롤러는 그 해에 사망했다.[69]

롤러는 분리파의 기관지이자 당대 유력한 간행물인 『페어 자크룸』(Ver Sacrum)의 편집장을 지냈다.[70] 그러나 『페어 자크룸』은 1903년에 예술의 상업화라는 문제 때문에 발간이 중단되었다.[71] 중요한 연도인 1904/5년에 분리파 운동은 대립하는 두 파로 갈라졌다. 클림트의 추종자들은 클림트 그룹을 결성했고 순수 화가들은 누르 말러(Nur-Maler)를 결성했다. 다음은 그 분열에 관한 버고의 설명이다.

분열의 기원은 1904년의 세인트루이스 세계박람회로 거슬러 올라갈 수 있다. 당시 분리파는 오스트리아 교육성의 뒤늦은 초청을 받고 전시회에 참여하게 되었다. 전시회와 관련하여 분리파가 발간한 특별 책자에는 위원회가 전시회를 회화로만 편성할 것인지, 아니면 더 '획기적인' 전시 방식을 채택할 것인지를 놓고 고민했다는 내용이 나온다. 위원회는 결국 호프만이 디자인한 전시실을 좇아 클림트의 작품들, 그 중에서도 「철학」과 「법학」 등 작고 예쁜 그림들을 전시하기로 결정했다. …… 그런데 이 결정은 논란을 불러일으켰으며, 특히 언론에서 열띤 논쟁이 벌어졌다. 분리파는 마침내 세인트루이스 전시회에 참여하지 않기로 했다. 하지만 클림트와 그의 일파에게 가해진 공격에서는 분명히 클림트와 호프만의 지속적인 협력 관계가 유발한 특별한 적의와 조직 내 다른 화가들을 등한시한 데 따르는 분노를 읽을 수 있다. 이런 사정 때문에 분리파는 이후 적대적인 두 그룹으로 양극화되었다. 클림트 그룹은 건축가인 오토 바그너, 디자이너인 호프만과 모저, 화가인 카를 몰 등이 참여했고, 누르 말러(순수 화가)의 우두머리는 엥겔하르트(Engelhart)였다.[72)]

1905년에 분리파는 분열되었고 1906년에는 오스트리아 예술가 연합이 창립되었다. 제국 오페라단의 무대 디자이너이자 응용예술학교의 교장인 롤러는 호프만의 라이벌로서 클림트에 반대하는(따라서 비트겐슈타인에 반대하는) 진영에 속해 있었다.* 그러므로 히틀러가 그에게 접근한 것은 이해할 수 있는 일이다. 헤르만 바르 —— '린츠 출신'으로 분리파의 정식 멤버였다 —— 는 1903년에 출판한 『클림트에 반대하여』

---

* 호프만(그의 죄는 추상화를 좋아하는 취향이었다)이 설계한 세인트루이스 전시장은 롤러가 설계한 1902년 제14차 분리파 전시장과 대조를 이룬다. 버고의 책에서 그 사진들을 볼 수 있다.

(*Gegen Klimt*)라는 책에서 클림트를 '무법자'로 낙인찍었다. 훗날 히틀러는 성공한 린츠 예술가들에 대한 유대감과 빈 예술가들에 대한 반감을 자주 표명했다. 예를 들면 『담화』에서 그는 린츠 출신 음악가인 브루크너(Bruckner)를 지지했고, 빈 출신인 브람스를 반대했다. 여기서도 역시 히틀러는 바르에게 호감을 보였고, 클림트 —— 아울러 비트겐슈타인 —— 에게는 공감하지 않았다.

그러므로 히틀러는 적어도 빈으로 이주했을 때부터는 분리파 운동에 관해 잘 알았을 것이다. 베르너 마저의 히틀러 연구는 세계대전 이후 히틀러의 예술적 노력을 설명하는 대목에서 심지어 그가 겨우 열 살 무렵이던 1898년부터 분리파를 알고 있었다고 주장한다.

> 그 무렵 그는 널리 존경받던 저명한 화가인 막스 채퍼(Max Zaeper)에게 자신의 최근 작품을 평가해 달라고 부탁했다. 채퍼는 히틀러가 그린 수채화와 드로잉의 수준이 상당하다고 판단하여 체코 출신 동료인 페르디난트 슈태거(Ferdinand Staeger) 교수에게 재평가를 의뢰했다. 히틀러는 일찍이 1898년에 빈 분리파가 예술적 '주류파'의 보수성에 항의하는 취지로 프리드리히 12번가에서 첫 전시회를 열었을 때 자연주의 화풍의 낭만적이고 신비주의적인 슈태거의 그림에 관심을 가진 바 있었다.[*]

---

[*] Werner Maser, *Adolf Hitler: Legende, Mythos, Wirklichkeit*, Bechtle Verlag, 1971; Trans. Peter Ross and Betty Ross, *Hitler*, Allen Lane, 1973(Futura edition, 1974), p.65. 베르너 마저의 주장에 수긍이 가긴 하지만, 1898년이면 히틀러가 겨우 아홉 살이나 열 살밖에 안 되었을 때이다.

분리파는 힘차게 전진했다. 그들이 조직한 전시회의 내용과 성격은 오스트리아 예술 학도들이 필수적으로 숙지해야 할 사항이 되었다. 1903년에 개최된 16차 전시회에는 마네, 모네, 르누아르, 드가, 피사로, 시슬레, 세잔, 반 고흐, 툴루즈 로트레크, 뷔야르, 보나르, 드니, 르동, 고갱, 베르메르, 틴토레토, 벨라스케스, 엘 그레코, 고야, 들라크루아, 도미에, 휘슬러, 일본의 호쿠사이와 우타마로의 작품까지 전시되었다.[73] 대단한 전시회였다! 화가의 꿈에 부풀어 있던 젊은 히틀러라면, 롤러에게 접근하기로 결심하기 전이라 해도 분리파 건물에서 열리는 이 멋진 전시회를 몰랐을 리가 없다. (그러나 같은 해인 1903년에 열린 18차 분리파 전시회는 비트겐슈타인의 후원 아래 클림트의 작품만 전시했다.) 그렇다면 히틀러는 분리파의 거물 후원자인 카를 비트겐슈타인의 아들도 몰랐을 리 없다. 그 '자우유트' 동성애자, 말더듬이, 빈에서 린츠로 전학 온 단정한 옷차림의 학생, 나이는 같지만 그보다 2학년 위인 상급생, 다른 교우들이 왕따를 놓은 루트비히 비트겐슈타인을 히틀러는 분명히 알았을 것이다. 그렇지 않다면 혹시 비트겐슈타인이 자신의 배경을 숨기지는 않았을까? 이 점에 관해서는 제1차 세계대전 이후 비트겐슈타인이 트라텐바흐에서 초등학교 교사로 재직하던 시기를 말해 주는 바틀리의 이야기를 들어 보자.

그는 마을 사람들에게 자신이 누군지 알게 하려고 애썼다. 자신의 가문이 부와 권세를 가졌다는 사실, 자신이 받은 교육과 귀족적 배경, 영국에서 이룬 학술적 업적을 사람들이 알아주기를 바랐다.[74]

계속해서 바틀리는 목격자의 증언으로 뒷받침한다.

비트겐슈타인이 트라텐바흐에 처음 도착한 직후 한젤이 그를 찾아왔다(한젤만이 아니라 조각가 드로빌, 비트겐슈타인 가문의 사진사 나르 등 다른 친구들도 비트겐슈타인이 머무는 기간 내내 두 달에 한 번꼴로 그를 찾아왔다). 두 사람이 숙소에서 함께 점심식사를 하면서 빈의 삶에 관해 대화를 나누었다. 그들은 큰소리로 이야기했으므로 마을 사람들도 그들의 대화에 열심히 귀를 기울였다. 비트겐슈타인이 한젤에게 한 이야기 중에는 지금도 기억되는 대목이 있다. "예전에 나는 콘스탄틴이라는 이름의 하인을 거느리고 있었지." 나중에 한젤이 다시 방문했을 때 비트겐슈타인과 그는 게오르크 베르거라는 불쌍한 학교 교직원을 닦달한 적이 있었다. 비트겐슈타인은 마을 사람들이 자신에 관해 무슨 말을 하는지 알고 싶어했다. 베르거는 비트겐슈타인의 화를 돋울까 겁을 내며 마지못해 대답했다. "사람들은 나리가 부유한 귀족이라고 생각해요." 비트겐슈타인은 그 대답에 만족하면서, 베르거에게는 원래 자기는 실제로 부자였는데 '선행을 하려는 마음에서' 돈을 모두 형제들에게 나눠 주었다고 말했다.[75]

아마 그는 이런 식으로 자신의 배경을 강조하는 것을 솔직한 면모라고 여겼을 것이다. 그러나 트라텐바흐에서 성인으로서 한 그런 행동이 그의 성격을 반영한다면, 어린 시절 히틀러가 비난한 '유대인 소년'이었을 무렵에 경솔하게 처신한 것은 당연하지 않을까?

학교 전체에 유대인 학생이 열다섯 명뿐이었다는 사실에 주목할 필요가 있다. 그런 상황에서 동성애, 깔끔한 옷차림, 말더듬이, 오스트리아의 카네기, 크루프, 로트실트 같은 가문이 아니라면 어떤 학생이 그렇게 두드러져 보일 수 있을까? 비트겐슈타인의 누나가 동생과 급우들의 관계에 관해 말하는 바에 따르면 그는 "마치 외계에서 날아온 사람처럼" 두드러져 보였다. 물론 우리의 가설에 따르면 이 유대인은 학교에 등록된 열다섯 명의 유대인에 속하지 않는다. 그래서 연구자들은 히틀러의 반유대주의를 유발한 미지의 유대인을 그들 중 한 명으로 간주하려다가 실패했다. 우리의 가설이 옳다면 이 유대인은 유대인이 아니라 가톨릭 학생 등록부에 숨겨져 있었다.

폴리(Pauley)의 책에는 빈의 '감춰진 유대인'에 관한 흥미로운 구절이 나온다.

> 1923년 인구조사에 따르면 빈의 등록된 유대인 수는 20만 1천 명을 조금 넘었고 지방에도 1만 9천 명이 있었지만, 오스트리아에 유대인 인구가 정확히 얼마나 되었는지는 알 수 없다(독일의 경우도 마찬가지다). 앞서 말했듯이 나치가 안슐루스(Anschluss, 1938년 독일이 오스트리아를 합병한 사건: 옮긴이) 이후 조사한 바에 따르면, 뉘른베르크 규정 순혈 유대인의 정의를 충족시키면서 오스트리아 인구조사에 포함되지 않은 빈의 유대인은 3만 4500명밖에 되지 않았다. (뉘른베르크 규정은 순혈 유대인을 3대 이상에 걸쳐 유대인 조상을 둔 사람 혹은 유대교를 믿고 2대의 유대인 조상을 둔 사람으로 규정했다.)[76]

나치의 관점에서 유대인을 정의한 뉘른베르크 규정은 혹시 유대인 3대 조상을 가진 비트겐슈타인을 염두에 두고 제정되었는지도 모른다. 폴리가 말한 수치에 따르면, 빈 인구 가운데 공식적으로 등록된 유대인 수의 1/6이 '감춰진 유대인'인 셈이다. 이 비율을 연장하면 레알슐레에는 공식 유대인 학생 열다섯 명 이외에 두세 명의 '유대 혈통' 학생(비공식적 유대인)이 또 있었다는 이야기가 된다.

비트겐슈타인처럼 감춰진 신분의 유대인은 한두 명 더 있었을 것이다. 사실 지방의 소도시에서는 숨은 유대인이 더 적었으리라고 예상해야 한다. 신분을 숨긴다는 것은 곧 익명으로 살아야 한다는 뜻이기 때문이다. 대도시에서는 익명성이 그런 대로 통하지만 소도시에서는 주민들이 모두 서로의 일이나 가정환경을 익히 알고 있으므로 익명성의 비율이 줄어들 수밖에 없다. 한 예로, 1941년 헝가리 유대인의 수치를 보자.

	부다페스트	시골	합계
공식 유대인 수	18만 4453명	54만 554명	72만 5007명
'뉘른베르크' 규정에 따른 유대인 수	6만 2350명	3만 7650명	10만 명
합계	24만 6803명	57만 8204명	82만 5007명

출처: ⓒ1994 유대인 홀로코스트 박물관 및 연구소, 오스트레일리아 엘스턴윅

부다페스트에서는 유대인 인구 24만 6803명 가운데 6만 2350명, 즉 1/4 가량이 유대 공동체의 관점에서 본 비공식적인 유대인이다. 하지만 시골에서는 그 비율이 57만 8204명 가운데 3만 7650명, 즉 1/15로 줄어든다.

오스트리아 유대인의 분포도 얼추 비슷하리라고 본다면, 폴리가 추산한 빈의 수치(유대 공동체의 관점에서 본 유대인 외에 그 1/6의 감춰진 유대인이 있다는 가정에서 나온 수치) 역시 시골에서는 1/6에서 1/15로 하향 조정되어야 한다.* 그렇다면 그 학교에는 공식적인 유대인 열다섯 명과 더불어 한 명 가량의 감춰진 유대인이 있었다고 봐야 한다.

우리는 루트비히 비트겐슈타인이 바로 그런 신분이었다는 것을 안다. 그밖에 다른 사람들이 많지 않았을 것은 거의 확실하다. 케플링거의 증언에 따르면, 바로 그 몇 안 되는 유대인들 중 아돌프 히틀러가 찍은 사람이 있었다.

히틀러는 나중에 비트겐슈타인을 언급했을까? 1938년 3월 12일 그는 린츠로 가서 오스트리아에서 첫 연설을 했는데, 그 내용에는 흥미로운 대목이 있다.

여러분이 보내 주신 환영을 진심으로 치하하는 바입니다. 무엇보다도 치하할 것은 여러분 모두가 여기 모임으로써 이 위대한 독일 민족 제국의 창건이 소수만의 의지와 희망에서 비롯되지 않았다는 점을 생생하게 증명했다는 사실입니다. 우리가 익히 아는, 진실을 추구하는 국제인들은 오늘 저녁에 현실을 똑똑히 보았을 뿐 아니라 결국 현실을 인정하지 않을 수 없을 것입니다. 수십 년 전 나는 이 도시를 떠나면서 바로 오늘 내 가슴을 채운 것과 똑같은 신념에 불타올랐습니다. 오랜 세월이 흐른 뒤 나는 바야흐로 그 신념을 실현할 수 있게 되었다는 사실에 가슴이 벅차오릅니다.[77]

이 연설을 할 무렵 히틀러는 『나의 투쟁』 앞부분에서 밝힌 자신의 위대한 목적을 실현했다. 그는 독일 제국에 한 가지 혈통만 존재해야

---

* 앞서 1880년 린츠의 유대인 인구가 533명이었고, 1903년 도시 전체 인구가 8만 명이었다고 말한 바 있다. 1903년까지 14년 동안 인구 증가를 감안한다 해도 유대인 인구는 기껏해야 전체 인구의 1퍼센트 정도였을 것이다. 빈의 경우 유대인 인구는 적어도 6퍼센트였다. 1910년 빈의 전체 인구 가운데 8.63퍼센트가 유대인이었다(William A. Jenks, *Vienna and the Younh Hitler*, Columbia University Press, 1960, p.119).

하기 때문에 오스트리아와 독일이 합병되어야 한다고 믿었던 것이다. 이제 그는 승리를 거두었다. 그는 비스마르크보다 위대한 독일인이라는 찬양을 받았다. 하지만 그는 어린 시절을 회상하면서 자신의 빛나는 업적을 목격하지 못한 사람들이 있다는 것을 개탄했다. "우리가 익히 아는, 진실을 추구하는 국제인들"이라는 히틀러의 말은 누구를 가리키는 걸까? 그의 증오심을 감안하면 바로 유대인을 말하는 것이라는 추측이 가능하다. 하지만 그것은 유대인 전체에게 적용하기에는 너무도 괴상한 표현이다. 유대인을 "진실을 추구하는 국제인들"이라고 부른 이유는 뭘까? 일반적인 반유대주의 별명들('흡혈귀', '뿌리 없는 코스모폴리탄', '그리스도의 살해자' 등등)과 비교해 보면 낯설다 하지 않을 수 없다. 유대인보다는 철학자에게나 어울릴 듯한 표현이다. 하지만 나중에 케임브리지에서 실제로 철학자가 된 레알슐레 출신 학생을 가리키는 말이라면 그리 괴상하지도 않다. 케임브리지의 오스트리아 철학자를 "진실을 추구하는 국제인"이라고 부르는 데는 아무런 문제도 없다. 히틀러의 연설에서 은연중에 지칭하는 대상이 예전의 교우인 루트비히 비트겐슈타인이라면, "우리가 익히 아는" 사람이라는 덧붙인 표현은 린츠의 어린 시절에 두 사람이 밀접한 연관을 가졌다는 사실을 말하는 것으로 여겨진다. 히틀러는 이십대 후반에 왜 반유대주의자냐는 질문을 받았을 때 늘 '사적인 이유'에서라고 대답했다.

히틀러가 죽을 때까지 빈보다 린츠를 더 중요한 예술의 중심지라고 굳게 믿었다는 것은 잘 알려져 있다. 나치는 유럽 전역에서 약탈한 예술품들을 린츠로 보내 아돌프 히틀러 박물관에 소장했다. 히틀러 박물관 계획은 1938년 3월 12일 린츠의 바인치거 호텔에서 린츠 박물관 관장이 참석한 가운데 논의되었다. 다시 말해 "진실을 추구하는 국제인들"──그가 익히 알지만 안타깝게도 다른 곳에 있는 사람들──에게 자신의 업적을 보여 주겠다는 연설을 한 바로 그날 히틀러는 린츠를 유럽의 예술 중심지로 만들려는 계획을 수립한 것이다.

역사가들은 지금까지 린츠를 중요한 도시로 만들고자 한 히틀러의 계획을 유대인에 대한 증오와 별개로 보았다. 말하자면 민주국가에서 성공한 정치가들이 자신의 고향을 부각시키려는 것과 같은 맥락이라는 것이다. 그러나 이 장의 주제가 옳다면, 그것은 빈 출신인 비트겐슈타인 가문의 코를 납작하게 만들고자 한 히틀러의 심리를 잘못 해석한 결과다. 그 계획은 유대인에 대한 증오와 궤를 같이하며, 같은 병리 현상에 속한다. 게다가 그것은 필생의 계획이었다. 린츠 계획과 히틀러 박물관은 러시아군의 포성이 점점 가까이 다가올 때 베를린 벙커 속에 있던 그에게 커다란 위안이었다. 그것은 결국 실현되지 못한 꿈으로 남았다. 하지만 유대인에 관해서는 충분히 복수했다. 클라드노의 비트겐슈타인 제철소에 대해 히틀러는 린츠에 헤르만 괴링 제철소를 세워 비트겐슈타인 카르텔에 속한 비트코비츠 제철소를 흡수했다. 유대인은 이제 그를 비웃을 수 없었고, 앞으로도 그럴 것이다! 그는 독일에서 유대인을 제거한다는 목표, '마지막 해결책'(Final Solution, 2차 대전 말기에 유대인을 완전히 말살하려 한 나치 독일의 비밀 정책: 옮긴이)을 실현했다.

내 주장이 옳다면, 비트겐슈타인의 복잡하고 까다로운 성격(그의 개성적인 성격은 모든 회고록에서 볼 수 있다)은 유럽의 유대인을 말살하려는 계획으로 이어진 일련의 사태를 가속화하는 원인이 되었다. 비트겐슈타인처럼 복잡하고 까다로운 성격을 지닌 히틀러는 비트겐슈타인과 반목하게 되었고, 그 때문에 그는 비트겐슈타인의 특수한 성격적 결함을 유대인 전체에 확대 적용했다. 이렇게 증오의 대상이 유대인 전체로 전이된 과정에는 오스트리아의 재계와 문화계에서 비트겐슈타인 가문이 지닌 엄청난 부와 권력이 브라우나우 출신 촌뜨기인 히틀러의 배경과 크게 대비되었다는 점이 작용했다. 물론 히틀러는 자신의 반유대주의를 정당화하기 위해 성인이 된 후 겪은 다른 유대인들에 관한 경험도 이야기한다. 그러나 린츠 레알슐레의 유대인 소년은 그가 처음이자 유일하게 언급한 유대인 '개인'이었다. 레알슐레 시절에 히틀러와 비트겐슈타인 사이에는 무슨 일이 있었다. 나는 두 소년의 불화가 20세기 역사의 경로에 근본적인 영향을 미쳤을지도 모른다고 생각한다.

.2장. 트리니티의 첩자들

비트겐슈타인이 아돌프 히틀러와 같은 학교에 다녔다는 것은 주목할 만한 일이다. 비트겐슈타인에 관한 사실들 중에는 여러 전기에 언급되었음에도 아직까지 어떤 학자도 그저 그런 일이 있다는 정도 외에는 그 중요성을 잘 알지 못하는 것이 한 가지 있다. 그것은 비트겐슈타인이 1935년 소련의 카잔 대학교 철학 교수직을 제의받은 일이다.[1]

그 제의가 중요한 데는 이유가 있다. 당시 소련 대학교의 학술계는 당의 노선에서 조금만 이탈해도 체계적인 탄압과 박해를 받고 있었다. 마르크스주의나 위대한 지도자를 비판하는 사람은 굶어 죽거나 강제노동 수용소로 가야 했다. 그런데 레닌이 다닌 대학교의 철학 교수직을 제의할 만큼 소련 정부가 비트겐슈타인의 연구를 중요하게 평가한 이유는 뭘까?

소비에트 국가의 성격을 잘 아는 사람이라면 소련 당국이 비마르크스주의 외국 철학자에게 그런 제의를 할 리는 만무하다고 생각할 것이다. 그러므로 그 사실이 말해 주는 것은 둘 중 하나다. 즉 사태가 겉보기와는 전혀 다르거나, 아니면 비트겐슈타인의 전기 작가나 주석자들이 무심코 넘겼다는 이야기다. 그 제의는 비트겐슈타인이 과연 공산주의의 대의에 중대한 기여를 했느냐는 의문을 품게 한다.

그처럼 중대한 기여가 있었는지 말해 주는 정보를 어떻게 찾을 수 있을까? 먼저 비트겐슈타인의 정치적 견해가 전개되어 온 과정을 살펴보자.

오스트리아는 제1차 세계대전에서 살아남았으나 영토는 형편없이 쪼그라들었다. 전통적인 황제의 영역이자 번영하는 방대한 다민족 제국의 자긍심과 활기의 중심이던 빈은 껍데기만 남은 초라한 제국의 수도로 전락했다. 도시는 빈곤에 빠졌고 명망가들은 대부분 몰락했다. 그러나 비트겐슈타인 가문은 전쟁의 피해를 딛고 유럽 최대의 부호 가운데 하나로 떠올랐다. 지혜롭고 선견지명이 있었던 카를은 전쟁이 터지기 전에 재산을 미국에 투자했는데, 바틀리는 그 과정을 다음과 같이 설명한다.

> 1913년 1월 20일에 사망하기 전에 오스트리아 철강 산업의 창립자인 카를 비트겐슈타인은 거의 모든 유동자본을 미국, 그 중에서도 특히 유나이티드스테이츠 철강 회사의 주식과 채권에 투자했다. 전쟁 직전 30만 크로넨(1914년의 금화)이던 루트비히의 연간 소득은 조국의 패전을 초래한 나라가 번영한 덕분에 크게 늘어났다.[2]

여러분이 전후 굶어 죽을 정도로 빈곤해진 빈의 시민들과 함께 있다고 상상해 보라. 전후 격렬한 정치적 혼란이 팽배한 오스트리아의 상황에서 전시에 비트겐슈타인 가문이 미국에 투자해 돈을 벌었다는 소식이 널리 퍼졌다면 광범위한 분노를 유발하는 게 당연한 일 아닐까? 더욱이 그런 적대감 속에서도 비트겐슈타인 가문은 조국의 전쟁을 지원하기는커녕 재산을 늘리는 데만 열심이었다.

전쟁 중에 오스트리아에 남겨진 돈은 카를 비트겐슈타인의 형제인 루트비히가 관리를 맡아 대부분 정부 채권에 투자했다. 그러나 전쟁이 끝나고 대규모 인플레이션이 일어나기 전에 그는 채권을 팔아 부동산을 구입했다. 당시 오스트리아에서 부동산은 인플레이션으로 가치가 상승한 몇 가지 가운데 하나였다.[3]

현명하기는 하지만 애국적인 처사는 아니었다.* 이제 여러분은 적대감이 중지된 상황에서 비트겐슈타인의 입장에 처했다고 생각해 보라. 형 카를은 자살했고, 셋째 형도 마찬가지 경로를 택했다. 유일하게 살아 있는 형 파울은 피아노에 뛰어난 재능이 있었으나 팔 하나를 잃고 시베리아의 러시아 포로수용소에 갇혀 있다. 사회는 정치적 혼란이 팽배하고 오스트리아의 아이들은 말 그대로 굶어 죽을 처지에 있다. 그것은 1918년까지 지속된 봉쇄정책 때문이기도 했다. 1919년 가을에 비트겐슈타인은 버트런드 러셀(Bertrand Russell)에게 편지를 보내 빈 전체가 굶어 죽는다고 말했다.[4] 그가 고통에 시달리는 사람들에게 동정을 품은 것은 확실하다. 아마 그는 세계가 망했다고 느꼈을 것이다. 실제로 그의 세계는 영국 연합군과 봉쇄정책으로 파탄에 이르렀다. 하지만 이 거대한 파멸의 현장에서 그는 유럽에서 손에 꼽힐 만큼 막대한 재산을 물려받았다. 게다가 그 재산은 조국의 적에게 투자한 덕분에 몇 배로 늘어났다.

---

* 나치의 뮌헨 시절 초기 히틀러가 주목한 것 중 하나는 유대인의 전시 이득이었다.

이런 사정은 젊은 비트겐슈타인의 정치적 견해에 어떤 영향을 주었을까? 비트겐슈타인이 재산 상속을 포기한 것은 일견 좌익적인 색채를 띤 행동처럼 보이기도 한다.

하지만 비트겐슈타인에 관한 또 다른 일반적인 견해는 완전히 반대다. 굳이 그에게서 정치적 성향을 찾는다면 보수적인 편에 가까웠다. 즉 그는 현상 유지를 지지하는 편이었다. 예를 들어 파니아 파스칼은 이렇게 회상한다.

케임브리지의 지성계가 좌익으로 전환할 무렵에도 그는 멸망한 오스트리아-헝가리 제국의 보수성을 버리지 않았다.*

비트겐슈타인에 관한, 기록된 일부 견해는 파스칼 부인의 말을 뒷받침하는 것처럼 보인다. 그러나 실제로는 정반대였다고 말해 주는 증거도 많다. 나중에 보겠지만 그녀의 증언은 정치적인 이유에서 의도적인 오해를 겨냥한 것일 수도 있다.

비트겐슈타인은 1920년부터 1926년까지 오스트리아의 여러 곳에서 초등학교 교사를 지냈는데, 마지막 근무지는 오테르탈이었다. 이 시기에 속하는 1922년 9월에 그는 친구인 파울 엥겔만(Paul Engelmann)에게 편지를 썼다. "전에 우리가 이야기했듯이 러시아로 도피하면 어떨까 하는 생각이 자꾸 떠오른다네."[5] 여기서 주목할 것은 이 편지를 쓴 시기가 러시아혁명 이후 유혈의 독재 체제가 들어선 뒤라는 점이다. 비

---

* *Encounter* 41, vol.2, 1973. 8, pp.23~29; 'Wittgenstein: A Personal Memoir', Ed. Rush Rhees, *Recollections of Wittgenstein*, Oxford University Press, 1984, pp.12~49. 파스칼 부인의 '회상'에 관한 모든 언급은 이 수정판에 의거한다. 본문의 구절은 17쪽에 있다.

트겐슈타인이 오테르탈을 떠난 지 여섯 주가 지난 6월 3일에 그의 어머니가 사망했고, 그 직후 그는 수도원에 은거했다. 그는 정원 헛간에서 3개월을 살았다. 다음은 이 수도원 생활에 관한 바틀리의 설명이다.

그 해 여름 그는 빈 교외 휘텔도르프에 있는 바름헤르치게 브뤼더 수도원에서 은둔 생활을 했다. 그는 과거의 경험을 살려 정원사로 일했으나 수도사가 된다는 생각에 진심으로 만족했다. 그 수도원은 없어졌고 지금 건물은 빈곤한 어머니들과 아이들을 위한 집으로 사용되고 있다. 그러나 옛날에 살던 사람들을 아직도 볼 수 있는데, 그들은 비트겐슈타인이 "아주 선하고 부지런한 정원사였고 좌익 사상가였다"고 기억한다.[6]

1926년 당시 비트겐슈타인의 견해는 매우 확고했다. 정원사 일을 잘한 것과 더불어 그 무렵 그가 사람들의 기억에 남긴 것은 철학이 아니라 정치였다. 그는 사람들에게 '좌익 사상가'로 비쳤다. 3년 뒤 ── 소련으로 도피할 생각까지 한 ── 비트겐슈타인은 케임브리지의 트리니티칼리지로 돌아갔다. 그 이유는 현재까지도 명확하지 않다. 학자들은 이구동성으로 그가 학술계의 생활과 분위기를 몹시 싫어했다고 말하기 때문이다. 맬컴(Malcolm)은 그 문제에 관해 이렇게 말한다.

그는 학술계 전체와 전문 철학자의 생활을 지독히 혐오했다. 그는 정상적인 인간이라면 대학교수이면서 동시에 정직하고 진지할 수는 없다고 믿었다. …… 비트겐슈타인은 학자들의 교제를 견디지 못했다.[7]

그럼에도 불구하고 그는 그 생활을 택하지 않을 수 없었다. 1929년에 비트겐슈타인은 빈을 떠나 케임브리지로 돌아갔는데, 그 한두 해쯤 전에 빈에서는 파업을 벌이던 노동자들이 거리에서 총격을 당하는 사건이 일어났다.[8] 만약 그가 1926년에 좌익 사상가였다면 1927년의 사태에 더욱 급진적인 견해를 갖게 되었을 테고 더 철저한 좌익이 되어야 했을 것이다. 아돌프 히틀러의 더 나쁜 체제가 들어설 때까지 12년 동안 빈에서는 정치 집단들의 다툼이 끊이지 않았다. 1930년대 영국의 좌익을 낳은 사태 역시 견디기 어려운 것이었지만 빈에서 고통을 겪은 불운한 사람들의 경험에 비할 바는 못되었다.* 예를 들어 오스트리아의 철학자 파울 파이어아벤트(Paul Feyerabend)는 "1934년 빈에서 내전이 벌어져 거리에 시신들이 뒹굴고 피가 얼룩진"[9] 어린 시절의 광경을 담담하게 회상한다.

트리니티칼리지에 온 비트겐슈타인은 특별히 흥미로운 인물들을 많이 만났다. 그 중에는 장차 첩자가 되는 가이 버제스(Guy Burgess), 킴 필비(Kim Philby), 앤서니 블런트(Anthony Blunt) 등이 있었다[도널드 매클린(Donald MacLean)은 근처의 트리니티 홀에 다녔다]. 비트겐슈타인이 케임브리지에 복귀할 무렵 그들은 모두 공산주의에 경도되어 있었다. 필비는 1929년 10월부터 트리니티에 다녔고, 버제스는 1930년 10월에 입학했으며, 매클린은 1931년에 트리니티 홀에 다녔다.**

---

* 비트겐슈타인은 이 무렵 프랭크 램지와 서신을 주고받았는데, 그를 '부르주아 사상가'라고 비판했다. 그가 좌익 용어를 쓴다는 점에 유의하라. 그러므로 비트겐슈타인은 자신이 부르주아 사상가라고 생각하지 않았다는 이야기다. 그가 자신에게 어떤 형용사를 붙였을지 궁금해진다.
** Page, Leitch, Knightley, *Philby*, Andre Deutsch, 1969, p.64. 펜로즈와 프리먼은 반대로 매클린이 트리니티 홀에 다닌 시기가 1929년 가을이었다고 말한다(*Conspiracy of Silence*, Vintage Books, 1988, p.77).

블런트는 1932년에 트리니티 교수로 임명되었다.* 이 트리니티의 첩자들이 모두 비트겐슈타인과 같은 시기에 학교를 다녔다. 그들이 모두 비트겐슈타인처럼 동성애자였다는 사실도 특이하다.** 게다가 필비는 비트겐슈타인처럼 말을 더듬었는데, 그 무렵 줄리언 벨(Julian Bell)이 비트겐슈타인을 두고 쓴 시에서 분명히 드러난다.

> …… 어떤 사안이든 루트비히가
> 법을 내세우지 않는 걸 본 사람이 있을까?
> 그는 사사건건 반대를 외치고
> 우리의 말을 막아 자기처럼 말을 더듬게 한다네.***

물론 그들이 같은 시기에 트리니티칼리지에 있었다는 사실만으로 비트겐슈타인이 그들과 알고 지냈다고 단정할 수는 없지만 그는 분명히 그들을 알았다. 예를 들어 케임브리지 첩자단의 '넷째'인 앤서니 블런트는 비트겐슈타인이 케임브리지 철학 교수로 복귀한 것을 환영하기 위해 존 메이너드 케인스(John Maynard Keynes)가 소집한 사도

---

* 연구자들은 가끔 묘한 우연을 발견할 때가 있다. 요제프 요아힘이 펠릭스 멘델스존과 교류하던 때를 추적하던 중 나는 Wilfred Blunt가 쓴 멘델스존의 전기를 발견했다(*On Wings of Song*, Hamish Hamilton, 1974). 그는 이 책을 쓸 때 형 앤서니의 충고가 도움이 되었다고 술회했다.

** 필비에 관해서는 의심의 여지가 있지만, 역사가들은 대체로 (매클린처럼) 필비가 양성 중 어느 쪽에 치우치지 않는 성적 취향을 가졌다고 말한다. 어쨌든 버제스는 그와 관계를 가졌다(John Costello, *Mask of Treachery*, William Morrow, 1988, p.201). 또한 버제스와 필비는 1951년 하반기에 미국에서도 잠자리를 같이했다(Costello, p.545). 필비는 학교에서 "나는 비역질을 했고 비역질을 당했다"고 말했다고 한다.

*** Julian Bell, 'An Epistle', I. Copi and R. Beard, *Essays on Wittgenstein's Tractatus*, Routledge & Kegan Paul, 1966, p.68. 히틀러가 레알슐레에서 유대인 학생에게 그랬듯이, 벨도 비트겐슈타인의 경솔함을 지적할 가치가 있다고 보았다. "연인들이 헤어지거나 만날 때마다 비트겐슈타인은 점점 더 경솔해졌다."(p.69)

(Apostle) 만찬회에 참석했다〔여기서 '사도' 란 1820년 열두 명으로 처음 결성된 케임브리지 콘베르사초네(대화) 협회의 회원을 가리키는 용어다. 이 협회는 비밀을 강조하는 것으로 잘 알려졌으면서도 어울리지 않게 영국의 저명한 지식인들을 망라했다〕. 그밖에 다른 공산주의자들도 모임에 참석했다. 앨리스터 윗슨〔Alister Watson, 훗날 블런트는 그가 자신에게 마르크스주의를 가르쳤다고 말했으며, 피터 라이트(Peter Wright)는 그가 1960년대에도 KGB 간부들을 만났다고 말한다〕[10]도 있었고, 조지 톰슨 (George Thomson)과 줄리언 벨도 있었다.* 공산당의 후원을 받은 게 분명한 이 모임에서 비트겐슈타인은 명예 사도회원으로 선출되었다.** 그는 이미 제1차 세계대전 이전에도 회원이었다가 1912년에 제명을 당한 바 있었는데, 이 모임에서 그의 제명이 철회되었다.

줄리언 벨(버지니아 울프의 조카)과 앤서니 블런트가 함께 있는 것은 놀랄 일이 아니다. 두 사람은 사도였으나 단순한 사도회원 사이보다 훨씬 가까운 관계였다. 존 코스텔로(John Costello)는 줄리언 벨이 자기 어머니 바네사 벨에게 보낸 편지를 인용하고 있는데, 여기에는 그와 앤서니 블런트의 관계가 나와 있다. 이 관계는 1929년 9월까지 여섯 달 동안 지속되었다.

줄리언 벨의 1929년 3월 14일자 편지에는 앤서니에 관한 중대한 소식을 전한다는 구절이 있다. 마치 버지니아 울프의 큰조카를 의례적으로

---

* 벨은 스페인에서 공화국을 위해 싸우다 전사했는데, *New Statesman*에 보낸 서신에서 "우리는 모두 마르크스주의자다" 고 말했다(Page, Leitch, Knightley, *Philby*, Andre Deutsch, 1969, p.72). 블런트, 버제스, 윗슨, 비트겐슈타인처럼 벨도 사도였다.
** Monk, pp.256~257. 버제스는 1932년 11월에 사도로 선출되었다(Page et al, pp.65, 68). 핵심 첩자인 앨런 넌 메이도 마침 매클린과 함께 트리니티 홀에 있었다(Page et al, pp.67).

소개하는 듯한 표현을 쓰면서 그는 어머니 바네사에게 이렇게 쓴다. "제가 이렇게 말해도 속이 상하거나 충격을 받지 않으시리라고 생각합니다. 케임브리지식 완곡어법으로 말하면 우리는 함께 잤어요."[11]

앤드루 보일(Andrew Boyle)은 벨이 적어도 1933년에는 가이 버제스와도 관계를 가졌다고 쓴다.

버제스는 존 콘퍼드(John Cornford)라는 신입생처럼 마르크스주의적 열정에 휩쓸리지는 않았으나 …… 이따금 시위를 조직하는 데 앞장서곤 했다. 예를 들어 1933년 휴전 기념일에 전쟁 기념비까지 반전 행진을 벌인 것은 그의 계획이었다. 지저스 칼리지를 비롯하여 여러 곳에서 온 선원들은 시위자들에게 조롱과 야유를 퍼붓고 썩은 달걀과 상한 토마토를 던졌다. 경찰은 그냥 서 있기만 했다. 곤봉을 휘두르는 일도 없었고 육박전이 벌어지지도 않았다. 버제스는 동료 사도인 줄리언 벨이 운전하는 스포츠카의 옆 좌석에 앉은 채 자동차를 마치 탱크처럼 돌진시키며 반(反)시위대를 해산시켰다.*

나중에 보겠지만, 줄리언 벨은 비트겐슈타인을 주제로 박사 학위 논문을 쓰려 했을 정도로 비트겐슈타인에게서 지대한 사상적 영향을 받았다. 블런트/벨/비트겐슈타인의 관계에 관해서는 코스텔로의 책에 약간의 정보가 더 있다.

---

* Andrew Boyle, *The Climate of Treason*, Hutchinson, 1979, pp.107~108. 보일의 책에는 목격자가 몇 사람 나오는데, 그 중에는 르웰린 데이비스 부인도 있었다.

비트겐슈타인을 환영하기 위해 열린 사도들의 만찬 자리에서 그는 벨의 과격한 사회주의 도덕을 꼬집었다. 그러자 블런트는 즉각 친구를 옹호하고 나섰다. 곧이어 난상토론이 벌어졌다. 케인스는 [1929년] 3월 19일에 앤서니가 '친애하는 블런트 군에게'로 시작하는 편지를 보내 "비트겐슈타인이 협회에 복귀했을 때 언짢은 일이 벌어진 사태"를 빚은 것을 꾸짖었다. 케인스의 어조는 사뭇 퉁명스러웠다. "사실은 자네가 생각한 것과는 전혀 다르네." 그는 블런트와 줄리언을 점심 식사 자리에 불러 "다음 학기 초에 그 문제에 관해 밝히라"고 했다.

케인스의 권고에도 벨과 블런트는 비트겐슈타인과 화해하려 하지 않았다. 존 힐턴(John Hilton)에 따르면 블런트는 케임브리지가 받아들인 철학의 천재를 '흔히 보는 혐오스러운 인물'로 규정했다고 한다. 비트겐슈타인의 방을 비숍스 호스텔에 있는 블런트의 방과 같은 계단에 배정한 것도 블런트의 불만을 샀다.

복수심에 불탄 블런트는 벨을 부추겨 비트겐슈타인의 독선적인 정의를 공격하는 네 쪽짜리 가시 돋친 커플릿(couplet, 2행 대구 형식의 시: 옮긴이)을 『더 벤처』(The Venture)[12]에 기고하게 했다.*

흥미로우면서도 여러 가지 정보가 농축되어 있는 대목이다. 우선

---

* Costello, p.154. 이것은 내가 나중에 주장할 내용과 모순되는 듯하다. 나는 블런트에 관한 기록에서 전거를 찾는다. 그는 마이클 스트레이트가 미국에서 첩자 임무를 수행할 수 있도록 교육하는 일을 맡았다. "이를 위해서는 좌익과의 모든 연계를 끊어야 했다. 그는 콘퍼드의 죽음에 깊은 슬픔을 느껴 케임브리지 공산주의자들과 단절한 것처럼 행동했다"(Costello, p.268). 이것이 블런트와 스트레이트의 전략이었다면, 비트겐슈타인과 함께한 '검은 야수'(black beast) 작전도 마찬가지로 위장이었을 것이다. 가이 버제스와 킴 필비는 공산주의 신조를 숨기고 우익으로 전향한 것처럼 보이는 전략을 택했다(예를 들어 Goronwy Rees, A Chapter of Accidents, The Library Press, 1972, pp.116~117). 친구를 적처럼 보이게 가장하는 것은 공산주의 음모의 기본이었다.

동성애자이자 사도였던 비트겐슈타인과 앤서니 블런트는 같은 호스텔에서 같은 계단을 이용했다.* 블런트의 동성애 파트너는 비트겐슈타인에게서 사회주의 도덕에 관한 공격을 받고 화를 냈으나, 존 메이너드 케인스가 비트겐슈타인의 정치적 입장을 바로잡아 준 것에 안심했다! 그리고 벨은 비트겐슈타인의 미학적 견해를 조롱하는 시를 썼다.[13]

훗날 벨은 프랭크 램지(Frank Ramsey)**의 미망인인 레티스 램지의 집으로 들어갔는데, 비트겐슈타인은 『철학적 탐구』(*Philosophical Investigations*)의 서문에서 프랭크 램지에게서 피에로 스라파(Piero Sraffa)에 버금가는 영향을 받았다고 쓴 바 있다(스라파에 관해서는 나중에 언급할 것이다). 벨과 마찬가지로 레티스 램지의 정치적 성향도 극좌파였다. 그녀는 협회를 지배하는 마르크스주의 사도 여섯 명의 유명한 사진을 찍었다.*** 램지의 누이인 마거릿은 공산당원이었고 조지 폴(George Paul)과 결혼했다. 폴은 비트겐슈타인의 좌익 제자로 훗날 멜버른 대학교의 철학 교수가 된다. 이 사실에 관해서도 나중에 살펴볼 것이다. 여기서는 조지 폴, 마거릿 램지, 앨런 잭슨(Allen Jackson), 더글러스 개스킹(Douglas Gasking) ── 모두 비트겐슈타인의 케임브리지 제자들이다 ── 이 오스트레일리아에서 ASIO(오스트레일리아 보안 첩보국, 영국의 MI5에 해당한다)의 감시를 받았다는 정도만 언급하고 넘

---

* 학생들의 명단과 주소가 게재된 *Cambridge Review*에는 비트겐슈타인이 비숍스 호스텔의 D3, 블런트가 A2에 방을 배정받았다고 기록되어 있다.
** 장차 캔터베리 대주교가 되는 마이클 램지의 형 프랭크 램지는 1930년 1월 19일 가이의 병원에서 스물여섯 살로 사망했다. 비트겐슈타인은 전시에 그곳에서 짐꾼으로 일했다.
*** 비트겐슈타인은 램지가 케임브리지로 돌아올 때까지 그곳에 머물렀다. 레티스 램지는 남편이 죽은 뒤 직접 '램지와 머스프랫'이라는 사진관을 세웠다(Owen Chadwick, *Michael Ramsey: A Life*, Oxford University Press, 1991, p.392; Richard Deacon, *The Cambridge Apostles*, Farrar, Straus and Giroux, 1985, p.117).

어가자.* ASIO는 1950년부터 잭슨이 오스트레일리아 고위 공산주의자들과 전화 통화를 한 기록을 가지고 있는데, 현재 그 자료는 오스트레일리아의 캔버라 기록보관소에 소장되어 있다.

독자 여러분은 앤서니 블런트가 어떤 잘못을 저질렀든 여전히 20세기의 위대한 미술 평론가로 손꼽힌다는 사실에 유념해야 할 것이다. 그는 왕실 그림 관리자였고 일급 예술 이론가였다. 케임브리지 시절에 그와 같은 계단을 이용한 사람은 오스트리아의 동성애 철학자였다. 그 철학자는 미학의 궁극적 본질을 안다고 자신했다. 그에 따르면 미학은 '표현 불가능'의 영역에 있으며, 미학에 관해서는 결코 유의미한 진술을 할 수 없다. 다음에 소개하는 벨의 시 넷째 행은 그가 비트겐슈타인의 중대한 잘못이라고 생각한 게 무엇인지 보여 준다.

그침 없는 논쟁, 거친 분노와 큰소리,

자신이 옳다는 확신, 정의감에 찬 자존심.

그런 잘못은 누구나 조금씩 갖고 있지만

비트겐슈타인은 예술을 놓고 거드름을 피운다.[14]

---

* 고(故) A. C. 잭슨에 관한 삭제된 ASIO 감시 기록은 30년 규칙에 따라 공개되었는데, 1952~1966년의 시기에만 28쪽을 할애하고 있다(오스트레일리아 기록보관소, A6119/89 ; 2288-JACKSON, Allan Cameron 항목). 개스킹은 베이징 평화회의에 오스트레일리아 대표단을 파견해야 한다고 공개적으로 주장한 탓에 감시를 받았다(오스트레일리아는 한국전쟁에 지원군을 파견한 바 있다).
일급비밀을 다루는 러스 로위라는 여성은 개스킹의 이름을 조정관으로 올렸다. ASIO의 빅토리아 지역 담당관은 1952년 2월 3일 그녀에게 '긴급 점검'을 의뢰했다. 1954년 3월 15일자 메모에는 '개스킹 교수에 대한 역추적'이라는 문구가 나온다(로위와 그녀의 친척들은 충직하고 존경받는 국민이 되라는 판결을 받고, 1955년 1월 28일에 오르소바 호를 타고 미국으로 떠났다. 미국에서 어떤 일을 했는지는 알 수 없다). 오스트레일리아 기록보관소, A6119/89 ; 2311과 2312-GASKING, Douglas 항목.

줄리언 벨의 동생인 쿠엔틴 벨(Quentin Bell)은 60년쯤 뒤에 앤서니 블런트를 회상하며 "앤서니가 사실상 케임브리지에서 회화에 흥미를 가진 유일한 인물이었다"[15]고 썼지만, 그 말은 전혀 사실이 아니다. 또 다른 인물인 철학자가 있었기 때문이다. 예술을 놓고 거드름을 피우는 이 철학자의 아버지는 빈의 분리파 운동에 재정을 지원하고 영향력을 행사했으며, 자기 자식들을 당대의 저명한 음악가와 미술가, 예술가들과 알게 해주었다. 그 철학자는 전혀 과묵한 편이 아니었고, 남들에게 자신의 견해를 주저 없이 피력했다. 실제로 벨은 시를 통해 비트겐슈타인을 이렇게 표현한다.

…… 무수한 말 앞에서
침묵의 영원한 맹세는 깨어지고
매일 밤낮으로 윤리, 미학을 떠든다네. ……

블런트는 학술적 관심을 현대 언어로 돌리기 전에 수학에 심취했는데, 비트겐슈타인의 강의 주제는 바로 수학을 토대로 했다. 블런트처럼 비트겐슈타인도 건축에 각별한 관심을 보였으며, 빈에 아돌프 로스(Adolf Loos)의 양식을 본떠 커다란 저택을 설계하고 건축하기도 했다.* 그는 1928년 부활절 휴가에 빈을 방문했다.[16] 〔고로니 리스(Goronwy Rees)는 버제스도 빈에 갔고[17] 얼마 뒤에 필비도 그랬다고 말한다.〕

---

* 비트겐슈타인이 누나를 위해 지은 이 저택은 전후에 빈의 불가리아 대사관으로 사용되었다. 이 사실 자체가 의혹을 안겨주기에 충분하다. 물론 대사관은 어딘가 있어야 하겠지만 빈에는 크고 좋은 건물들이 많이 있었을 것이다. 하필 대사관이 이곳에 있을 확률은 얼마나 될까? 저택의 양식은 현대적이었으며 —— 따라서 스탈린주의 건축 양식과는 별로 맞지 않는다 —— 공산주의 국가인 불가리아가 공산주의 미학의 공인된 기준을 조롱할 가능성은 거의 없었다.

블런트의 동료 미술 평론가이자 건축가이며 철학자인 인물은 아돌프 히틀러와 같은 학교를 다녔다. 전시 코민테른은 히틀러에 반대하여 필사적으로 전 세계의 지성들을 모았다. 이 철학자의 가문은 빈의 사회주의자들과 폭넓게 접촉했고 스스로 좌익으로 경도되었으며, 나중에 보겠지만 스탈린주의자에 가까웠다.

앤서니 블런트를 연구한 펜로즈(Penrose)와 프리먼(Freeman)은 믿기 어려운 말을 전한다.

케임브리지의 젊은이들을 모집하는 일을 맡은 주요 인물은 제임스 클루그먼(James Klugmann)과 존 콘퍼드였고, 샘 피셔(Sam Fisher)가 그 작업을 보조했다. 피셔는 클루그먼이 "트리니티에서 수십 명이나 끌어들이는 탁월한 모집자의 솜씨를 보였다"고 말한다. 한 번은 한 대학에서 50명을 공산당에 가입시켰으나 얼마 뒤 '시(詩)에 관한 논쟁' 때문에 대거 이탈했다. 그 논쟁의 상세한 내용은 오래전에 잊혔다.*

시에 관한 논쟁으로 당의 기간 요원들이 분열을 빚다니! 그들은 볼셰비즘의 헌신적인 추종자들이 아닌가! 이 말은 상당히 충격적이다. 미학적 논쟁이 공산당 내의 '대거 이탈'을 초래할 수도 있다는 말은 이해하기 어렵다. 하지만 당시 케임브리지에서는 실제로 공산주의자들(코민테른 요원들)이 시에 관한 논쟁을 벌인 적이 있었다. 이 논쟁은 비트겐슈타인의 미학 철학을 비판하는 줄리언 벨의 시에도 등장한다. 벨은

---

*B. Penrose and S. Freeman, *Conspiracy of Silence*, Vintage Books, 1988. 클루그먼은 당에 가입한 배경이 있었음에도 불구하고 전시에 카이로의 전략작전집행부에까지 진출했다. 클루그먼 트리니티칼리지 주소는 휴얼 건물 K2로, 비트겐슈타인의 K10과 아주 가까웠다.

심지어 1933년 12월에 『뉴 스테이츠먼』(*New Statesman*)에 이런 글을 기고했다.

> 1929년과 1930년에 케임브리지에서 일상적으로 벌어진 지적인 대화의 중심 주제는 시였다. …… 그러나 1933년 말에는 토론의 주제가 오로지 현대 정치뿐이었고, 지성인의 거의 대다수가 공산주의자인 상황으로 변했다.[18]

이 글을 쓴 사람은 마르크스주의의 대의에 평생을 바치기로 굳게 결심한 마르크스주의자였으며, 실제로 그는 『뉴 스테이츠먼』에서 말한 바로 그 시기에 시에서 공산주의 정치로 활동의 무대를 옮겼다. 그렇다면 이것이 바로 피셔가 오래전에 잊혔다고 말한 시에 관한 논쟁이 아닐까? 대학원생이던 벨은 비트겐슈타인을 주제로 박사 학위 논문을 쓸 작정이었다.

> …… 그는 논문 심사위원회에 비트겐슈타인을 주제로 삼겠다고 신청할 계획이었다. 그러나 조지 라일런즈(George Rylands)는 교수단에게 그런 주제를 제안하는 것은 마치 스윈번(Swinburne)의 「돌로레스」(*Dolores*)를 빅토리아 여왕에게 생일 축가로 보내는 것과 마찬가지가 아니겠느냐고 설득했다(19세기 영국의 여류 시인 스윈번은 반항적이고 혁신적인 인물이었으며, 그녀가 시로 표현한 돌로레스는 고통받는 여인의 대명사였다: 옮긴이). 그래서 벨은 결국 구상 전체를 포기했다……[19]

만약 비트겐슈타인에 관한 벨의 시가 대거 이탈을 초래했다면, 비트겐슈타인은 공산주의 학생들에게 상당한 인기가 있었을 것이다. 우리는 앞서 바틀리의 보고를 통해 그가 '좌익 사상가'였다는 것을 알고 있지만, 다음에 소개하는 공산주의자 조지 톰슨에 관한 몽크의 보고를 보면 비트겐슈타인의 좌익적 견해가 얼마나 큰 영향력을 가졌는지 알 수 있다.

예를 들어 1930년대에 비트겐슈타인을 잘 알던 조지 톰슨은 비트겐슈타인이 그 시기에 "정치적으로 크게 자각했다"고 말한다. 또한 톰슨은 비록 비트겐슈타인과 자주 정치 토론을 벌이지는 않았으나 그가 시사에 관해 해박했음을 인정했다. "그는 실업과 파시즘의 폐해, 점증하는 전쟁의 위험을 뚜렷이 인식하고 있었다." 덧붙여 톰슨은 마르크스주의에 대한 비트겐슈타인의 태도를 설명한다. "그는 이론적으로는 마르크스주의에 반대했으나 실천적으로는 지지했다." 이것은 비트겐슈타인이 롤런드 헛(그는 스키너의 절친한 친구로, 1934년에 비트겐슈타인과 알게 되었다)에게 말한 내용과 일치한다. "나는 근본적으로 공산주의자라네." 유념할 것은 이 시기 비트겐슈타인의 친구들, 특히 그에게 소련에 관한 정보를 전해 준 친구들이 대부분 마르크스주의자라는 점이다. 조지 톰슨 외에도 비트겐슈타인이 정치 문제에 관해 누구보다도 신뢰했던 피에로 스라파(Piero Sraffa), 니콜라스 바흐친(Nicholas Bachtin), 모리스 도브(Maurice Dobb) 등이 모두 마르크스주의자였다. 1930년대 중반의 정치적 격변 중에 비트겐슈타인이 노동계급과 실업자들에게 공감했고, 넓게 말해서 좌익에 충실했다는 것은 틀림없는 사실이다.[*]

오래전부터 비트겐슈타인의 공적 이미지는 20세기의 비종교적 성인, 탈정치적 천재의 모습이었고, 워즈워스가 말하는 뉴턴처럼 "낯선 사유의 바다를 헤치며 홀로 여행하는" 인물이었다. 하지만 이 이미지는 역사적 현실과 크게 어긋난다. 그는 몽크가 생각하듯이 '넓게 말해서' 좌익에 공감하지 않았다. 그러나 정치적으로 소련을 확고히 지지했고 고집스러운 스탈린주의자였다.

만약 히틀러가 『나의 투쟁』에서 유대인을 총체적으로 비난한 배후에 지금까지 설명하지 않은 비트겐슈타인 가문과의 조우가 있었다면, 우리는 히틀러가 거기서 개략적으로 서술한 유대인의 성장 과정을 매우 세심하게 검토해야 한다. 히틀러는 '궁정 유대인'이 그리스도교로 개종한 다음 주식 거래를 통해 경제를 통제하고, 예술을 상업화함으로써 타락시키고, 볼셰비즘을 성공시키기 위해 노력했다고 서술했다. 이 과정의 각 단계는 비트겐슈타인 가문의 알려진 역사적 사실에 부합한다.** 따라서 우리는 히틀러가 말한 마지막 단계 —— 볼셰비즘을 성공시키기 위해 노력했다 —— 를 루트비히 비트겐슈타인의 삶 가운데 알려진 내용과 비교해 보아야 한다.***

흔히 비트겐슈타인의 철학은 마르크스주의와 무관하다고 간주된

---

* Monk, p.343. 킹스 칼리지의 고전학자인 조지 톰슨은 1923년에 사도로 선출되었고 비트겐슈타인의 친구인 로이 파스칼에 의해 1934년 공산주의로 전향했다(Costello, pp.191, 197).

** 물론 나는 히틀러가 본 것과 똑같은 과정을 제시하는 것이다. 카를 비트겐슈타인은 예술을 타락시키지 않았다.

*** 히틀러와 비트겐슈타인이 함께 학교에 다니던 시절에 러시아에서는 혁명이 실패했다는 것을 기억해야 한다. 그때 트로츠키 —— 나중에 빈으로 이주했다 —— 도 일익을 담당했다. 1905년 상트페테르부르크 소비에트 의장이었던 트로츠키는 1차 러시아혁명에서 첫손가락에 꼽히는 지도자였다.

다.* 하지만 1945년에 그는 자신의 사상에 큰 자극을 준 원천이 피에로 스라파라고 인정한 바 있다.

> 이러한 (늘 확실하고 강력한) 비판 외에도 나는 이 대학교의 교수인 P. 스라파 씨에게서 오랫동안 끊임없이 고마운 영향을 받았다. 그 자극은 결과적으로 이 책의 사상에 상당 부분 반영되었다.[20]

스라파는 경제학자였고 마르크스주의자였다.[21] 그는 특별히 열성적인 인물이었던 듯하다. 코스텔로는 나중에 FBI에 들어간 소련 첩자임을 자백한 마이클 스트레이트(Michael Straight)의 증언을 인용하고 있다.

> 스트레이트에 따르면, 다른 공작원들 중에는 이탈리아의 마르크스주의 경제학자인 피에로 스라파가 있었다. 그는 케인스의 요청으로 케임브리지에 왔는데, 당에 가입한 사실이 드러날 경우에는 추방될 위험에 처해 있었다.[22]

스트레이트의 증언에 따르면, 비트겐슈타인에게 중요한 영향을 줄 무렵 스라파는 공산주의자였고 '공작원'이었다. [스라파는 또한 이탈리아 공산주의 이론가인 안토니오 그람시(Antonio Gramsci)의 절친한 친구였다.][23]

---

*수학자인 동시에 블레츨리 파크 암호 해독자였던 앨런 튜링은 비트겐슈타인이 수학에 '볼셰비즘'을 끌어들였다고 비난했는데(Monk, p.419), 옥스퍼드 철학자·역사가인 R. G. 콜링우드도 비트겐슈타인의 철학에 관해 같은 견해를 취했다.

1978년 정치적으로 풋내기였던 나는, 1930년대에 비트겐슈타인의 제자였고 모나시 대학교에 재직하다가 은퇴한 철학 교수 A. C. 잭슨(오스트레일리아의 좌익 학자이기도 했다)을 빅토리아의 퀸즈클리프에서 만나 비트겐슈타인에 관해 몇 가지 질문을 한 적이 있었다. 그는 비트겐슈타인이 정치적으로 극좌였고 스탈린과 소련에 열렬히 공감했다고 확언했다. 잭슨은 다른 매체에서 비트겐슈타인이 '온건한 스탈린주의자' [24]였다고 말한 것으로 알려졌으나 내게 한 증언은 그보다 한층 강력했다. [오스트레일리아 기록보관소에 있는 잭슨에 관한 ASIO 기록은 내가 18년 전에 읽은 적이 있다. 거기에는 잭슨이 프랭크 노펠마허 박사와 데이비드 암스트롱의 정치 활동에 대한 자신의 평가를 오스트레일리아의 저명한 공산주의 지도자인 주더 웨이튼(Judah Waten)에게 전했다는 내용이 있다.] 이것은 러시 리스(Rush Rhees)가 1939~45년 전쟁이 끝날 무렵 비트겐슈타인과 나눈 대화로도 뒷받침된다.

비트겐슈타인은 "사람들에게 일자리를 주는 게 중요하다"고 거듭 말했다. 1935년에도 그런 말을 했음직하지만 그때는 '재건'의 문제를 언급하지 않았다. 그는 러시아의 새 체제가 인민대중에게 일자리를 제공한다고 생각했다. 러시아 노동자들의 편제가 어떻다든지, 노동자에게 일자리를 떠나거나 바꿀 자유가 없다든지, 강제노동 수용소가 존재한다거나 하는 문제에는 관심을 보이지 않았다. 러시아든 어느 사회든 인민대중이 정규 일자리를 갖지 못하는 것만이 끔찍한 일이었다. 또한 그는 '계급 차별'에 시달리는 사회도 끔찍하게 여겼으나 이 점에 관해서는 별로 말하지 않았다. "그럼 독재는 어떨까요?" 그는 어깨를 으쓱해 보이며 자문자답했다. "별로 화낼 일이 아니지요." [25]

이 대화가 있던 1945년에 소련에서는 강제노동 수용소와 농업의 집단화로 인해 홀로코스트 때보다 훨씬 더 많은 사람이 목숨을 잃었다. 우크라이나 한 곳만 해도 의도적인 정부 시책이 초래한 지독한 기근(악명 높은 '슬픔의 수확')으로 500여만 명이 죽었다. 하지만 비트겐슈타인이 분개한 것은 소비에트 독재가 아니라 소비에트 국가가 무계급사회가 아니라는 생각이었다.

그는 '관료제의 지배'가 러시아에 계급 차별을 빚고 있다는 주장에 공감하고 분노했다. "내가 러시아 제국에 완전히 동조하지 못하는 이유는 계급 차별이 강화되고 있기 때문입니다."

그는 분명히 러시아혁명의 결과에 대해 다소 장밋빛 꿈을 품고 있었다. 몽크는 이렇게 말한다.

…… 1936년 여론 조작을 위한 공개재판이 행해지고, 러시아와 서구의 관계가 악화되고, 1939년 나치-소비에트 조약이 체결된 뒤에도 비트겐슈타인은 여전히 소비에트 체제에 대한 동조를 표명했다. 그런 성향이 워낙 강했기 때문에 그의 일부 학생들은 그를 '스탈린주의자'라고 부를 정도였다.[26]

실제로 그랬다. 몽크는 재빨리 "이 낙인은 물론 터무니없다"며 독자를 안심시킨다. 그러나 지금 내가 제기하는 이 중대한 사안에 관해서는 비트겐슈타인과 같은 시대 사람들의 말을 들어 봐야 할 듯싶다. 몽크에게 비트겐슈타인을 '온건한 스탈린주의자'라고 생각하게 된 근거를 제공한 잭슨은 나의 질문을 받았을 때 비트겐슈타인의 정치적 성향에 관해 전혀 의심하지 않는 모습을 보여 주었다. 즉 비트겐슈타인이 소련의 대외 정책과 억압적 대내 정책, 요시프 스탈린의 리더십을 지지했다는 것이다. 심지어 시어도어 레드패스는 비트겐슈타인이 "훌륭한 정치가가 되려면 훌륭한 숙청을 할 줄 알아야 한다고 단언했다"[27]는 충격적인 회고를 전해 준다. 비트겐슈타인은 영국 정부가 정치적 암살에 관여했다는 자신의 견해를 의심했다는 이유로 노먼 맬컴을 비난했다. "그는 극도로 분노했으며, 그 일을 몇 년 동안이나 마음에 담아 두었다."[28] 비트겐슈타인의 제자이자 케임브리지의 공산당원인 더글러스 개스킹은 내가 비트겐슈타인의 정치적 성향을 묻자 그는 좌익이었다고 대답했다. 개스킹과 같은 노련한 공산당원이 좌익이라고 말한 것은 몽크의 '넓게 말해서' 같은 모호한 표현보다 한층 분명하게 좌익이었음을 의미한다.

비트겐슈타인에게 '스탈린주의자'라는 낙인을 찍은 사람들은, 좌익적 성향으로 유명했고 졸업생들이 역사상 가장 성공적인 첩자단을 형성한 대학의 좌익 공산주의 학생들이었다. 케임브리지에서 '단순한 좌익'과 '스탈린주의자'의 차이는 매우 컸다. 그 시기에 케임브리지에서 정치는 대단히 진지한 분야였다. 모두 좌익이었으나 모두 스탈린주의자인 것은 아니었다. 당시의 '스탈린주의자'라는 낙인은 그 의미를 아주 조심스럽게 숙고할 필요가 있다. 비트겐슈타인의 케임브리지 제자들이 영어권 세계의 철학 분과들을 장악하려 했기 때문이다.

예를 들어 프랭크 램지의 누이인 공산주의자 마거릿과 결혼한 조지 폴은 1939년부터 1945년까지 오스트레일리아의 대학계에 공산주의 대의를 전파한 뒤 옥스퍼드 유니버시티 칼리지의 교수로 취임했다.

멜버른에서 그의 후임을 맡은 비트겐슈타인의 또 다른 제자들인 더글러스 개스킹과 앨런 잭슨도 좌익이었다. 개스킹은 '옛 볼셰비키파 비트겐슈타인주의자'라고 자칭했으며, 케임브리지 시절에 공산당원이 되었다.[*] 오스트레일리아의 철학자이자 역사가인 셀윈 그레이브(Selwyn Grave)는 특유의 온건한 어조로 잭슨에 관해 "그는 좌익에 확고하게 동조했고, 그 때문에 공적 관심을 받았다"[**]고 말했다. 사실이었다. 그는 공산당을 조사하는 빅토리아 왕립 위원회에서 공식적으로 거명한 인물이었다.

비트겐슈타인의 영향력은 멜버른 대학교에서 오스트레일리아의 자생 첩자를 낳는 데 기여했다. 취조를 피해 체코슬로바키아로 도피한 이언 밀너(Ian Milner)가 그 예다. 하지만 밀너 사건은 우리의 주제와 다소 무관하므로 여기서 다루지 않기로 한다.[***]

비트겐슈타인의 친구들만 봐도 그가 케임브리지를 조사한 서구 방

---

[*] Selwyn Grave, *A History of Philosophy in Australia*, University of Queensland Press, 1984 ; Jan T. J. Srzednicki and David Wood, *Essays on Philosophy in Australia*, Kluwer Academic Publishers, 1992, p.29. 이 주제에 관해 나는 멜버른 대학교의 그레이엄 마셜과의 대화에서 큰 도움을 얻었다. 물론 그가 준 정보를 내가 서술한 것에 대해서는 마셜의 책임이 전혀 없다. 케임브리지 공산주의자들의 장대한 전통을 따르는 개스킹은 오스트레일리아로 돌아와 브리즈번에서 정부 통신문을 암호화하는 작업을 한 뒤 멜버른 대학교 교수로 임명되었다.

[**] Selwyn Grave, p.83. 젊은 시절에 멜버른 대학교의 철학 교수로 재직했고 개스킹과 잭슨을 알았던 시드니 대학교의 데이비드 암스트롱 교수는 잭슨의 정치적 성향이 개스킹보다 한층 더 좌익적이었다는 견해를 내게 밝혔다.

[***] 관심 있는 독자들은 Richard Hall, *The Rhodes Scholar Spy*(Random House Australia, 1991)를 보라. 옥스퍼드에서 철학을 공부한 밀너는 1935년 8월 빈에서 한 주일을 보냈으나, 비트겐슈타인은 그 무렵 모스크바로 가는 중이었다. 멜버른 비트겐슈타인 학파와 밀너, 그리고 케임브리지 경제학도였던 에릭 러셀(키팅 정부 시절 주미 오스트레일리아 대사의 아버지)에 대한 삭제된 ASIO 감시 기록은 오스트레일리아 기록보관소에서 열람할 수 있다. ASIO 기록은 폴의 아내 ─ 프랭크 램지의 누이이자 비트겐슈타인의 제자 ─ 가 캔터베리 대주교의 누이라는 것을 몰랐다고 말하지만, '대주교의 누이'라는 표현은 공산주의자 버니 태프트와 잭슨이 잭슨과 주더 웨이튼의 만남을 주선하기 위해 주고받은 전화 통화의 녹취에도 나온다.

첩 기관들의 관심 대상이 되었다는 것을 알 수 있다(조사가 실시되자 버제스, 필비, 매클린이 탈당했다).* 코스텔로는 이미 오래전에 '케임브리지 몰팅 거리의 프로스트레이크 별장'에서 보낸 서한을 영국 방첩 기관이 가로챘다고 폭로한 바 있으며, 1929년 2월 10일자 서한의 사진을 자신의 책 끝부분(쪽 번호가 없는 곳)에 수록했다. 당시 공안부는 비트겐슈타인이 1929년에 도브와 함께 살던 숙소를 엄중하게 감시하고 있었다.

비트겐슈타인은 자신의 정치적 성향을 꽤 오래 유지했다. 1939년 스탈린이 수백만 명의 무고한 사람들을 희생시킨 뒤에도 비트겐슈타인은 드루어리(Drury)에게 이렇게 말했다.

> 사람들은 스탈린이 러시아혁명을 배신했다고 말하죠. 하지만 그것은 스탈린이 처리해야 했던 문제들, 러시아가 처한 위험을 알지 못하기 때문이에요.[29]

시어도어 레드패스는 비트겐슈타인과 토론한 영화를 회상한다.

> …… 특별히 언급할 만한 일이 있었어요. 비트겐슈타인이 단호하고도 의도적으로 내게 중대한 문제에 관한 자신의 태도를 전달한 적이 있었

---

* 전쟁 전에 케임브리지에 다닌 미국인들 —— 약 600명 —— 은 마이클 스트레이트가 미국인 몇 명을 트리니티 세포 멤버/공산주의 동조자로 거명한 뒤에 전부 FBI의 수사를 받았다(Costello, p.597). 그 가운데는 비트겐슈타인의 제자인 고(故) 노먼 맬컴 코넬 대학 교수도 포함되었다. 영국의 경우 수사 대상은 원래 계획되었던 2천 명을 훨씬 넘어 약 5만 8천 명까지 늘어났다(Nigel West, *Molehunt*, Weidenfeld and Nicolson, 1987, p.87). 비록 트리니티 교직원 전부가 포함되지는 않았으나 조사 당국도 어지간히 무능했다.

죠. 당시 나는 코스모폴리탄 시네마(줄여서 '코스모' 라고 부르죠)에 자주 갈 때였어요. 나중에 아트시네마가 된 곳인데 노먼 히긴스(Norman Higgins)가 경영자였고, 영국과 외국의 좋은 영화들을 선정해 상영하는 곳이었죠. 어느 날 밤에 나는 랠프 리처드슨(Ralph Richardson)이 지주로 나오는 영국 영화를 봤어요. 내가 보기엔 아주 점잖은 친구지만 영화에서는 그가 단지 지주라는 이유로 도덕적인 비난을 퍼부었어요. 나는 매우 부당하다고 여겼고, 얼마 뒤에 우연히 비트겐슈타인에게 내 생각을 말하게 되었죠. 과거에도 자주 그랬듯이 그의 대답은 놀라웠어요. 단지 지주라는 이유로도 충분히 비난받아 마땅하다는 거였어요. 내가 아는 한 당시 그는 정치와 연계가 전혀 없었음에도 그렇듯 명쾌하게 말하는 데 흥미를 느꼈지만, 나로서는 쉽게 납득할 수 없는 주장이었죠.[30]

그런 풍토에서 비트겐슈타인의 동료와 학생 중에 그렇게 많은 수가 마르크스주의자였다는 사실은 놀라운 일이 아니다. 문제는 그들이 마르크스주의자였다는 사실에 있지 않다. 그보다는 50명쯤 되는 트리니티의 공산주의 대학생들 가운데 적어도 한 명──윗슨──은 첩자로 밝혀졌으며, 다른 학생들은 케임브리지에서 공산당을 결성하여 활동하고, 유명한 케임브리지 3인 첩자단을 만들고, 스페인에서 공산당을 위해 목숨을 바쳤다는 사실이다. 트리니티칼리지의 공산주의자가 급속도로 증가한 근저에는 그의 제자들──벨, 콘포스, 헤이든게스트, 콘퍼드──이 있었다. 물론 이 네 사람은 서로 무관한 과정을 통해 공산주의를 흡수했는지도 모른다. 하지만 만약 그런 움직임에 불을 붙인 계기가 있다면, 그 네 사람에게 가장 큰 영향을 준 사람이 과연 누구인지 면밀하게 따져 볼 필요가 있다.

존 르카르(John Le Carré)는 페이지, 레이치, 나이틀리가 쓴 『필비, 세대를 배신한 첩자』(*Philby, The Spy Who Betrayed a Generation*)라는 책에 부친 서문에서, 케임브리지의 대다수 학생들이 생각하는 핵심 인물은 앤서니 블런트였다고 말한다. 하지만 블런트는 처음 공산주의 열풍이 불 때 정치적 활동에 뛰어들지는 않은 듯하다. 이 사실만으로도 우리는 다른 가능성을 고려해야 한다.

이 책은 저자들이 처음부터 고백하듯이 대단히 불완전하다. 우리는 그 간극을 명심해야 한다. 마르크스주의적 성격이 강한 이 소설은 주인공, 조직, 독자에게 두루 정립과 반정립이 적용되어 있으나 주요 인물은 아예 누락되었다고 볼 수 있다. 버제스, 매클린, 필비의 삶에서 우리는 그의 손, 영향력, 그림자를 식별하지만 그의 얼굴을 보거나 이름을 명확하게 듣지는 못한다. 그는 소비에트의 모집자다. 그들은 누군가에 의해 모집되었다. 그게 누굴까? 열아홉 살에서 스물한 살 사이에 이 케임브리지 학생들은 위선적인 삶으로 안내되고 유혹되었다. 그게 누굴까? 그들은 성장하면서 모험에 찬 십자군의 젊은 꿈을 버리고 지루하고 두려운 범죄와 배신의 늪에 빠져들었다. 그들의 신념을 받쳐 준 사람은 누굴까? ……
스무 살 청년이 한 번도 가 보지 못한 나라, 깊이 연구하지 않은 이념, 길고 혹심한 숙청 기간 중에 외국에서조차 충성을 바치는 게 위험스러운 체제에 자신의 몸과 마음을 바친다면, 나아가 30여 년 동안 기만과 배반, 이따금 살인까지 저지르면서 그 결심을 적극적으로 지켜 왔다면, 그 주인이 누구인지 추측해 보지 않을 수 없다. 고해 신부 없이 수도사의 견습 기간이 무한히 지속되지는 않는다. 그는 우리가 우리 자신을 이해하는 것보다 우리를 더 잘 이해했다. 그렇다면 우리와 같은 국민이었을까? 그는 신분이 높은 사람들만 모집했다. 그렇다면 그 자신도 신분이 높았을까? 그는 케임브리지에서만 모집했다. 그렇다면 케임브리지 사람이었을까? 모집된 세 사람은 모두 쟁쟁한 가문 출신이었다. 그렇다면 그도 사회적 영향력을 가진 사람이었을까?[21]

모집 결과를 보면 모집자는 그냥 케임브리지 사람 정도가 아니라 그 중에서도 사도들과 연관을 가진 트리니티칼리지 사람(아마도 동성애자)이라는 추측이 가능하다. 이것은 공식 기록을 토대로 진위를 파악할 수 있는 추측이다. 대상자의 수가 엄청나게 많은 것도 아니므로——수천 명 정도——시도해 볼 만한 가치가 충분하다. (1950년대의 보안 기관들도 똑같은 방식으로 조사하지 않았겠느냐고 생각할 수도 있다. 그랬을지도 모르지만 어쨌든 그 결과는 일반에 알려지지 않았다.) 블런트와 버제스처럼 비트겐슈타인도 사도였다는 사실은 잘 알려져 있으나, 이 사유만으로 용의자 명단에 오른 트리니티칼리지 사람들이 몇 명이나 되는지는 거의 알려지지 않았다. 그렇다면 우리는 블런트와 버제스 외에 트리니티칼리지의 사도들 가운데 동성애자로 단정할 수 있는 사람들이 얼마나 되는지 알아볼 필요가 있다.

『케임브리지 리뷰』(*Cambridge Review*)의 1929~35년 특별호에는 트리니티칼리지의 모든 교수와 학생들의 명단과 주소가 나와 있다. 마우스 클릭 몇 번으로 간단히 파악할 수 있다. 데스크톱 스캐너로 매년 데이터를 조사하고, 명단을 연도별로 합친 다음에 주소에 따라 이름을 알파벳순으로 분류하면 된다. 만약 소비에트 모집자가 이 시기에 트리니티칼리지에서 강의나 연구를 하고 있었다면 2659개의 명단과 주소 목록에 그의 이름이 있어야 한다. 주소별로 분류된 이름들을 찬찬히 살펴보는 일은 퍽 흥미롭다. 예를 들면 그 시기에 필비 등과 함께 산 사람들이 누구인지, 이웃에는 누가 살았는지도 알 수 있다. 하지만 관련된 사람들 중 일부가 아직 생존해 있기도 하거니와 우리의 주된 주제를 벗어나 부당한 의혹을 제기하는 것은 적절치 못하다. 그러므로 공간의 제약을 강조하는 편집자의 충고에 따라 내가 작성한 명단을 토대로 간단하게 밝히기로 한다.

다음 단계는 트리니티칼리지 명단의 이름들 중 사도가 누구인지 파악하는 것이다. 그 이유는 모집자가 사도라서가 아니라 블런트와 버제스의 동료 사도들의 주소와 이름을 알기 위해서다. 썩은 사과가 몇 개 있다고 해서 상자 안의 사과를 모두 버려야 하는 것은 아니다. 그러나 전반적으로 썩은 상태를 조사하려면, 영국의 모든 사과 중에 조사 대상과 똑같은 상자 안에 있는 사과가 얼마나 되는지 알아야 한다.

비밀 유지의 전통 때문에 트리니티칼리지에 다닌 모든 사도의 명단을 파악할 수는 없을 것이다. 그러나 공개적으로 입수 가능한 자료에서 칼리지 구별이 없는 모든 사도들의 명단은 얻을 수 있다. 1929~35년에 트리니티칼리지에 다닌 사람의 명단과 특정한 시기(이를테면 1880~1935년)에 뽑힌 케임브리지 모든 칼리지 사도들의 명단을 대조하면, 케임브리지 첩자단과 연관된 트리니티칼리지 사도들의 전체 명단을 얻을 수 있을 것이다.

이를 위해서는 먼저 몇 가지 보조 작업이 필요하다. 우리에게 필요한 시기의 케임브리지 사도 명단을 공개적으로 구할 수는 없을 것이다. 그렇지만 공개적으로 입수할 수 있는 여러 시기의 케임브리지 사도 명단들을 합친 뒤 우리가 조사하는 시기를 선택하는 방식으로 명단을 작성하는 것은 가능하다. 마침 리처드 디컨(Richard Deacon)의 『케임브리지 사도들』(*The Cambridge Apostles*, 200~205쪽)과 코스텔로의 『반역의 가면』(*Mask of Treachery*, 189~190쪽)에서 중요한 명단을 구할 수 있다(두 문헌의 공통된 명단을 작성한 뒤 그것을 『케임브리지 리뷰』 특별호에 나온 트리니티 회원 명단과 비교하는 지난한 과정이 필요하다). 나는 공개 입수가 가능한 자료를 통해 완전한 명단을 작성할 수 있다고 확신한다(코스텔로는 자신의 명단이 "정확하고 완벽하다"고 주장한다).

1880~1935년 모든 칼리지에서 뽑힌 케임브리지 사도들

(연도는 뽑힌 해)

이름	연도	이름	연도
굿하트, H. C.	1880	롤리, W. A.	1882
그린, W. D.	1892	롤스턴, L. C.	1919
그린우드, L. H.	1902	루스, G. H.	1912
노이스, C. W. F.	1934	루커스 F. L.	1914
노턴, H. J. T.	1906	루커스, D. W.	1925
더프, J. D.	1884	르웰린 데이비스, C.	1889
데이비스, H. S.	193?	르웰린 데이비스, R.	1932
도가트, J. H.	1919	르웰린 데이비스, T.	1889
도지슨, W.	1890	린토트, H. J. B.	1929
디킨슨, G. L.	1885	마셜, M. O.	1914
라일런즈, G. H. W.	1922	마시, E. H.	1894
램지, F. R.	1921	매카시, D.	1896
러셀, B. A. W.	1892	매클린, N.	1888
로던스미스, A. F.	1937	맥나튼, M.	1891
로버트슨, D. H.	1926	맥태거트, J. M. E.	1886
로스차일드, V.	1932	메러디스, H. O.	1900

이름	연도	이름	연도
메이어, R. J. G.	1889	웨지우드, R. L.	1893
무어, G. E.	1894	윌슨, H. F.	1881
버제스, G. de M.	1932	챔퍼나운, A.	1929
베커시, F. I.	1912	챔퍼나운, D. G.	1934
벡, T	1881	커스트, H. J. C.	1883
벨, J. H.	1928	케인, A. B.	1886
브레이스웨이트, R. B.	1921	케인스, J. M.	1903
브루크, R.	1908	코언, A. B.	1930
블런트, A.	1927	콜리오, H. O. J.	1934
블리스, F.	1912	크루소, F. J. A.	1929
비트겐슈타인, L.	1912	클러프, A.	1883
사이크스 데이비스, H.	1932	터너, H. H.	1880
생어, C. P.	1892	테이섬, H. F. W.	1885
셰퍼드, J. T.	1902	테일러, C. F.	1910
쇼브, G.	1909	톰프슨, G. D.	1923
스미스, A. E. A. W.	1897	트레블리언, G. M.	1895
스미스, A. H.	1882	트레블리언, R. C.	1893
스미스, H. B.	1885	퍼네스, J. M.	1891
스트레이치, G. L.	1902	펜로즈, A. P. D.	1919
스트레이치, J. B.	1906	펜로즈, L. S.	1920
스파이서, R. H. S.	1920	포스터, E. M.	1901
스프로트, W. J. H.	1920	프라이, R.	1887
시드니터너, S. A.	1902	프록터, P. D.	1927
에인즈워스, A.	1899	하디, G. H.	1898
와이즈, W.	1880	하머, F. E.	1925
윗슨, A. G. D.	1927	호브하우스, A. L.	1905
왓킨스, A. R. D.	1925	호지킨, A.	1935
울프, L.	1902	호트리, R.	1900
월터, W. G.	1933	화이트헤드, A. N.	1884
웨드, N.	1888		

이 명단을 트리니티칼리지에 다닌 사람들의 명단과 비교해 보면 첩자들이 모집되던 시기에 누가 트리니티칼리지의 사도였는지 알아낼 수 있다. 그 결과 1880~1935년의 시기에 케임브리지의 사도로 선출되었으면서 동시에 1929~1935년의 시기에 잠시라도 트리니티칼리지에 다닌 사람들의 이름이 남게 된다. 만약 소비에트 당원 모집자가 트리니티칼리지의 사도였다면 다음 명단에 속한 인물이다. 다음 표에서 나는 각 인물이 사도로 선출된 연도와 우리가 찾고자 하는 인물의 특성에 걸맞은 정도를 파악하기 위한 간략한 설명을 붙였다. 표 가운데 '성적 취향 불명'이라고 표기된 부분은 확실한 판단을 내릴 만한 자료를 찾지 못했다는 의미다.

이름	선출 연도	평가
블런트, 앤서니	1928	첩자. 마이클 스트레이트에 따르면 가이 버제스 이후에 모집된 탓에 모집자가 되지는 못했다.
버제스, 가이	1932	첩자. 첩보 분야에 배경을 가진 모집자는 아니었다. 동성애자.
코언, 앤드루	1930	1932년 케임브리지를 떠났다. 첩자 모집자로서는 적절치 않은 행동인데, 포이비 풀이 애니타 브루크너에게 말한 바에 따르면 코언은 MI5의 수사를 받고 있었다고 한다.[32] 성적 취향은 미상.
더프, 제임스	1884	사도로 선출된 지 46년이 되어 너무 늙은 나이였다.
하디, 고드프리 해럴드	1898	수학자로서 1924~26년에 친볼셰비키적인 과학노동자 전국연합의 친공산주의적 의장을 지냈다. 용의자. 동성애자.

이름	선출 연도	평가
호지킨, 앨런	1935	너무 늦게 선출되었고 항상 퀘이커의 정치적 입장을 유지했다. 이성애자로 추정.
르웰린데이비스, 리처드	1932	도시계획 분야에서 일한 것은 첩자 모집자에게 적절치 않은 경력이지만 이사야 벌린은 공개적으로 그가 공산주의자라고 말했다(코스텔로, 651쪽). 이성애자.
루커스, 프랭크 로렌스	1914	트리니티에 있다가 킹스 칼리지로 옮겼다. 보수적인 애국자로 1차 대전에서 독가스 공격을 받았다. 블레츨리 파크에서 일했다. 반역자일 가능성은 적다. 성적 취향은 미상.
무어, 조지 에드워드	1894	순수한 학자. 소박한 정신과 현실적인 사고의 소유자로 반역자일 가능성은 적다. 이성애자로 추정.
로버트슨, 데니스	1926	필비의 정치적 성향을 의심했고, 그가 공무원 시험을 치를 때 신원보증을 거부했다.[33] 동성애 성향으로 빈에서 프로이트의 치료를 받으려 했다.
로스차일드, 빅터	1932	엄중한 의혹을 받았다. 이성애자.
트레블리언, 조지 M.	1895	역사가. 가이 버제스를 도왔다. 이성애자로 추정.
비트겐슈타인, 루트비히	1912	1차 대전에서 연합국 측에 맞서 싸웠다. 스탈린주의자로, 소련에 이주할 의도를 가졌으며, 명단에서 유일하게 영국인이 아닌 인물이다. 그의 형은 팔을 잃었고 그의 조국은 영국과 연합국에 의해 파괴되었다. 영국 정부가 보안 기관을 통해 자신을 살해하려 한다고 생각했다. 동성애자.

연대로 볼 때 트리니티칼리지의 사도들 중에서 양차 대전 사이에 선출되어 케임브리지 첩자로 모집될 수 있는 사람들은 데니스 로버트슨, 앤드루 코언, 앨런 호지킨, 리처드 르웰린데이비스, 빅터 로스차일드다. 그런데 이들은 모두 거의 동년배였으므로 모집자의 리더는 여기서 나오지 않고 아마 나이가 더 많은 사람이 맡았을 것이다. 로스차일드를 예외로 한다면(그에 관해서는 나중에 다시 언급할 것이다) 나머지 사람들의 경력을 보면 묘하게도 첩자가 될 확실한 기회가 없었다. 그러므로 1차 대전 이전에 모집된 사도들을 조사에 포함시켜야 한다. 물론 상당히 조심스럽게 접근해야겠지만, 전쟁 전에 선출된 사도들 중에 후보가 되는 사람은 수학자 G. H. 하디, 역사가 조지 트레블리언(George Trevelyan), 철학자 루트비히 비트겐슈타인밖에 없는 듯하다. 하디와 트레블리언은 비록 사회주의에 경도되었고 가이 버제스와 친했지만 애국적 국민이었을 것으로 생각된다.[*] 그들을 '스탈린주의자'라고 규정할 수는 없다.[**] 하지만 비트겐슈타인은 그의 학생들에게서 스탈린주의자라고 불렸다. 게다가 그는 1차 대전에서 연합국의 반대편으로 참전했고, 전쟁에서 그의 형 한 명이 죽었으며, 살아남은 형도 팔을 잃었다. 말하자면 영국을 사랑할 이유가 전혀 없었던 것이다.

2500명이 넘는 트리니티칼리지 학생과 교직원이 수록된 원래의 명단에서 비트겐슈타인의 이름이 떠오르는 것을 보면 깜짝 놀랄 것이

---

[*] 하지만 David Cannadine은 트레블리언의 전기에서 이렇게 말한다. "1930년대 후반에 트레블리언은 버제스에게 직장을 구해 주기 위해 애썼다. 앤드루 보일에 따르면 트레블리언이 BBC 부사장인 친구 세실 그레이브스를 직접 만나 버제스에게 BBC에 일자리를 구해 주었다."(*G. M. Trevelyan : A Life in History*, Harper Collins, 1992, p.21)

[**] 하지만 디킨은 하디에 관해 이렇게 쓴다. "케임브리지의 유명 인사들과 불화를 빚고 옥스퍼드 뉴칼리지로 가서 좌익적 영향력을 행사했다. 옥스퍼드에서 그는 자기 방의 벽로 선반에 레닌의 사진을 잘 보이게 걸어 놓았다."(p.73)

다. 그는 분명히 용의자이며, 그것도 주요 용의자다. 르카르가 말했듯이, 그는 케임브리지 첩자단을 구축한 수수께끼의 케임브리지 모집책, 코민테른 모집 요원의 유력한 후보다. 그러나 과연 그가 바로 그 인물이었을까? 히틀러와 같은 학교를 다닌, 그토록 박해를 받던 동성애 소년이 정말 공산주의를 나치에 저항하는 유일한 희망으로 여기고 스탈린과 코민테른에 자신의 운명을 걸었을까?

비트겐슈타인의 케임브리지 연고망이 세계적인 전략적 중요성이 있다는 것을 염두에 둘 필요가 있다. 예를 들어 리턴 스트레이치(Lytton Strachey)의 동생인 올리버는 블레츨리 파크 암호 해독반의 반장이었다. 비트겐슈타인의 강의를 들은 동성애자 앨런 튜링(Alan Turing, 컴퓨터 이론을 개척했고 세계 최초의 해커로 불리는 영국의 수학자, 논리학자: 옮긴이)이 그 암호 해독반에서 일했다는 것은 잘 알려진 사실이다. 또한 캐번디시의 물리학자들은 영국과 미국 핵무기 계획을 담당한 인물들이다. 요컨대 비트겐슈타인의 동료들은 세계대전 승리의 숨은 주역이었다.

러시아는 독특한 유형의 요원들을 선택했다. 가이 버제스는 첩자로 일하기에는 너무 성격이 급했으나 오히려 그 때문에 성공을 거두었다. 비트겐슈타인 역시 특이한 품성의 소유자였다. 좌익적 신념과 동성애 성향을 가진 그는 러시아가 케임브리지에 침투할 목적이었다면 충분히 포섭할 만한 인물이었고 실제로 그렇게 되었다. 그가 대륙을 자주 방문했고 조국을 도보 여행한 것은 러시아 측 인물들과 자연스럽게 접촉하기 위한 좋은 기회였다. 파니아 파스칼은 이렇게 쓴다.

그는 좀처럼 정체를 파악하기 어려운 사람이었다. 그가 오가는 것조차 신비에 싸여 있었다. 언젠가 그는 방금 외국에서 열차 편으로 도착한 것처럼 배낭을 맨 차림으로 나타났다. 하지만 어디를 다녀왔는지 누구도 묻지 못했다.[34]

이 정체를 알 수 없는 인물은 자신의 제자들과 지인들의 삶을 주무르는 능력이 탁월했다. 비트겐슈타인의 동성애 연인인 프랜시스 스키너(Francis Skinner)는 그의 설득을 받고 전도가 유망한 수학자의 경력을 포기하고 케임브리지 과학연구소의 노동자가 되어 거기서 프롤레타리아의 순수한 정신을 흡수했다.* 파니아 파스칼은 "스키너에게 비트겐슈타인은 좋았을까, 나빴을까?"[35]라는 질문을 던지면서 스키너의 누이와 나누었던 대화를 전한다.

그녀는 잠시 망설이다가 트리니티칼리지의 똑똑한 수학자였던 프랜시스가 그 모든 경력을 포기하겠다고 말했을 때 가족이 느낀 당혹감을 털어놓았다. "왜? 이유가 뭐야?" 그녀는 이렇게 물었다.

계속해서 그녀는 비트겐슈타인을 이렇게 평가한다.

그가 주변 사람들에게 미친 도덕적·현실적 영향력은 그의 저작만큼이나 의미심장하다. 그의 불찰이었는지 알 수 없지만 그가 워낙 독특한 성격과 말투를 보여 준 탓에 그가 세상을 떠난 지 몇 년 뒤에 로이

---

* 뒤에서 파스칼 부인은 스키너가 파이의 집으로 옮겼으며, "전쟁 중에는 전쟁에 관한 일을 우선했다"고 말한다(p.26).

와 나는 철학자도 아닌 다른 사람에게서도 그와 같은 느낌을 받은 적이 있었다.

…… 놀랍게도 비트겐슈타인은 프랜시스와 친한 다른 사람들 중에 눈여겨볼 만한 사람이 있는지 한 번도 자문하지 않은 것으로 보인다. 그는 프랜시스를 자신의 결정에 책임질 줄 아는 어른으로 대했으나 자신의 개성이 지닌 엄청난 힘이 상대방을 꼼짝 못하게 옭아맨다는 것은 인식하지 못했다.

비트겐슈타인이 다른 사람들에게 지대한 영향력을 미친다는 것을 스스로 전혀 인식하지 못했을 만큼 순수했다는 이야기인데, 냉소적인 시각을 가진 파스칼이 그렇게 생각했다는 것은 의외다. 비트겐슈타인의 제자로 코넬 대학교의 철학 교수를 지낸 고(故) 노먼 맬컴은 학생 시절을 다음과 같이 술회한 바 있다.

비트겐슈타인은 철학 교수가 되려는 내 계획을 포기하도록 설득하려 했다. 그는 내가 왜 목장이나 농장에 가서 몸 쓰는 일을 하지 못하겠다는 것인지 의아하게 여겼다.

여기서 또다시 육체노동의 미덕이 강조된다. 실제로 비트겐슈타인은 제자들에게 학자로서의 삶을 택하지 말라고 자주 충고했다. 맬컴의 말을 들어 보자. "비트겐슈타인은 내게 몇 차례나 철학 교수직을 포기하라고 설득했다. 나만이 아니라 다른 학생들에게도 늘 그랬다."[36] 맬컴과 달리 비트겐슈타인에게서 철학을 배운 다른 제자들 ── 가장 활동적인 케임브리지 공산주의자들 ── 은 스승의 조언을 충실히 따랐다. 킴 필비를 연구한 실(Seale)과 매콘빌(McConville)은 이렇게 말한다.

신체 활동에 대한 갈증, 말 대신 사회를 변화시키는 행동의 강조라는 추세에 따라 초기 케임브리지 동지들은 영국의 '좋은 일터'로 떠났다. 예를 들어 데이비드 헤이든게스트(David Haden-Guest)는 배터시의 빈민가로 가서 청년 공산주의 동맹과 함께 일했다. 비록 몸은 더러워도 마음은 고결한 이론가로 거듭나려는 것이었다. 케임브리지 세포의 책임자였던 모리스 콘포스(Maurice Cornforth)는 철학을 팽개치고 이스트 앵글리아의 농촌 조직가가 되었다. 1~2년 뒤에 존 콘퍼드는 자신의 부르주아 집안과 결별하고 버밍엄 노동계급에 섞여 당을 위해 일했으며, 도널드 매클린은 현대 언어에 관한 고급 학위를 가지고 있음에도 불구하고 소련의 노동자들에게 영어를 가르치는 일에 매진하고자 했다. 결국 러시아 친구들은 외무성에서 일하는 편이 더 유익하다고 그를 설득했다. 킴은 중부 유럽에서 자아 실현을 도모했다.[37]

이 인용문에서 앞에 나오는 세 사람 —— 헤이든게스트, 콘포스, 콘퍼드 —— 은 거의 전적으로 비트겐슈타인의 영향을 받아 학술계를 떠났다. 물론 여기 나온 학생들이 학술계를 등진 것은 순전히 독자적인 판단에 따른 것일 수도 있고, 단지 마르크스주의 이념에 부응한 것일 수도 있다. 그러나 그들을 가르친 학자가 학생들에게 바로 그런 진로를 강권했다는 것은 주목할 만한 사실임에 틀림없다.

이제 비트겐슈타인이 다른 사람들에게 행사한 강력한 힘에 관해 더 상세히 살펴보자. 다음의 인용문은 마치 어느 학생이 비트겐슈타인에게 우상숭배에 가까운 극한의 존경심을 품은 장면을 보여 주는데, 실은 영국의 존경받는 철학자가 쓴 글이다. (필비를 발탁한 정체 모를 인물의 강렬한 개성과 신참에게 미치는 영향력에 관해 르카르가 품은 호기심을 떠올릴 필요가 있다.)

마흔의 나이임에도 그는 스무 살 청년처럼 보였다. 케임브리지에서 그는 신과 같은 위상이었으며, …… 탈속적인 순수함으로 경외의 대상이었다. ……

신이 그를 영접했다. …… 거의 텅 빈 엄숙한 방안에는 탁자에 놓인 나무로 된 과일 그릇만이 색조의 느낌을 풍기고 있었다. …… 거기서 그는 마치 신처럼 보였다. 아폴론이 조각상에서 뛰쳐나온 듯, 아니면 북구의 신 발두르(Baldur)가 현실 속에 나타난 듯, 파란 눈과 금발의 그 모습은 관능과는 거리가 먼 아름다움을 지녔고 그리스의 4대 미덕에다 세련되고 우아한 기품이 더해져 겨울 햇빛처럼 초연한 분위기를 풍겼다. …… 비트겐슈타인이 스스로 어떻게 여겼는지는 중요하지 않았다. 철학자들은 보통 사람들보다 뛰어난 사람들이지만, 그 중에서도 그는 군계일학으로, 그들이 살아가는 어슴푸레한 혼돈 위에 우뚝 선 인물이었다. …… 그의 주위에서는 비범한 기운이 감싸고 있었다. 냉담하면서도 현명한 철학의 성인 같은 풍모였다. 그는 '철학의 태양'이었다. 누구라도 그의 햇빛 속에 들어가면 빠져나오지 못했다. …… 그와 함께 마시는 차는 신들이 마시는 넥타였다.*

---

*J. N. Findlay, 'My Encounters with Wittgenstein', *Philosophical Review* 4, 1972~3, pp.171~174; Bartley, pp.192~193에서 인용. 일부 학자는 모집자가 고전학 교수인 앤드루 가우라고 주장했다. 이 점은 블런트가 『런던 타임스』(1978. 1. 4; Costello, p.147에 수록)에 게재한 가우의 부음기사에서도 확인된다. 하지만 블런트의 주장은 잘못이다. 가우는 모집자가 아니었다.

반세기 뒤 오스트레일리아에서 나는 이 글을 읽고 소스라치게 놀랐다. 이것은 구루(guru, 힌두교의 스승: 옮긴이)의 숭배가 서양화된 모습에 다름 아니다. 냉철한 영국의 학자가 어떻게 진지한 자세로 비트겐슈타인을 발두르처럼 묘사할 수 있을까? 하지만 그것은 30년대의 비트겐슈타인에 대한 전형적인 묘사다.* 파니아 파스칼은 이렇게 말한다.

〔그는〕 그의 말은 듣는 사람을 노예로 만들었다. 그가 이런 재능을 의식했다고 생각되지는 않는다. 훗날 그는 "철학이란 언어를 무기로 삼아 지성에 홀린 사람을 상대로 벌이는 싸움"이라고 말했는데, 정작 본인은 자신이 뭔가 말할 때마다 사람들에게 마법을 걸고 있다는 것을 전혀 알아채지 못했다.[38]

리처드 디컨이 인용하는 한 사도는 비트겐슈타인에게 공감하지 않았음에도 그의 흡인력을 인정했다.

비트겐슈타인의 이야기를 자주 들으면 중세로 이끌려 가는 듯한 기분이 들었다. 그는 마치 신이 지상에 내려 보낸 대리자처럼 여겨졌고, 십자가에 못 박힌 사람도 예수 그리스도가 아니라 비트겐슈타인인 것 같았다.[39]

놀라운 이야기처럼 들리지만 실제로 비트겐슈타인은 케임브리지

---

* 여기서 말한 구루의 숭배는 오늘날까지 계속된다. 비트겐슈타인에 관한 학술서에 익숙한 독자라면 잘 알 것이다.

에서 그런 영향력을 발휘했다. (그와 비슷한 일화들은 무척 많다.) 그렇다면 자문해 보자. "스탈린주의자인 비트겐슈타인의 그 강력한 매력과 설득력이 만약 정치적 목적을 달성하는 데 사용되었다면 어땠을까?"

러시 리스는 비트겐슈타인에게 트로츠키주의 공산주의자가 되겠다고 했을 때 그가 보인 반응을 이야기한다.

1945년에 나는 비트겐슈타인과 함께 산책하면서 혁명공산주의(트로츠키주의)당에 가입해야 한다고 생각하는 중이라고 말했다.

"해야 한다고? 왜 해야 한다고 생각하나?"

"그들이 제시하는 현재 사회에 관한 분석과 비판의 주요 논점과 그들의 목표에 점점 더 제 마음이 기울고 있습니다."

"굳이 당원이 되지 않아도 지금까지 해왔던 것처럼 그들에게 동조할 수 있지 않은가?"

"제 의견을 더 강하게 내세우고 싶어요. 여기가 로도스다, 여기서 뛰어라(hic Rhodus, hic salta, 허풍이 심한 사람이 전에 로도스 섬에서 아주 멀리 뛴 적이 있다고 자랑하자 이를 비꼬는 뜻으로 생긴 말: 옮긴이)."

비트겐슈타인은 걸음을 멈추더니 진지한 기색이 되었다. 그러고는 마치 오래전부터 생각해 온 문제를 말하는 것처럼 입을 열었다. "그 문제를 이야기해 보세." 우리는 공원 벤치에 앉았다. 하지만 그는 곧바로 일어났다. 다른 방향으로 걸어감으로써 자신의 이야기를 몸으로 보이고 싶었던 것이다.

그의 논점은 이러했다. 당원이 되면 당에서 결정한 대로 행동하고 말할 각오를 다져야 한다. 다른 사람들을 설득해야 할 때가 많을 것이다. 사람들과 토론하고 질문에 답할 때 당의 노선에 등을 돌려서는 안 된다. 설사 당의 노선에 문제가 있는 것처럼 보여도 어쩔 수 없다. "글쎄요, 완전히 옳지는 않습니다. 아마 그 문제는 이런 쪽으로 봐야 할 것 같습니다 ……." 이런 식으로 말해야 하는데, 이렇게 이랬다저랬다 하면 당원으로서 쓸모가 없을 것이다. 물론 당의 노선도 바뀔 수 있다. 하지만 그러기 전까지는 언제나 당이 허락하는 선에서 발언해야 한다.[40]

이렇게 말한 뒤 비트겐슈타인은 철학자란 문제를 해결하기 위해 언제나 방향을 바꿀 태세를 갖추어야 한다고 강조했다. 그의 결론은 이러했다.

어떤 사람들은 철학을 삶의 방식이라고 말한다. 공산당원으로 활동하는 것 역시 삶의 방식이다.

비트겐슈타인의 이 이야기는 철학과 관련된 특별한 직업을 가진 소수를 제외하고는 실망스러운 내용이 아니다. 그 반대로 비트겐슈타인의 철학 저작에 익숙한 독자라면 귀 기울여 들어야 할 이야기다. 그의 저작에서는 '생활의 형식' 혹은 '삶의 방식'이라는 관념이 절대적으로 중요하기 때문이다. 그것은 받아들여야 할 것을 가리키는 전문 용어다. "받아들여야 할 것, 주어진 것은 생활의 형식이라고 할 수 있다."[41] 공산당원으로 활동하는 것이 '삶의 방식'이라면 그것은 '주어진 것'이므로 비판의 대상이 아니라 받아들여야 할 대상이다.

1932년에 비트겐슈타인은 드루어리와 함께 재로(Jarrow) 시를 방문했다. 재로는 조선소가 문을 닫은 탓에 거의 완전한 실업 상태였으며, 드루어리의 말에 따르면 "지독한 좌절의 분위기"에 젖어 있었다.[42]

이 도시는 좌익 성향이 강했다. 심지어 엘런 윌킨슨(Ellen Wilkinson)이 발간하는 좌익 북클럽 간행물의 제목은 『살해당한 도시』(*The Town that was Murdered*)였다. 드루어리에 의하면 비트겐슈타인은 자신의 친구이자 공산주의 경제학자인 스라파의 말을 인용하며 고개를 끄덕였다고 한다. "스라파가 옳았어. 이런 상황에서 할 수 있는 일은 모든 사람을 한 방향으로 달리게 하는 것뿐이야."

공산당원으로 활동하는 것이 삶의 방식이고, 공산주의 경제학자의 처방대로 실업자들이 조직되어야 하고, 당원은 자신의 감정과 무관하게 당의 노선에 따라야 한다는 것이 정말 비트겐슈타인의 신념이었다면, 그리고 그가 이 신념을 감수성이 예민하고 존경심에 가득 찬 제자들에게 전했다면, 케임브리지 첩자단을 구성하는 것은 문제도 아니었을 것이다. 그렇다면 이제 그의 가르침이 친구들과 학생들에게서 어떤 정치적 영향력을 발휘했는지 알아보아야 한다.

비트겐슈타인이 영국을 버리고 스탈린의 러시아로 이주하려 했다는 것은 잘 알려진 사실이다.[43] 그는 이십대 초반에 엥겔만에게 보낸 편지에서 러시아로 갈 가능성을 언급했다. 그후에도 그는 그 꿈을 버리지 않았다. 이를 위해 그는 트리니티칼리지에서 러시아어를 배웠고, 1935년에는 러시아를 예비 방문하기도 했다. (가이 버제스는 그 전해에 소련을 방문했고,[44] 도널드 매클린은 1933년에 자기 어머니에게 케임브리지에서 공부를 마치면 소련으로 가서 교사로 일하겠다고 말했다.)* 몽크는 비

---

* Page et al, p.75. 매클린은 러시아인들을 '쓰레기더미에서' 구하고 싶다고 말했다. 그가 선택한 길은 제1차 세계대전 이후 비트겐슈타인의 선택이기도 했다. 그는 친구들과 동료들 앞에서 "농민들을 쓰레기더미에서 구하기 위해"라는 표현을 자주 되풀이하면서 자신의 목표와 교육관을 설명했다(Bartley, p.85). 또한 레알슐레 학생들에 대한 비트겐슈타인의 첫 인상이 '쓰레기'였다는 것도 상기하라. 매클린이 여기서 그 말을 쓴 것은 자신의 구루에게서 받은 영향일까?

트겐슈타인의 그 여행에 관해 이렇게 쓴다.

> 1935년 여름 내내 그는 러시아를 방문할 차비를 했다. 이를 위해 친구
> 들을 많이 만났는데, 대부분 공산당원이었고 러시아를 방문한 적이 있
> 어 그에게 도움말을 줄 수 있었다. …… 그가 만난 친구들은 모리스
> 도브, 니콜라스 바흐친, 피에로 스라파, 조지 톰슨 등이었다.……
> 1935년 여름은 마르크스주의가 케임브리지 대학생들에게 가장 중요
> 한 지적 영향력을 행사하던 시기였다. …… 앤서니 블런트와 마이클
> 스트레이트가 유명한 러시아 여행을 한 것도 그 무렵이었다. 그 여행
> 은 이른바 '케임브리지 첩자단'의 결성으로 이어졌다. 또한 그 몇 년
> 전에 모리스 도브, 데이비드 헤이든게스트,* 존 콘퍼드가 만든 케임브
> 리지 공산주의 세포는 더욱 확대되어 케임브리지의 지적 엘리트 다수
> 를 끌어들였는데, 젊은 멤버들 가운데는 사도들이 많았다.[45]

몽크가 말하는 비트겐슈타인은 다음과 같은 인물이다.

> …… 케임브리지 공산당의 핵심을 이루는 학생들은 대부분(헤이든게
> 스트, 콘퍼드, 모리스 콘포스 등) 그의 강의를 들었으며, 그를 당에 동조
> 적인 인물로 간주했다.[46]

이 모임의 첫번째 인물로는 케임브리지 마르크스주의자인 모리스
도브를 들어야 할 것이다. 비트겐슈타인은 1929년 1월 18일 케임브리

---

* 몽크는 David Hayden-Guest라고 쓰는데, 실은 David Haden-Guest이다.

지로 돌아가 경제학자 존 메이너드 케인스의 다락방에서 기거했다. 다음은 케인스의 전기 작가인 스키델스키(Skidelsky)의 이야기다.

> 케인스는 "성직자와 영원히 함께 살고 싶지는 않다"고 불평하면서 2월 2일 비트겐슈타인에게 떠나라고 통지했다. 비트겐슈타인은 프랭크 램지 부부와 함께 살다가 나중에는 모리스 도브와 지냈다…….[47]

당시 도브는 비트겐슈타인의 강의를 들었을 뿐 아니라 잠시 생활을 같이하기도 했다.

부하린(Bukharin)의 케임브리지 방문과 관련된 특수부 문서를 검토한 코스텔로는 이렇게 말한다.

> 그 혁명 지도자의 방문에 관한 특수부 보고서는 1921년에 MI5 문서부가 소련의 잠재적 목표이자 공산주의 동조자인 케임브리지 과학자들에 관한 방대한 문서를 작성했다고 말한다. 그 뒤 밝혀진 기록에 따르면 니덤(Needham)과 그 동료들, 그 중에서도 특히 과학노동자연합 공산주의 분파의 오랜 성원으로 확인된 모리스 도브의 활동을 감시하기 위한 정교한 조치가 행해지고 있었다. 당시 도브는 무계급적이고 과학적으로 운영되는 사회의 새로운 꿈을 대변하는 케임브리지의 대표적인 논객으로서, 케임브리지 대학생의 제3의 물결을 마르크스주의 대열로 이끌려 하는 중이었다.[*]

---

[*] Costello, p.164. 코민테른 고위 간부였으나 부하린과 지노비예프처럼 스탈린에게 희생된 카메네프는 트로츠키의 누이와 결혼했다.

실은 이미 1925년에 국왕 조지 5세는 케임브리지 총장에게 왜 도
브처럼 저명한 마르크스주의자가 대학생들을 가르치느냐고 묻는 서한
을 보낸 바 있었다.[48] 킴 필비는 필립 나이틀리(Phillip Knightley)와 가
진 인터뷰에서 자신이 빈에서 돌아온 뒤 파리의 공산주의 그룹으로 가
라고 지시한 사람이 도브라고 주장했다. 코스텔로는 필비의 주장을 일
축하고, 수수께끼의 케임브리지 NKVD 모집 요원이 도브처럼 명성이
높고 공개된 마르크스주의자일 리는 없다고 생각했다.[49] 하지만 도브와
생활을 함께한 좌익 친구는 빈의 사회주의자들과 긴밀한 연관을 가지
고 있었다.

비트겐슈타인의 또 다른 동료는 니콜라스 바흐친이었다. 파니아
파스칼은 바흐친을 "러시아혁명에서는 추방당했으나 제2차 세계대전
을 계기로 열렬한 공산주의자가 된 인물"이라고 말한다. 그녀의 주장을
더 들어 보자.

비트겐슈타인의 또 다른 절친한 친구인 니콜라스 바흐친 박사는 사우
샘프턴에서 고전을 가르치다가 버밍엄에서 언어학 강사로 재직했다.
그는 비트겐슈타인보다 1년 앞서 사망했다. 전쟁이 터지기 직전 내 남
편이 버밍엄에서 독일어 교수로 임명되었는데, 그 무렵 비트겐슈타인
은 바흐친 부부를 자주 찾아갔다(스키너와 함께 간 적도 많았다). "비트
겐슈타인은 바흐친을 사랑했어요." 바흐친의 미망인인 콘스탄스가 내
게 말했다……[50]

1995년 9월 19일에 사망한 물리학자 루돌프 파이얼스(Rudolf
Peierls)의 부음 기사를 보면 그 버밍엄에서의 관계를 말해 주는 흥미로

운 사실이 나온다. 파일러스는 러시아 태생의 아내인 유게니아 카네기세르와 함께 1933년에 독일을 탈출했다.

…… 그는 최초의 핵무기 개발에 참여한 것으로 커다란 명성을 얻었다. 그는 오토 프리슈(Otto Frisch)와 함께 소량의 순수 우라늄으로 한 도시를 파괴할 만한 폭발력을 만들 수 있다는 것을 수학적으로 정밀하게 증명했다.

1940년 파이얼스 씨는 버밍엄 대학교에 망명해 있던 프리슈와 함께 연구했다. 그들은 영국 정부에 보낸 비밀 서한에서 핵분열이 쉬운 물질 소량만 있으면 초고성능 폭탄을 만들 수 있다고 말했다.

구체적으로 그들은 연쇄폭발에 필요한 우라늄-235의 양이 과거에 생각했던 것보다 훨씬 적으며, 핵폭탄 5킬로그램의 파괴력은 다이너마이트 수천 톤과 맞먹는다는 것을 보여 주었다. …… 그들의 서한은 간략하지만 탁월한 선견지명을 담고 있었다. 핵폭탄은 대규모 파괴를 위한 무기가 될 것이다. 대기권에서 폭발할 경우 엄청난 방사능 낙진이 참화를 빚을 것이다. 방어책은 상호 소유를 통한 억지 효과밖에 없다. 그리고 독일 과학자들은 이미 핵폭탄을 연구하고 있다는 내용이었다.

역사를 통틀어 종이 한 장이 그렇듯 엄청난 결과를 가져온 경우는 보기 드물다. 영국 정부는 'MAUD 위원회'라는 묘한 명칭의 조직을 만들었다. …… MAUD 보고서는 미국의 군부에서 회의적인 사람들을 설득했다. 루스벨트 대통령은 군사 문제에 관한 과학 자문관인 배니버 부시(Vannevar Bush)에게 계획을 주도하라고 지시했고, 그 결과 미국의 지휘 아래 방대한 맨해튼 계획이 수립되었다.[51]

공산주의자인 바흐친과 파스칼 부부는 모두 비트겐슈타인과 사적으로 친밀한 관계였으며, 핵무기 이론이 논의될 무렵에 버밍엄의 학술계에 속해 있었다.* 게다가 비트겐슈타인은 '스키너와 함께' 버밍엄에 있는 그들을 자주 찾아갔다.[52]

비트겐슈타인은 물리학자가 아니라 철학자로 보는 게 상식이지만, 그는 맨체스터 공대에 다니던 시절에 제트 추진 프로펠러를 설계한 적도 있었다. 케임브리지 수학자인 J. E. 리틀우드는 브라이언 맥기니스에게 보낸 편지에서 예전에 비트겐슈타인이 맨체스터로 가서 러더퍼드 밑에서 공부했다고 썼다.[53] 〔원래 그는 빈의 볼츠만(Boltzmann)에게서 물리학을 배우고자 했으나 볼츠만이 자살하는 바람에 포기했다.〕 러더퍼드는 두말할 것 없이 20세기의 위대한 실험물리학자였고, 볼츠만 역시 그의 이름을 딴 상수(常數)가 있듯이 이론가로서 중요한 인물이었다. 맥기니스는 이렇게 쓴다.

1960년대 후반에 리틀우드가 한 이야기에 따르면 비트겐슈타인이 맨체스터로 간 목적은 공학보다 더 깊은 학문을 공부하기 위해서였고, 이를 위해 그는 러더퍼드에게 사사하고자 했다. 전반적인 동기는 아마 옳을 것이다. 실제로 러더퍼드는 그보다 1년 전에 맨체스터에 와 있었다. 흥미롭게도 비트겐슈타인이 맨체스터로 간 그 해에 오스트리아 과학아카데미에서 맨체스터 대학교로 대량의 라듐을 빌려 준 덕분에 러

---

* 안타깝게도 파이얼스는 클라우스 푸크스가 소비에트 첩자인 줄 모르고 그를 맨해튼 계획에 참여시킨 책임이 있다. 그래도 그는 리처드 디킨이 씌운 불명예는 벗었다. 디킨은 파이얼스가 원자에 관한 비밀을 러시아에 제공했으며, 경솔하게도 그가 죽었다고 말했던 것이다(Nigel West, *Seven Spies Who Changed the World*, Secker and Warburg, 1991, p.117).

더퍼드는 방사능 연구를 계속할 수 있었다. 라듐의 송출과 비트겐슈타인의 방문 사이에는 직·간접적 연결 —— 이를테면 그의 아버지가 힘을 썼다든가 —— 이 있었을 것이다…….[54]

만약 맥기니스의 이 추측이 옳다면, 비트겐슈타인이 핵무기 연구나 러더퍼드와 연관을 가진 시기는 케임브리지의 캐번디시 시절이 아니라 1차 대전 이전 맨체스터에서 암중모색하던 때로 거슬러 올라간다. 그는 분명히 케임브리지, 버밍엄, 영국 핵무기 연구와 연관이 있었다. 또 다른 케임브리지 공산주의자 친구이자 국왕의 사도인 조지 더웬트 톰슨도 1937년에 버밍엄으로 가서 그리스어 교수로 취임했다.[55] 다음은 코스텔로의 이야기다.

…… 그는 오랫동안 공산당 조직자로 일했다. MI5보고서에 따르면 산업과 과학 연구의 중심지인 버밍엄은 케임브리지에 버금가는 강단 공산주의의 본산으로 떠올랐다. 2차 대전 시기에 톰슨이 유대교로 개종한 덕분에 영국 최고의 '붉은 벽돌' 대학교는 클라우스 푸흐스(Klaus Fuchs)나 앨런 넌 메이(Alan Nunn May) 같은 물리학자들의 망명지가 되었다. 두 사람 다 훗날 소련에 핵무기의 기밀을 제공하게 된다.

이제 비트겐슈타인의 제자들에게로 돌아가 보자. 적어도 30년대 초반에는 그들도 특별히 열렬한 공산주의자였다. 데이비드 헤이든게스트가 대표적이다. 케임브리지 공산주의자인 그는 1938년 스페인에서 공화국을 위해 싸우다가 전사했다. 그의 어머니 카멜 헤이든게스트는 아들의 생애를 기리기 위해 1939년에 책을 엮어 발간했다.[56] 영국의 저명한 공산주의자들이 이 책에 글을 기고했는데, 분석철학자로 유명한 맥스 블랙(Max Black)도 그 중 한 사람이다. 그는 이렇게 지적한다.

> 케임브리지에서 수학을 공부하는 대학생은 첫 해에 보통 수학철학처럼 난해한 주제에 관해 별로 아는 바도 없고 관심도 가지지 않는다. 그런데 데이비드가 그 주제에 매력을 느낀 것은 그의 가장 놀라운 특성 가운데 하나인 지적인 조숙함을 말해 준다.
> 케임브리지에 다닌 첫 해에 쓴 편지들을 보면 그가 수학 졸업시험을 위한 정규 과목 이외에 시간을 내서 철학 강의도 들었다는 것을 알 수 있다.[57]

당시 그가 정규 과목 이외에 수학철학 강의도 들었다는 이야기다. 그것은 바로 비트겐슈타인의 강의였다. 그런데 그는 비트겐슈타인을 어떻게 생각했을까? 그의 견해는 블랙이 인용한 편지에서 알 수 있다.

> 저는 지금 위대한 비트겐슈타인 선생께서 담당하는 '철학의 대화'라는 과목을 수강하고 있습니다.* 무어 교수도 함께 강의를 듣는데, 아주 재미있는 일이죠. 그분은 버트런드 러셀의 스승이고, 러셀은 비트겐슈타인의 스승이니까요. 대화 과목은 토론으로 진행됩니다. 처음 의

---

* '위대한 비트겐슈타인 선생'이라는 말은 영국인이 좀처럼 쓰지 않는 대단한 찬사다. '위대한 카루소'라는 말은 해도 '위대한 러셀'이나 '위대한 무어'라고는 말하지 않는다. 그런데 이 독특한 표현이 전기에도 등장한다. 모스크바 대학교의 수학 논리학 교수인 소피아 야노프스카야는 비트겐슈타인을 직접 만난 자리에서 "위대한 비트겐슈타인 선생님이 아니신가요?"라고 말했다 (Monk, p.351). 헤이든게스트는 비트겐슈타인이 러시아에 오기 전부터 모스크바의 영미계 학교에서 수학과 물리학을 가르쳤으나, 여기에 언어적 호기심이 작용했는지는 알 수 없다.

견을 말했을 때 너무 기분이 좋았습니다. 선생께서 칭찬을 해주셨거든요. "정확해요. 학생의 말이 완전히 옳아요." 항상 하는 칭찬이 아니랍니다.[58]

헤이든게스트 기념 논집의 또 다른 기고자인 공산주의자 모리스 콘포스는 1929년에 비트겐슈타인에게서 받은 영향을 다음과 같이 술회했다.

나는 1929년 가을 데이비드가 케임브리지에 왔을 때 그를 처음 만났다. 나도 같은 시기에 왔고, 얼마 뒤에 우리는 만났다…….
같은 해에 빈의 철학자 루트비히 비트겐슈타인도 케임브리지에 모습을 드러냈다.
그가 오자마자 철학을 공부하는 학생들(과 강사들)은 크게 술렁였다. 그는 우리가 가진 모든 선입견을 깨부수기 시작했다…….
젊은 학생들의 한 무리가 재빨리 그의 주위를 둘러쌌고 데이비드와 나도 그 무리에 끼었다. 우리는 비트겐슈타인에게 배우면서 그의 새로운 사상을 흡수했다. 그와 동시에 우리는 우리들끼리, 또 그와 함께 격렬한 논쟁을 벌였다. 이런 일이 1년 내내 벌어졌다.[59]

격렬한 논쟁에 참여한 뒤 헤이든게스트는 케임브리지를 떠나 괴팅겐으로 가서 수학철학을 더 공부한 다음 확신에 찬 공산주의자가 되어 케임브리지로 돌아왔다. 기록에 따르면, 그가 공산당에 가입한 것은 철학적 신념의 소산이었다. 콘포스는 그가 돌아왔을 때를 이렇게 기억한다.

그는 망치와 낫이 그려진 외투를 입고 홀에 들어섰다.

데이비드가 레닌의 『유물론과 경험비판론』을 들고 케임브리지 도덕과학 클럽(학생들이 결성한 철학 모임의 명칭)의 모임에 참여했을 때가 생생하게 기억난다. 그는 그 책에 몹시 흥분해 있었으며, 여러 구절을 큰소리로 읽었다. 특히 철학의 계급성을 다룬 부분에 강렬한 흥미를 보였다. 그런 그의 모습에 깜짝 놀란 학생들도 있었고, 그가 미쳤다고 여기는 학생들도 있었다. 하지만 그는 그런 분위기를 알아채지 못하고 같은 구절들을 반복해서 읽고 있었다. 그 장면은 내게 잊지 못할 깊은 인상을 주었다. 나는 곧장 집으로 가서 그 책을 읽었다. 그 뒤 공산당에 가입하기로 결심했다. 내가 당에 가입하게 된 데는 데이비드의 영향이 컸다. 나도 그럴 생각은 하고 있었지만, 그의 거침없는 열정에 나도 확고한 결심을 하게 된 것이다.

데이비드와 나는 1931년 최종 시험이 끝난 뒤 동시에 가입했다.[60]

콘포스도 헤이든게스트처럼 비트겐슈타인에게서 철학을 배웠으며, 레닌의 철학서를 읽고 공산당에 가입했다. 다시 말해 그들은 비트겐슈타인의 가르침을 받고 —— 아마 철학 강의에서였을 것이다 —— 공산주의자가 된 것이다. 또한 헤이든게스트의 후기 비트겐슈타인주의, 공산주의 활동의 역사적 정점은 특별히 중요한 인물, 콘포스보다 더 영향력이 큰 인물을 공산당으로 끌어들인 일이었다. 바로 가이 버제스가 공산당에 가입한 것이다. 코스텔로는 그가 가입한 것이 비트겐슈타인의 학생인 데이비드 헤이든게스트와 명백하게 관련이 있다고 말한다.

…… 버제스는 노동당 의원의 아들이자 같은 트리니티 대학생이던 데

이비드 헤이든게스트를 알게 되었다. 그를 변증법적 유물론으로 안내한 사람이 바로 헤이든게스트였다. 헤이든게스트는 1932년 비트겐슈타인 휘하에서 철학 공부를 포기했을 때 이미 사회주의자였다. …… 버제스는 그런 개인적 헌신에 깊은 감명을 받고, 2학년 시절 내내 자신의 역사 이론을 헤이든게스트가 가지고 있던 레닌의 『국가와 혁명』에 나오는 변증법적 유물론과 조화시키려 노력했다.[61]

요컨대 비트겐슈타인의 많은 공산주의 제자들 중 한 사람이 가이 버제스를 공산주의로 안내한 것이다. (비트겐슈타인, 블런트, 벨과 마찬가지로 버제스도 동성애자였고 1932년 11월에 트리니티칼리지의 사도로 선출되었다.)[62] 버제스는 모집된 것이지 모집자는 아니었다.

피터 라이트가 전하는 바에 따르면, 앤서니 블런트는 앨리스터 윗슨에게서 마르크스주의를 배웠다고 한다.[63] 또한 블런트의 증언에 따르면, 비트겐슈타인의 한 학생(헤이든게스트)이 가이 버제스에게 마르크스주의를 가르쳤고, 다른 학생(사도이자 첩자인 앨리스터 윗슨)은 앤서니 블런트에게 마르크스주의를 가르쳤다.* (시어도어 레드패스는 윗슨과 조지 폴이 1934년부터 비트겐슈타인의 제자였다고 진술한다.)** 따라서 블런트 역시 모집되었을 뿐 모집자는 아니었다.

---

* 비트겐슈타인의 제자로서 멜버른에서 가르쳤고 프랭크 램지의 누이인 마거릿(공산당원이기도 했다)과 결혼한 조지 폴은 지각 철학의 전문가였다. 그는 'Is there a Problem about Sense-Data?' (*Proceedings of the Aristotelian Society* 15, 1936)이라는 논문으로 잘 알려졌으나, 'Lenin's Theory of Perception' (*Analysis*, 1938. 8. 5)도 썼다.
** 레드패스는 비트겐슈타인의 강의를 들은 사람들을 거명한다(*Ludwig Wittgenstein : A Student's Memoir*, Duckworth, 1990, pp.18~19). 앨리스 앰브로즈, 에이브러햄 갠스, 프랜시스 스키너, 조지 폴, 러시 리스, R. L. 굿스테인, 찰스 하디, A. G. M. 랜도, 앨리스터 윗슨, 존 위즈덤, 피터 듀프레 등이었다. 이들 가운데 최소한 폴, 랜도, 윗슨은 공산당원이었다.

헤이든게스트는 그저 그런 공산주의자가 아니었다. 그는 케임브리지 대학교에서 공산주의 세포를 조직했다.[64] 다음은 콘포스가 설명하는 세포의 결성 과정이다.

> 그 당시 같은 결정으로 기울고 있던 케임브리지 학생이 너댓 명 더 있었다. 우리는 전에 그들을 만난 적이 없지만 그들도 당에 가입했다. 우리는 케임브리지에 그룹을 결성하기로 결정했다. 먼저 당에 가입한 대학교의 고참 당원 두 사람이 일정 기간 동안 우리의 지도를 맡았다.* 이리하여 케임브리지에서 공산당이 출범했다.[65]

안타깝게도 콘포스는 창립 멤버인 그 '너댓 명'이 누군지 거명하지 않았다. 하지만 그는 계속해서 말한다.

> …… 우리는 케임브리지에 공산당 시 지부를 결성하는 데 성공했다. 이는 불가피하게 활동의 분화를 낳았다. 대학 내의 당원들이 많아져 대학의 분과를 별도로 구성해야 했기 때문이다. 나는 시의 서기가 되었고, 데이비드가 대학의 서기를 맡았다.**

---

* 콘포스는 밝히지 않지만, 그들은 아마 모리스 도브, 로이 파스칼, J. D. 버널, J. B. S. 홀데인이었을 것이다(Costello, pp.198, 531. 홀데인은 전시에 해군의 비밀 프로젝트를 진행하면서 비밀 정보를 공산당에 빼돌렸다). 본문에서 언급된 '너댓 명'의 이름을 알 수 있다면 아주 좋을 것이다. 그들 중에 케임브리지 첩자가 있었을까?

** 콘포스는 클루그먼의 누이이자 공산당원인 키티와 결혼했다. 킹 거리의 전당포 위층에 있는 그들의 아파트는 일급 공산주의 학생들과 학자들이 만나는 장소였다. 그들은 블런트나 다른 사람들처럼 첩보기관에서 일했다. 클루그먼은 카이로의 특수작전집행부에서 일했다.

케임브리지를 나와 런던에서 당 활동을 하던 헤이든게스트는 그 뒤 모스크바로 가서 그곳의 영미권 학교에서 수학과 물리학을 가르쳤다. 임페리얼 과학대학에서 모스크바에 방문교수로 온 마르크스주의 수학 교수인 허먼 레비(Herman Levy)는 헤이든게스트와 함께 비트겐슈타인의 수학철학에 관해 토론했다. 그 뒤 헤이든게스트는 사우샘프턴 대학교로 옮겼다가 나중에 내란 중이던 스페인 에브로 전선에서 전사했다.[*]

또 다른 비트겐슈타인의 제자로 앞에서 본 존 콘퍼드가 있다. 그는 데이비드 헤이든게스트처럼 30년대에 케임브리지의 전설적인 공산주의자였다. 그의 아버지는 트리니티칼리지 철학자인 F. M. 콘퍼드였다. 비트겐슈타인은 그를 가르쳤고 그의 아버지도 알았다. 존 콘퍼드는 헤이든게스트의 후임으로 내정된 찰스 매지(Charles Madge)가 당 비서의 직위를 맡을 수 없게 되자 그 자리를 대신했으며, 헤이든게스트와 마찬가지로 스페인에서 당을 위해 일하다 죽었다. 파니아 파스칼은 존 콘퍼드가 죽은 뒤 1940년에 비트겐슈타인이 콘퍼드의 집을 찾아온 일에 관해 기록한다. 당시 그의 태도는 매우 특이했다.

1940년 초봄, 히틀러의 서부 공세가 있기 전에 나는 케임브리지에서 동생과 함께 지냈다. 우리는 매딩리가에 있는 프랜시스 콘퍼드의 집에 묵고 있었다. 비트겐슈타인이 그곳으로 전화를 걸어 왔다. 나는 매딩리가를 지나 기상관측소로 가서 그를 만났다…….

---

[*]비트겐슈타인의 연인인 프랜시스 스키너도 국제여단에 자원했다('Wittgenstein: A Personal Memoir', Ed. Rush Rhees, *Recollections of Wittgenstein*, Oxford University Press, 1984, p.24).

그가 가려 할 때 내가 말했다. "제가 있는 곳으로 가서 차 한 잔 하시죠. 제 동생을 만나 보세요." 그는 겁에 질린 기색이었다. "안 돼, 그럴 순 없네." 나는 화가 치밀었지만 그가 가는 모습을 오랫동안 지켜보았다. 저렇게 독선적이라니! 새로운 사람을 만나는 게 그리도 두렵단 말인가? 콘퍼드 교수의 집에 가기가 그토록 꺼려지는 걸까? 아니면 언제나 자기 뜻대로 행동하는 것에 익숙해진 탓에 남의 말에는 무조건 거부감이 드는 걸까?[66]

비트겐슈타인은 소아마비를 앓아 장애인이던 연인 프랜시스 스키너에게도 스페인의 자원군으로 가라고 권했다. 가장 사랑하는 사람조차 스페인에 보내려 했다는 이야기다. 그런 비트겐슈타인이 만약 제자인 존 콘퍼드를 스페인으로 보내는 데 중요한 역할을 했다면, 그가 죽은 뒤 그의 아버지 —— 같은 대학의 동료 교수 —— 를 만나기 꺼린 것은 충분히 이해할 수 있는 일이다.* 그가 겁에 질려 "안 돼, 그럴 순 없네"라고 말한 것은 단순한 거절보다 훨씬 강한 반응이다.

비트겐슈타인의 또 다른 제자 앨리스터 윗슨에 관해서는 피터 라이트가 『첩자 사냥꾼』(*Spycatcher*)[67]에서 상세히 말하고 있다. MI5 수사관이었던 라이트는 30년대에 좌익적 성향이 뚜렷한 케임브리지 졸업생들을 연구했다.

유독 두드러져 보이는 한 사람이 있다. 앨리스터 윗슨이다. …… 그는

---

* 콘퍼드는 1936년 12월 28일, 스물한번째 생일 다음날에 스페인에서 전사했다(Deacon, *The Cambridge Apostles*, Farrar, Straus and Giroux, 1985, p.11).

1930년대 케임브리지의 열렬한 마르크스주의자이자 사도였으며, 블런트나 버제스와도 절친했다.[68]

라이트에 따르면 윗슨은 "ARL(Admiralty Research Laboratory : 해군본부 연구소)에서 잠수함 탐지 연구부의 부장이 되었"으며, "그것은 NATO 방어 체제 전체에서 가장 비밀스럽고 중요한 일에 속했다". 라이트가 앤서니 블런트에게 윗슨에 관해 물었을 때 블런트 ─ 그는 수사에 협조할 경우 기소를 면하게 해주겠다는 언질을 받았다 ─ 는 윗슨이 자신에게 마르크스주의를 가르쳤다고 말했다.[69] 심문에서 윗슨은 KGB 간부 세 명과 정기적으로 만났다는 사실을 자백했다. 킴 필비를 담당한 유리 모딘(Yuri Modin), 조지 블레이크(George Blake)를 맡은 세르게이 콘드라셰프(Sergei Kondrashev), 존 배설(John Vassall)을 관리한 니콜라이 카르페코프(Nikolai Karpekov)였다.[70] 그 결과 라이트의 말에 의하면 "MI5의 주장에 따라 윗슨은 하룻밤 사이에 비밀 심문에서 풀려났다."

심문 내용을 보았거나 기록을 연구한 사람들은 누구도 윗슨이 1938년부터 첩자였다는 사실에 의심을 품지 않았다. 대잠수함 탐지 연구에 관여한 것으로 미루어 내가 보기에 그는 케임브리지 첩자들 가운데 가장 위험한 인물이었다.[71]

1929년 비트겐슈타인이 동료 사도인 윗슨과 끊임없이 토론하는 것을 보고 존 메이너드 케인스는 "루트비히가 딱한 앨리스터를 괴롭히기 시작하는 것 같다"는 내용의 편지를 썼다.[72] 당시 비트겐슈타인은 자기 시간을 충분히 투여할 만큼 윗슨에게 지대한 관심을 가지고 있었다. 윗슨과 비트겐슈타인의 관계는 오래도록 지속되었다. 1930년대에 비트겐슈타인의 강의를 들은 사람들은 윗슨의 이름을 자주 언급했다(윗슨은 또한 앨런 튜링을 비트겐슈타인에게 소개했다). 라이트가 말하는 연대가 옳다면 윗슨은 비트겐슈타인의 학생이던 시절에 첩자가 되었다. 시어도어 레드패스는 1938년 사순절과 부활절 기간에 비트겐슈타인의 강의를 들은 사람들을 열거한다.

> …… 내 생각에는 프랜시스 스키너, 조지 폴, 러시 리스, 요릭 스미시스(Yorick Smythies), 프랜시스 키토(Francis Kitto), '앨리스터 윗슨', 캐시미어 루이(Casimir Lewy), 더글러스 개스킹 등이 참석했었던 것 같다.[73]

비트겐슈타인처럼 블런트와 버제스, 앨리스터 윗슨도 사도였다.

이 위험 인물들의 명단에 두 사람을 추가한다면 파스칼 부부를 꼽을 수 있을 것이다. 파니아 파스칼(본명은 페이가 폴리아노프스카)은 비트겐슈타인과 그의 연인 프랜시스 스키너에게 러시아어를 가르쳤다. 그녀는 그 두 사람과의 만남을 지금은 폐간된 『인카운터』(*Encounter*)[74]라는 문학지에 글로 썼다. 다음은 코스텔로가 그녀의 남편인 로이 파스칼에 관해, 그리고 파스칼과 첩자 앤서니 블런트의 관계에 관해 말하는 내용이다.

> 파스칼은 스승인 모리스 도브 못지않게 케임브리지에 공산주의 이념을 열심히 전파했다. …… 파스칼은 또한 1929년부터 블런트와 친구

로 지내며 영향력을 행사했다. 두 사람은 현대언어학부를 졸업하고 임시 강사로 일하면서 연구 기금을 마련했다. 블런트는 프랑스어, 파스칼은 독일어 강좌를 맡았다.[75]

계속해서 코스텔로는 1930년에 그가 케임브리지로 돌아온 이후의 정치적 성향을 서술한다.

…… 파스칼은 열렬한 공산주의자였다. 그가 열정적으로 정치적 견해를 밝히는 것을 보고 일부 펨브로크 신사들은 회원 후보로 적절치 않다고 주장했다. 그러나 거센 반대에도 불구하고 그는 도브와 더불어 대학의 고참 회원이 되었다. 당시 그는 체스터턴가에 있는 도브의 작은 집에서 살고 있었다.

'레드 하우스'라고 알려진 그 집은 케임브리지 공산주의 활동의 진원지였다. 여기서 도브는 공산주의 이념을 선전하기 위해 지칠 줄 모르고 노력했다. 그는 문화교류협회와 반제국주의동맹의 창립 멤버이자 케임브리지 조직자였으나 캐번디시 연구소의 마르크스주의 학자들과 계속 교류했다. '레드 하우스'는 20년대 중반 이래로 MI5의 엄중한 감시를 받고 있었다.

몽크는 비트겐슈타인이 1929년 여름을 보낸 곳을 말해 준다.

비트겐슈타인은 그해 여름방학 초기에 케임브리지의 몰팅하우스가에 있는 모리스 도브의 집에서 도브 부부와 프로스트레이크 별장에서 함께 살았다.[76]

비트겐슈타인은 도브와 어떤 관계였기에 그와 함께 지냈을까? 케임브리지에 처음 돌아왔을 때부터 함께 살 정도로 도브를 잘 알았던 걸까? 아무도 모를 일이다. 그러나 집은 달랐어도 비트겐슈타인과 그의 공산주의 친구인 로이 파스칼이 같은 공산주의자인 모리스 도브와 함께 지낸 것은 분명하다. 코스텔로가 전하는 파니아 파스칼에 관한 설명은 시사하는 바가 더욱 크다.

파스칼이 케임브리지 공산주의 연계망에서 핵심 역할을 맡은 것은 도브와의 관계만이 아니라 페이가 '파니아' 폴리아노프스카와 결혼한 덕택이 컸다. 이 매력적인 러시아 유대인 처녀는 베를린 대학에서 철학 박사 과정을 이수하던 중에 파스칼을 만났다. 그녀는 유대인 학살의 경험으로 인해 혁명적 열정을 품게 된 투철한 마르크스주의자였다. 우크라이나에서 보낸 '어두운 유년기'는 '차르 체제 러시아의 반유대주의로 얼룩진 시기'였다. 러시아가 그녀에게 베를린에서 공부할 수 있도록 출국 비자를 내준 것으로 미루어 그녀의 공부는 철학에 국한되지 않았으리라는 추측이 가능하다.[77]

코스텔로는 로이 파스칼의 학계 동료인 해리 펀스(Harry Ferns) 교수와의 인터뷰에서 나온 증언을 소개한다.

…… 파니아는 남편의 정치적 배경에서 핵심적인 인물이었다. 또한 그녀는 케임브리지에서의 활동이 입증하듯이 코민테른의 정식 요원이 될 만한 충분한 자질을 갖추고 있었다. 파니아는 영국-소련 협회의 케임브리지 분과에서 활동했으며, 얼마 안 가 대학과 모스크바의 코민

테른을 연결하는 중요 조직의 위원으로 선출되었다.[78]

　파니아 파스칼의 글은 충격적인 내용을 담고 있다. 나머지 부분을 토대로 볼 때 그 내용은 전혀 온당치 않은 듯하다. 비트겐슈타인에 관해 그녀는 "그의 절친한 친구들도 그의 삶을 영원히 알 수 없을 것"이라고 썼다.[79] 마치 그녀는 그에 관해서 친구들도 모르는 뭔가를 알고 있다는 듯한 투다. 하지만 그녀는 "그 사람과 깊은 우정을 나눈 것처럼 들리지만 실상 나는 그렇게 말할 자격이 없다"며 한 걸음 물러난다.[80] 그리고는 "트리니티칼리지의 우리 집에서 점심을 함께한 일은 좀처럼 드문 일이었다"고 덧붙인다. 그럼에도 불구하고 그녀는 그의 삶에 친구들조차도 알지 못하는 중대한 일이 있었음을 안다고 주장했다. 어떻게 그런 독단적인 발언이 가능할까? 물론 코스텔로와 펀스가 생각했듯이 파니아 파스칼이 진짜 코민테른 요원이었다면 그 인용문은 몹시 불길한 해석을 연상시키는데, 사실일 가능성이 충분하다.

　파스칼 부인은 비트겐슈타인이 1936년 노르웨이로 떠나기 전에 자신에게 매우 흥미로운 이야기를 했다고 말한다.

　　노르웨이로 가기 전에 그는 새로 얻었다는 친구와 함께 브르타뉴를 관광했다. 그는 친구가 그 지역을 잘 알고 운전 솜씨가 뛰어나다고 말하면서 이렇게 덧붙였다. "내 친구는 장애인이야. 한쪽 다리를 전다네." 장애인 친구가 또 있다는 말이 무척 이상하게 들렸으므로 나는 지금도 생생히 기억한다.[81]

　비트겐슈타인의 첫번째 장애인 친구는 물론 연인인 프랜시스 스키너다. 하지만 파스칼 부인은 그에게 또 다른 장애인 친구가 있다는 사실을 밝히고 있다. 정말 이상한 이야기다. 대다수 독자들은 아마 그 설명에 맞는 인물을 굳이 찾으려 하지 않을 것이다. 당시 영국에 장애인이 어디 한둘이었을까? 그러나 케임브리지, 프랑스, 공산주의와의 연관성을 염두에 두면서 가능한 후보를 추측해 보면 흥미로운 인물이 나온다.[*] 그는 케임브리지와 밀접한 관계가 있었다. 비트겐슈타인처럼 1차 대전 전에 케임브리지를 졸업했다. 그는 1924년 파리와 르아브르 사이에서 발생한 열차 사고로 다리를 절게 되었다. 그는 러시아 첩보부와 밀접한 연관을 가진 것으로 알려졌다. 비트겐슈타인처럼 그도 동성애자였고, 백만장자 가문 출신이었으며, 빈의 유대인 작가 오토 바이닝거의 영향을 많이 받았다. 또한 '스탈린의 옹호자'로 알려진 그는 『뉴욕 타임스』에 거짓 보고를 함으로써 우크라이나 기근의 비극이 서양 독자들에게 알려지지 않도록 했다. 그는 파리와 모스크바에서 살았으며, 비트겐슈타인이 묵었던 메트로폴 호텔의 바에서 행세깨나 하고 있었다.

내가 말하는 인물은 언론인인 월터 듀런티(Walter Duranty)다.[**] 훗날 듀런티는 스페인 내란을 보도했고 실과 매콘빌이 필비에 관해 쓴 책에서 말하듯, 듀런티와 필비는 스페인의 생장드뤼즈에서 접촉했다.

스페인에 살던 영국인들은 대부분 포격과 공습, 투옥을 피해 생장(St

---

[*] 여기서 나는 듀런티에 관한 추측을 이용하여, 비트겐슈타인이 케임브리지 모집자였다는 이 장의 주제를 입증할 의도가 없다. 만약 듀런티가 모집자였다면 그는 장애인 친구에 못지않게 적임자였을 것이다. 하지만 영국 내무성과 프랑스 여권 기록이 당시 듀런티가 브르타뉴에 있었다는 가설을 증명한다면, 비트겐슈타인/모집자 가설은 크게 강화된다.

Jean)으로 갔다. 거기서 그들은 안락하게 살기 위해 바르바스크의 붉은 플러시 천과 호두나무로 발로니 클럽을 만들었다. 전쟁 통신원 몇 사람이 회원으로 합류했다. 앨런 무어헤드(Alan Moorehead), 월터 듀런티, 붉은 머리와 짧은 바지 차림의 버지니아 카울스(Virginia Cowles), 물론 킴도 있었다.

세심한 위장막의 배후에서 킴은 과연 무엇을 느꼈을까? 그의 삶은 거짓에 차 있었다. 때로는 고통스럽기도 했을 것이다. 존 콘퍼드는 킴이 스페인에 오기 두 달 전에 전사했고, 데이비드 헤이든게스트는 그가 떠나기 전에 전사했다.[82]

듀런티와 비트겐슈타인이 주술 ─── 듀런티의 귀신 들림 ─── 을 다룬 일에 관해서는 이 책 뒷부분에서 다루기로 한다.

비트겐슈타인의 장애인 동료에 관한 우리의 추리가 사실일지 어떨지는 몰라도 비트겐슈타인이 케임브리지에서 어울린 사람들 ─── 친구와 제자들 ─── 중에 코민테른 요원들이 포함되어 있다는 것은 분명하다. 그는 코민테른 요원으로 추측되는 파니아 파스칼에게서 러시아어를 배웠는데, 그 의도는 궁극적으로 소련에 가서 소비에트 시민으로 살기 위해서였다. 비트겐슈타인의 소련 방문은 경제학자 존 메이너드 케인스가 그를 런던의 러시아 대사인 이반 마이스키(Ivan Maisky)에게

** 듀런티는 흑주술사였으며, 트리니티 학생이었던 알리스터 크롤리와 주술 의식을 벌이면서 남색을 했다(듀런티는 크롤리의 첫 '매춘부'인 아편 중독자 제인 셰린과 결혼했다). 이 무렵 비트겐슈타인이 『프레이저의 황금가지에 관한 소견』을 썼다는 것에 주목할 필요가 있다. 이 글에서 그는 주술을 매우 진지하게 다루고 있다. 비트겐슈타인은 주술을 회의적으로 보지 않고 그 본질, 주술의 **표상** 방식을 이해하고자 했다. 비트겐슈타인의 심리철학이 주술과 신비주의에 관한 견해와 어떤 관련이 있는지는 이 책의 뒷부분에서 다룰 것이다(듀런티의 생애에 관한 내용은 S. J. Taylor, *Stalin's Apologist*, Oxford University Press, 1990, pp.11, 18, 22, 23, 130에 있다).

소개해 준 덕분에 쉽게 이루어졌다. 당시 케인스는 마이스키에게 이런 편지를 보냈다.

> 귀하에게 루트비히 비트겐슈타인 박사를 소개해 드리고 싶습니다. …… 그는 저명한 철학자이며 나의 절친한 친구입니다. …… 그를 위해 편의를 봐주신다면 대단히 감사하겠습니다…….
>
> 그는 …… 러시아의 새 정부가 표방하는 생활방식에 깊이 공감하고 있습니다.*

케인스는 사정을 다 알았을 것이다. 케인스의 유명세 덕분이든 다른 이유 때문이든, 비트겐슈타인은 비자를 받아 1935년 9월 7일 레닌그라드로 출발하여 닷새 뒤에 도착했다.[83]

몽크의 말에 따르면, 비트겐슈타인은 모스크바 대학교의 수학논리 교수 앞에서 변증법적 유물론에 관심을 보여 깊은 인상을 주었고, 카잔 대학교의 철학 교수직을 제의받았다. 몽크는 카잔이 과거에 톨스토이가 다닌 대학이라고 말한다. 그러나 카잔 졸업생들 중에는 톨스토이보다 훨씬 더 중요한 최근의 인물이 있다. 카잔은 바로 레닌이 다닌 대학이었다.

놀랍지 않은가? 그것은 마치 캔터베리 대주교(영국국교회의 종교적 수장. 로마가톨릭의 교황에 해당한다: 옮긴이)가 런던 주교로 무슬림

---

* Monk, p.349. 20세기의 가장 유명한 동성애자의 한 사람인 케인스가 역시 동성애자인 비트겐슈타인을 '나의 절친한 친구'라고 표현했다는 사실은 그들이 일반적인 친구 관계보다 더 가까운 관계였음을 나타낸다. 본문의 인용문 이외에 다른 증거라면 그들이 사도회원이었다는 점, 1929년 짧은 기간 함께 산 적이 있었다는 사실, 동성애적 난교에 관한 현대의 사회학적 연구 등을 꼽을 수 있겠다.

을 임명하는 격이다. 마르크스주의자도 아닌 오스트리아 출신 영국 학자에게 그런 제의를 하는 것은 소련 최고위층의 승인이 없으면 불가능한 일이 아닐까? 그런데 어떻게 그런 일이 일어났을까? 그저 언어분석 분야에서 비트겐슈타인의 명성을 존중하여 별다른 생각 없이 그렇게 제의한 걸까? 공산주의 정부가 비마르크스주의 철학자에게 레닌이 다닌 대학의 철학 교수직을 주겠다고 한 이유가 뭘까?

비트겐슈타인이 길버트 패티슨(Gilbert Pattisson)에게 보낸 편지에도 눈여겨볼 만한 대목이 있다. "나는 지금 나폴레옹이 1812년에 묵은 방에 묵고 있습니다." 소비에트에서 그는 최고급 대우를 받은 것으로 보인다. 나폴레옹을 숭배했던 비트겐슈타인은 평소에 검약한 생활로 이름이 높았다. 몽크에 따르면 그는 자신의 미래를 걱정하여 러시아로 떠나기 전 케인스에게서 돈을 빌리려 했다고 한다. (트리니티와 계약한 5년간의 교수직은 1935~36년 학기에 끝났으므로 그는 경제적으로 불투명한 사정이었다.)[84] 어쨌든 나폴레옹을 언급한 것으로 미루어 모스크바에서 그는 붉은 광장으로부터 한 블록쯤 떨어진 메트로폴 호텔에 투숙한 것이 확실하다. 이 호텔의 바에서는 바로 장애인 월터 듀런티가 서양 언론인의 대표자로 행세하고 있었다.*

이 모스크바 여행의 중요성은 앞서 말한 바 있다. 예를 들어 『런던 타임스』는 이렇게 썼다.

---

* 듀런티에 관한 Taylor의 책은 이렇게 시작된다. "베를린에서 의족을 수선하거나, 생트로페에서 일광욕을 즐기거나, 파리에서 불로뉴 숲의 경주를 관람할 때가 아니면, 이 『뉴욕 타임스』 모스크바 주재원은 메트로폴 호텔의 바에서 사람들과 어울렸다." 리스에 의하면 버제스가 프랑스 남부에서 돌아온 뒤 곧바로 독소 불가침조약이 체결되었다(Rhees, p.149). 그런 의미에서 듀런티가 프랑스 남부에 집을 가지고 있었다는 사실은 의미가 있다.

앤서니 블런트가 케임브리지에서 소비에트 공산주의로 전향시킨 사람들 중에 …… 루트비히 비트겐슈타인도 포함되었을까? 어제 소더비 경매에서 비트겐슈타인이 1935년 9월 18일에 모스크바에서 케임브리지 철학자 G. E. 무어에게 보낸 우편엽서가 팔린 것을 계기로 그런 의문이 제기되었다.[*]

펜로즈와 프리먼은 그 주장을 일체의 논증도 없이 자신 있게 '잘못'이라고 일축한다. 몽크가 '스탈린주의자'라는 딱지를 일축한 것과 마찬가지다. 하지만 그 시기는 상당히 의미심장하다. 그것은 비트겐슈타인과 그의 동료 사도이자 첩자인 앤서니 블런트 —— 그는 비트겐슈타인에 관한 시를 썼고, 그를 주제로 박사 학위 논문을 쓰고자 했다 —— 라는 케임브리지 트리니티칼리지 출신 두 사람이 같은 시기에 모스크바에 있었다는 사실을 말해 주기 때문이다. 이리하여 앤서니 블런트, 윌프레드 블런트, 찰스 플레처쿡, 존 매지, 크리스토퍼 메이휴, 디렉 넨크, 브라이언 사이먼, 마이클 스트레이트, 마이클 영이 1935년 8월에 레닌그라드로 떠났다.[85]

블런트는 1935년 8월 초에 레닌그라드로 갔고, 비트겐슈타인은 1935년 9월 중순에 모스크바에 있었다. 블런트 그룹에는 첩자가 최소한 두 명이 포함되었는데(블런트와 스트레이트), 이들도 9월 중순에는 모스크바에 있었을 것이다.

우리가 생각하는 가설은 블런트가 비트겐슈타인을 전향시켰다는

---

[*] Penrose and Freeman, p.524. 저자들은 안타깝게도 이 인용문이 『타임스』에 게재된 날짜를 빠뜨렸다.

『런던 타임스』의 주장과 전혀 다르다. 우리의 가설에 따르면 비트겐슈타인이 존 르카르를 매혹시킨 바로 그 수수께끼의 인물이다. 오랫동안 찾은 케임브리지 모집 요원은 비트겐슈타인이다. 그는 트리니티칼리지의 동성애 사도로서 블런트를 비롯한 케임브리지 첩자들을 모집했다. 지금까지 모집자를 추적하기 위한 조사는 모두 모리스 도브와 로이 파스칼 같은 거물 공산주의자들이나 앤드루 가우(Andrew Gow) 같은 동조자들을 겨냥했다. 하지만 이 가설에 바탕을 두고 50년 동안이나 광범위한 수사를 전개했어도 성과는 거의 없었다. 그 인물이 누구인지에 관해서 합의를 이루지 못한 것이다. 유명한 인물이리라는 것은 물론이다. 학생들에게 두드러진 영향력을 행사했으리라는 것도 물론이다. 그러나 20세기에 가장 빛나는 지성들 가운데 한 사람일 수도 있다는 생각은 그동안 하지 않았다. 비트겐슈타인은 비록 스탈린을 강력하게 옹호했지만 우리가 아는 한 당원은 아니었다. 그는 전형적인 철학자의 풍모를 가지고 있었다. 그의 제자들이 압도적이고 카리스마적인 개성에서 나오는 비범한 능력에 감동을 받고 적극적으로 반응한 것은 틀림없는 사실이다.

권위적인 아버지 밑에서 형성된 비트겐슈타인의 공격적인 지성, 말 더듬는 버릇, 독일 음악과 러시아 문학에 대한 사랑이 케임브리지 첩자들에게 특별한 반향을 불러일으킨 것일까? 앤서니 블런트와의 미학적 논쟁에 관해서는 이미 살펴본 바 있다. 여기서는 비트겐슈타인처럼 말더듬이였던 킴 필비와 유명한 친아랍파인 그의 아버지 존 필비에 관해 살펴보자.

그는 겨우 열일곱 살 때인 1929년 케임브리지에 와서 역사를 공부했다. 건방지거나 적극적인 성격은 전혀 아니었으며, 아버지 존 필비를 닮아 조용하고 자존심 강한 학생이었다. 첫 해에 그는 비교적 차분하고 고독하게 지냈다. 학교에서 친한 친구를 데려오는 일도 없었고, 아예 친구가 전혀 없는 듯했다. 아마 말 더듬는 버릇이 사교를 어렵게 만든 원인이었을 것이다. …… 클럽에도 가입하지 않았고, 스포츠도 하지 않았고, 다양한 인물들을 만나지도 않았다. 킴은 여가 시간도 혼자서 보내며 베토벤의 음악에 몰두했다. 감동에 겨워 눈물을 흘린 적도 많았다. 질서정연한 것에 유독 집착하던 그는 음악도 작품 번호 순으로 들었다.

지저스가에 있는 그의 방 ── 방세가 매우 비쌌다 ── 에는 당시 프랑스의 유명 피아니스트인 알프레 코르토(Alfred Cortot)의 큼지막한 사진이 붙어 있었다. 그는 프렌치 호른을 익혔으나 솜씨는 보잘것없었다. 서가에는 입센, 투르게네프, 도스토예프스키의 작품들이 빼곡했다. 음악처럼 문학에서도 킴은 취향이 무척 까다로웠으며, 읽을 만한 가치가 있는 작가는 두세 명뿐이라고 주장했다. 그는 그 작품들을 여러 번 읽었으므로 잘 알았다. 케임브리지에서 거의 처음으로 사귄 친구인 앤서니 매클린은 그에게 톨스토이의 『부활』을 빌려 주고 그 대신 투르게네프의 『귀족의 보금자리』를 빌렸다고 회상한다.[86]

필비가 좋아한 작가들을 비트겐슈타인은 어떻게 생각했을까? 그는 입센의 작품을 원어로 읽기 위해 노르웨이어를 배우기도 했다. 또한 1차 대전에서 톨스토이의 작품 덕분에 목숨을 구한 적도 있었다고 한다. 위대한 러시아 소설가들, 특히 도스토예프스키를 비롯한 두세 명은 읽을 가치가 있다고 여겼으며, 러시아어를 배워 톨스토이와 도스토예프스키의 작품을 원어로 읽으려 노력했다.[87] 오케스트라 지휘자가 될 꿈을 품은 적이 있던 비트겐슈타인은 음악에 해박한 지식을 자랑했고, 베토벤의 작품은 번호 순으로 다 알았으며, 관악기를 연주할 줄 알았다.[88] 블런트처럼 필비도 독일어를 배우는 중이었다. 당시 트리니티칼리지의 교직원들 중에는 독일어에 능숙한 사람이 없었다.[89] 그런데 필비가 자기 방의 벽에 건 프랑스 피아니스트 알프레 코르토의 포스터는 무슨 뜻일까?

코르토는 협주 피아니스트로 당대 프랑스에서 최고로 손꼽히던 사람이었다. 그는 빈에서 공부했고 유럽의 대표적인 음악인들을 잘 알았다. 특히 프랑스 작곡가 모리스 라벨(Maurice Ravel)과는 절친한 관계를 유지했다. 실제로 그는 라벨의 작품「왼손을 위한 협주곡」에 큰 감동을 받아 그 곡을 양손으로 연주할 수 있도록 편곡했다. 그러나 라벨과 코르토가 애초에 한 손으로만 연주하는 피아노 협주곡을 만들려고 한 이유는 뭘까?

라벨은 1930년경 빈의 어느 부자에게서 그 곡을 의뢰받았다. 의뢰자는 제1차 세계대전에서 오른팔을 잃은 탓에 협주 피아니스트의 꿈을 접어야 했던 사람이었다. 그는 러시아 군에 포로로 잡혀 시베리아에 수용되었다가 혁명 이전의 혼란기에 풀려나 가족의 품에 안겼다. 그 비극의 주인공은 바로 파울 비트겐슈타인, 루트비히의 형이었다.「왼손을 위한 협주곡」은 1933년 1월 17일에 파리에서 초연되었고, 파울 비트겐슈타인이 피아노 독주를 맡았다. (세르게이 프로코피에프도 파울 비트겐슈타인을 위해 1931년에 한 손으로 연주하는 협주곡을 썼는데 ── 피아노 협주곡 4번 ── 오스트리아 백만장자와 소비에트 작곡가의 절친한 관계를 보여 주는 사례다. 그가 자발적으로 그런 음악을 작곡하지는 않았을 게 분명하다.)* 도스토예프스키, 톨스토이, 입센, 베토벤, 프로코피에프, 관악기, 파울 비트겐슈타인이 의뢰한 피아노 협주곡의 편곡을 담당한 알프레 코르토, 오스트리아 공산주의자들을 위해 자금을 모집한 필비, 이모든 것들은 필경 비트겐슈타인과 필비가 독일어로 함께 말을 더듬으면서 나눈 대화와 관련이 있을 것이다.

그들은 톨스토이와 러시아에 관해서도 많은 대화를 나누었을 것이다. 놀랍게도 루트비히 비트겐슈타인은 유럽의 역사에서 비트겐슈타인이라는 이름을 유명하게 만든 첫번째 인물이 아니었다.** 나폴레옹이 러시아를 원정했을 때 러시아 군의 중장이었던 루트비히 아돌프 그라프 폰 자인-비트겐슈타인(Ludwig Adolf Graf von Sayn-Wittgenstein)은 상트페테르부르크에서 나폴레옹의 진군을 가로막아 나폴레옹에게서 '러시아 최고의 장군'이라는 칭찬을 받았다. 이후 그는 러시아의 육군 원수와 공작이 되었고 국무회의에도 참여했다. 게다가 그는 『전쟁과 평화』에도 등장해 문학적 명성도 얻었다. 거기서 톨스토이는 그를 '상트페테르부르크의 위대한 영웅'이라고 말했다.***

마이어-비트겐슈타인 가문은 자인-비트겐슈타인 가문의 후손이라고 주장했으므로(아마 서출이겠지만), 상상할 수 있듯이 러시아와 혈

---

* 소비에트 작곡가들은 자신의 의사에 따라 서구 피아니스트에게 곡을 써 주는 권리를 가지고 있지 않았다. 그러므로 프로코피에프도 당의 승인과 지시를 받아 파울 비트겐슈타인을 위한 곡을 썼을 것이다. 파울 비트겐슈타인은 어떻게 해서 그런 혜택을 받은 걸까?

** 이 정보는 제2차 세계대전시 독일의 탁월한 야간 요격 전투기 조종사였던 하인리히 자인-비트겐슈타인 공작을 기리기 위해 최근에 발행된 책에서 얻었다. 이 책에는 그가 속한 가문의 배경이 개략적으로 소개되어 있다. Werner P. Roell, *Laurels for Prinz Wittgenstein*, Independent Books, 1994, pp.27~29.

*** 이 구절은 카롤리네 비트겐슈타인 공작부인의 가문 배경에 관해 조금 더 상세하게 알려 준다. 그녀의 남편인 니콜라스 공작은 톨스토이가 언급한 루트비히 비트겐슈타인 육군원수의 막내 아들이었다. Alan Walker, *Franz Liszt 2, The Weimar Years 1848~1861*, p.28.

통적 연계를 가지고 있었다. 버제스·매클린·필비의 변절을 수사하던 사람들 중 누군가는 분명히 러시아의 영웅과 이름이 같은 케임브리지의 인물을 좀더 조사해야겠다고 마음을 먹었을 것이다. 만약 드와이트 D. 아이젠하워라는 이름을 가진 자본주의 동조자가 모스크바 대학에서 학생들을 가르쳤다면 KGB도 당연히 그 학생들이 미국의 편으로 변절해 서방의 첩자가 될 가능성을 고려했을 것이다.

케임브리지의 루트비히 비트겐슈타인은 톨스토이를 무척 좋아했으므로 자신과 같은 이름을 가진 인물이 『전쟁과 평화』에 나온다는 사실을 알지 않았을까? 레드패스는 『전쟁과 평화』에 대한 비트겐슈타인의 평가를 이렇게 전한다. "그는 『전쟁과 평화』에 조연으로 등장하는 투신이라는 인물을 특히 존경했다. 전혀 거들먹거리지 않고 헌신적이고 효과적으로 자기 임무를 수행하는 지휘관인 투신을 그는 나폴레옹에게 저항하는 최고의 상징으로 여겼다."[90] 비트겐슈타인은 필경 『전쟁과 평화』의 배경에 관해 알고 있는 내용을 레드패스에게는 말하지 않았을 것으로 여겨진다. 그러나 필비에게는 숨기지 않았을 것이다. 『전쟁과 평화』 앞부분에 나오는 아우스털리츠 전투의 무대는 바로 오스트리아다. 톨스토이는 쿠투초프가 브라우나우(히틀러의 출생지)와 린츠(히틀러와 비트겐슈타인이 다닌 학교가 있는 곳)에서 다뉴브 강의 다리를 불태우는 장면을 묘사한다. 히틀러와 비트겐슈타인에게 『전쟁과 평화』는 그냥 문학이 아니라 살아 있는 역사였다.

필비를 전향시킨 사람에 관해서 알려진 것이 있는가? 기묘하게도 이 중대한 사안을 다룬 문헌은 확실하지 않다. 필비가 빈에서 자신에게 처음으로 공산주의 이념을 주입했다고 말한 사람은 테오도레 말리(Theodore Maly)였고, 두번째라고 말한 사람은 아르놀트 도이치

(Arnold Deutsch)였다. 하지만 말리와 도이치가 필비의 관리자였다는 사실을 입증할 만한 것은 필비 자신의 말밖에 없으므로 믿기 어렵다. 나이젤 웨스트(Nigel West)는 1930년대 MI5의 조사 활동에 관해 이렇게 말한다.

> 1960년대 초반 MI5가 뒤늦게 이 수수께끼의 수사에 착수하게 된 것, 1951년 가이 버제스와 도널드 매클린이 전향함으로써 비밀 공작원들의 위험이 적나라하게 드러난 것은 두 가지 정보 덕분이었다. 첫째는 킴 필비가 1963년에 쓴 자술서였다. 여기서 그는 말리에 의해 NKVD에 들어갔고, 말리는 1936년에 오토라는 이름만 알려진 소비에트 불법입국자로 교체되었다고 진술했다. 필비는 기소를 면제해 주겠다는 약속을 받은 데다 배반자들로부터의 위협에 시달린 탓에 베이루트에서 이루어진 인터뷰에서 자신의 죄를 자백했다. 그의 주장에 따르면 그는 워싱턴 DC에 주재하던 1949년에 소비에트 불법입국자들에 관한 FBI 기록을 볼 기회가 있었는데, 거기에 나온 사진을 통해 오토가 오스트리아 학자인 아르놀트 도이치라는 것을 알았다고 한다. 그럴듯한 주장이었지만 FBI에서 조사한 결과 도이치의 사진은 필비가 SIS에서 해임된 뒤에 입수되었음이 드러났다. 필비가 거짓말을 한 것일까? 아니면 다른 밀입국자를 보호하려 했을까? 아마 필비는 1934년과 1935년 런던에서 접촉하던 주요 접선들이 1963년 1월까지도 서구에서 자유로이 활동하는 것을 알고 두려움을 느꼈을 가능성이 크다.[91]

비트겐슈타인에 관한 우리의 가설이 옳다면 필비가 보호하려 한 '밀입국자'는 '서구에서 자유로이' 활동하지 못했을 것이다. 그는 12년쯤 전에 죽었으나 그의 신분을 보호할 필요성은 있었다. 그의 신분이 드러나면 다른 케임브리지 전향자들이 금세 드러날 수 있기 때문이다. 나는 이 첩자단 모집자의 신분이야말로 케임브리지 첩자단의 미스터리를 파헤치는 데 중요한 열쇠라고 생각한다. 수사관들을 따돌리는 일은 무척 중요했으므로 블런트와 필비는 자신들이 모집된 과정을 위장하려 애썼다. 코스텔로의 말을 들어 보자.

블런트의 자백이 널리 알려질 때까지 케임브리지 요원들의 관리자로 유력한 후보는 두 사람이 있었다. 하나는 런던의 모스크바 센터 주재 요원인 사무엘 카한(Samuel Cahan)으로, 그는 대사관의 수석 사무관이라는 외교관의 외피를 쓰고 활동했다. 다른 하나는 영국의 타스 통신원으로 오랫동안 활동하면서 에른스트 헨리(Ernst Henri)라는 이름으로 글을 쓴 세묜 로스토프스키(Semyon Rostovsky)였다.

카한과 로스토프스키가 케임브리지 모집자라는 주장에 어긋나는 증거는 외교관 신분의 소비에트 국민이라는 '합법적' 지위였다. 아르코스 사건 이후 모스크바는 대체로 그런 사람들로 첩자단을 운영하는 방침을 포기했다. 지휘 계통에서의 역할이 조금이라도 노출되면 요원들의 공적 지위만이 아니라 모스크바가 애써 복구한 영국-소련 외교 관계마저 위험에 빠질 가능성이 있었기 때문이다. 모스크바 센터는 또한 런던의 소비에트 관료들이 영국 방첩대의 엄중한 감시를 받고 있다고 여겼다. 자칫하면 소비에트 첩보부에서 추진하는 중요한 지하공작이 발각될 수도 있었다.

"우리는 개별적으로 모집되었고 개별적으로 활동했다." 필비는 이렇게 단언했다. 그러나 모든 증거를 취합하면 그가 모집되고 케임브리지 요원들을 통제하는 과정에 상당히 세련된 밀입국자가 관여했다고 볼 수 있다. 블런트도 MI5에 버제스가 자신을 모집할 때 '오토'라는 이름만 아는 중간계급 출신의 동유럽인이 지휘를 맡았다고 자백했다. 블런트는 그의 모습을 "키가 작고 목이 짧으며 머리를 뒤로 빗어넘겼다"고 묘사했다. 하지만 MI5에서 보관하는 소비에트 요원들과 용의자들의 사진을 하나하나 살펴보고서도 블런트는 체코인이라고 어렴풋이 기억하는 그 사람의 얼굴과 이름을 찾아내지 못했다.

"어떤 이유로 인해 우리는 '오토'의 신분을 알 수 없었다." MI5의 피터 라이트는 이렇게 말했다. MI5의 기록에 의하면 케임브리지 첩자단의 다른 두 멤버인 필비와 케언크로스(Cairncross)도 오토라는 수수께끼의 인물과 접촉할 때 그의 본명을 알지 못했다. 필비는 1963년 변절하기 직전에 베이루트에서 MI5 수사관 니컬러스 엘리엇에게 '자백'하는 중에 '오토'는 자신이 빈에서 만난 코민테른 요원이라고 말했다. 라이트는 '오토'의 정체를 알아내지 못했다고 시인한다. MI5의 누구도 블런트를 비롯한 케임브리지 연계망의 생존 멤버들이 왜 그렇게 수수께끼에 싸인 동유럽인의 신분을 보호하려 했는지 알지 못하고 있다…….[92]

그렇다면 필비와 블런트는 거짓말을 했고, 말리와 도이치는 미끼에 불과했다고 보아야 할 것이다. 하지만 말리와 도이치라는 미끼를 그들이 선정한 것은 아니다. 누구를 미끼로 쓸지에 관해서는 생각이 필요하다. 아무나 되는 것은 아니다. 그 일을 관장한 소비에트 첩보부는 심사숙고를 거쳐 적합한 가짜 후보를 찾아냈을 것이다. 서구의 수사관들이 몇 가지 단서들을 추적해 덥석 물 수 있는 그런 인물이어야 미끼로 쓸 수 있다. 이상적으로는 진짜 모집자에 관한 더 많은 사실들이 불가 피하게 드러난다 해도 한동안 계속 미끼의 역할을 할 수 있는 인물이어 야 할 것이다. 말리와 도이치는 서구의 수사관들을 오도하기에 알맞은 어떤 특질을 가지고 있었을까? 비트겐슈타인에 관한 우리의 가설이 옳 다면 다음의 추측이 가능할 것이다.

1. 모집자에게는 유명한 협주 피아니스트 형제가 있었다. 테오도레 말 리에게는 유명한 협주 피아니스트 형제가 있었다.[*]
2. 모집자는 러시아인이 아니라 오스트리아-헝가리 제국의 국민이며 유대 혈통을 가졌다. 말리와 도이치는 둘 다 오스트리아-헝가리인 이었고 도이치는 오스트리아 유대인이었다.
3. 모집자는 오스트리아 군대에 복무했다. 말리는 오스트리아 군대에 복무했다.
4. 모집자는 철학을 공부한 배경을 가졌고 빈 학파와 연관이 있었다. 도 이치는 빈의 모리츠 슐리크(Moritz Schlick)에게서 철학을 사사했고 1928년 박사 학위를 받았다.[93] (빈 학파에서는 비트겐슈타인에 관해 논의했으므로 그는 확실히 비트겐슈타인을 알았을 것이다.)
5. 모집자는 종교와 신비주의에 관심을 가졌다. 말리는 사제였다가 개 종했다.

이것과 조금이라도 비슷한 배경을 가진 필비의 모집자가 있다면 바로 불운한 말리나 도이치일 것이다. 스탈린은 안전을 위해 말리를 살

---

[*] West, *The Illegals*, p.31. "그의 동생은 국제적 명성을 얻은 피아니스트였다."

해했으며, 아마 도이치도 살해했을 것으로 추측된다.* 만약 러시아 첩보부가 방대한 국가 자원, 즉 수십억 루블의 예산과 수십만 명의 훈련된 인력을 동원하여 딱 들어맞는 인물을 찾으려 했다면 그 두 사람만큼 적임자는 없었다. 실제로 그들은 바로 그렇게 했다.

케임브리지 첩자 사건에 관해서는 주목할 만한 또 다른 측면이 있다. 가이 버제스가 변절한 이유는 늘 논란거리였다. 매클린은 베노나 암호 해독(Venona decrypts, 1940년대 미국의 첩보기관이 소련의 암호 교신을 해독한 비밀 작전: 옮긴이)으로 운명이 결정되었으므로 그가 체포되는 것은 시간문제였다. 하지만 생활이 불규칙한 버제스는 용의선상에 오르지 않았고 체포될 위험도 없었다. 정치적으로 그는 깨끗했다.[94] 버제스와 매클린은 1951년 5월 25일 금요일에 전향했다. 전향을 조직하는 데는 아마 몇 주일이 걸렸을 것이다. 비트겐슈타인은 불과 한 달 전인 1951년 4월 28일에 세상을 떠났다. 버제스는 영국에 돌아온 뒤 곧바로 5월 19일에 몇 가지 일을 처리하기 위해 케임브리지를 찾았다.[95] 그때 그는 세인트 자일스 묘지에 들러 마지막 작별인사를 했을 것이다. 혹시 그는 스승의 죽음으로 첩자 혐의를 벗었고 노동자의 천국으로 무사히 갈 수 있게 되었다고 생각하지 않았을까? 결국 그는 러시아로 도피하는 데 실패했지만, 그의 제자들은 자유롭게 약속의 땅으로 갈 수 있었다.

지금까지 말한 내용이 옳다면 유대인에 대한 히틀러의 증오는 이미 루트비히 비트겐슈타인과 학교에서 처음 만난 1904년경부터 싹텄

---

* 도이치의 죽음에 관해서는 여러 가지 설이 전한다. 북대서양에서 어뢰 공격을 받았다는 설도 있고(Nigel West), 빈에서 게슈타포에게 체포되어 처형되었다는 설도 있다(Oleg Gordievsky). 나는 스탈린에게 살해되었다는 가설을 택한다.

을 것이다. 당시 비트겐슈타인은 히틀러를 알고 있었다. 그렇다면 이 가설은 단순히 역사의 뒷이야기가 아니라 엄청나게 중요한 사실이다. 비트겐슈타인은 어떤 반응을 보였을까? 그는 나치가 권력을 획득하는 과정을 무심히 바라보았을까? 아니면 그것을 저지하겠다는 적극적인 각오를 다졌을까? 하지만 그가 행동에 나섰다 해도 일개 철학자에 불과한 처지에 무엇을 할 수 있었을까? 그가 취한 행동 경로를 어떻게 추적할 수 있을까?

오스트리아 시골 초등학교의 교사로서 그가 할 수 있는 일은 거의 없었다. 바틀리가 말하듯이 그는 신앙심이 두터운 가톨릭 촌민들의 눈에 대도시 출신의 약간 괴상한 사람으로 비쳤을 뿐이었다. 그러나 그는 지식인 계층에게는 강력한 카리스마를 가지고 있었다. 그의 카리스마는 초등학생에게도, 독일인에게도 통하지 않았으나 영국인에게는 분명히 통했다. 영향력을 가진 소수의 영국인들을 잘 움직인다면 그 발두르신은 역사에서 적극적인 역할을 할 수 있었다.

트리니티칼리지의 유명 교수들 가운데 학생들에게 신처럼 존경을 받을 수 있는 사람이 얼마나 되었던가? 히틀러가 유대인을 증오하게 된 기원이 어디에 있는지, 히틀러가 어떤 사람인지 잘 아는 사람이 얼마나 되었던가? 뉘른베르크 규정에 따른 유대인의 수가 얼마나 되었던가? 뮌헨의 나치즘이 세력을 점점 키울 때 바바리아 국경 바로 건너편에서는 얼마나 많은 사람이 활동하고 있었던가? 비트겐슈타인처럼 독일 정부에 맞선 나치의 무장봉기를 보았고, 파업 노동자들이 거리에서 총에 맞는 모습을 본 사람이 얼마나 되었던가? 1933년 이전에 유대인 난민들이 절망적인 상태에서 오스트리아의 산악으로 도망치는 것을 얼마나 많이 보았던가?

당시에는 아마 이렇게 생각하고픈 유혹이 들었을 것이다. '그래, 내가 할 수 있어. 사람들을 선발해서 히틀러에게 맞서 무장하고 일어난 유일한 국제조직의 대의를 널리 알리는 거야. 코민테른으로 돌아가겠어!' 그 일이 너무 두렵게 여겨지거나 지나치게 긴장되면 러시아에서 안전과 평화를 찾는 그날을 꿈꾸고 동경하며 기도했을 것이다. 그는 분명히 러시아를 미래의 정착지로 여기고 그곳을 방문했다. 얼마나 많은 케임브리지 명사들이 스탈린 정권 치하의 러시아에서 살기를 바랐고, 또 그러기 위해 러시아어를 배웠던가?

몽크는 1935년에 러시아에서 비트겐슈타인을 알았던 조지 색스(George Sacks)의 회상을 인용한다.

> …… 우리〔그와 그의 아내〕는 비트겐슈타인이 집단농장에서 일하고 싶어 한다는 말을 들었다. 그러나 러시아인들은 그의 연구가 더 유용한 기여라고 말했다. 그는 할 수 없이 케임브리지로 돌아가야 했다.[96)

러시아인들은 왜 "그의 연구가 더 유용한 기여"라고 생각했을까? 그들은 정말 그의 철학 연구를 말한 것일까? 케임브리지에서 비트겐슈타인이 연구한 비마르크스주의 철학에 교조적인 마르크스주의자들이 어떤 실용적 관심을 가진 걸까? 이 이야기만으로도 비트겐슈타인의 활동이 어떤 면에서 혁명의 대의에 기여했다는 증거는 충분하다. 만약 비트겐슈타인의 활동으로 MI5의 전체 부서가 러시아의 통제 아래로 들어온다면, 비트겐슈타인에게 집단농장에서 일하기보다 케임브리지로 돌아가라고 권한 이유는 명백하다.

1994년에 오스트레일리아의 언론인인 롤런드 페리(Roland Perry)

는 『제5의 인물』(*The Fifth Man*)이라는 폭로물을 발간했다. 여기서 그는 케임브리지 첩자단의 '제5의 인물'(가장 큰 피해를 끼친 인물)은 존 케언크로스가 아니라 트리니티칼리지의 사도였던 빅터 로스차일드라고 주장했다. 로스차일드 부인은 생전에 내 질문을 받고 자기는 비트겐슈타인을 알지 못하며 죽은 남편도 마찬가지였다고 대답했다.* 그러나 로스차일드 부인이 죽은 뒤 딕 화이트(Dick White)의 전기 작가인 톰 바우어(Tom Bower)는 그녀가 과거에 앤서니 블런트와 연인 관계였다고 비난했다. 만약 그 비난이 옳다면 부인의 증언은 불필요하게 주의를 환기시키려 한 것이라고 볼 수 있다. 어쨌든 피터 라이트에 따르면, 전쟁이 터졌을 무렵 이름이 테스 메이어였던 그녀는 MI5에 들어가 "블런트, 버제스와 함께 벤팅크가 5번지에 방을 얻었다."[97] 라이트는 그녀의 말을 인용한다. "앤서니는 자주 술에 취해 벤팅크가로 돌아왔다. 너무 만취한 탓에 내가 부축해 침대까지 데려가기도 했다. …… 그가 첩자였다면 내가 알았을 것이다." 벤팅크가의 건물 주인은 MI5에 속해 있었고 장차 그녀의 남편이 되는 빅터 로스차일드였다.

독자들은 앞에서 비트코비츠 제철소를 말할 때 로스차일드(로트실트)라는 이름이 나온 것을 기억할 것이다. 오스트리아의 로트실트 가문은 카를 비트겐슈타인의 프라하 제철소와 카르텔을 맺었으며, 그들이 소유한 비트코비츠 제철소는 비트겐슈타인의 가까운 친척인 파울 쿠펠

---

* 나는 로스차일드 부인에게 비트코비츠 제철소를 넘겨 준 내막에 관해 질문했는데, 그녀는 자기 아들이 자세하게 대답해 줄 것이라는 회신을 보내 왔다. 그러나 그가 비극적으로 자살했기 때문에 나는 로스차일드 가문에 관한 Morton의 책에 나오는 설명에 의존할 수밖에 없었다. Roland Perry(p.83)는 로스차일드의 고용인이었던 가이 버제스가 빈으로 가서 비트코비츠를 요구하는 나치의 의도를 정확히 보고했다고 주장한다. Wright의 책은 그녀의 처녀 때 성을 'Mayor'가 아니라 'Mayer'로 잘못 표기하고 있다.

비저가 경영을 맡고 있었다. 1차 대전 이후 이 공장들은 신생국 체코슬로바키아에 속하게 되었으나 여전히 로트실트 가문이 관리했다. 히틀러가 체코슬로바키아를 점령했을 때 공장의 소유권을 둘러싸고 매우 흥미로운 역사적 일화가 있다. 로트실트 가문에서 갈라져 나온 영국의 로스차일드 가문이 오스트리아 로트실트 가문의 재산 문제에 적극적으로 개입하고 나선 것이다.

나치는 비트코비츠를 꿀꺽 집어삼킬 수 없었다. 이제 그 공장은 오스트리아 로트실트 가문의 소유가 아니었기 때문이다. 나치가 손을 대기 전에 공장은 이미 런던의 얼라이언스 보험사에 팔렸다. 따라서 나치는 새 소유주에게 보상금을 지불했다. 나중에 히틀러는 돈이 넘어간 뒤 얼라이언스 보험사가 영국 로스차일드 가문의 소유라는 것을 알고 땅을 쳤다. 그렇다면 오스트리아의 로트실트와 영국의 로스차일드가 사업적으로 거래한 것은 1930년대라는 이야기다. 비트코비츠 제철소는 결국 린츠의 헤르만 괴링 제철소의 소유가 되었다.[98] 히틀러의 학창 시절이 떠오르지 않을 수 없다.

오스트리아 로트실트 가문은 오스트리아 카르텔을 통해 비트겐슈타인 가문과 아주 가깝게 거래하고 있었다. 또 영국 로스차일드 가문은 비트코비츠를 매개로 오스트리아 로트실트 가문과 아주 가깝게 거래하고 있었다. 가장 유명한 영국 로스차일드 —— 가이 버제스에게 고용된 가문의 상속자 빅터 —— 와 카를 비트겐슈타인의 가장 똑똑한 아들은 둘 다 케임브리지의 학자였다. 그들은 같은 대학의 동료였다! 둘 다 같은 정치적 색채를 가졌고, 유대 혈통에 충실했으며, 함께 히틀러에게 반대하는 입장이었다. 두 가문이 소유한 대규모 제철소는 원래 튼튼한 역사적 연관을 맺고 있었던 데다가 이제는 오스트리아 로트실트에서 영국 로스차일드로 소유권이 이전되었다. 아돌프 히틀러는 닭 쫓던 개와 같은 처지가 되었다. 더구나 로스차일드 가문의 런던 저택은 소비에트 런던 대사관과 이웃하고 있었다.[99]

1995년 오스트레일리아 전직 상원의원 존 휠던(John Wheeldon)은 트로츠키의 경호원으로 지낸 알베르트 글로처(Albert Glotzer)와 인터뷰한 내용을 발표했다.[100] 글로처는 1931년에 베를린으로 가서 공산당 본부가 있던 리프크네히트 하우스를 방문했다. 그는 다음과 같이 말했다.

나는 그곳을 떠나 영국으로 가서 막스 샤흐트만(Max Schachtman)을 만났다. 우리는 당에 불만을 품은 사람들과 한 차례 대규모 모임을 가졌다. 거기서 우리가 그룹을 조직하지는 않았지만 그 기반은 닦았다. 그룹은 우리가 떠난 뒤에 조직되었다.

영국에서 우리는 트로츠키를 위해 한 가지 임무를 수행해야 했다. 트로츠키는 내가 떠나기 전에 영국의 남작을 만나 달라고 부탁했다. 유대인인 그 사람은 마침 러시아 무역과 영화 산업에 관여하고 있었다. 트로츠키는 그가 자신을 지지한다고 여겼다. 어떤 이유로 그는 트로츠키에게 편지를 보낸 일이 있었다. 그래서 샤흐트만과 나는 그를 만나러 갔으나 냉대를 받았다. 우리는 『영국은 어디로 가는가?』(Whither England?)를 발간하는 데 도움을 주기를 바란다는 트로츠키의 뜻을 전했다.

그는 대답하지 않았다. 우리는 헤어지면서 이렇게 말했다. "대체 트로츠키는 왜 그를 만나 보라는 거야? 이 사람은 철저한 스탈린주의자야. 러시아 무역에 관여하니까 러시아와의 관계를 해치고 싶지 않은 거야." 나는 트로츠키에게 편지를 보냈다. "이 사람은 당신을 위해 일하지 않을 겁니다. 스탈린주의자예요."

그 뒤 나는 미국으로 돌아갔다.

"마침 유대인이었던 영국의 남작"이라면 누굴까? 영국의 귀족 중에는 유대인이 많지 않고 더구나 남작이라면 더욱 드물다. 이 정보만으로도 글로처가 '스탈린주의자'라고 말한 인물이 누군지 짐작이 가능하다. 유일한 후보는 로스차일드 가문이다. 빅터 로스차일드의 아버지는 1923년에 자살했다. 남작의 작위는 빅터의 삼촌인 라이오넬에게 넘어갔으나 —— 글로처가 말하는 인물은 그였을 것이다 —— 빅터가 1937년에 작위를 계승했다. 집안에서도 성향이 독특했던 빅터는 트리니티칼리지의 사도가 되었고, (그의 오스트리아 어머니가 고용한) 앤서니 블런트, 가이 버제스와 친구로 지냈다. 그는 케임브리지에서 킴 필비를 만난 적이 없다고 주장하지만, 1930년대에 그가 지저스가에 살았을 때 필비는 지저스가 8번지에 살았고 로스차일드는 같은 거리 25번지에 살았으므로 그의 주장은 미심쩍은 데가 있다. 게다가 마침 콘포스도 지저스가 62번지에 살았고, 헤이든게스트도 37번지에 살았다. (헤이든게스트의 전 거주지인 비숍스 호스텔 A8호실은 블런트가 있던 A2나 비트겐슈타인이 머물던 C2와 아주 가까웠다.)

피터 라이트에 따르면, MI5의 극비 서류를 볼 수 있었던 변절자 아나톨리 골리친(Anotoli Golitsin)은 1968년 봄에 빅터와 테스 로스차일드 부부가 소비에트 요원이라고 지목했다.[101] 그 부부와 절친했던 라이트는 골리친의 주장을 부인하고, 'KGB의 반유대주의' 탓으로 돌렸다. 그는 딱하다는 듯이 "골리친이 그 문제를 더 깊이 꿰뚫어보지 못했기 때문에 MI5는 미로에 빠져 버렸다"고 논평했다.[102] 아마 그랬을 것이다. 만약 로스차일드가 진짜 소비에트 요원이라면 MI5가 오랫동안 찾던 정보가 새는 통로는 로저 홀리스(Roger Hollis)도, 그레이엄 미첼(Graham Mitchell)도 아니고 바로 피터 라이트였을 것이다. 그가 로스차일드와 비밀 사안에 관해 논의한 것이 곧 정보가 누설된 경로인 셈이다. 어쨌든 여러 차례의 요청에도 불구하고, 마거릿 대처(Margaret Thatcher)는 하원 연설에서 로스차일드에 관한 의혹을 말끔히 밝히지 않았다. 그녀는 해럴드 맥밀런(Harold Macmillan)이 1955년 하원에 킴 필비는 '제3의 인물'이 아니라고 확언한 것을 염두에 두었는지도 모른다.

또한 빅터 로스차일드는 20세기의 역사에서 손에 꼽힐 만큼 중요한 모임에 참석한 세 사람 가운데 하나이기도 하다. 모임은 1940년 6월 런던 벤팅크가 5번지에 있는 그의 3층짜리 아파트에서 있었다. 다른 두 참석자는 앤서니 블런트와 MI5 방첩부의 책임자인 가이 리델(Guy Liddell)이었다. 로스차일드는 케임브리지 시절 자신에게 프랑스어를 가르친 적이 있는 블런트가 안보 임무의 적임자라고 추천했다. 영국 작가 나이젤 웨스트는 케임브리지 시절 당원이었던 '어느 저명한 소아과 의사'의 말을 인용해 로스차일드도 당원이었다고 말한다.[103] 이 모임에서 리델은 로스차일드의 권고를 받아들여 블런트를 MI5 D 부서에 끌어들였다. 이것은 기본적으로 그 모임이 있은 지 46년 뒤에 밝히는 로스차일드에 관한 이야기다.[104] 리델은 또한 가이 버제스도 MI5에 끌어들이자는 제안에 찬성했다.[105]

웨스트는 다른 책에서 가이 리델에 관한 주장의 배경을 다음과 같이 요약하고 있다.

고로니 리스가 1979년 12월 12일 사망하기 직전에 털어 놓은 바에 따르면 블런트와 관련된 부정에 가장 큰 책임이 있는 사람은 당시 이미 세상을 떠난 가이 리델이었다. 1980년 1월 20일자 『옵서버』에서 앤드루 보일은 리스가 이렇게 말했다고 전한다. "버제스의 주요 정보 원천은 가이 리델이었다. 버제스와 앤서니 블런트는 당연히 리델과 아주 가깝게 지냈다. 직접적인 증거는 없으나 나는 리델이 버제스의 제물이었다고 확신한다. 죽은 자는 말이 없지만 리델이 블런트와 버제스를 보호하려 애쓴 데는 뭔가 수상쩍은 구석이 있다."[106]

이 의혹은 MI6의 책임자였던 모리스 올드필드(Maurice Oldfield)의 이야기로도 확증된다. 플루언시 위원회(Fluency Committee)가 MI5의 정보 누설에 관해 수사할 때 그는 "만약 내가 수사 책임자였다면 …… 가이 리델을 첫번째 용의자로 찍었을 것"이라고 말했다.[107] 리델은 1979년 12월 31일자 『타임스』에 실린, 첩보 장교 출신 데이비드 뮤어(David Mure)가 쓴 기사에서도 같은 혐의를 받았다. "일련의 사태로 볼 때 나는 리델이 러시아 요원임이 확실하다고 믿는다."[108] 이 주장은 벌집을 건드려 결국 딕 화이트가 공식 석상에서 자기 변호를 하는 미증유의 사태까지 빚었다. (존 코스텔로의 평가에 따르면, 리델은 요원이었거나 대단히 무능한 직원이었거나 둘 중 하나다.)

모든 사람이 나름대로 사안에 연관성을 가지고 있다. 역사가의 임무는 그 연관성을 조사하여 흥미롭고 특이하고 중대한 것을 끄집어내는 일이다. 벤팅크가의 모임에 참석한 세 사람에 관해 특별히 흥미로운 점은 그들 모두가 트리니티칼리지만이 아니라 비트겐슈타인 가문과 연관이 있다는 사실이다. 블런트에 관해서는 앞에서 말한 바 있다. 로스차일드는 트리니티칼리지와 중부 유럽의 비트겐슈타인/로트실트 카르텔을 통해 서로 연관성이 분명하다.* 그런데 리델은 어떤 연관을 가지고 있었을까?

리델 가문의 앨리스 리델은 논리학자인 루이스 캐럴이 쓴 『이상한 나라의 앨리스』의 모델이다. (비트겐슈타인은 그 작품을 무척 좋아했다.) 게다가 두 사람은 음악적 취향에서도 일치한다.

체인워크 42번지에 있는 그의 집에서는 음악회가 자주 열렸다. 리델은 첼로 연주 실력이 탁월했다. 당시 그는 영국 최고의 아마추어 첼리스트로 꼽혔다.[109]

가이 리델은 어디서 그 뛰어난 기량을 쌓았을까? 그저 타고난 재능이었을까? 아니면 음악적으로 잘 아는 누군가에게서 배운 걸까? 여기에는 한 가지 흥미로운 가능성이 있다.

리델의 어머니는 재능 있는 바이올린 연주자였으며, 여성 현악 4중주단을 창설한 인물이었다.[110] 그녀는 여러 대가들에게서 배워 자신의 솜씨를 더욱 완성시키고자 했다. 당연히 그녀는 세계 최고의 바이올린 연주자를 찾았는데, 다행히 자신의 야망을 실현할 수 있었다. 그 세계 최고의 바이올린 연주자는 대륙 유대인 혈통이지만 영국에 자주 방문했고, 케임브리지의 트리니티칼리지에서 명예 박사 학위를 받기도 했다. 그는 리델의 어머니를 가르쳤으며, 리델이 첼로의 활을 다루는

---

*Roland Perry(p.35)는 로스차일드의 어머니인 로시카가 "합스부르크 궁정 유대인 혈통이었다"고 말한다. 오스트리아는 여러 가지 면에서 우리의 이야기에 밀접한 연관이 있다.

독특한 솜씨로 보아 아마 리델도 가르쳤을 것이다. 우리는 그의 이름을 앞에서 본 바 있다.

리델 부인은 1901년 모저가 쓴 요제프 요아힘의 전기에서 요아힘의 성실한 영국인 제자로 등장한다.[111] 처녀 때 이름이 시너인 그녀는 328쪽에 시너-리델 부인으로 나오는데, 요아힘을 찬양하기 위한 어느 유명한 음악제에서 그를 다정스럽게 설득해 베토벤을 연주하게 한다. 따라서 제1차 세계대전 이전부터 두 사람은 잘 알았음에 틀림없다. 또한 요아힘은 비트겐슈타인 가문의 양자였다.

이런 연관이 중요할까? 우리는 수학적으로 엄밀한 증명을 꾀하는 것도 아니고 법정에서 사용될 증거를 찾는 것도 아니다. 오히려 우리 앞에는 그보다 훨씬 더 중요하고 좀처럼 보기 어려운 중대한 연관성이 있다. 비트겐슈타인의 이름이 지금까지 우리가 조사해 온 여러 분야에 다양한 방식으로 연관되어 있다는 것이 과연 흔한 일일까? 비트겐슈타인이 케임브리지에서 한 일에 관한 나의 추측이 옳다면, 그는 20세기의 노련한 첩자 모집자였다. 영국 안보기관을 지휘하는 인물의 어머니가 비트겐슈타인의 사촌과 긴밀한 관계였다는 것은 눈여겨봐야 할 사실이다. 내가 옳다면 케임브리지 첩자단은 1930년대에 불쑥 생겨난 것이 아니었다. 그 뿌리는 러시아혁명과 1차 세계대전 이전부터 트리니티에 있었다.

우리가 밝혀낸 사실 중에 비트겐슈타인이 모집자 역할을 했다는 추측과 관련된 것이 있을까? 결정적인 증거는 없지만 나는 그 정도로도 그를 가장 유력한 용의자로 보기에 충분하다고 생각한다. 용의자를 확보했다는 것 자체만도 아주 커다란 진전이다. 독자들은 아직도 의심하는가? 그 의심을 제거하려면 다음 질문의 답을 종이에 써 보라. "비트겐슈타인이 1935년 레닌이 다닌 대학교의 철학 교수직을 제의받은 이유는 뭘까?"

내가 옳다면 필비, 버제스, 매클린, 블런트처럼 비트겐슈타인도 법망을 빠져나갔다. 하지만 히틀러는 결국 권총으로 자살했다. 소비에트 첩보부에서 비트겐슈타인은 중요한 역할을 했을 것이다. 그의 제자들이 영국 첩보부의 알맹이를 스탈린에게 넘겨준 것으로 짐작할 수 있다. 그렇다면 히틀러가 '그 유대인들'이라고 부른 사람들은 암호 해독 작업을 통해 그의 패배에 중대한 기여를 한 것이다. 그 반면에 진짜 유대인들, 즉 율법을 따르는 유대인들은 뭐가 어떻게 된 일인지 전혀 모르는 채로 수백만 명이 끔찍한 죽음을 맞이한 셈이다. 그러나 어린 히틀러가 자우유트라고 부른, 린츠의 레알슐레에 다니던 그 수수께끼의 '유대인' 소년은 히틀러의 몰락을 초래했다. 히틀러의 악몽에 나타난 '유대인'의 숨겨진 손은 실제로 존재했고, 그의 파멸에 기여했다. 굳이 작은따옴표를 붙여 '유대인'이라고 표현하는 이유는 실제로 그는 유대인이 아니라 가톨릭 교도였기 때문이다. 그의 '마지막 해결책', 그의 가장 위대한 업적은 『논리철학 논고』도, 『철학적 탐구』도 아니라 베를린 벙커에서 권총의 방아쇠를 당긴 히틀러의 손가락이었다.

이제 우리 연구의 둘째 가닥, 비트겐슈타인의 철학과 연관된 실마리를 풀어 낼 차례다. 이것은 역사의 본질 —— 히틀러가 레알슐레에서 깨달은 '역사의 의미' —— 과 연관되며, 20세기의 대량 살육과도 밀접한 연관을 가진다. 이 연관을 이해하려면, 우회로인 것처럼 보이지만 먼저 음악의 역사, 특히 리하르트 바그너의 음악을 살펴보아야 한다.

제 2 부

반유대주의의 근원

Wittgenstein
VS
Hitler

.3장. 바그너와 『음악의 유대주의』

제1장에 나온 사진은 히틀러와 비트겐슈타인이 1904년 같은 학교에 다니고 있었다는 이미 알려진 사실을 확증하지만 그 역사적 중요성은 매우 크다. 이제 그들이 서로 잘 알았으리라는 추측이 상당한 신빙성을 얻었고, 증명의 부담은 믿지 않는 사람들에게로 넘어갔다. 과거의 연구자들은 그들이 서로 알았으리라는 사실에 관해 같은 학교에 다녔다는 것 이외에 다른 증거를 제시하지 못했다. 하지만 사진에서 두 사람이 가까이 앉아 있다는 것은 그들이 잘 아는 사이였음을 시사한다.

　　그렇다면 그 사진은 우리의 가설이 옳다는 믿음을 준다. 따라서 반세기 동안 당연시되어 온 많은 역사적 논제들은 새로 조사되어야 한다. 이를테면 리하르트 바그너가 반유대주의 선전을 위한 시안으로 쓴 『음악의 유대주의』(*Das Judenthum in der Musik*)라는 흥미로운 책자와 히틀러의 반유대주의가 정확히 어떤 인과관계를 가지느냐 하는 문제다. 그 책자의 반유대주의적 성격과 독일의 반유대주의를 부활시킨 역사적 중요성으로 볼 때 히틀러가 관심을 가지기에 충분하다고 생각할 수도 있다. 하지만 바그너의 글과 비트겐슈타인의 이름이 가지는 연관성은 그동안 누구도 제대로 지적하지 않다가 최근 들어 홀로코스트 연구에서 주목을 받고 있다. 여기서는 그 글의 배경에 관한 예비 스케치를 통해 연관성을 살펴보기로 한다.

그 책자는 1850년 K. 프라이게당크라는 익명으로 발표되었는데, 현대 독일의 반유대주의를 처음으로 글로 표현한 것이다.* 바그너는 예술의 정신이 쇠퇴하는 과정을 개략적으로 묘사하면서 그 원인이 유대인이 침투해 들어왔기 때문이라고 말했다. 그는 유대인이 본래 비겁하며, 예술이 표현하고자 하는 모든 것에 대립된다고 주장했다. 그의 생각에 따르면 유대인이 낳은 예술은 전부 다른 사람들의 창조적 작품을 도용한 결과였다. 특히 음악의 경우 유대인은 유럽의 언어들을 배우기는 했어도 원래 그들의 모국어는 아니기 때문에 한계를 느낄 수밖에 없다. 결국 유대인은 창조성의 유일한 뿌리인 역사적 공동체로부터 차단되어 있는 것이다. 물론 유대인도 자체의 민족적 근원을 가지고 있으나 그 뿌리는 말라죽은 지 오래다.

그 책자의 기본 취지는 1930년대 독일에서 그것의 직계 후손들로 나온 책자들과 전혀 다르지 않았다. 그 글은 원래 1850년 9월 라이프치히의 『노이에 차이트슈리프트 퓌어 무지크』(*Neue Zeitschrift fur Musik*)에 수록되었다. 원작자가 예술 감식가라는 사실은 알려졌으나 'K. 프라이게당크'는 일반에게 알려진 이름이 아니었고 당시까지는 그가 리하르트 바그너라는 위대한 작곡가인지 아무도 몰랐다. 나중에 그 사실이 밝혀지고 바그너의 이름으로 그 책자가 재발표될 때는 원래 글

---

* 이 1850년 논문(원래 1850년 9월 3일과 6일 *Neue Zeitschrift fur Musik*에 게재되었다)은 Albert Goldman and Evert Sprinchorn, *Wagner on Music and Drama*(Gollancz, 1970) 51~59쪽에 실려 있다. 이 논문은 1867년에 재발행되었는데, 영문으로는 1894년 런던 바그너 협회의 의뢰로 W. Ashton Ellis가 번역을 맡아 바이슨 북스판 *Judaism in Music and Other Essays*에 수록되었다.

의 분량과 맞먹는 아주 흥미로운 후기가 추가되었다. 이 후기에 관해서는 나중에 살펴보기로 한다. 지금은 약속한 대로 바그너와 비트겐슈타인의 관계만을 보기로 하자. 제2장에서 우리는 바그너의 장인인 피아노의 거장 프란츠 리스트가 비트겐슈타인 후작부인과 연인 사이였음을 보았다.

앞에서 나는 코지마 바그너가 아버지 리스트의 정부인 자인-비트겐슈타인 부인을 증오했다는 디트리히 피셔-디스카우의 증언[1]을 소개했고, 코지마의 반유대주의가 부인의 유대 혈통과 관련이 있을 것이라고 말한 바 있다.[2] 코지마 바그너 자신도 절반이 유대 혈통이었다는 사실은 별로 알려지지 않았다. 그녀의 할머니 —— 마리 다구 백작부인의 어머니 —— 는 부유한 유대 금융가인 프랑크푸르트의 지몬 모리츠 베트만(Simon Moritz Bethmann)이었다.[3] 이 때문에 그녀가 반유대주의를 취했고 비트겐슈타인 부인을 특별히 증오하게 된 것인지는 확실하지 않다. 어쨌든 그녀가 남편의 숙명적인 반유대주의를 지지한 것은 틀림없다.

바그너의 자서전 『나의 생애』(*Mein Leben*)에는 비트겐슈타인 부인을 경멸적으로 말하는 대목이 많이 나온다. 한 예로, 바그너는 리스트의 『단테 교향곡』의 종결 부분에 관해 이렇게 회상한다.

그 예쁜 운율이 끝나면서 갑자기 화려하고 변칙적인 종지부로 치닫는 것을 듣고 나는 소스라쳐 놀랐다. 내가 알기로 그 대목은 도메니코를 표현하고 있었다. "안 돼요! 그렇게 해서는 절대 안 됩니다! 이렇게 웅장한 표현은 어울리지 않아요! 섬세하고 부드럽고 아른아른한 분위기로 끌고 가야 합니다." 리스트가 대답했다. "자네 말이 옳네. 나도 그렇게 생각했지. 후작부인이 다르게 주장하지만 자네가 권한 대로 될 걸세." 그것으로 이야기는 잘 끝났다. 그런데 나중에 사실을 알고 나서 나는 당혹감을 금치 못했다. 『단테 교향곡』의 종결 부분이 원래대로 되어 있을 뿐 아니라 『파우스트 교향곡』에서도 내가 무척 좋아하던 우아한 종지부가 훨씬 화려한 효과를 내기 위한 합창으로 바뀐 것이다. 내가 리스트와 그의 연인, 카롤리네 폰 비트겐슈타인 부인에 관해 느낀 모든 감정이 그대로 드러나 있었다!⁴⁾

모저가 쓴 요제프 요아힘의 표준 전기에는 비트겐슈타인 부인이 바그너의 『음악의 유대주의』를 바그너처럼 혐오하는 장면이 나온다.

그렇게 커다란 흥분을 몰고 왔던 그 글은 몇 년 뒤에 비트겐슈타인 부인이 말하는 것처럼 '바그너가 저지른 대단히 어리석은 짓'임이 드러났다.⁵⁾

비트겐슈타인 부인은 단지 리스트의 장난감 같은 존재가 아니었다. 또 부인은 바그너의 아내 코지마에게 단지 리스트와 코지마의 생모 사이에 끼어든 불청객에 불과한 존재가 아니었다. 부인 때문에 코지마는 일곱 살 때 어머니와 헤어져 지독하게 엄격한 가정교사의 손에서 자라야만 했다. 바그너의 표준 전기에 나오는 다음 구절은 그런 사정을 생생하게 보여 주고 있다. 〔코지마의 어머니인 다구 백작부인은 대니얼 스턴(Daniel Stern)이라는 필명으로 소설을 발표한 19세기의 꽤 유명한 작가였다.〕

우리 세대의 나이 지긋한 사람들이 아는 코지마와 오랜 세월이 지난 1864년의 코지마는 크게 달랐다. 그녀는 1837년 크리스마스에 태어나 1930년 4월 1일에 아흔셋의 나이로 죽었다. 바그너가 죽은 뒤에도 47년이나 더 살았다. 1864년 스물일곱 살 때 바그너의 삶과 끈끈하게 얽힌 코지마는 어떤 여인이었을까?

아버지와 어머니가 결별한 1844년에 그녀는 겨우 일곱 살이었고, 언니인 블란디네는 아홉 살, 남동생 다니엘은 다섯 살이었다. 리스트는 다시 유럽 전역을 여기저기 전전하는 생활로 돌아갔고, 다구 백작부인은 아이들과 함께 파리로 갔다. 그곳에서 아이들은 리스트의 어머니가 맡아서 길렀다. 리스트는 아이들이 생모와 자주 만나게 하고 싶지 않았다. 게다가 다구 부인은 또 그녀대로 파리의 사교계에서 예전의 지위를 회복하기 위해 애쓰고 있었기 때문에 일개 피아노 거장과의 사통을 통해 낳은 세 서자로 인해 자신의 귀족 혈통이 훼손되거나 프랑스 사교계에서의 지위에 타격을 입는 것을 원치 않았다. 아이들은 오랫동안 아버지를 만나지 못했으므로 그들에게 아버지는 그저 전설적인 유명인사에 지나지 않았다.

세월이 흐르면서 다구 부인에 대한 미움이 점차 커지자 리스트는 아이들과 생모를 더욱 떼어 놓으려 했다. 프랑스 법에 따르면 아이들의 어머니는 아무런 법적 권리가 없었다. 리스트는 1847년에 다른 여인에게 자신의 운명을 걸게 되면서 다구 부인에 대한 증오심이 더욱 커졌다. 그 여인은 바로 카롤리네 폰 자인-비트겐슈타인이었다. 그녀 역시 마리가 아름답고 지적인 데다 리스트가 한때 사랑했다는 이유 때문에 마리에게 심한 질투심을 품었다. 마리가 『넬리다』(Nélida, 1846)라는 소설에서 리스트의 인간적 약점을 까발리자 리스트는 분개한 나머지 옛 애인에게서 완전히 등을 돌리고 비트겐슈타인 부인을 더욱 존경하게 되었다. 그가 자식들 문제로 마리에게 딱딱하게 처신한 것도 부인의 영향이 컸을 게 분명하다…….

1850년 10월 카롤리네는 자식들을 리스트 부인의 집에서 빼낸 뒤 자신의 가정교사였던 파테르시 부인을 러시아에서 파리로 불러 아이들을 맡겼다. 아이들은 친구들도 없었고, 그 연배에 할 만한 놀이도 거의 즐기지 못했다. 파테르시 부인도 그렇지만 일흔이 넘은 그녀의 언니 생마르 부인도 몹시 신경질적인 여자였다. 그들에게서 아이들은 대단히 엄격한 교육을 받았으며, 점잖은 문학, 음악, 연극을 배우고 박물관을 관람하는 것 이외에는 아무 것도 할 수 없었다. 리스트의 자녀에 걸맞게 그들은 피아노 연습을 열심히 했고 영어, 독일어, 프랑스어를 배웠다…….

파리에서 보낸 유년기는 코지마의 성격을 기본적으로 결정했다. 리스트와 카롤리네의 온갖 노력에도 불구하고 아이들은 자라면서 어머니를 좋게 바라보았고 어머니에게 더욱 이끌렸다. 아마 그들은 성장기의 어린이에게 알맞은 신체 활동이 거의 없었기 때문에 여느 아이들과는 달리 생모와 가정교사들 사이에서 모호하게 살아가는 낯선 상황을 특별히 예민하게 이해했을 것이다. 더구나 그들의 어머니는 아름다운 외모, 매력과 지성을 갖추고, 교양도 해박한 데다 당대 파리의 저명한 문학가, 예술가, 정치가들을 지인으로 거느렸으며, 파테르시 부인은 쭈글쭈글하고 얇은 입술을 가진 노파에다 친절하고 상냥한 맛이라고는 조금도 없었으니 아이들의 마음이 어땠을지 충분히 짐작할 수 있다. 아이들의 눈에 눈물이 고일 때면 부인은 "당장 그쳐!" 하고 소리쳤고, 아이들이 못마땅한 짓을 저질렀을 경우에는 "그저 저희 엄마와 똑같군 그래" 하고 빈정거렸다. 아이들의 아버지는 엄격하고 소원했으며, 아이들을 전혀 이해하지 못했다. 가끔 아이들에게 편지를 보냈지만 따뜻한 말 한마디 없었다. 잘난 체하고 악의에 찬 카롤리네는 마치 대단한 학자라도 되는 양 뻐기면서 '생모'처럼 아이들을 다루고 마음대로 간섭했다. 가정교사는 아이들이 아버지와 카롤리네에게 보내는 편지를 일일이 검열했을 뿐 아니라 아이들의 어머니가 아이들에게 보내는 편지는 봉투를 뜯어 보고 내용을 바이마르에 전달했다.[6]

독자들은 전기 작가들이 리하르트 바그너에 대한 견해에 따라 비트겐슈타인 후작부인을 저마다 다르게 서술한다는 점에 유의해야 한다. '바그너주의자'는 그녀를 심술궂고 담배나 피워대면서 학자연하는 인물로 묘사하며, 훗날 로마에서의 종교 활동도 완전한 위선이라고 말한다. 반면에 서셰버럴 시트웰(Sacheverell Sitwell)이 쓴 리스트 전기는 그녀를 아주 호의적으로 표현하며, 교회가 그녀와 리스트의 결혼을 끝내 불허한 것은 비극이라고 말한다.[7] 코지마 바그너의 견해를 정확하게 전한다고 생각되는 사람은 뉴먼이다. 그는 서한 같은 자료를 전거로 각자의 입장을 찬찬히 기록하는데, 이것을 보면 당시의 상이 명확하게 그려진다. 리스트는 비트겐슈타인 부인과 사통했고, 부인은 장차 바그너 부인이 될 코지마가 자기 생모와 접촉하지 못하도록 했다. 비트겐슈타인은 자신이 어머니 노릇을 하고자 했으며, 코지마를 나이 든 외국인들의 손에 맡겨 엄하게 키우려 했다. 가정교사들은 그 어린 소녀에게 신경을 쓰지 않을 수 없었다. 실제로 뒤물랭-에카르트(du Moulin-Eckart)가 쓴 코지마 바그너의 전기에는 1855년 리스트의 어머니가 보낸 편지가 인용되어 있는데, 그에 따르면 비트겐슈타인 부인이 고용한

두 가정교사는 "코지마가 자기 어머니처럼 될 불행을 타고났다는 이유로 그녀를 싫어했다"고 한다.[8] 물론 코지마는 비트겐슈타인 부인을 싫어했다! 또한 부인이 가톨릭 교도임에도 불구하고 코지마는 부인의 유대 혈통을 싫어했다. 여기서 나는 홀로코스트로 이어지는 원인들의 사슬에서 첫번째 중대한 역사적 고리를 발견한다. 이 과정에는 유대인이 전혀 개입되지 않았다. 여기 나오는 인물들은 모두 로마가톨릭 교도이며 기껏해야 유대교에서 개종한 가문 출신이라는 정도다.

또 하나의 가능한 고리는 루트비히 비트겐슈타인이 자인-비트겐슈타인 가문과 가까운 친척일지 모른다는 점이다. 바틀리는 『타임스』에 실린 비트겐슈타인의 부음 기사에서 그가 자인-비트겐슈타인 가문이라는 사실을 알 수 있다고 지적한다. "자인-비트겐슈타인 가문의 일부 사람들은 루트비히 비트겐슈타인의 가문과 친척 관계라고 몇 차례 말했다."[9] 그렇다면 루트비히는 바그너와 코지마가 경멸하고 혐오하는 리스트의 정부 비트겐슈타인 후작부인과 친척이라는 이야기가 된다. 몽크는 루트비히의 다른 혈통을 제시하지만, 정확한 혈통이 어떤지와 무관하게 이 문제는 그 자체로 역사적 중요성을 가진다. 어쨌든 바그너 가문은 비트겐슈타인이라는 이름을 가진 사람을 싫어할 만한 이유가 있는 것이다.

사실 바그너의 유대인 혐오와 비트겐슈타인 가문의 긴밀한 연관성은 전혀 다른 경로로 추적할 수도 있다. 이 경로를 조사하면, 비트겐슈타인 가문과 밀접하게 연관된 인물이 바그너의 책자가 겨냥하는 직접적인 과녁이라는 점이 드러날 것이다.

19세기 독일 음악계의 명사들 중에는 헝가리 태생의 유대인 요제프 요아힘이 있었다. 어린 시절 바이올린의 천재로 불린 그는 19세기의 가장 위대한 바이올린 연주자로 손꼽힌다. 모저가 쓴 요아힘의 전기는 그가 어릴 때 프라울라인 피크도르(Fraulein Figdor)라는 친척 여성의 도움을 받았다고 전하는데, 이 인물은 상당히 중요하다.

요아힘 가족이 아주 좋아하던 친척인 빈의 피크도르는 1839년 여름에 가족을 방문했다. 그녀는 요아힘 부인의 조카딸로 음악적 재능이 뛰어났으며, 아마추어이긴 했으나 피아노 연주에 매우 능했다.

프라울라인 피크도르는 어린 사촌의 재능에 몹시 기뻐했다. 요제프는 어린 나이임에도 바이올린을 썩 잘 연주했다. 그녀는 세르바친스키(Serwacynski)까지 끌어들여 페피를 거장으로 키워야 한다고 아이의 부모를 설득했다. 부다페스트의 음악적 환경도 그리 나쁘지는 않았으나 그녀의 말에 따르려면 가족은 어린 아들을 멀리 떠나보내야 했다. 파니 피크도르는 페피를 빈으로 데려가야 한다고 말했다. 빈에는 훌륭한 교사들이 있었고, 문화 전반을 접할 수 있었으며, 외딴 부다페스트와는 음악적 분위기가 크게 달랐다. 빈에는 페피의 할아버지가 있어 보살펴 줄 것이므로 아이를 보내기가 한결 쉬웠다. 게다가 빈의 친척들은 아이의 교육비와 생활비를 떠맡아 주겠다고 나섰다.

그래서 요아힘 씨와 파니 피크도르, 어린 페피 세 사람은 즐거운 기분으로 어머니의 축복을 받으며 길을 떠났다. 다뉴브 강변에 있는 옛 제국의 수도는 앞으로 25년 동안 어린 바이올린 연주자에게 제2의 고향이 될 터였다.[*]

---

[*] Moser, *Joseph Joachim. A Biography*, Trans. Lilla Durham, Philip Wellby, 1901, pp.8~9. '페피'는 물론 '요제프'의 애칭이다.

모저는 요아힘이 피크도르의 집에서 지내며 요제프 봄(Joseph Bohm)에게 바이올린을 배우는 과정에 관해 흥미롭지만 사소한 일화들을 서술한 뒤 다시 파니 피크도르와 관련된 다음 단계의 교육에 관해 말한다.

5년 전에 그 소년을 빈으로 보내기 위해 부다페스트를 방문한 것처럼 이제 프라울라인 피크도르는 음악 교육을 계속 시키기 위해 아이를 라이프치히로 데려오려 했다. 그 무렵 그녀는 비트겐슈타인이라는 상인과 결혼해서 라이프치히에 살고 있었다. 그녀는 빈의 친척들에게 편지를 보내 라이프치히의 예술에 관해 칭찬하면서 멘델스존과 슈만의 노력으로 그 도시가 향후 독일 최대의 음악 도시로 발달할 것이라고 말했다. 비트겐슈타인 부인은 확신에 찬 어조로 라이프치히는 뛰어난 재능을 가진 아이가 음악적으로 성숙할 수 있는 여건이 구비되어 있는 유일한 도시라고 말했는데, 과연 결과를 보면 그녀의 선견지명이 옳았다는 것이 드러났다.[10]

'비트겐슈타인이라는 상인'과 결혼한 '프라울라인 피크도르'라는 여성은 대체 누굴까? 루트비히 비트겐슈타인과 친척 관계일까? 바로 그랬다. 그녀는 비트겐슈타인의 할머니였다.* 비트겐슈타인의 독일판 전기는 이렇게 서술한다.

---

* 몽크는 비트겐슈타인의 전기에서 파니 피크도르에 관해 쓰고 있다(p.5). "그녀의 친척들 중 한 사람은 바이올린의 대가인 요제프 요아힘이었다. 그녀와 헤르만은 요아힘의 성장에 결정적인 역할을 했다. 그들은 그가 열두 살 때 입양했고 펠릭스 멘델스존에게 보내 배우게 했다.

1839년에 할아버지 헤르만 크리스티안(1803~78)은 매우 유명한 유대인 가문의 딸인 프란치스카 피크도르와 결혼했다.[11]

펠릭스 멘델스존과 로베르트 슈만은 라이프치히의 음악학교를 최고의 수준으로 끌어올렸다. 프란치스카 피크도르/비트겐슈타인 부인은 요아힘을 그 학교에 다니도록 해야겠다고 마음을 굳혔다.[12] 1843년 그는 라이프치히의 비트겐슈타인 가문과 함께 살게 되었다. 멘델스존이 그의 연주를 들어 본 뒤 내린 평가에 비트겐슈타인 가족들은 기뻐 어쩔 줄 몰랐다. 그가 이 아이는 더 이상 배울 필요가 없다고 말한 것이다. 라이프치히에서 요아힘의 명성은 날이 갈수록 치솟았다.

> 요아힘은 이제 지역의 명사가 되었다. 다행히 라이프치히에 사는 그의 친척들은 그에게 좋은 교육을 시키겠다는 초심을 잃지 않았다. 비트겐슈타인 가족은 소년이 지나친 자부심을 갖지 않도록 현명하고 친절하게 돌보았으며, 뛰어난 재능과 더불어 인격적으로도 성숙해질 수 있도록 도움을 주었다. 동년배의 다른 아이들처럼 그는 숙제를 해야 했고, 일찍 일어나고 일찍 자는 습관을 길렀다. 유일한 예외는 멘델스존과 만날 때였다. 멘델스존이 공개 석상이나 사석에서 연주할 때면 소년은 언제든 들을 수 있었다. 멘델스존의 친절함은 정말 감동적이었다. 그는 거의 매번 직접 소년을 집까지 데려다 주곤 했다.[13]

이 구절에서 멘델스존이 비트겐슈타인 가문을 잘 알았고 집에도 자주 왔다는 사실을 확실히 알 수 있다. 모저의 전기에는 멘델스존이 런던을 방문하던 중 라이프치히의 헤르만과 파니 부부에게 보낸 편지가 수록되어 있다. 멘델스존이 지휘를 맡은 런던 연주회에서 요아힘이 대단한 성공을 거두었다는 소식이었다.[14] 그밖에 비트겐슈타인 가족은 딸들을 가르친 클라라 슈만과 같은 다른 저명한 음악가들과도 친분이 두터웠다.*

파니 피크도르의 남편인 헤르만 비트겐슈타인은 바그너의 고향인 라이프치히에서 성공한 양모 상인이었다. 그들은 바그너가 자주 다니던 드레스덴에서 결혼했다. 당시 드레스덴과 라이프치히의 유대인 가정은 법에 따라 100명 가량으로 제한되어 있었다.[15] 따라서 비트겐슈타인 가문이 멘델스존, 브람스, 슈만 부부와 친했다면, 그 작은 음악 공동체에서 바그너와도 만났으리라는 것은 어렵지 않게 추측할 수 있다. 실제로 파니 피크도르의 사촌인 요제프 요아힘 ─ 몽크는 그가 열두 살 때 헤르만 비트겐슈타인이 그를 양자로 들였다고 한다 ─ 이 비트겐슈타인 가문에 속했다면, 그가 바그너와 만난 것은 분명하다. 나중에 보겠지만 바그너는 요아힘을 다른 독일 음악가들보다 특히 싫어했기 때문이다.

하지만 초기에는 사이가 좋았다. 한스 폰 뷜러는 자기 어머니에게 보낸 1853년 10월 12일자 편지에서 이렇게 썼다.

---

* McGuinness, p.19. 나는 바그너의 1867년 논문(*Judaism in Music*, p.118) 가운데 로베르트 슈만에 관한 대목에서 이런 구절을 발견했다. "로베르트 슈만의 천재성은 그런 수동성에 묻혀 버렸다. 그것이 짐이 되어 그는 유대인들의 활발한 정신에 거부감을 느꼈다. 그는 언제나 첫눈에 들어오는 모든 면을 꼼꼼히 살핀 뒤 돌아가는 사태를 알아내려 애썼다. 그래서 그는 자신도 모르는 사이에 고결한 자유를 잃었으며, 옛 친구들 ─ 그들도 나중에는 그를 등졌다 ─ 은 그가 자신의 민족인 유대인 음악가들 때문에 기뻐하는 것을 보았다!" 비트겐슈타인 가문은 멘델스존, 슈만 부부와 밀접한 교류를 가졌다. 그렇다면 유대인 음악가들이란 비트겐슈타인 가문을 가리키는 말이 아니었을까? 진실은 알 수 없지만 그들이 요아힘 덕분에 유대인 음악가로 간주되었고 클라라 슈만과 평생지기로 사귄 것은 분명하다. 나중에 바그너가 말하는 유대인 음악가가 바로 비트겐슈타인 가문이었다는 것을 증명하기로 한다.

목요일에 우리 여섯 명의 젊은이들(요아힘, 코르넬리우스, 프루크너 등)은 리스트, 비트겐슈타인 후작부인, 마리 백작부인, 그리고 부인의 사촌인 오이겐 W[비트겐슈타인]와 함께 바젤로 여행을 갔어요. 거기서 리스트는 바그너와 만났죠. 지난번 편지에서 어머니는 바젤을 거쳐 토요일에 카를스루에로 오신다고 하셨죠. 그래서 어머니도 만날 겸, 또 편지를 그곳 우체국으로 부쳐 달라고 어머니가 부탁하신 것도 있고 해서 저도 거기로 간 거예요. 그곳에서 우리는 이틀 동안 즐겁게 지냈어요. 리스트는 저와 함께 버찌술을 마시며 우의를 돈독히 다졌죠. 토요일 낮에 저는 비트겐슈타인 가족, 리스트, 바그너, 요아힘과 스트라스부르로 갔어요(그곳의 성당은 위풍당당하고 독특한 멋이 있어 지금도 성당만 생각하면 기분이 좋아져요). 거기서 요아힘과 나는 사람들과 헤어졌어요. 바덴바덴을 거쳐 집으로 돌아가려고요. 다른 사람들은 파리에서 열흘 동안 묵겠다며 떠났어요…….[*]

이 대목에서 주의할 것은 루트비히의 할머니인 파니 피크도르의 양자로 마이어-비트겐슈타인 가문의 사람이 된 요아힘이 자인-비트겐슈타인 부인과 자신을 싫어하는 양모인 코지마 바그너의 어머니와 함께 여행했다는 사실이다. 이것으로 미루어 1843년 무렵 두 비트겐슈타인 가문은 서로 긴밀한 접촉을 가졌다는 점을 알 수 있다. 자인-비트겐슈타인과 마이어-비트겐슈타인이 서로 잘 알았고, 바그너와도 잘 알았다는 사실은 역사적으로 매우 중요하다.

---

[*] Moser, pp.133~4. 인용문 중간의 대괄호로 비트겐슈타인의 이름을 표기한 것은 내가 아니라 모저 자신이다. 그는 'W'[ittgenstein]이라고 표기했다.

요아힘과 바그너가 아주 가까운 사이였다는 점은 모저가 밝힌 내용으로 더욱 확실해진다. 그는 리스트가 요아힘과 이야기할 때 '너' (Du)라는 친근한 호칭을 사용했다고 말한다.

스트라스부르에서 리하르트 바그너는 바이마르 친구들이 모인 가운데서 '니벨룽겐의 반지'를 읽어 주었다. 요아힘은 그 웅장한 시에 큰 충격을 받고 그에게 그 작품을 초연할 때 자신이 바이올린을 맡게 해 달라고 요청했다. 이미 리스트와 친구들에게서 그 젊은이의 음악적 재능을 익히 들어 알고 있었던 바그너는 그의 강렬한 개성이 마음에 들었고 그의 요청에 감동한 나머지 그를 '너'라고 부르게 해달라고 부탁했다.[16]

당시 그들의 관계는 매우 우호적이었다. 그러나 『나의 생애』[17]에서 바그너는 그 관계가 식어 가는 과정을 털어놓는다. 바그너의 반유대주의를 연구한 야코프 카츠(Jacob Katz)는 바그너가 쓴 그 유명한 논문 탓으로 돌린다.

유대인에 대한 바그너의 태도가 달라진 것은 요제프 요아힘과의 관계가 변한 데서 특히 명확하게 드러난다. 요아힘이 속한 음악가 집단은 프란츠 리스트와 한스 폰 뷜로의 도움을 받아 1853년 바그너가 이탈리아에서 바젤로 돌아오는 것을 축하하는 환영회를 베풀었다. 모임은 전반적으로 활기가 넘쳤으나 바그너는 요아힘의 태도가 냉정해진 것을 알고 깜짝 놀랐다. 뷜로는 그에게 요아힘이 "유대교에 관한 그 유명한 논문에 발표된 견해" 때문에 기분이 상했다고 말해 주었다. 바그너에 따르면 요아힘은 뷜로에게 "자신이 어느 작품을 발표할 때 내〔바그너〕가 거기서 유대적인 요소를 알아볼 수 있는지 …… 염려하는 기색으로 물었다"고 한다.

라이프치히 교수들 중에서 바그너의 그 글에 항의한 사람은 요아힘이 유일했다. …… 바그너는 또 바그너대로 요아힘이 느낀 당혹감에서 "심금을 울리는 감동적인 요소"를 발견했고, "각별히 호의적인 작별인사와 진심 어린 포옹"으로 요아힘을 달래 주었다. 그 무렵 요아힘은 바그너의 예술적 추세를 적극 지지했으며, 바그너는 그를 '예외적인 유대인'으로 간주했다. 그러나 나중에 그는 완전히 마음을 바꾸게 된다…… .[18]

요아힘의 경력과 바그너와의 관계에 관해 『뉴 그로브 음악·음악가 사전』(*New Grove Dictionary of Music and Musicians*)에서는 다음과 같이 개괄한다.[19]

멘델스존의 가르침을 받으며 음악적 형성기를 보낸 뒤 요아힘은 1850년 바이마르의 리스트 밑에서 본격적인 직업 음악가의 길을 걷게 되었다. 또한 그는 1851년에 그곳에서 실내 음악회를 조직했다. 요아힘은 리스트를 존경했고 그의 지도를 따랐으나, 멘델스존의 영향으로 고전적 성향을 가지고 있던 탓에 이내 갈등을 빚었다. 1852년 하노버에서 국왕 조지 5세를 위한 바이올린 연주자로 임명된 뒤 요아힘은 결국 리스트에게 편지를 보내 리스트가 추구하는 새로운 음악관과 완전히 결별했다.

그 무렵 그는 슈만 부부와 더욱 친하게 지냈으며, 브람스와도 친교를 맺었다. 브람스는 관현악에 관한 귀중한 조언을 주었고, 하노버 4중주단이 연주하는 요아힘의 실내악을 듣고 평가해 주었다. 상대방의 작품에 대한 상호 존경과 같은 예술관으로 뭉친 그들은 새 독일 학파에 반대하는 태도를 굳혔다. 그러나 '미래의 음악'에 항의를 표명한 그들의 유명한 서한은 서로의 입장을 양극화시키고 바그너의 음악에 대한 평가를 왜곡시키는 역할을 했다.[*]

여기서 말하는 '유명한 서한'이란 뭘까? '새 독일 학파'란 물론 바그너와 리스트의 음악을 가리키며, 그들과 대립하는 일파는 브람스와 요아힘을 가리킨다. 그에 앞서 슈만은 『노이에 차이트슈리프트 퓌어 무지크』(바그너의 논문을 실은 그 잡지)를 창간했는데, 프란츠 브렌델(Franz Brendel)이 편집을 맡은 이 잡지는 바그너를 홍보하고 그의 음악적 낭만주의를 찬양하는 노선으로 변질되었다. 1859년 25주년 기념호에는 독일의 유수한 음악가들이 모두 새 독일 학파의 원칙을 지지한다는 글이 실렸다.

이에 자극받은 브람스와 요아힘은 1860년에 항의하는 입장의 서한을 발표했다. 그 내용은 이렇다.

아래 서명자들은 브렌델의 『차이트슈리프트 퓌어 무지크』에 속한 당파의 목적을 추종해 온 것을 후회하는 바이다.

그 잡지가 늘 주장하는 바에 따르면, 진지한 음악가는 기본적으로 그

---

[*] 요아힘은 1862년부터 영국을 매년 방문했고 트리니티칼리지에서 케임브리지 명예 박사 학위를 받았다. 비트겐슈타인이 케임브리지를 선택한 데는 그 영향도 있지 않았을까 싶다.

잡지가 표방하는 대의에 동의하고, 그 당파의 지도자들이 발표한 음악에서 예술성을 발견한다. 특히 잡지는 북독일의 경우 이른바 '미래의 음악'에 대한 찬반 토론이 그들에게 유리한 쪽으로 정리되었다고 주장한다. 아래 서명자들은 그런 사실의 왜곡에 맞서 항의하는 것을 의무로 여기고, 브렌델이 표방하는 대의를 인정하지 않으며, 그 대의를 지지하고 새로운 미지의 이론을 강화하는 새 독일 학파의 작품들이 음악의 기본 정신과 어긋난다고 생각한다. 이에 대해 강력히 개탄하고 비난하는 바이다.

요하네스 브람스, 요제프 요아힘
율리우스 오토 그림, 베른하르트 숄츠[20]

베를린의 『에코』에 발표된 이 서한은 곧바로 비웃음의 대상이 되었다. 서른세 살의 그림을 제외하고는 서명자들이 전부 이십대의 젊은 이들이었기 때문이다. 브람스가 함부르크 음악협회의 지휘자 자격을 잃고 1862년에 빈으로 이주한 것도 그 서한 때문일 것으로 추측된다.[21] 빈에 간 그는 카를 비트겐슈타인(헤르만의 아들, 루트비히의 아버지)에게서 환대를 받았으며, 거기서 몇 작품을 초연했다. 비트겐슈타인의 후원은 요제프 요아힘에게도 미쳤다. 바틀리의 말을 들어 보자.

전쟁 전에 비트겐슈타인 가문은 예술 후원으로 이름이 높았다. 구스타프 말러, 브루노 발터, 요하네스 브람스, 클라라 슈만은 비트겐슈타인 저택을 자주 방문했다. 요제프 요아힘이 이끄는 4중주단은 저택의 넓은 응접실에서 자주 연주했다.*

다시 말해 바그너가 처음에는 '너'라고 부르면서 친근하게 대했다가 나중에는 미워하게 된 요제프 요아힘은 아돌프 히틀러와 같은 학교에 다닌 어린 비트겐슈타인과 친척 관계로서 잘 아는 사이였다는 이야기다.

바그너에 관한 역사적 연구와 그의 유명한 반유대주의 책자 『음악의 유대주의』는 바그너가 유대인 작곡가 마이어베어(Meyerbeer)를 몹시 싫어했다는 데 초점을 맞춘다. 하지만 바그너 자신의 말에 따르면 그가 싫어한 사람은 마이어베어가 아니라 요제프 요아힘이었다. 이 문제를 연구한 야코프 카츠는 이렇게 말한다.

> 바그너는 자기 편인지 여하에 따라 사람을 평가하는 습성을 가지고 있는 것으로 유명하다. 그는 자신의 입으로 직접 이름을 거명하며 "브로크하우젠스(Brockhausens), 카를 리터(Karl Ritter), 빌레스(Willes), 라우베(Laube) 등 많은 사람들이 나를 버렸다"고 말했다. 여기서 배반이라는 비난은 소수의 사람들에게만 해당하지만, 힐러(Hiller)와 요아힘이 등을 돌린 것은 유대 혈통과 연관이 있었다. "그래도 독일 음악가들 중에 가장 비위에 거슬리는 사람은 유대인 두 명, 즉 힐러와 요아힘이다. 예를 들어 요아힘은 열광적인 지지자에서 악의에 찬 적으로 돌변하지 않았는가?"[22]

실제로 그랬을까? 그 원인은 바로 바그너의 반유대주의 책자 때문

---

* Bartley, p.76. 브루노 발터는 요아힘의 자식들이 그랬듯이 나치 편으로 달아나야 했다. 그들의 유대 혈통은 뉘른베르크 규정 덕분에 그다지 불리하게 작용하지 않았다.

이라고 봐야 한다. 요아힘은 1854년경에 그리스도교로 개종했지만, 심적으로는 자신이 개종하게 된 동기가 정신적인 것인지 세속적 이익을 위한 것인지 확신하지 못했다. 이 점은 1864년 8월 23일에 플라텐 백작에게 보낸 점잖은 편지에 잘 드러나 있다. 편지는 요아힘이 1865년에 자신의 생계를 의탁한 하노버 당국이 J. 그륀이라는 사람을 반유대주의적으로 대한 것을 지적하는 내용이다.

각하의 소망에 따라 휴가가 시작되기 전에 그륀 씨 문제로 제가 각하와 나누었던 대화와 관련하여 서신을 드리는 바입니다.

맹세컨대 저는 각하께서 말씀하신 대로 그때 이후 그 사안을 오랫동안 진지하게 고민해 보았으나 도저히 다른 견지에서는 생각할 수 없었습니다. 제가 힘주어 강조하고 싶은 것은 그륀 씨가 저를 통해 업무에 임했고 장차 콤펠 씨의 직위를 승계하게 되리라는 명확한 생각을 가지고 있었다는 점입니다. 만약 그륀 씨가 모든 상사들이 인정하는 탁월한 업무 능력과 의무에 대한 헌신성을 가졌음에도 불구하고, 또 제가 그 사안을 중점적으로 말씀드린 지 오래되었는데도 단지 유대인이라는 이유로 승진하지 못한다면, 만약 그런 이유에서 제가 더 높은 당국을 대신해 약속한 내용이 실현되지 않는다면, 제가 생각하는 명예와 의무에 비추어 보건대 저는 그륀 씨와 같은 시기에 제 직위에서 물러남으로써 자신을 정당화하는 것밖에 다른 도리가 없습니다. 그륀 씨가 승진하지 못했는데도 제가 현 직위에 그대로 머문다면, 저는 자괴감을 어찌할 수 없을 것입니다.

저는 그리스도교회의 일원이 되었기 때문에 세속적 이익을 누리고 하노버 오케스트라에서 특권적 직위를 얻었지만, 제가 속한 민족의 다른

사람들은 굴욕적 처지에서 벗어나지 못했기 때문입니다.[23]

여기서 다시 우리는 독실한 가톨릭교도인 비트겐슈타인 후작부인과 마찬가지로 요제프 요아힘/비트겐슈타인도 가톨릭으로 개종한 유대인이라는 것을 알게 된다. 묘하게도 우리가 추적하고 있는 홀로코스트와 연관된 인물들 중에는 진짜 유대인이 한 사람도 없지만 전부 유대혈통이다. 루트비히 비트겐슈타인처럼 서너 세대 전에 개종한 유대인이므로 유대인의 후예라고 말하는 게 가장 적절할 듯하다. 이런 보기드문 역설적 진실로 인해 역사가들은 실제로 있었던 사건의 자취를 놓치고 만 것이다. 지금까지 홀로코스트 연구자들은 유대인과 그들이 살았던 사회의 관계에 초점을 맞춰 홀로코스트를 설명하고자 했다. 하지만 정말 중요한 것은 유대인이 아니라 사회가 유대인 침투—유대인이 유대교를 버리고 자신이 사는 사회의 일부로 통합되는 것—를 어떻게 바라보았느냐는 데 있다. 그래서 제1장에서 인용했듯이 히틀러는 『나의 투쟁』에서 이렇게 불평한다. "이윽고 그는 세례만 받으면 국민들의 모든 가능성과 권리를 빼앗을 수 있게 된다. 그 거래는 교회의 아들보다 교회에게 이득을 주며 사기극을 통해 이스라엘에게 이득을 준다." 여기서 중요한 것은 유대인 자체가 아니라 개종한 유대인이다.

바그너의 아내 코지마도 요아힘을 싫어했다는 것은 알기 쉽다. 그녀는 요아힘을 단지 개종한 유대인으로만 보지 않고 바그너를 배신한 자로 여겼다. 뉴먼이 쓴 바그너 전기에는 바그너 해석으로 명성을 떨쳤던 유대인 지휘자 헤르만 레비(Hermann Levi)가 1901년에 사망했을 때 코지마가 그를 살짝 칭찬하는 대목이 나오는데, 그 뒤에는 이렇게 기록되어 있다.

하지만 요아힘 같은 강직한 유대인 예술가에 관해서 그녀는 결코 좋게 말하지 않았다. 요아힘은 "바이로이트에 그다지 충성을 보이지 않았기 때문"이다. 코지마가 보기에 그는 바그너와 리스트에게 등을 돌린 '배교자'일 따름이었다. 그녀는 1877년 런던에 있을 때 와츠가 그린 그의 훌륭한 초상화를 보고 이렇게 썼다. "이 초상화에는 대단히 비열한 인물의 전모가 잘 드러나 있다. 화가는 전혀 의도하지 않았다. 그는 뭔가 근사한 것을 표현하려는 의도였으나 미처 의식하지 못하면서도 진실을 표현했다는 사실로 인해 그의 예술적 재능이 빛을 발한다." 몇 년 뒤 바이로이트에서 요아힘의 딸들을 만났을 때 코지마는 그들이 바그너에게 관심을 가지고 있다는 것을 알고 좋게 여겼지만 그래도 유대인의 속성을 그냥 넘기지는 못했다. 한 친구에게 그녀는 이런 편지를 보냈다. "그들에게는 독일적인 면모가 전혀 없고 동양 특유의 부드럽고 순종적인 면모가 역력했어. 그들의 아버지를 생각하고 그들을 보니 조상들의 비열함이 아이들의 마음과 성향에까지 나쁜 영향을 주는구나 하는 생각에 가슴이 아프더구나."[24]

프란츠 브렌델은 바그너가 1850년에 쓴 반유대주의 책자를 1867년에 발표할 계획이었다.[25] 처음에 바그너는 다소 우려했으나 브렌델이 죽은 뒤 불안을 떨치고 서명과 서문, 후기까지 붙여 책자를 출간했다. 아내 코지마와 달리 바그너는 요아힘의 실명을 들어 비판하지 않고 신랄하게 공격했다. 카츠는 이 점에 관해 다음과 같이 쓴다.

요아힘의 이름은 『음악의 유대주의』의 후기에 언급되지 않지만 읽는 사람은 누구나 "지금까지 헌신적이었다가 등을 돌린 친구, 바이올린의 거장", 후기 바그너 음악의 전개에 동참하기를 거부한 인물이 누구를 가리키는지 쉽게 알 수 있었다.[26]

바그너는 후기에서 브람스/요아힘의 서한이 프란츠 리스트에게 미친 영향을 중점적으로 언급하고 있다. 그 편지에서 공격하는 대상은 실은 리스트가 아니라 바그너였다. 다음의 인용 부분에서 바그너가 말하는 '매복한 적'이란 유대인을 가리킨다.

…… 여러분은 나의 가장 중요한 친구이자 진실한 옹호자였던 프란츠 리스트의 일이 어떻게 되었는지 알게 될 것이다. 그는 모든 일에서 당당한 자신감을 보여 준 결과로, 늘 조그마한 빈틈이라도 쑤시고 들어오려 하는 매복한 적에게 요긴한 무기를 제공했다. 적이 그토록 절실하게 원한 것, 성가신 유대주의 문제를 비밀로 하는 것은 그들의 마음에도 쏙 들었지만, 그들은 솔직한 예술 논쟁에서 개인의 신원을 숨기고자 했다. 결국 반대편은 싸움의 진짜 동기를 감추는 반면에 모든 비방은 우리가 고스란히 끌어안게 되었다. 그래서 우리는 그 소동에 관해 아무런 언급도 하지 않았다. 오히려 리스트는 우리에게 부여된 '미래의 음악가들'이라는 별명, 네덜란드의 '거지들'을 가리킨 비난을 유쾌하게 받아들였다. 내 친구의 당당한 대응은 적이 환영해 마지않는 것이었다. 적에게는 그보다 더 좋은 중상거리가 없었으나 '미래의 음악가들'이라는 별명은 열정적이고 부지런한 예술가가 되기 위한 알맞은 길을 제시했다. 이렇게 예전에 진심으로 헌신적이었던 친구, 그 위대한 바이올린의 거장이 메두사의 머리가 조화를 부린 탓인지 우리를 배신함에 따라 프란츠 리스트에게 온갖 비난의 화살이 쏟아졌다. 그는

어떤 비방에도 개의치 않는 관대한 성품이었으나, 그런 소란으로 미몽에서 깨어나 쓰라린 마음을 안고 마침내 바이마르를 음악의 고향으로 발전시키려는 그 고결한 노력을 완전히 포기했다.[27]

여기서 바그너는 요아힘의 편지가 리스트와 '미래의 음악'을 공격하려는 유대인의 계획이었다는 점을 명시적으로 밝히고 있다. 당시 '미래의 음악'은 리스트보다 바그너와 연관되어 있었으므로, 바그너는 메두사의 조종을 받는 유대인의 음악적 음모가 요아힘을 무기로 삼아 자신을 공격했다고 말하는 것이다. (공교롭게도 요아힘은 바이마르 대공 오케스트라의 젊은 지도자였다.) 코지마 바그너의 전기 작가는 1870년 독일이 대승을 거둔 것을 기념하는 음악회가 바그너 부부에게 어떤 영향을 주었는지 서술한다.

독일의 앞길은 밝아 보였고 그들 부부는 기쁜 마음으로 사태의 추이를 유심히 지켜보았다. 이런 분위기에서 바그너는 『카이저의 행진』을 썼다. 원래 이 작품은 대관식용 행진곡으로 의뢰받은 것이었으나 작업이 진행될수록 그는 점점 더 빠져들었다. 하지만 나중에 베를린에서 평화를 기념하는 음악회가 열린 것을 보고 그는 크게 실망했다. 음악회를 지휘한 사람들이 바로 요아힘 일파였던 것이다. 그들은 당연히 바그너를 반대했을 뿐 아니라 음악회에서 그의 작품마저 누락시켜 버렸다.[28]

당시 요제프 요아힘/비트겐슈타인은 독일/프로이센이 프랑스를 격파한 위업을 기념하는 음악회에서 바그너를 배제할 정도로 권력이 대단했다! 또한 그의 영향력은 음악계에만 국한되지 않았고, 1870년대로만 그치지도 않았다. 바그너에 반대하는 그의 입장은 독일 음악계 전반으로 확산되었다. 지휘자 브루노 발터(1876년생)는 젊은 시절 베를린 국립음악학교에서 받은 교육에 관해 이렇게 말한다.

> 요하네스 브람스는 어느 정도 거리가 떨어진 빈에 살았지만 요제프 요아힘 일파는 베를린에 살았다. 다른 모든 면에서도 존경할 만한 사람이었으나, 특히 그는 가장 영향력이 큰 보수파의 대표자였다. 오랫동안 바이올린으로 큰 업적을 이루었고 그의 4중주단이 활발하게 활동한 결과로 얻은 후광은 그가 베를린 국립음악학교를 이끌면서 더욱 빛을 발했다. 슈만이나 브람스 같은 사람들과 사귀고 바그너와 반목한 것은 그의 예술적 경향을 잘 드러냈다. 음악 청중의 대다수, 특히 나처럼 '고전적인' 성향을 가진 사람들은 그의 권위를 기꺼이 인정하고 그의 취향을 그대로 따랐다.
> 보수적 경향은 있었으나 국립음악학교는 최고의 존경과 평가를 받을 자격이 충분했다. 그 명성은 전 세계에 두루 알려졌다. 다른 유럽 국가들과 미국에서 수많은 학생이 철저한 음악 교육과 권위 있는 해석과 기법을 찾아 독일로 모여들었다. 당시 독일은 '음악의 모국'으로 간주되었다. 음악학교의 대기실과 복도가 온갖 나라의 말들로 시끌벅적했던 기억이 지금도 생생하다. 나는 『트리스탄』을 처음 듣고 바그너에게 완전히 매료되었지만, 그때는 아직 나이가 어렸다. 사람들은 나의 우상을 비판하고 요아힘을 대가로 받들었다.[29]

요아힘은 바그너 반대파의 대표자였다. 물론 앞서 인용한 부분에서 카츠는 비트겐슈타인과의 연관성을 파악하지는 못했다. 유대인의 관점에서 비트겐슈타인 가문은 유대인이 아니라 가톨릭 개종자였으므로 요아힘의 역할은 부차적으로 보였을 것이다. 그러나 그런 태도는 커다란 잘못이다. 유대인이 아닌 사람 —— 요제프 요아힘 —— 조차도 바그너가 유명한 반유대주의의 타깃으로 삼은 이유는, 그가 루트비히 비트겐슈타인과 밀접하게 연관되어 있기 때문이다. 실제로 세계 최고의 바이올린 연주자로 존경받은 그 인물은 루트비히의 친척으로서, 라이프치히에서 루트비히의 집에 함께 살았고 루트비히의 빈 저택에서 음악을 연주했다! 브루노 발터는 비트겐슈타인 저택에 관해 이렇게 회상하고 있다.

빈 '사회'는 대체로 내 마음에 들지 않았다. 하지만 알레가세의 비트겐슈타인 저택에 관한 언급은 빠뜨리고 싶지 않다. 비트겐슈타인 가문은 예술을 촉진하고 예술가를 후원하는 것을 의무로 여기는 빈 지도집단의 귀족적 전통을 잇고 있었다. 그러나 그들은 사회적 지위에서 주어진 의무감에서라기보다는 예술에 대한 진정한 열정에서 예술을 후원했다.
브람스는 비트겐슈타인 가문과 친하게 지냈으며, 요아힘과 4중주단은 그들의 저택을 자주 방문했다. 내가 틀리지 않다면 브람스의 클라리넷 5중주단은 거기서 빈의 첫 연주회를 열었고 뛰어난 클라리넷 연주자인 뮐펠트가 보조를 맡았다. 비트겐슈타인 저택은 음악가들만이 아니라 저명한 화가와 조각가, 심지어 과학계의 유명인사들도 자주 찾았다. 카를 비트겐슈타인은 당대의 예술에 관심이 컸다. 클링거의 작품 「베토벤」은 분리파 전시회에 전시되었다가 그의 집에 소장되었다. 현대 화가들 중에서 구스타프 클림트는 저택의 한 방을 독차지했다. 나는 비트겐슈타인 가문이 내게 관심을 표명해 준 덕분에 무척 기뻤다. 특히 루트비히 비트겐슈타인과 그의 형, 음악적 재능이 뛰어나고 매력적인 그의 아내와 함께 나는 여러 차례 연주했다. 누이인 클라라는 이미 솔다트-뢰거 4중주단을 후원하고 있었다. 나는 그냥 사교적으로 방문하기도 했고 고즈넉한 응접실에서 실내악을 연주하기도 했지만, 언제나 따스하고 풍부한 문화의 분위기를 만끽했다. 카를 비트겐슈타인의 아들인 파울은 제1차 세계대전에서 한 팔을 잃었다. 그래도 그는 위축되지 않고 끈질긴 노력으로 연습을 거듭하여 한 팔로도 상당한 피아노 연주 실력을 쌓았다.[*]

바그너가 분통을 터뜨린 '음악계의 유대인들'은 바로 비트겐슈타인 가문이었으나, 그들은 결코 유대인이 아니었다. 요아힘을 통해 그들의 음악적 영향력은 라이프치히에서 베를린으로, 바이마르를 거쳐 빈으로 확장되었다. 루트비히 비트겐슈타인의 가문은 전기 작가들이 말하듯이 단순한 음악 후원자가 아니라 독일 음악계를 주무르고 전 세계의 음악적 취향을 좌지우지하는 막강한 음악 가문이었다. 그가 히틀러와 같은 학교에 다닐 무렵 독일 음악계에서 비트겐슈타인 후작부인의 영향력은 막강했다. 라 마라(La Mara)가 수집한 리스트-비트겐슈타인 서한집의 마지막 권은 1902년에 나왔다. 그것은 커다란 화제를 불러일으켰다. 비트겐슈타인 후작부인의 연인인 리스트는 바바리아의 왕 루이 1세의 정부였던 롤라 몽테즈와도 염문을 일으켜 국왕이 폐위되는

---

[*] *Theme and Variations*, p.168. 발터가 말하는 '루트비히 비트겐슈타인'은 철학자가 아니라 그의 삼촌이다.

사태까지 빚었다. 린츠의 소박한 주민들은 사실상 바바리아 국경 건너 편의 관람석에서 19세기의 중대하고 오래 끈 섹스 스캔들을 구경한 셈 이었다. 리스트, 비트겐슈타인 부인, 국왕, 낭만, 음악 —— 이 얼마나 황 홀한 조합인가!

학창 시절의 음악 시간에 루트비히는, 세계적으로 유명한 베를린 국립음악학교의 요제프 요아힘이, 리하르트 바그너의 새로운 음악적 구상을 비판하고 브람스와 공동으로 바그너와 '미래의 음악'에 반대한 그 인물이 자기 집안에 입양된 삼촌이며 자기 가문의 후원을 받았다는 말을 했을까? 히틀러는 바그너가 메두사의 조종을 받아 유대인의 음악 적 음모를 선도한다고 믿는 사람이 비트겐슈타인 가문의 양자이며 루 트비히와 가까운 친척이라는 것을 알았을까? 히틀러는 코지마 바그너 가 그 사람을 비열한 인간으로 보고 그의 딸들도 당연히 인종적으로 타 락했다고 생각한 것을 알았을까? 유대인이 교활하고 타락했다고 본 바 그너의 견해는 유대인 일반이 아니라 비트겐슈타인 가문을 가리키는 의미였다.

앞서 나는 역사가들이 흔히 주장하는 것과는 달리 히틀러의 반유 대주의가 빈에서 반유대주의 책자를 읽었기 때문이 아니라, 1904년경 학교에서 루트비히 비트겐슈타인이라는 특정한 인물을 알았기 때문에 생겨났다고 단정한 바 있다. 이 가설이 옳다면 히틀러가 바그너에 심취 한 것은 그동안 역사가들이 의심의 눈길을 두지 않았던 다른 원인에 기 인한다. 그리고 물론 나는 그 원인이 바그너 역시 비트겐슈타인 가문을 싫어했다는 히틀러의 (근거 있는) 믿음이라고 추측한다. 적어도 그 가 운데 한 명은 바그너 자신의 말을 빌리자면 '가장 비위에 거슬리는' 인 물이었을 것이다. 히틀러는 자신이 바그너의 심리를 잘 안다고 주장했고,* 실제로 그의 유명한 반유대주의 책자를 비롯하여 모든 저작들을 읽었다. 젊은 히틀러의 야망이 다음 구절에 의해 얼마나 큰 자극을 받았을지 생각해 본다면 몸이 오싹해질 것이다.

> …… 한 가지는 분명하다. 유대인들이 우리의 정신에 커다란 영향을 주었다면 —— 그로 인해 우리의 고급한 문화적 경향이 탈선하고 왜곡되었다 —— 또 그 영향력이 단지 생리학적인 우연에 불과한 게 아니라면, 우리는 그것을 논박의 여지 없이 확고하게 지배해야 한다. 파괴적인 외국의 요소를 완전히 몰아낼 경우 우리 문화의 몰락이 멈춰질지 나로서는 판단할 수 없다. 그것을 위해서는 내가 잘 알지 못하는 힘의 존재가 필요하다.[30]

히틀러가 바그너에게 매료된 이유는 그가 루트비히에게서 본 것을 바그너 역시 비트겐슈타인 가문의 다른 사람 —— 요제프 요아힘 —— 에게서 보았다고 굳게 믿었기 때문이다. 이 연구에서 우리의 발견이 가진 의의는, 현대 독일에 등장한 반유대주의의 잔혹한 병리학은 유대인 일반이 아니라 특정한 가문에 대한 바그너와 히틀러의 반응에서 비롯되었다는 점이다.

현재 홀로코스트 연구에서는 홀로코스트의 기원을 수천 년에 달하는 유럽 반유대주의의 역사에서 찾는 것이 정설로 되어 있다. 하지만 우리의 연구에 따르면 역사적인 반유대주의만이 유일한 원인은 아니

---

* "나만큼 바그너의 정신세계를 잘 아는 사람은 없다. 나는 내 삶의 모든 단계에서 그에게 의지했다." (*Hitler Speaks*, p.227)

다. 그 일반적인 편견이 히틀러의 정신 속에서 강화되고, 평생의 집착이 되고, 그 집착이 민족 전체에 영향을 미치는 강력한 정서적 힘으로 자라난 과정은 역사적 반유대주의보다 훨씬 구체적이며 전혀 다른 기원을 가진다. 바그너와 히틀러가 품은 증오심의 대상에서 드러나는 그 밀접한 연관을 단순한 우연의 일치로 치부한다면 어리석은 일이다. 그들의 증오심은 유대인 일반을 겨냥한 게 아니었다. 그것은 유대인이 아니면서도 유대인의 전형적인 특성을 가진 특정한 가문을 둘러싸고 복잡하게 얽히고설킨 증오심의 그물이었다.

.4장. 쇼펜하우어의 두 계승자

이제 우리는 서론에서 제기한 매우 중요한 문제, 즉 나치즘의 배후에 유대인이 연관되어 있다는 노펠마허 박사의 육감을 논의할 수 있다. 비트겐슈타인이 위대한 철학자(아울러 언어 이론가)로 꼽히고, 히틀러가 중대한 영향력을 지닌 사상가(아울러 언어 이용자)로 꼽힌다는 사실을 감안하면, 비트겐슈타인의 사상이 히틀러에게 근원적인 영향을 미쳤다고 볼 수 있지 않을까?

비트겐슈타인이 위대한 사상가라는 것은 의심할 바 없는 사실이다. 이미 이십대 초반에 그는 당시 세계 최고의 분석철학자인 버트런드 러셀을 압도했다. 『문화와 가치』(*Culture and Value*)라는 책에서 비트겐슈타인은 스스로 가장 위대한 유대인 사상가에 속한다고 자처했으며, 심지어 자신의 철학에서 제기한 문제는 "민족적 기원이 다르다"고 생각했다. 그의 철학적 문제가 다른 민족적 기원을 가졌다는 주장은 1948년 혹은 1949년에야 『심리철학에 관한 만년의 저술』(*Last Writings on the Philosophy of Psychology*)에 수록되었다.[1] 유대 혈통의 빈 사람이 나치즘에 신경 쓰지 않으면서 민족적 기원을 운위하고 빈 유대인이 말살된 사건을 언급한다는 것은 생각할 수 없는 일이다. 비트겐슈타인은 자신이 유대인이라는 사실을 분명히 의식했으나 자신의 철학적 방법이 유대주의에 특유한 것이라고 여겼다. 1949년에 그는 드루어리에게 "내 사상은 100퍼센트 히브리적"이라고 말했다.[2] 비트겐슈타인은 젊은 시절에 만개했는데, 적어도 그 자신의 견해에 따르면 그것은 유대적 기원, 즉 유대주의 특유의 사유 양식과 연관이 있었다.

『나의 투쟁』에는 히틀러의 사상이 지닌 두 가지 중요한 특징이 나온다. 첫째는 그가 "개성을 없애는 유대주의"를 혐오했다는 것이고, 둘째는 레알슐레에 다니는 동안 중대한 발견을 했다는 것이다. 그 중대한 발견이란 "역사의 의미를 깨우쳤다"는 것이었다.[3] 이것은 단순한 호언장담이 아니다. 훗날 그는 『나의 투쟁』의 내용 중에서 자신의 면모를 가장 잘 나타내는 구절이 뭐냐는 질문을 받고 주저 없이 "어린 시절에 역사의 의미를 깨우쳤다는 책 앞부분의 짧은 문장"이라고 대답했다.[4] 나중에 보겠지만 비트겐슈타인의 심리철학은 초민족적 의사소통과 역사의 개념으로 자연스럽게, 또 불가피하게 이어진다. 심리의 본성에 관한 초기 비트겐슈타인의 통찰력은 흔히 그 정확한 성격과 내력이 오해되지만, 히틀러가 역사의 의미를 발견했다고 주장하는 근거는 바로 거기에 있었다. 또한 비트겐슈타인의 이론에는 지금까지 간과되어 온 실용적인 측면이 있는데, 히틀러는 그것을 조작하여 권력을 장악하는 데 사용했다. 내가 보기에 히틀러가 중대한 발견을 했다는 말은 과장이 아니라 그가 깨달았다고 믿는 진실을 나타낸다. 나중에 보겠지만, 히틀러와 비트겐슈타인은 둘 다 쇼펜하우어의 영향을 크게 받았다.

히틀러가 『나의 투쟁』에서 제기한 주장에 관한 현재의 해석에 따르면, 그가 개탄한 "개성을 없애는 유대주의"는 곧 볼셰비즘이다(물론 히틀러는 유대인의 음모라고 보았다). 그가 주창한 '국가사회주의'는 그 보편주의적 이념의 편협한 민족적 변형으로 해석되며, 유대인은 물론이고 다른 많은 민족들도 배제된다. 또한 역사의 의미를 발견했다는 그의 주장은 역사란 기본적으로 민족들 간의 투쟁일 뿐이고 유대인은 위대한 아리아인에게 기생하는 존재라는 견해로 해석된다.

여기서 나는 전혀 다른 해석을 제기하고자 한다. 히틀러의 이념을 이해하는 데 중요한 것은 다른 사람의 사상을 변형하거나 곡해한 결과라는 점이다. 그 원래 생각은 흔히 젊은 루트비히 비트겐슈타인의 '신비스러운 경험'이라고 말해지는 것에서 비롯된다. 이 신비스러운 경험의 진정한 성격을 밝히면 비트겐슈타인의 철학과 나치 이념의 기원이 모두 우리 눈앞에 활짝 드러날 것이다.

1948년 후반에 비트겐슈타인은 드루어리에게 "나의 근본적인 사상은 인생의 아주 초기에 생겨났다"고 말했다.[5] 그의 말처럼 '근본적인 사상'이라면 그의 초기 저작과 후기 저작에 두루 나타나야 할 것이다. 비트겐슈타인 해석자들은 그가 젊은 시절에 출간한 『논리철학 논고』의 철학적 입장을 후기에는 완전히 거부했다고 주장한다. 그러나 비트겐슈타인이 1948년에 자신의 '근본적인 사상'이라고 말한 내용은 '인생의 아주 초기에' 형성되었고 그 이후에도 지속적으로 유지되었을 게 틀림없다. 그의 생각이 무엇이든 그는 '젊은 날의 실수'라고 말하지 않고 '근본적인 사상'이라고 말했다.

1차 대전 이전의 초기부터 1950년대 마지막 저술에 이르기까지 변하지 않은 이념은 뭘까? 비트겐슈타인의 철학에는 적어도 한 가지 변하지 않은 게 있다. 자아, 즉 경험의 주체에 관한 이론이다. 1차 대전 이전에 그의 자아관은 이러했다. "생각하고 진술하는 주체, 그런 것은 없다. …… 중요한 의미에서 주체란 없다."[6] 1930년대에 그는 피터 스트로슨(Peter Strawson)이 '비소유 심리 이론'이라고 부른 것을 지지했다. 정확한 의미는 나중에 밝히겠지만 기본적으로는 『논리철학 논고』에 나온 견해처럼 개별 경험 주체가 복수로 존재한다는 것을 거부하는 입장이다. 상식으로 말하면 모든 사람이 정신을 가지고 있으므로 사람의 수만큼 정신도 많아야 한다. 하지만 비소유 심리 이론은 그것을 거부한다. 나중에 나는 이 비소유 심리 이론이 비트겐슈타인의 후기 저작에도 그대로 남아 있다는 사실을 증명할 것이다. 후기 저작의 근본 학설에 따르면 경험은 사적인 것이 아니다. 그 이유는 정신이 복수로 존재하지 않기 때문이다.

내가 제기할 논거가 옳다면 비트겐슈타인은 평생토록 경험의 개별적 주체 —— 고립된 의식 —— 가 존재하지 않는다는 견해를 버리지 않았다. 이것은 개성이 존재하지 않는다는 히틀러의 유대주의 비판과 약간 비슷하게 들리지 않는가?

나는 히틀러가 이 초기 비트겐슈타인의 철학 사상을 받아들인 다음, 비트겐슈타인과 기타 그와 비슷한 모든 사람들 —— 즉 유대인들을 배제하도록 그것을 변형시켰다는 점을 논증할 것이다. 히틀러의 저작에 드러난 나치 형이상학은 단지 비트겐슈타인의 심리 이론을 일단 수용한 뒤 그 발명자의 민족을 배제하기 위해 변형한 것일 뿐이다. 나치의 변형판에는 모든 인간에게 해당하는 보편적이고 비소유적인 정신이 없고, 그 대신 정당한 민족이 두루 공유하는 아리아적 정신만 있다. 내 말은 히틀러가 지적 근거에 입각한 학설을 신봉했다거나, 케임브리지의 철학 세미나 같은 데서 그런 입장을 발표했다는 뜻이 아니다. 나는 히틀러가 초기 비트겐슈타인의 신비스러운 통찰력, 비트겐슈타인 자신조차 나중에야 비로소 논리의 옷을 입힐 수 있었던 그 통찰력을 가졌으리라고 본다. 하지만 그 논리의 옷은 제대로 된 학설이 아니라 단지 몸뚱이를 가리는 기능만 할 뿐이다. 비트겐슈타인이 진정 스스로 '100퍼센트 히브리적'이라고 생각했다면, 또 역사상 가장 잔혹한 유대인 살육자가 유대주의의 문제점이 개성을 없앤다는 데 있다고 여겼다면, 그 기원은 레알슐레에서 찾을 수 있을 것이다.

나는 국가사회주의가 볼셰비즘의 편협한 인종주의적 변형이 아니라고 본다. 그것은 오히려 정신사회주의, 다시 말해 비트겐슈타인의 비소유 심리 이론의 편협한 인종주의적 변형이라고 해야 한다.

우리 연구의 출발점은 비트겐슈타인에게 철학적 영향을 주었고 히틀러도 "많은 것을 배웠다"고 토로한 독일 철학자 아르투르 쇼펜하우어(Arthur Schopenhauer)다. 그에게서 비트겐슈타인 학설의 초보적인 형태 —— 의지는 보편적이고 비소유적이다 —— 를 찾을 수 있다. (비트겐슈타인은 **모든** 심리 기능이 비소유적이라고 보았다. '사적 심리'라는 관념에 대한 비판은 그의 철학에서 핵심을 이룬다.)

『의지와 표상으로서의 세계』(*Die Welt als Wille und Vorstellung*) 초판 서문에서 쇼펜하우어는 다음과 같이 썼다.

여기서 나는 이 책을 철두철미하게 이해하려면 어떻게 읽어야 하는가를 밝히고자 한다. 이 책은 단 한 가지 생각을 전달하고 있다. 아무리 노력해도 나는 그 생각을 이 한 권의 책보다 더 짧게 전달하는 방법을 찾지 못했다. 나는 이 생각이 지금까지 철학의 이름으로 아주 오랫동안 추구되어 왔다고 본다. 바로 그런 이유에서 그 생각은 철학자의 돌만큼이나 찾을 수 없는 것으로 역사에 기록되어 왔다. 하지만 플리니우스가 이미 말하지 않았던가. 실제로 이루어지기 전까지는 많은 것들이 불가능하게 여겨졌다고!*

내가 쇼펜하우어에서 이 대목을 인용한 이유는, 비록 내용은 거창하지만 내가 진실이라고 믿는 것을 주장하고 있기 때문이다. 다시 말해 모든 철학적 문제의 해답을 알 수 있게 해주는 한 가지 생각이 있다. 이것은 말 그대로의 의미다. 이를테면 물리학자가 뉴턴의 역제곱 법칙으로 천체 운동의 비밀들을 풀 수 있다고 생각하는 것이나, 생물학자가 DNA 구조를 통해 유전 과정을 이해할 수 있다고 생각하는 것과 전혀 다를 바 없다. 역제곱 법칙이나 DNA 분자구조가 그 자체로 우주론적 문제나 유전적 문제의 해답이라는 뜻은 아니다. 다만 모든 분야에는 기초적 개념들이 있으므로 이것들을 응용하면 간단하게 문제의 해답을 얻을 수 있다는 이야기다. 쇼펜하우어는 평생에 걸쳐 이 '한 가지 생각'을 응용하여 설명의 힘을 확장했다. 쇼펜하우어의 철학을 받아들여 자신의 것으로 다듬은 사람들 중에 리하르트 바그너가 있었다.

쇼펜하우어는 이 생각을 응용하여 여러 가지 현상을 설명했다. 또한 그는 여기에 이론적 측면과 실천적 측면이 있다고 보았다. 나중에 말하겠지만 이론적 측면은 비트겐슈타인이 발전시키고 확장했으며, 실천적 측면은 히틀러가 계승하고 수용했다.

히틀러는 이렇게 말한다. "나는 제1차 세계대전이 벌어지는 동안 내내 쇼펜하우어를 연구하는 데 몰두했다. 그에게서 나는 많은 것을 배

---

* Arthur Schopenhauer, *The World as Will and Idea*, Trans. E. F. J. Payne, Dover Books, 1966, p.xii. 쇼펜하우어를 좇아 Payne은 플리니우스의 라틴어 구절을 번역했다.

웠다."* 제2차 세계대전이 끝난 뒤 히틀러의 비서가 전하는 바에 따르면 그는 쇼펜하우어의 책을 거의 '페이지마다' 암송하고 인용했다고 한다. 마저는 이렇게 쓰고 있다.

하숙집 주인인 요제프 포프는 1913년 후반에 그가 쇼펜하우어와 플라톤의 책들을 읽고 있었다고 말했다. 특히 쇼펜하우어는 히틀러가 누구보다도 자주 언급한 철학자였다. 그는 쇼펜하우어의 문체를 찬양했고, 저작에 나오는 문구들을 암송했고, 때로는 출처도 언급하지 않고 인용했다. 한스 프랑크에게 히틀러는 제1차 세계대전 중에도 레클람 출판사가 발행한 『의지와 표상으로서의 세계』 포켓판을 늘 가지고 다녔다고 말했다. 이 이야기는 동료 군인이었던 한스 멘트의 말로도 확증된다. 그는 히틀러가 전선에서도 비번이면 레클람 책들을 많이 읽었다고 말했다.[7]

히틀러가 철학에 안목이 있었다는 것은 그의 공식적 이미지와는 어울리지 않는다. 보통 그는 사악한 협잡꾼이고 대중 선동가이며, 지성은 별로 없는 것으로 알려져 있다. 그러나 잠시 생각해 보면 그렇지 않다는 것을 알 수 있다. 우리 현대 정치인들 중에서 쇼펜하우어를 암기해서 인용할 수 있는 사람, 아니 어떤 철학자든 읽고 인용할 수 있는 사람이 몇이나 될까? 더 나아가, 철학 교수들 중에서도 그런 사람이 몇이나 될까? 물론 암기한다고 해서 반드시 이해한다는 보장은 없지만, 암

---

* *Table Talk*, p.720. 히틀러의 연설과 글에는 쇼펜하우어에게서 인용한 부분이 곳곳에 있다. 『나의 투쟁』은 물론이고 그동안 소홀히 여겨져 온 에카르트와의 공동 저서인 *Bolshevism from Moses to Lenin*(Hoheneichen-Verlag, 1924)도 마찬가지다.

기가 이해의 첫 단계인 것은 분명하다. 특히 어른의 경우에는 더 그렇다. 히틀러는 쇼펜하우어의 철학에 깊은 감명을 받은 나머지 그것을 줄줄 외우고 다녔다. 단언하건대 히틀러는 쇼펜하우어의 철학에 관해 어느 누구 못지않게 해박했을 테고 비트겐슈타인의 사상에 관해서도 중요한 내용을 알고 있었음이 틀림없다.

그런데 쇼펜하우어의 방대한 저작에서 히틀러가 특별히 관심을 보인 것은 뭘까? 그는 물론 쇼펜하우어의 반유대주의적 주장을 인용하지만(루터 등의 저작에서도 마찬가지다), 그 부분은 기껏해야 모두 합쳐 몇개 문단에 불과하다. 히틀러는 분명히 쇼펜하우어가 말하는 의지의 형이상학에 관심을 가졌다. 그러나 내가 볼 때 쇼펜하우어의 저작에서 히틀러가 주요한 관심을 보인 것은 철학 자체보다 의지 이론과 신비주의를 연관시키는 쇼펜하우어의 설명이었다는 가설이 더 옳다고 여겨진다(나는 이 점을 증명할 것이다).

쇼펜하우어는 그 '한 가지 생각'을 이용하여 철학의 본질을 설명한 것은 물론이고, 『자연 속의 의지에 관하여』(*Über den Willen in der Natur*) 가운데 '동물의 흡인력과 주술'이라는 장에서는 주술의 본질도 설명했다(그는 주술의 힘을 믿었다).[8] 히틀러 역시 신비주의에 관심이 많았다. 이 점은 여러 가지 근거로 증명할 수 있으나 1차 대전 무렵에 그가 쓴 주목할 만한 시에 특히 잘 드러나 있다.

나는 자주 고통스러운 밤을 보낸다.
조용한 숲속 보탄(북유럽 신화의 최고신인 오딘: 옮긴이)의 참나무에
어둠의 힘이 은밀하게 모여든다.
괴괴한 달빛은 주술처럼 룬 문자를 쓰고

낮에 불경스러웠던 자들은

주술의 세례를 받고 위축되리니!

그들은 빛나는 칼을 뽑아들지만

그것은 무기가 아니라 석순으로 굳는다.

그리하여 거짓과 진실이 나뉜다.

나는 둥지에서 말들을 꺼내

선과 정의에게

나의 주술로 축복과 번영을 내리노라.[9]

이 특이하고 난해한 시는 —— 정말 히틀러가 썼다면 —— 룬 문자의 주술에 상당히 익숙하다는 것을 말해 준다. 시인은 참나무 잎 사이로 비치는 달빛의 문양, 땅바닥에 비치는 그림자로 룬 문자를 읽는다고 말한다. 그런 성향을 가진 시인이라면 쇼펜하우어가 다루는 신비주의에 관심을 보이는 것은 당연하다.

당시 쇼펜하우어의 철학은 현대 학자들에게서 무시당하고 있었다.* 그는 의지를 설명하는 과정에서 신비주의 현상에 관한 올바른 설명을 깨닫게 되었다고 믿었다. 나는 히틀러의 사상과 비트겐슈타인의 철학이 쇼펜하우어의 의지 학설에서 비롯되었으며, 비트겐슈타인은 쇼펜하우어의 통찰력을 이론적으로 이용한 반면 히틀러는 실천적 이면을 이용했다는 점을 보여 줄 것이다. 실제로 쇼펜하우어는 '실천적 형이상학'이라는 말을 사용했다.

---

* D. W. Hamlyn의 *Schopenhauer*(Routledge & Kegan Paul, 1980)는 훌륭한 연구서이지만 '찾아보기'에도 주술이나 신비주의에 관한 항목이 전혀 없다.

…… 실천적 형이상학이란 베이컨이 학문들을 분류할 때〔『대혁신』 (*Instauratio Magna*) L. III〕 주술을 가리키는 의미로 사용했다. 그것은 경험적이고 실험적인 형이상학이다.[10]

주술을 이론적으로 사용하든 실천적으로 사용하든, 주술의 효과를 믿든 불신하든, 쇼펜하우어의 사상이 후대에 미친 영향은 무척 컸다.

젊은 시절부터 쇼펜하우어를 추종한 비트겐슈타인은 1929년 케임브리지와 철학으로 돌아갔다. 케임브리지 제자들에게 그는 '철학을 하는 방법'에 관해 새롭고 중대한 발견을 이루었다고 선언했다. 그는 '철학의 후광'이 사라졌다면서 이렇게 말했다.

이제 "인간의 사유가 발달하는 과정"에는 철학적 '매듭'이 생겼다. 이는 마치 갈릴레오와 그 시대 사람들이 역학을 발명했을 때, 또는 "연금술에서 화학이 발전해 나온 것처럼" 새로운 방법이 발견되었을 때와 같다. 과거에도 물론 '위대한' 철학자들이 있었으나 처음으로 '전문' 철학자가 출현할 수 있게 된 것이다.[11]

내가 생각하는 쇼펜하우어와 비트겐슈타인의 관계는 이렇다. 비트겐슈타인의 심리철학〔피터 스트로슨의 『개체들』(*Individuals*)에서 말하는 '비소유 심리 이론'〕[12]은 쇼펜하우어가 의지를 다룬 방식을 모든 정신 현상에 응용한 것이다. 쇼펜하우어가 말하는 의지는 공간적으로나 시간적으로나 단일하고 불가분한 것이며, 사람의 수에 따라 늘어나지 않는다. 모든 사람은 각자 자신의 의지를 발동하므로 의지는 '사적'(私的)인 게 아니다. 이것이 쇼펜하우어의 '한 가지 생각'이다. 쇼펜하우어가 의지를 '사적'인 것으로 보지 않듯이 비트겐슈타인도 정신 현상을 '사적'인 것으로 보지 않는다. 비트겐슈타인의 입장은 분명히 쇼펜하우어의 사상을 일반화한 것처럼 보이지 않는가?

그 생각은 에머슨의 『명상록』(Essays)에 나온다. 비트겐슈타인의 전기 작가인 맥기니스는 요즘은 『명상록』을 문체로만 읽지만 비트겐슈타인은 그 내용을 읽었으며, 그 책에서 초기 비트겐슈타인이 즐겨 하던 생각을 알 수 있다고 말한다. 예를 들면 이런 대목이다.

> 모든 개인에게는 공통적인 하나의 정신이 있다. 모든 사람은 같은 것의 일부분이자 전부다.*

에머슨의 수필이 우리의 특별한 관심을 끄는 이유는 비소유 심리 이론——"모든 개인에게 공통적인 하나의 정신"——과 대단히 독특한 역사철학이 얽혀 있기 때문이다. 물론 히틀러가 레알슐레에서 역사의 의미를 발견했다고 주장하지 않았다면 우리도 그런 연관에 주목하지 않았겠지만.

1941년 12월 13일 히틀러가 식탁에서 나눈 대화의 배후에는 비소유 심리 이론과 비슷한 내용이 있다. "정신과 영혼은 의심할 바 없이 …… 일반적인 토양으로 돌아간다. 그러므로 우리는 새 생명이 샘솟는 토양을 비옥하게 만드는 기본 재료다."[13] 마저는 "히틀러가 말한 '새 생명이 샘솟는 토양'이 플라톤의 '세계정신'에 해당한다"고 해석한다. 플

---

*Emerson, 'History', Works, 1888, p.1; McGuinness, Wittgenstein: A Life, p.224. 내가 이 구절에 주목하게 된 것은 사우스오스트레일리아 대학교 피터 울콕 교수 덕분이다. '즐겨 하던 생각'이라는 것 자체가 그리스도교에서는 이단이다.

라톤과 닮은 데가 있는 것은 사실이지만, 그에 못지않은 전거의 역할을 하는 현대 철학자가 또 있다. 비트겐슈타인도 '세계정신'에 관심이 있었기 때문이다. 『강의노트』(*Notes*)에는 이 '세계정신' —— 아니마 문디 (anima mundi) —— 에 관한 언급이 나온다.

세계정신은 단 하나가 존재한다. 나는 그것을 나의 정신이라고 부르고자 하며, 다른 사람들의 정신도 그것으로서 이해한다.[*]

이 세계정신, 공통의 정신에 관해 에머슨은 또 어떤 말을 했을까? 그는 할 말이 많았지만 핵심은 누구든 이 공통의 정신과 연결되면 역사의 수수께끼를 풀 수 있다는 것이다. 다음은 맥기니스가 에머슨의 글에서 발췌하여 인용하는 내용이다.

모든 개인에게는 공통적인 하나의 정신이 있다. 모든 사람은 같은 것의 일부분이자 전부다. 일단 이성의 정의에 복종한 사람은 모든 땅의 자유인이 된다. 플라톤처럼 생각할 수도 있고, 성자처럼 느낄 수도 있으며, 어느 때 어느 누구에게 닥친 일도 이해할 수 있다. 이 보편적 정신에 다가가면 존재하는 모든 것, 이룰 수 있는 모든 일의 주인이 된다. 그것만이 유일한 자주적인 행위자이기 때문이다.
역사는 이 정신 활동의 기록이다…….
인간의 정신이 역사를 쓰고 읽는다. 스핑크스는 자신이 낸 수수께끼를 풀어야 한다. 역사 전체가 한 사람이라면 모든 것이 개별 경험으로부

---

[*] *Notebooks*, p.49. 85쪽 부근도 고찰할 가치가 있다.

터 설명되어야 한다…….

각 개인은 보편적 정신의 또 다른 화신일 뿐이다.[14]

묘하게도 이런 보편적이고 비소유적인 정신의 관념은 인류 역사에 반복적으로 나타난다. 힌두교 경전으로 볼 때 초기 아리아인에게는 원래 신봉하던 종교 교리가 있었다. 그러나 유대교에서는 신이 예언자를 통해 말하기는 해도 예언자가 신이 되지는 않는다. 인간이 신이 될 수 있다는 관념은 생각할 수도 없는 일이다. 그 반면에 인도, 즉 아리아인의 종교에서는 개인과 신성(神性)의 일체성을 깨닫는 것이 종교적 목표이다. 아리아인이 추구하는 것을 유대인은 가장 불경스러운 일로 혐오한다. 오늘날에도 반유대주의자들은 그 고대 아리아의 교리를 입에 올린다.

다음은 소비에트에서 브레주네프의 억압 체제에 반대한 대표적인 인물이자 러시아의 가장 유명한 반유대주의자인 수학자 I. R. 샤파레비치(Shafarevitch)가 괴팅겐 과학아카데미에서 상을 받았을 때 연설한 내용이다.

수학을 피상적으로 바라보면 세계 각지와 여러 시대의 수많은 과학자들이 개별적으로 노력한 결과라는 인상을 받게 됩니다. 하지만 수학의 내적 논리를 보면 한 사람의 지성이 만들어 낸 소산이라는 생각을 지울 수 없습니다. 수학적 사유가 체계적이고 일관되게 발달하는 과정에서 수많은 인간 개인들은 단지 도구로만 사용될 뿐입니다. 마치 한 개인이 작곡한 교향곡을 오케스트라가 연주하는 것과 같습니다. 주선율이 한 악기에서 다른 악기로 넘어가고, 연주자 한 사람이 자신의 부분을 마치면 곧 다른 사람이 뒤를 잇는 방식으로 정확하고 매끄럽게 연주됩니다.

이것은 전혀 비유가 아닙니다. 수학의 역사를 보면, 어느 학자가 이룬 발견이 한동안 알려지지 않은 탓에 다른 학자가 완전히 똑같은 발견을 하는 경우가 많이 있습니다. 갈루아는 결투로 사망하기 전날 쓴 편지에서 대수 함수의 적분에 관한 대단히 중요한 몇 가지 주장을 피력했습니다. 20여 년 뒤에 갈루아의 그 편지를 전혀 알지 못한 리만은 똑같은 주장을 새로 제기하고 증명했습니다. 또 다른 사례도 있죠. 로바체프스키와 보여이가 서로 별개의 연구를 통해 비유클리드 기하학의 토대를 놓은 뒤 다른 두 사람, 가우스와 슈바이카르트도 10년 전에 똑같은 결과에 도달했다는 사실이 알려졌습니다. 네 과학자가 완전히 독립적으로 진행한 연구에서 마치 한 사람이 그린 듯 똑같은 그림을 보게 되면 참으로 희한하다는 느낌밖에 들지 않습니다.[*]

샤파레비치의 주장은 수학이란 하나의 지성이 여러 사람들을 도구로 삼아 자신을 표현한 결과라는 것인데, 나는 이것이 비트겐슈타인의 언어에 관한 견해와 전반적으로 비슷하다는 점을 증명할 것이다. 비트겐슈타인의 철학에서는 (의지만이 아니라) 언어가 인간을 도구로 삼아 스스로를 표현한다. 소박하게 생각해서 인간이 말하는 게 아니라 명

---

[*] P. J. Davis and Reuben Hersh, *The Mathematical Experience*, Penguin, 1984, p.52. 샤파레비치의 원래 강의에 관한 Davis와 Hersh의 언급(p.431)은 'Uebereinige Tendenzen in der Entwicklung der Mathematik', *Jahrbuch der Akademie der Wissenschaften in Goettingen* (1973)의 독일어본 pp.31~36, 러시아어 원본 pp.37~42이다. 샤파레비치는 소련 과학아카데미의 회원이자 레닌상 수상자였다. 하지만 그는 러시아 바깥에서 반유대주의자로 의심을 받았다가 나중에는 국내에서도 의심을 받았다.

제 —— 언어 자체 —— 가 인간의 입을 통해 말하는 것이다. 샤파레비치
가 그 학설을 충실히 따르고 있다는 것을 의심하는 영어권 독자들은 콜
리지(Coleridge, 19세기 영국의 낭만주의 시인: 옮긴이)가 똑같은 생각을
표현했다는 사실을 안다면 크게 놀랄 것이다.

생명으로 넘치는 자연이 실은

다양하게 짜 맞춘 유기체들의 하프에 불과한 게 아닐까?

그것들이 생각 속으로 밀려 들어와

유연하고 거대한 지성의 미풍이 되어

일순간에 모두의 영혼과 신을 뒤흔드는 게 아닐까?*

비트겐슈타인은 자신의 사유가 100퍼센트 히브리적이라고 주장했
으나 중대한 문제에 관한 그의 사유는 100퍼센트 비(非)히브리적이었
다. 그는 쇼펜하우어를 통해 유대주의에서 가장 불경스럽게 여기는 고
대 아리아의 교리를 취했기 때문이다.** 쇼펜하우어의 단일한 의지가

---

* S. T. Coleridge, *The Eolian Harp*, II 44쪽 이하. 여기서 콜리지의 선배들까지 추적하지는 않
겠다. 그들은 지금까지 무수한 박사 학위 논문의 주제였다. 대다수 학자들이 그 주요 원천이 독
일이었다는 데 동의한다는 것만 지적하고 넘어가자.
** 이 근본적인 사상 —— 쇼펜하우어의 '단일한 사유' —— 은 시대와 장소에 따라 다양하게 이해되
었다. 유럽에서는 쇼펜하우어의 학설과 비슷한 사상이 이미 13세기 초부터 1531년까지 횡행했
다. 파리 대학교에서 그 학설이 제기되자, 신학의 방향이 인격의 통합을 지향하게 될까 두려워
한 나머지 파리와 캔터베리의 대주교들은 강력한 반대를 표명했다. 분노한 토마스 아퀴나스는
그 학설에 반대하는 논문을 써서 도덕이 파멸하는 결과를 빚게 될 것이라고 경고했다. 캔터베리
대주교는 칙령을 내려 옥스퍼드에서 그 학설을 가르쳐선 안 된다고 선언했다(Anthony Kenny,
Aquinas, Oxford University Press, 1980, p.27). 그 뒤에도 3세기 동안이나 여러 학교에서 그
학설은 열띤 논쟁을 불러일으켰다. 그러다가 1513년 12월 19일 라테란 공의회에서 그 학설을
지지하는 자를 정식으로 파문한다는 결정이 내려졌다. 1513년의 조치는 지금 읽어도 흥미롭다.
여기서는 그 운취와 느낌을 전달하기 위해 일부분만을 인용해 본다(종공의회 칙서 *Apostolici
Regiminis*, H. Denzinger, *Enchiridion Symbolorum Definitionum Declarationum*, Ed.32,

히틀러에게 오면 민족에 따라 분리된다. 그는 단일한 아리아인의 의지가 실제로 존재하며 자신이 그 본질을 깨달았다고 생각했다. 그는 아리아 교리의 단일한 민족의지가 유대 국제주의에 의해 훼손될까 봐 우려했다. 유대 국제주의는 표면적으로 인류 동포애의 정신이지만 형이상학적으로는 비소유 이론이다. 그가 아리아 민족정신을 발견하고 그것과 역사, 철학, 민족의 관계를 알게 된 것은 비트겐슈타인과 함께 레알슐레에 다니던 시절의 일이었다. 당시에 비트겐슈타인은 지금 내가 말하는 이 낯설고 모호한 이론을 주장했을까? 놀랍게도, 우리는 고대에 인도를 침략한 아리아인의 교리를 통해 누가 자아의 본질에 관한 신비주의적 교리와 나치의 십자표장을 주었는지 알 수 있다.

No.738, Herder, 1963. 1965년 이후에 나온 Denzinger판은 그 시기를 1440년이라고 잡고 있다). Van Steenberghen은 1277년 파리 대주교가 내린 판결에 관해 "중세에 가장 중요한 판결로 볼 수 있다"고 말했다(F. Van Steenberghen, *The Philosophical Movement in the Thirteen Century*, Nelson, 1955, p.94). 이 판결은 그 학설의 근원이 사탄에 있다고 주장한다. "불화의 씨를 뿌리는 자, 인류의 오랜 적은 …… 하나님의 밭에 치명적인 잘못의 씨를 뿌리겠다고 선언했습니다. 하지만 합리적인 영혼의 본성에 충실한 자들은 언제나 그것을 거부했습니다. …… 그것은 모든 사람에게 똑같습니다. …… 그러므로 우리는 그 잘못에 대해 적절한 수단을 사용하고자 합니다. 공의회의 승인을 얻어 우리는 지적 영혼이 모든 사람에게 하나라고 주장하는 자, 혹은 이 문제에 회의를 제기하는 자를 비난하고 훈계할 것입니다. 축복받은 우리의 선조 클레멘스 5세의 법규에 의해 빈 공의회에서 반포된 바와 같이 지적 영혼은 참된 것이며, 그 자체로 본질적으로 인간 신체의 형상입니다. …… 지적 영혼은 수많은 신체에 주입되어 있고 모든 개인들이 저마다 가지고 있습니다. 진리는 진리와 모순을 빚지 않으므로 우리는 계시받은 신앙의 진리에 반대되는 일체의 주장을 허위로 규정합니다. 다른 형식의 교리는 적법하지 않으므로 우리는 그것을 엄금하는 바입니다. 또한 우리는 이 잘못된 주장을 견지하는 자를 저주스러운 이단의 씨를 퍼뜨리는 자로, 혐오스럽고 불경스러운 이단으로, 가톨릭 신앙을 파괴하는 자로 간주하여 격리하고 응징해야 합니다."

.5장. 신비주의적 경험과 자아

바그너가 마지막 오페라로 만들고 했던 『승리자』(*Die Sieger*)라는 작품은 쇼펜하우어의 철학적 관점으로 해석한 부처의 생애다. 쇼펜하우어는 그리스도교의 기원이 유대교가 아닌 불교에 있다는 흥미로운 주장을 펼쳤으며, 일종의 아리아적 그리스도교를 제시했다. 그것에 관해 폴로즈(Paul Rose)는 다음과 같이 말한다.

> …… 그의 혁명적인 종교관에 나오는 한 가지 중요한 생각은 바그너와 기타 민족 결정론자들의 저술에도 등장한다. 그것은 부활한 '아리아 그리스도교' 다. 이것이 원래의 그리스도교인데, 역사를 거치면서 유대교와 왜곡된 방식으로 연관되었다는 주장이다. 쇼펜하우어는 어느 글에서 동물에 대한 태도를 제외하면 그리스도교 도덕은 그가 신봉하는 불교와 비슷하다고 말한다.
> "신이 인간이 되었다는 관념처럼 그리스도교 도덕도 인도에서 기원하여 이집트를 거쳐 유대로 왔을 것이 거의 확실하다. 그리스도교는 인도의 원시적 광휘가 이집트의 잔해에 투영된 것이었으나 불행히도 유대의 땅에 정착하게 되었다……."

쇼펜하우어가 보기에 유대 고유의 종교적 관념은 낙관주의, 합리주의, 자유의지처럼 유해한 것들뿐이며, 긍정적인 것들은 모두 유대인들이 다른 민족에게서 훔친 것이다. 예를 들어 타락 같은 고결한 비관주의적 개념은 페르시아인들에게서 얻었다. 쇼펜하우어의 주장에 따르면 원래 '유대교'는 키루스(Cyrus)가 바빌론의 유대인 포로들을 해방시킨 뒤에 발명된 것이다. 그 전까지 유대인들은 바알(Baal)과 몰록(Moloch) 같은 신들을 숭배했다! 하지만 그리스도교는 아리아인에게서 발원되었고, 셈족의 망상과는 전혀 무관하다. "반면 신약성서는 인도에 기원을 두고 있으며 …… 인도의 지혜에서 나온 그리스도의 가르침은 그보다 오래고 전혀 다른 유대교의 형태를 감추었다. …… 그리스도교의 핵심은 불교와 브라만교에서도 볼 수 있다." 유대교가 역사적으로 그리스도교의 기원과 연관된다는 점은 이렇게 설명된다. "그리스도교에서 종교와 도덕의 요소들은 인도와 불교 교리를 잘 아는 알렉산드리아 유대인들이 그러모은 것이다."

쇼펜하우어의 형이상학적이고 혁명적인 반유대주의는 바그너에게 즉각 영향을 미쳤다. 1850년대 바그너의 서신은 그가 쇼펜하우어 사상의 반유대주의적 요소, 특히 유대교의 속성이 제거된 '아리아적 그리스도교'의 개념을 잘 이해하고 있었음을 보여 준다. 바그너는 자신이 오래전부터 직관으로 알고 있던 생각을 쇼펜하우어가 일목요연하게 주장했다는 사실 때문에 더욱 그의 천재성을 인정하고 그를 우상으로 섬기게 되었다. 그 한 가지 예는 그리스도교의 성배인데, 이것은 바그너가 이미 1849년에 「비벨룽겐」(*Wibelungen*)이라는 글에서 그리스도교의 아리아적 특성에 대한 비유로 제시한 바 있었다.[1]

이상이 바로 '아리아적 그리스도교'의 설명이다. 극도로 반유대주의적이며, 예수가 유대인이 아니었다는 휴스턴 스튜어트 체임벌린(Houston Stewart Chamberlain)의 잘못된 주장과 완전히 일치한다. 로즈의 말을 더 들어 보자.

철저한 반유대적 관념 —— 아리아적 그리스도교, 동물에게 잔인한 유대인, 유대적 유물론과 이기주의로부터 인간을 구하기 위해 동정심(Mitleid)을 부인해야 한다는 관념 —— 을 내세우는 쇼펜하우어 콤플렉스는 1850년대 바그너의 오페라 구상에서 예술적 표현을 얻었다. 『트리스탄』은 물론이고 『승리자』, 『파르지팔』(Parsifal), 나아가 겉으로는 튜턴적으로 보이는 『신들의 황혼』(Götterdämmerung)도 그런 작품에 해당한다. 이 작품들은 모두 바그너가 쇼펜하우어를 안 이후인 1856~58년에 구상되었다.
『승리자』는 아리아적 그리스도교의 근본인 체념과 환생의 관점에서 부처의 생애를 다루었다. 이 주제는 『파르지팔』의 첫번째 각본과 밀접한 연관을 가진다. 바그너는 1845년에 중세 그리스도교 시를 읽고 충격을 받은 적이 있었으나, 동물에게 동정을 베푸는 쇼펜하우어식 불교를 접한 뒤 1857년에야 그 주제를 개성적으로 다루기 위한 영감을 얻었다. 불교와 아리아 정신에 투철한 파르지팔은 동물의 불완전한 존재를 자신에게 투사하고 세상의 구원자가 된다. 완성된 오페라에 포함된 「성 금요일의 음악」을 바그너는 그렇게 설명했다. 그 오페라에서 쿤드리가 보여 준 독특한 변화의 내력도 화신의 한 예로 해석될 수 있다. 또한 파르지팔의 성배 의식은 '유대적' 그리스도교의 성찬식에서 나온 것이 아니라 더 순수한 아리아적 그리스도교에 근원을 두고 있다.

『신들의 황혼』도 바그너는 1856년 5월 『승리자』의 각본을 쓴 그 공책에서, 결말 부분을 더 쇼펜하우어적인 '체념'을 보여 주는 것으로 바꾸려 했다고 썼다. 물론 이 초안이나 완성작에 유대인이 등장하지는 않는다. 『나사렛 예수』의 경우에는 반유대적 메시지가 전편에 흐르고 있으므로 유대인을 노골적으로 공격할 필요가 없다. 불교와 아리아적 그리스도교, 체념과 자멸은 정의상으로 비유대적이므로 이런 주제를 다룬 오페라는 그 자체로 유대교를 거부하는 것이다…….[2]

『승리자』의 클라이맥스 부분은 '깨달음'이었으리라고 상상할 수 있다. 부처가 자신의 위업을 달성하겠다는 결의의 표시로 손을 땅에 대고 하룻밤 동안 명상을 한 뒤 얻은 깨달음이다. 명상으로 보내는 밤의 음악적 구성, 깨달음의 음악적 표현은 아마 『트리스탄과 이졸데』의 유명한 화음에 필적할 만하지 않았을까? 그 주제는 분명히 위대한 오페라라고 부르기에 손색이 없었다. 비록 실제로 완성되지는 않았지만, 바그너는 쇼펜하우어를 읽었기 때문에 그런 주제를 선택했다. 그는 쇼펜하우어에게서 배운 것이 불교의 초월적 형이상학이라고 믿었다.

이 형이상학은 정확히 무엇일까? 그것이 무엇이든 바그너는 단지 개종(改宗) 같은 것이라고 생각하지는 않았다. 쇼펜하우어에 관해 쓴 글에서 명백히 드러나듯이 그것은 그의 다른 오페라에서도 확인된다. 예를 들어 마이클 태너(Michael Tanner)는 『트리스탄과 이졸데』에서 그것을 발견하고, 바그너의 쇼펜하우어식 형이상학을 다음과 같이 설명한다.

작품의 핵심, 가장 유명한 사랑의 이중창의 클라이맥스에서 연인들은 이렇게 노래한다. "오, 우리에게 밀려오라, 사랑의 밤이여. 그러면 나 자신이 세계가 될지니." 대단히 호방한 내용이다. 그들은 모든 것을 끌어안을 만큼 품이 넉넉하며, 모든 것이 그들의 유아론을 충족시키는 역할을 한다. 그 대담한 기조를 감안할 때 그들은 '나' 대신 '우리'라고 말할 수도 있을 것이다. 그들이 약간만 겸손했다면 그렇게 말했을 수도 있다. 하지만 바그너는 각자가 세계일 때 모두는 하나가 된다는 신념의 논리를 그들에게 부여한다. 그래서 그들은 움츠리지 않고 앞으로 나아간다. 이중창의 마지막 부분에서 그들은 서로의 이름을 바꿔 부르고, 오케스트라의 힘찬 선율에 맞춰 어느 것에도 비할 데 없이 가장 길고 가장 극적인 클라이맥스를 향해 전진한다…….[3]

연인들은 "나 자신이 세계가 될지니"라고 노래한다.[*] 쇼펜하우어의 형이상학이 바그너가 이해하는 식으로 음악을 통해 표현된 것이다. 개별 자아는 사라진다. 바그너는 어떻게 이것이 불교에서 말하는 체념과 연관된다고 생각했을까?

계몽주의 시대 이후에 알려진 부처의 위대한 가르침은 고통에서 구원하는 수단을 강조했다. 그 본질은 아나타(Anatta), 즉 무아(無我)의 개념으로, 경험 주체(자아)가 존재하지 않는다는 깨달음을 뜻했다. 우

---

* 태너는 바그너의 『니벨룽겐의 반지』에 나오는 라인 강의 처녀들에 관해 이렇게 쓴다. "바로 그때 그들은 알베리히에게 황금을 훔쳐 그것으로 반지를 만든 자가 무엇을 할 수 있는지 말해 준다. 첫 번째 그림자가 음악 위에 드리우면서 분위기가 음산해지자 보클린데가 말한다. '사랑을 부인하는 자만이…….'"(Tanner, *Wagner*, HarperCollins, 1996, p.109) 비트겐슈타인의 꿈(Monk, pp.279~280)에서 히틀러를 닮은 유대인, 즉 세계 정복의 반지를 만드는 데 성공한 자 — '페어트자크트', '페어트자크', '페어자크트' 등 다양한 이름으로 불린다 — 가 카퍼레이드를 벌이는 것은 바로 이 장면에서 비롯되었을 것이다. 음악적 소양이 풍부했던 비트겐슈타인에게 그 장면은 많은 의미를 던져 주었음에 틀림없다.

리는 앞서 비트겐슈타인의 책『논리철학 논고』에서 그와 비슷한 학설을 본 바 있다. 『논리철학 논고』 끝부분에는 매우 낯선 논리적 신비주의가 나오는데, 아마 이 책의 가장 두드러진 특징일 것이다. 여기에는 예를 들어 자아에 관한 다분히 예언적인 주장이 제기되어 있다.

5.621   세계와 삶은 하나다.

5.63   나는 나의 세계다. (소우주.)

5.631   사유, 주체의 진술 같은 것은 없다.

만약 내가 '세계는 내가 발견한 그대로다' 라는 제목으로 책을 쓴다면, 거기서 나는 나의 신체 중에서 어떤 부분이 내 의지에 복종하고 어떤 부분이 복종하지 않는가 등의 문제를 말해야 할 것이다. 이것은 결국 주체를 분리하게 되며, 혹은 중요한 의미에서 주체의 부재를 보여 주게 된다. 다시 말해 이 책에서 주체에 관한 언급만큼은 불가능하다는 이야기다.

5.632   주체는 세계에 속하지 않지만 세계의 한계를 이룬다.

5.633   세계의 어디에 형이상학적 주체가 존재하는가?

이것을 눈과 시야 같은 문제와 완전히 똑같다고 생각할지도 모른다. 하지만 눈을 실제로 볼 수는 없다.

시야 내의 어느 것도 눈으로 볼 수 있다고 단정할 수는 없다.

5.6331   시야는 다음과 같은 형태를 가지는 것이 아니다.[4]

바로 다음 대목에는 이런 문장이 나온다. "엄밀한 유아론은 순수한 실재론과 일치한다. 유아론에서 '나'는 연장(延長)이 없는 무로 수축되며, 그것과 동화된 실재만이 남는다." 이 말과 비트겐슈타인이 앞서 말한 "나는 나의 세계다"라는 말은 바그너의 오페라에서 연인들이 부르는 노래와 상당히 닮은꼴이다. 사랑은 연인들에게 "나 자신이 세계가 될지니"라고 말하게 한다. 이런 입장은 바그너와 비트겐슈타인의 공통적인 철학적 근원인 쇼펜하우어를 통해 두 사람에게서 모두 발견할 수 있는데, 말하자면 쇼펜하우어식으로 해석된 동양적 신비주의로 귀결된다. 심지어 비트겐슈타인은 1915년 5월 23일 『강의노트』에 인도의 전형적인 사상을 기록한 적도 있다. "세계정신은 단 하나가 존재한다. 나는 그것을 **나의** 정신이라고 부르고자 하며……."

비트겐슈타인이 이런 문제에 관심을 가진 것이 단지 젊은 시절에 쇼펜하우어에게 심취했기 때문만이 아니라는 것은 명백하다. 1920년대에 모리츠 슐리크 같은 빈 학파의 유명인사들도 여러 군데에서 충실히 기록하고 있기 때문이다. 빈 학파는 철학적 좌파의 성향을 지닌 논리실증주의자들과 '부르주아 신비주의'를 부정적으로 보는 공산당 노선으로 대별되었다. 레이 몽크의 비트겐슈타인 전기는 신비주의를 혐오하는 빈 학파가 비트겐슈타인과 그의 『논리철학 논고』를 어떻게 받아들였는지에 관해 철학자 루돌프 카르나프(Rudolf Carnap)의 말을 인용한다.

…… 나는 형이상학을 대하는 그의 태도가 우리와 비슷하다고 착각했다. 그의 책에 나오는 신비적인 요소에 관한 진술에 충분히 주의를 기울이지 못했다. 이 영역에서 그의 감정과 사고가 나와 너무 달랐기 때

문이다. 그와 직접 만나 이야기한 뒤에야 비로소 그의 태도를 명확히 알 수 있었다.[5]

몽크에 따르면, 이따금 비트겐슈타인은 실증주의자들을 멀리하면서 그들에게 벵골의 신비주의자인 라빈드라나트 타고르의 시를 읽어주곤 했다. 타고르의 희곡 『암실의 왕』(King of the Dark Chamber)에서 깊은 통찰력을 얻은 비트겐슈타인과 그의 제자 요릭 스미시스는 구어체로 된 영어판을 출간하기도 했다.[6]

비트겐슈타인은 타고르의 시가 『논리철학 논고』의 핵심 주제와 직접적인 관련이 있다고 보았다. 물론 타고르는 독실한 힌두교도이고 그의 작품에는 힌두 신비주의가 스며들어 있다. 힌두교의 종교적 목표는 개인의 영혼과 세계정신의 동일성을 깨닫는 것인데, 이는 비트겐슈타인이 1915년 5월 23일 『강의노트』에 쓴 내용과 같은 사상이다. 힌두교에서 개별 아트만(Atman, 인간 존재의 기본. 자아와 비슷하지만 죽은 뒤에 다른 생명으로 탄생한다: 옮긴이)은 최고의 종교적 깨달음을 얻은 순간에 브라만과 합일을 이룬다.

또 다른 동방의 위대한 종교인 불교에서는 그 최고의 깨달음이 아트만 ── 개별 영혼 ── 이라는 비존재의 발견과는 약간 다르게 나타난다. 아트만의 존재를 부정하는 것이 불교 신앙의 분명한 교리다. 불교에서는 그것을 아트만이 아니라 아나타(초기 불교 경전들이 작성된 실론의 팔리어에서 나온 용어)로 말한다. 바그너는 힌두교보다 불교에 심취했으므로 나중에 신비주의와 아나타의 개념에 관해서 더 상세히 다룰 것이다.

불교 신앙의 목표는 '깨달음'의 상태다. 이것은 분명히 '신비적'

경험이며, 개별 자아의 비존재에 관한 믿음과 내밀하게 연관된다. 깨달음이 정확히 무엇인지를 말해 주는 현대 문헌은 거의 없으나* 깨달음을 얻는 데 필요한 명상법을 다룬 문헌들은 많다. 불교 경전의 영역본에서는 그런 명상의 상태를 'trance'(무아지경)라고 표현한다. 이 개념에는 일종의 최면, 부동, 무의식 상태라는 의미가 포함된다. 불교 경전이나 힌두교 경전은 그런 상태를 전혀 다르게 바라본다.

이와 관련된 산스크리트 용어는 두 개가 있다. 디야나(dhyana, 禪)와 사마디(samadhi, 三昧)인데, 둘 다 영어의 'trance'와는 거리가 있다.[7] 'trance'는 의식이 마비된 상태, 혹은 최면 상태와 비슷하다. 하지만 원래의 경전에 따르면 디야나와 사마디는 형이상학적으로 초(超)의식 상태라고 말하는 것에 더 가깝다. 이 용어들을 사용하면 흔히 명상을 통해 얻어진다고 말하는 정신 집중을 어느 정도 구분하고 분류할 수 있다.

일본의 선불교에서는 명상의 목표를 '사토리'(悟)로 본다. 이것은 일종의 계시적인 황홀경의 순간에 해당한다. [일본어에서 선을 뜻하는 '젠'(zen)은 산스크리트의 디야나를 번역한 말이다.][8] 어느 저명한 불교 학자는 디야나와 사토리를 인식의 주체와 객체가 분리된 느낌이 없이 일체화된 경험이라고 설명했다. 그래서 스즈키 다이세쓰는 "사토리에는 주체와 객체의 차이가 없다"고 말한다.[9]

이 말의 의미는 그다지 명확하지 않지만 비슷해 보이는 사례가 서

---

* 전혀 없지는 않다. 팔리어 원어로 된 경전들의 명확한 서술에 관한 많은 전거들을 흥미롭게 연구한 문헌으로, Rune Johansson, *The Psychology of Nirvana*(Allen and Unwin, 1969)가 있다. Johansson은 열반에 관해 명확한 것은 아무것도 없다는 일반적인 견해, 불교가 신비주의라는 견해가 잘못임을 증명한다.

양에 없는 것은 아니다. 예를 들어 그레이엄 리드(Graham Reed)는 카펫을 두드리는 광경을 지켜보던 정신분열증 환자가 "저들이 왜 나를 때리는 거죠?"라고 물었다고 말한다.[10] 또 매스터스와 휴스턴은 환각제 실험을 한 뒤 참가자 한 명이 이렇게 말했다고 전한다.

> 세계가 나 자신의 신체적 연장으로, 즉 내 신경망의 연장으로 경험된다. 그래서 나는 거리에서 작업하는 인부가 휘두르는 곡괭이에 얻어맞는 듯한 느낌을 가졌다······.[11]

여기서 말하는 주체/객체의 연관은 매우 독특하다. 피실험자는 자신의 신체 안에 갇혀 있지 않다. 실로시빈(환각제의 일종)으로 또 다른 실험을 했을 때 어떤 피실험자는 이렇게 말했다.

> 나 자신과 내가 경험하는 것 사이에 구분이 없었다. 오히려 나는 감정으로 존재했다. ······ 내가 음악을 듣고 있는 M.R.이라는 사람이 아닌 듯했고 역설적이지만 음악 자체인 듯한 기분이었다.[12]

다양한 신비주의 문헌에 익숙한 독자라면 여기서 말하는 경험들로부터 즉각 동양 신비주의를 연상할지도 모른다. 또 편견을 가진 독자는 피실험자가 미쳤거나 약에 취했다고 생각할지도 모른다. 그러나 비슷한 경험을 병리적이지 않은 방식으로 설명하는 것도 얼마든지 가능하다. 예를 들어 시인 T. S. 엘리엇은 성자들이 겪는 현실에 관한 자신의 견해를 서술한 뒤 다음과 같이 안타까워했다.

우리 대부분에게는 무심결에 지나는 시간만 있을 뿐

시간 속을 들락거리는 무수한 순간

정신착란의 발작은 한 줄기 햇빛 속에 사라지고

보이지 않는 야생 백리향, 혹은 겨울의 번개

혹은 폭포, 혹은 너무 심원한 음악이어서

전혀 들리지 않는 음악

그러나 음악이 지속되는 한 그대는 음악이리니.*

엘리엇은 들리는 소리와의 일체성이 생겨나는 이유를 듣는 이가 듣는 행위에 몰입해 있는 탓이라고 본다. 그 순간 다른 것들은 깊은 명상의 환희 속으로 뚫고 들어오지 못한다. 그런 상태는 적어도 한 가지 유럽 언어로는 익히 알려져 있다. 독일어에서는 그것을 아인퓔룽(Einfühlung, 보통 '감정이입'으로 번역한다: 옮긴이)이라고 말한다.[13] 그 경험을 영어로 표현한 사람은 엘리엇 혼자만이 아니었다. 사실 이 주제는 흔히 비체계적인 자연의 신비주의와 자주 결합된 형태로 낭만주의 시들을 거의 도배하고 있다.** 에이브럼스(Abrams)는 낭만주의 시의 이런 특징을 말하면서 다음과 같이 강조한다.

---

* T. S. Eliot, *Four Quartets*, Faber and Faber, 1972, p.44(*The Dry Salvages* II. pp.206~212). 엘리엇의 방식은 넓은 의미에서 가톨릭적이지만 그리스도교에 국한되지는 않는다. 예를 들어 *The Waste Land*의 III절은 부처의 '불의 설교'(인간의 5욕을 불에 비유한 부처의 설교: 옮긴이)와 같다.

** 히틀러만이 아니라 엘리엇, 바그너, 샤파레비치, 파운드 등에서 두루 확인되는 그 상태들과 반유대주의의 연관성은 이 책에서 증명하고자 하는 중요한 논점이다. 그것이 반유대주의와 연관되는 이유는 대단히 흥미로우며, 종교적 문제들과 관련된다. 엘리엇의 반유대주의는 굳이 증명할 필요도 없을 만큼 잘 알려져 있다. "유대인이 창턱에 쭈그려 앉아 있을 때 / 주인이 안트베르펜의 술집에서 만들어 낸 소문은 / 브뤼셀에서 부풀려지고 런던에서 밝혀진다."

콜리지와 워즈워스를 비롯한 많은 낭만주의 시인들은 아인퓔롱의 경험, 즉 자아와 외적 장면의 구분이 사라지는 경험에 특별한 비중을 할애했다. 예를 들면 『문학과 철학 비평』(*Literary and Philosophical Criticism*) 56쪽에 실린 셸리의 「삶에 관하여」(On Life)라는 글에는 이런 구절이 나온다. "환상에 빠진 사람은 자신의 본질이 주변 세계 속으로 빠져나가는 듯한, 혹은 주변 세계가 자신의 존재 속으로 스며드는 듯한 느낌을 가진다. 그 차이는 전혀 의식할 수 없다."[14]

사실 그렇다. 바이런은 그 관념을 이렇게 표현한다.

나의 제단은 산맥과 대양이다.
흙 – 공기 – 별 – 모든 것이 거대한 전체에서 솟아난다.
그것은 영혼을 낳았고 영혼을 받아들일 것이다.[15]

바이런의 경우, 세계와의 일체화라는 주제는 —— 특히 『차일드 해럴드』(*Childe Harolde*) 같은 작품에서 보듯이 —— 대양의 이미지를 취한다.

나는 나 자신의 안에 살지 않고
내 주변의 일부가 된다.
내게 높은 산맥은 하나의 느낌이며
인간 도시들의 소음은 고통이다.
자연에는 혐오스러운 게 없다.
생명체들의 한가운데 육체의 사슬에

어쩔 수 없이 속한 고리인 것이 혐오스러울 뿐
영혼이 도피할 수 있을 때
하늘, 산봉우리, 융기한 대양, 별들과
한몸이 되는 것도 좋으리.
그리하여 나는 몰입하노라.[16]

시는 계속된다.

산맥, 파도, 하늘은 나와 내 영혼의
일부가 아닐까, 내가 거기에 속하는 게 아닐까?[17]

시는 또 계속된다.

나는 우주와 한몸이 되기 위해
나의 모든 가능성, 혹은 예전의 나로부터
도망친다.[18]

바이런의 시가 우리에게 중요한 이유는 비트겐슈타인과 히틀러가 그것을 알고 있었기 때문이다. 그들은 쇼펜하우어의 『의지와 표상으로서의 세계』를 읽고서 바이런의 시가 형용과 설명의 힘을 가진다는 것을 알았다.* 잠시 후에 우리는 쇼펜하우어의 저작에서 아주 중요한 제34절을 다시 검토해야 하는 이유를 알게 될 것이다.

비트겐슈타인의 초기 저작에는 쇼펜하우어와 같은 생각을 담은 구절이 많이 나온다.** 여기서 주체는 신체에 국한되지 않는다.

철학적 '나'는 인간존재도 아니고, 인간의 신체도, 심리적 속성을 가진 인간의 정신도 아니며, 세계의 (일부분이 아니라) 경계에 있는 형이상학적 주체다. 하지만 인간의 신체, 구체적으로 나의 신체는 다른 사람, 동물, 식물, 돌 등등과 더불어 세계의 일부분이다.

이것을 깨닫는 사람은 자신의 신체가 특별한 지위를 갖기를 바라지 않을 것이다…….***

비트겐슈타인은 신체와 달리 '철학적 나'는 '다른 사람'들과 함께 있는 존재가 아니라고 말하고 있다. 이제 두 가지 인용문을 살펴보자. 하나는 쇼펜하우어(바이런의 시구가 인용된 제34절)이고, 다른 하나는 20세기 네덜란드의 위대한 철학자이자 수학자인 L. E. J. 브로우베르(Brouwer)다. 쇼펜하우어는 사물에 대한 다음과 같은 인식이 가능하다고 말한다.

---

* 이 경험들에 관한 이야기는 James의 *Varieties of Religious Experence* 가운데 'Mysticism' 장, 370~420쪽에도 있다. 다음은 맥기니스가 James에게서 인용한 대목이다('The Mysticism of the Tractatus', *Philosophical Review* 75, 1966. 맥기니스가 인용한 부분은 324쪽에 있으나 내 판본에서는 386쪽에 있다). **"개체화의 고독으로부터 모두가 함께하는 통합의 의식 속으로 돌아오는 것은 죽어 가는 존재처럼 무릎을 꿇고 불멸의 존재처럼 우뚝 서는 것이다."**[강조는 지은이] 비트겐슈타인의 제자였던 고(故) 더글러스 개스킹은 비트겐슈타인이 제임스의 책을 완전히 이해했다고 단언했다. 개스킹이 내게 직접 증언한 바에 따르면, 언젠가 비트겐슈타인은 제임스의 그 책을 우울증에 시달리는 학생에게 빌려준 일이 있었다고 한다. 내가 추측하기로는 그 학생이 바로 개스킹 본인인 듯싶다. 비트겐슈타인이 러셀에게 보낸 1912년 6월 22일자 편지에는 이런 내용이 있다(*Letters to Russell, Keynes and Moore*, Cornell University Press, 1974). "시간이 날 때마다 James의 *Varieties of Religious Experience*를 읽습니다. 저에게 많은 도움을 주지요."

** 적절한 부분은 *Notebooks 1914~16*의 72쪽 이하에 있다. 1916년 6월부터 그해 말까지의 생각을 기록하고 있다. *Tractatus*에서는 '6'으로 시작하는 글들이 여기에 해당한다.

*** *Notebooks 1914~16*, 82쪽. *Tractatus* 5,641에도 아주 비슷한 구절이 있다.

인식에 정신의 모든 힘을 쏟고, 거기에 완전히 자신을 침잠시키고, 의식 전체를 실존하는 자연 대상(객체) —— 풍경, 나무, 바위, 산, 건물 등 어느 것이라도 좋다 —— 에 관한 차분한 명상으로 채운다. 우리는 대상에 완전히 침잠한다. 바꿔 말해 우리는 개성과 의지를 잊고 오로지 대상을 거울처럼 비치는 순수한 주체로서 존재한다. 그래서 마치 대상을 인식하는 주체는 전혀 없고 대상만이 존재하는 듯하다. 인식 주체와 인식 대상을 분리하기란 불가능하다. 의식 전체가 하나의 인식 이미지로 채워져 있기 때문에 주체와 대상은 하나가 된다.[19]

서구 작가의 관점에서 (마치 직접 경험해 본 것처럼) 명상의 상태를 표현한 이 대목은 주체/객체 관계로 보면 동양에서 말하는 디야나와 매우 비슷하다. 그것을 디야나라고 말해야 할지, 아인퓔룽이라고 말해야 할지는 중요하지 않다. 그 본질은 명확하다.

그렇다고 내가 이 여러 가지 이름으로 불리는 상태가 모든 면에서 똑같다고 말하려는 것은 아니다. 다만 많은 문헌에 나오는 설명들을 이용하여 주체/객체 구분을 초월하거나 제거한 상태의 공통적인 것이 무엇인지 이해하고자 할 따름이다. 중요한 것은 쇼펜하우어 철학의 핵심인 주체/객체를 초월하는 경험에 관한 쇼펜하우어의 설명 속에 그 자신의 실험적 증거가 있다는 점이다. 쇼펜하우어가 흥분 상태에 있을 때는 충동적인 행동을 보였다는 말은 단순한 과장이 아닌 듯하다.* 그의 마

---

* 여기에 덧붙여 플로티노스의 명상에 관한 이야기를 보자(*Enneads* IV.2, Stephen MacKenna, Trans. William Benton, Chicago, 1982, p.159). "…… 생생한 명상에 잠겨 있는 순간에는 대개 자신의 개성을 인식하지 못한다. 우리는 우리 자신을 소유하지만, 우리의 행위는 대상과 일체화된다." 여기서 말하는 정신에 관해서는 심리학만으로 설명되지 않는 특별히 흥미로운 점이 있다.

음속에 뭔가 중요한 생각이 있을 경우 그런 상태는 더욱 두드러졌다. 이것은 앞서 인용한 엘리엇과 분명히 관련을 가지고 있으며, 그 자체로 계속 조사해 볼 가치가 충분하다. 브로우베르가 말하는 다음의 경우와 비교해 보자.

> …… 자의로 환상에 빠지는 것은 가능하다. 시간을 거스르지도 않고, 자아와 외부 세계가 분리되지도 않으며, 자신의 노력으로 그런 분리를 꾀하지 않아도 가능한 일이다…….[20]

이 두 사람의 주장이 중요한 이유는 뭘까? 물론 두 사람은 같은 관념을 표현하고 있다. 그것은 바로 내가 독자들에게 중요하다고 설득하려 애쓰는 주체와 객체의 통합이라는 관념이다. 그런데 브로우베르가 그런 주장을 한 것은 1928년 3월 10일 빈의 강연에서였다. 그 강연에는 비트겐슈타인을 위시하여 헤르베르트 파이글(Herbert Feigl), 프리드리히 바이스만(Friedrich Weismann) 등 빈 학파의 철학자들이 참석했다. 이 시점에 비트겐슈타인은 철학계에서 멀어져 있었다. 그가 케임브리지에 있던 시절은 약 15년 전, 1차 대전 전이었다. 그러나 파이글은 비트겐슈타인이 커다란 지적 흥분에 휩싸인 모습으로 강연장에 불쑥 나타났다고 말한다.[21] 파이글은 브로우베르의 강연 때문에 비트겐슈타인이 철학계로 복귀했다고 주장한다. 비트겐슈타인은 왜 그토록 흥분한 걸까? 강연에서 브로우베르가 비트겐슈타인도 익히 아는 쇼펜하우어의 철학에 관해 말한 것은 분명하다. 하지만 브로우베르의 말이 왜 그렇듯 중요한 걸까?

비트겐슈타인이 그토록 흥분했던 이유는 그 자신도 바로 그런 경험을 했기 때문이다. 실제로 그의 철학은 그 경험에 바탕을 두고 있었다.* 이것이 바로 그가 드루어리에게 말한, 어린 시절에 얻은 근본적인 통찰력이었다.[22] 이는 워즈워스의 경우에는 『서곡』(*Prelude*)의 영감이 된 젊은 시절의 경험과 동일하며, 콜리지를 비롯한 많은 영어권 시인들의 관심이었다. 또한 쇼펜하우어와 바그너의 커다란 관심이기도 했다. 그것은 나치즘의 비밀을 푸는 로제타석이다. 나는 비트겐슈타인이 감지한 것을 바로 아돌프 히틀러가 공유하고, 수용하고, 곡해했다고 생각한다.

초기 비트겐슈타인의 신비주의에 관한 선구적인 연구는 『만남』(*Encounter*)에 실린 에리히 헬러(Erich Heller)의 글과 비트겐슈타인의 전기 작가인 맥기니스가 『철학 평론』(*Philosophical Review*)에 수록한 논문이다.** 맥기니스는 비트겐슈타인 자신의 말에서 합리적으로 추론하여 그가 우리가 고찰하는 일체화의 경험을 했다고 증언한다. 맥기니스는 비트겐슈타인이 겪은 일체화 경험의 단초를 그가 본 연극의 한 장면에서 찾는다.

---

* Gudmundsen은 *Wittgenstein and Buddhism*(Macmillan, 1977, p.111)에서, 비트겐슈타인의 일부 사상이 대승불교에서 나왔다는 점이 증명된다면 '철학적 폭탄'과 같은 효과를 발휘할 것이라면서 그것에 반대하는 논증을 전개한다. 그는 유사성이 '유사한 자극' 때문에 생긴다고 주장하며, 그것은 철학적 문제이지 경험이 아니라고 말한다. 그러나 유사성이 사례와도 상당히 가깝다는 점을 지적할 필요가 있다. Tractatus 5.6331에 나오는 '시야와 눈'의 비유 — 눈은 보지만 시각의 대상은 아니다 — 는 불교 경전에도 나온다(또한 아우구스티누스의 *The Trinity*, IX권, 3, iii에서도 볼 수 있다). 마침 *Tractatus* 5.64에는 이런 주장이 있다. "엄밀한 유아론은 순수한 실재론과 일치한다." *The Brown Book*은 무의미한 질문의 예를 보여 준다. "촛불의 불꽃은 꺼지면 어디로 가는가?"(p.108) 이것은 깨달음을 얻은 사람에게 사후에 어떤 일이 일어나는가에 관한 질문을 부처가 무의미하다고 규정할 때 자주 쓰던 말이다. 하지만 일단 독자들이 디야나와 아인퓔룽이 상당히 비슷하다고 인정하면서 논의를 계속 따라가 보자.

** McGuinness, 'The Mysticism of the Tractatus', p.305. 맥기니스는 에리히 헬러의 논문 'Ludwig Wittgenstein, Unphilosophical Notes'(*Encounter* 72, 1959, p.42)를 전거로 삼는다(p.327).

루트비히 안첸그루버(Ludwig Anzengreuber)의 희곡 『십자가를 만드는 사람들』(*Die Kreuzelschreiber*)의 한 등장인물은 울적한 기분으로 잠에 들었다가 깨어나 알 수 없는 행복과 희열을 느끼며 이렇게 말한다.

아무런 일도 일어날 수 없다! 최악의 고통이라 해도 지나고 나면 아무것도 아니다. 그대가 땅속 6피트에 묻힌다 해도, 수천 번이나 더 그런 상황에 처한다 해도 아무런 일도 일어날 수 없다! **그대는 모든 것의 일부이며 모든 것은 그대의 일부다.** 아무런 일도 일어날 수 없다!* 〔강조는 지은이〕

여기서 요점은 물론 "그대는 모든 것의 일부이며 모든 것은 그대의 일부"라는 구절이다. 이것이 바로 바이런, 에머슨, 쇼펜하우어, 바그너, 브로우베르, 비트겐슈타인, 나아가 동방의 사상가들까지 관통하는 실마리다. 이 경험의 전거는 아마 1942년 무렵 비트겐슈타인의 생각에서 찾을 수 있을 것이다. 이 생각은 1956년에 간행된 『수학의 기초에 관한 고찰』(*Remarks on the Foundations of Mathematics*) 123쪽에 나온다.[23] 갑작스런 깨달음의 현상에 관한 논의가 끝난 뒤 그는 느닷없이 이렇게 제안했다. "연극을 보면 뭔가 얻을 수 있지 않을까?"

---

* 맥기니스는 『십자가를 만드는 사람들』의 3막 1장에서 필요한 구절을 찾는 데 P. 폰 모르슈타인 양의 도움을 받았다고 말한다. 맥기니스는 루트비히 안첸그루버(1839~89)를 '오스트리아의 무명 극작가'로 간주하는데, 이것은 좀 부당하다. 그는 사실 19세기의 유명한 오스트리아 극작가였으며, 그의 생애에 관해 많은 전기가 나왔다. 『십자가를 만드는 사람들』(1872)은 아마 『리시스트라타』(*Lysistrata*. 아리스토파네스의 고전 희곡: 옮긴이)의 계열을 따르는 최고의 희극일 것이다.

비트겐슈타인이 희곡에서 표현된 일체화의 경험을 했다는 직접적 증거는 그의 『윤리학 강의』(Lecture on Ethics)에도 나온다.* 비트겐슈타인은 안첸그루버의 희곡에 등장하는 인물이 보여 주는 안전한 느낌을 설명한 뒤 자기도 그것을 안다고 명시적으로 밝혔다. 그는 '우수함'의 의미를 고찰하면서 자신의 생각을 전달하고자 했다.

…… 그것을 가장 그럴듯하게 형용하려면 이렇게 말해야 한다. 그런 상태에 있을 때 나는 세계의 존재에 경이를 느낀다고. 그럴 때면 나는 "무엇이 존재할 수 있다는 것은 얼마나 특별한 일인가"라고 표현하고 싶다. 나는 **나 역시 알고** 남들도 익히 아는 또 다른 경험을 말한다. 그 것은 절대적으로 안전하다는 경험이다. "나는 안전해. 무슨 일이 일어나도 내가 다치는 일은 없어"라고 말하고 싶은 상태를 뜻한다. [강조는 지은이]

나는 비트겐슈타인이 절대적 안전함을 느끼게 된 계기는 자신이 전체의 일부라고 느끼는 그 희곡 속의 인물이라고 믿는다. 그것은 바로 디야나의 상태다. 디야나가 주체의 의식이 없는 인식 —— 몰입의 인식 —— 이라면 그것을 경험하는 사람은 당연히 안전함을 느끼지 않을까? 이때 '자아'는 경험 속에 묻혀 사라지며, 아울러 자아가 손상될 가

---

* *Philosophical Review* 74, 1965, p.3. 이 시기 비트겐슈타인의 영어 실력은 보잘것없었다. 앤스컴 양은 *Introduction to Wittgenstein's Tractatus* 173쪽에서 비트겐슈타인의 의도를 추측했다. 실제로 *Lecture on Ethics*에서 그는 '자신의 특별한 경험'에 관해 말했다. 위에서 나는 앤스컴 양을 따랐으나 그녀가 옳다고 확신하지는 않는다. 맥기니스의 각주(326쪽)를 보면 그가 자신의 경험을 특별한 것으로 이야기하려 했다고 생각하게 된다. 관심 있는 독자는 51절에서 '특별한 기적'에 관한 언급(251쪽)을 보고, *The World as Will and Idea*도 찾아보라.

능성도 사라진다. 반복해서 말하지만 비트겐슈타인은 자신이 '알았다'고 말했다.*

　드루어리가 기록한 다음과 같은 대화도 있다. 대화에서 가리키는 인물은 줄리언 벨이거나 존 콘퍼드일 것으로 짐작된다.

　　집으로 돌아오면서 우리는 우리 둘 다 아는 케임브리지 학생에 관해 이야기했다. 스페인에서 국제여단으로 싸우다가 전사한 학생이었다. 그 소식을 들었을 때 그 학생의 친구들은 비트겐슈타인에게 이렇게 말했다. "이제 그의 고통이 끝났고 우리가 '앞날'을 생각하지 않아도 된다는 게 얼마나 다행입니까?"
　　비트겐슈타인은 그 말을 듣고 충격을 받았다. 나는 그에게 내 삶에서 **완벽했던 순간은 바로 내가 대상──자연이나 음악──에 몰입하여 모든 자의식이 사라졌을 때, '나'의 존재가 멈추었을 때**라고 말했다.
　　비트겐슈타인: 그럼 자네는 죽음을 그런 영원한 마음의 상태로 향하는 관문이라고 생각하나?
　　드루어리: 그렇다네. 나는 앞날을 그렇게 생각하지.[24]
　　〔강조는 지은이〕

　드루어리에 의하면 비트겐슈타인은 "대화를 계속하고 싶어하지 않았다"고 한다. 그러나 내가 모은 모든 증거로 볼 때 그는 '자아가 명상

---

* 약간 다른 전통에서 힌두 경전 *Isa-Upanishad*를 살펴보라(비슷한 구절은 *Samhita-Upanishad*의 Vagasaneyi에도 있다. *Sacred Books of the East*, Ed. F. Max Mueller, Oxford, 1879~85, p.312; R. M. Bucke, *Cosmic Consciousness*, Dutton, p.240에서 인용). "깨달은 자에게는 자아가 곧 만물이다. 합일을 이룬 자에게 슬픔이나 어려움이 대체 무엇이겠는가?"

에 빠지는 경험'을 잘 알고 있었다. 여러 저작을 읽거나(에머슨,[*] 쇼펜하우어, 제임스), 강연(브로우베르), 대화(드루어리), 그리고 자신의 경험을 통해서였다. 자아/타자의 구분이 사라지는 것은 신비주의 문헌에 나오는 경험, 즉 디아나, 아인퓔룽, 환상, 사토리 등의 공통된 특징이다. 중요한 것은 명칭이 아니라──설령 다양한 명칭으로 불리는 상태들이 모든 면에서 동일하다 해도──비트겐슈타인의 경험을 정확히 이해하는 일이다. 이 경험은 비트겐슈타인이 '절대적 가치'에 집중하고자 할 때 생겨나는 '특별한' 사건이다. 그것은 동양의 두 주요 종교에서 상조하는 명상에서 비롯된다.

여기서 주목해야 할 것은 정신의 본질에 관한 중요한 철학적 결론이 바로 거기서 도출된다는 점이다. 불교의 창시자가 주창한 아나타의 개념에 따르면, 명상에 완전히 몰입할 때 세계는 바르게 보이고 자아(아트만)가 존재하지 않는 듯이 느껴진다. 비트겐슈타인의 경우[**] 30년대에 그가 신봉한 심리철학(피터 스트로슨에 의하면 '비소유 이론')도 경험 주체의 복수성을 인정하지 않는다. 그 점은 『논리철학 논고』의 5.5421에 명확히 제시되어 있다.

---

[*] 다음은 다시 에머슨의 *Essays*('The Oversoul', p.170)이다. "…… 인간의 내부에는 전체의 영혼, 지혜로운 침묵, 보편적 아름다움이 있으며, 모든 중요한 부분이 그것과 동등한 연관을 맺는다. …… 우리가 존재하는 이 깊은 힘, 우리 모두에게 미치는 그 아름다움은 자족적이고 완벽할 뿐 아니라 보는 행위와 보이는 것, 보는 자와 보이는 대상, 주체와 객체는 하나가 된다. 우리는 세계를 해, 달, 동물, 나무 등으로 나뉜 것으로 보지 않고 하나의 전체로 보며, 그 전체 가운데 빛나는 부분들이 영혼이다."

[**] 다음 인용문은 프레게의 글 'Thoughts'(*Logical Investigations*, Ed. Peter Geach, Blackwell, 1977, p.21)이다. Geach의 서문에는 비트겐슈타인이 그 글을 읽었다는 내용이 있기 때문에 사상사가 관심을 보일 만한 대목이다. "만약 모든 것이 관념이라면 관념의 소유자는 없다." 주체가 없는 유아론이다.

…… 현재의 천박한 심리학에서 주장하는 영혼이나 주체 같은 것은 없다.

『논리철학 논고』5.631에는 더 강경한 구절이 있다.

사유하거나 관념을 품는 주체 같은 것은 없다.

하지만 그는 이런 생각이 유아론과 크게 다르다고 생각했다. 세계는 관념이라는 생각을 논의하면서 그는 이렇게 말했다.

…… 여기서 유아론은 우리에게 한 가지 교훈을 준다. 이 사유에서 조금만 더 나아가면 잘못을 제거할 수 있다. 세계가 관념이라 해도 어느 개인의 관념은 아니다. (유아론은 여기에 미치지 못하고 세계가 나의 관념이라고 말한다.)*

뒤의 장들에서 나는 그것이 1930년대의 탈선이 아니라는 점을 보여 줄 것이다. 그는 『논리철학 논고』를 쓰던 시절부터 죽을 때까지 일관된 철학을 견지했다. 어쨌든 중요한 질문은 이것이다. 그런 경험은 어떤 심리철학으로 이어지는가? 비트겐슈타인을 이해하는 데 그 경험이 도움을 주는가? 나는 단지 도움만이 아니라 그것이 없으면 그를 이해할 수 없다고 본다. 그 경험의 역할을 알지 못하고서 그의 철학을 운위

---

* 'Notes For Lectures', p.297. *Tractatus* 5.62의 구절과 비교해 보라. "유아론자의 의도는 완전히 옳다. 말할 수만 없을 뿐 스스로를 드러낼 수는 있다."

하는 것은 시간낭비다.*

나아가 나는 그것이 홀로코스트의 원인을 밝혀 준다고 본다. 그 일
체화의 경험은 궁극적으로 신과의 합일 ── 신비적인 동일시 ── 을 지
향하는데, 유대인에게는 본래 그것이 금지되어 있기 때문이다. 물론 유
대 신앙도 신비주의적 전통이 강하다. 유대의 신비주의자가 축복을 받
으면 황홀경 속에서 신의 옥좌를 명상할 수도 있다. 그러나 신성한 일
체화를 도모하려면 명상만으로는 불가능할 뿐 아니라 혐오를 떨쳐야
한다. 인도 아대륙의 초기 아리아 종교에서는 그 합일의 경험을 이루는
방법 ── 명상, 요가, 영창 등 ── 을 열심히 추구하고 계발했으며, 오늘
날까지도 그런 방법들이 전승되고 있다. 이런 수단들은 셈족의 여러 종
교에서는 금지된 신성화를 목표로 삼는다.

그러므로 나는 이런 경험을 필요로 하는 심리철학을 통해 비트겐
슈타인의 경구들을 설명하고 그 배경을 명확히 밝히고자 한다. 그 배경
은 쇼펜하우어이며, 쇼펜하우어를 거쳐 전해진 초기 아리아 종교다.

이러한 배경은 비트겐슈타인이 음악적으로 숭배한 리하르트 바그
너의 철학적 견해를 파악하는 데 있어 특히 중요하다. 『미래의 예술 작
품』(Das Kunstwerk der Zukunft)에서 바그너는, 이 합일적 경험의 견

---

* 다음은 1919년 12월 비트겐슈타인에 대한 러셀의 인상이다. "나는 이미 그의 책에서 신비주의의
냄새를 감지했지만, 그렇게 완벽한 신비주의자가 된 것을 알고는 크게 놀랐다. 그는 인간을 키에
르케고르나 안겔루스 실레시우스처럼 해석하며, 진심으로 수도사가 될 마음을 먹고 있다. 모든
것은 윌리엄 제임스의 『다양한 종교 체험』에서 시작되었으며, 전쟁 전에 그가 노르웨이에서 혼자
겨울을 보내던 중에 그 싹이 자라났다(부자연스러운 과정은 아니다). 그 뒤 전쟁 중에 흥미로운
일이 일어났다. 군대에 입대한 그는 갈리시아의 타르노프로 가는 도중에 어떤 서점을 지났다. 그
저 그림엽서 같은 것 이외에는 별다른 게 있어 보이지 않는 서점이었다. 과연 서점으로 들어가 보
니 책이라고는 단 한 권밖에 없었다. 바로 톨스토이가 복음에 관해 쓴 책이었다. 다른 책이 없었
으므로 그 책을 살 수밖에 없었다. 그는 그 책을 여러 차례 되풀이해서 읽었으며, 전장의 포연 속
에서도 늘 몸에 지니고 다녔다." (Letters to Russell, Keynes and Moore, p.82)

지에서 음악가의 활동 방식을 논의하고 있다. (미래의 퓌러가 이 대목을 수도 없이 읽었으리라는 것은 보지 않아도 뻔한 일이다.) 그 내용은 순전히 쇼펜하우어적이며, 거의 주문을 외우는 것과도 같은 열정적인 어조로 되어 있다.

> 조형예술가에게는 **개별 의지**가 순수한 관조를 통해서 억눌려져 있지만, 음악가에게서 그것은 **보편 의지**로 깨어난다. 그 의지는 시각보다 훨씬 강력한 힘으로 완전한 자의식 속에서 그 자체를 있는 그대로 인식한다.
> 바로 여기서 음악가와 디자인 예술가의 심리 상태가 크게 달라지며, 음악과 회화의 근본적으로 다른 효과가 생겨난다. 하나는 가장 심원한 정적이고, 하나는 의지의 극단적인 흥분이다. 바꿔 말해 하나는 개인들에게 존재하는 의지일 뿐이며, 외부 사물의 본질과 다르다는 공상에 의해 가둬진 의지이므로 그저 무심하게 대상을 관조하는 것 이상으로 넘어가지 못한다. 그러나 음악가의 경우 의지는 개체들의 배경 속에서 즉각 **하나임**을 느낀다. 듣는 행위는 세계가 들고나는 대문을 열어젖히는 것이기 때문이다.
> 이런 외양의 물꼬가 완전히 트이면 영감을 느낀 음악가는 무엇과도 비교할 수 없는 무아지경에 빠진다. 거기서 의지는 그 자체를 만물의 전능한 의지로 인지한다.[25]

그렇다면 이제 우리는 그동안 개탄스러울 만큼 무시되어 왔으나 실은 극히 중요한 관점으로 무장하고서 비트겐슈타인의 철학과 홀로코스트의 연관성을 캐내야 한다. 국가사회주의와 나치 예술 이론을 이해

하려면 쇼펜하우어, 동양의 종교, 바그너, 비트겐슈타인, 히틀러에게
두루 관철된 특별한 종류의 신비주의를 알아야 한다. 비트겐슈타인의
철학에서 비소유적이고 비개인적인 부분 ── 언어 자체, 비소유적 보편
정신 ──은 히틀러의 민족주의적 곡해로 이어져 '지배자 민족'의 정
신, 즉 '독일 이념'으로 변형되었다. 여기서 유대인은 배제된다. 유대주
의의 본질은 일체의 신비적 합일을 부정하는 강력한 일신교이기 때문
이다. 이렇게 유대인이 신비주의적인 이유로 배제됨으로써 1933년부
터 1945년까지 여호와와 오딘 간의 대규모 투쟁을 위한 무대가 마련된
것이다.*

---

* Hermann Rauschning은 *Hitler Speaks* 232쪽에서 이렇게 쓴다. "그의 비교(秘敎) 학설에는 유
대인에 대한 거의 형이상학적 적대감이 포함되어 있다. 영적인 신을 섬기는 이스라엘 민족은 새
로이 떠오르는 독일 선민(選民)과 대립을 빚을 수밖에 없다. 신은 하나일 뿐이다. 히틀러의 반유
대주의의 배후에는 신들이 벌이는 전쟁이 있었다." 1938년 3월 독일제국 의회 연설에서 히틀러
는 "국가란 의지의 신이 창조한 것"이라고 말했다(*My New Order*, p.374).

.6장. 쇼펜하우어, 로젠베르크, 인종 이론

폰 브리크트(Von Wright)는 비트겐슈타인의 『약전』(*A Biographical Sketch*)에서 비트겐슈타인에게는 철학적 선배가 없었던 것 같다고 짤막하게 말했다.* 이것은 비트겐슈타인의 독창성을 칭찬하는 말이지만, 이제 독자들은 과연 실제로 그랬을까 하는 의혹을 품을 것이다. 나는 쇼펜하우어를 통해 비트겐슈타인은 다른 어느 서구 철학자보다 역사적·지리적으로 훨씬 더 광범위한 선배들을 가졌다고 본다.

　비트겐슈타인의 심리철학은 색다른 계보를 가지고 있다. 일부는 쇼펜하우어를 거쳐 칸트까지 거슬러 올라간다. 그러나 다른 측면에서 보면 쇼펜하우어를 통해 이어지는 또 다른 가지가 나온다. 쇼펜하우어의 심리철학이 인도의 전통을 따른다는 점에서 그 뿌리는 기본적으로 인도적이다. 그렇다고 해서 그 근원이 오로지 인도적인 것만은 아니지만, 비트겐슈타인의 학설은 (쇼펜하우어도 자신의 철학에 관해 인정했듯

---

* "내가 볼 때 후기 비트겐슈타인에게는 사상사적 선배가 없다." (G.H.Von Wright, *A Biographical Sketch*, p.27). Norman Malcolm이 *Ludwig Wittgenstein: A Memoir*(Oxford University Press, 1958)에서 한 이야기의 업그레이드판이 Von Wright의 *Wittgenstein* (Blackwell, 1982), 13~34쪽에 있다. 이 책에서 자주 인용되는 말이다.

이) 인도적인 특성을 가지며, 인도의 '향취'를 물씬 풍긴다. 폰 브리크트 같은 서구 철학자들은 인도의 종교적 전통에서 현대 철학의 쟁점을 바라보는 데 익숙하지 않으므로 20세기의 가장 독창적인 철학자에게서 인도적 전통을 찾아내기가 쉽지 않다.

또한 쇼펜하우어와 비트겐슈타인의 철학에 드러난 인도적 향취의 근원이 인도 자체에서 비롯되었을 것이라는 추측도 충분히 가능하다. 쇼펜하우어의 저작에서 보이는 내적인 증거에 관해서는 잠시 후에 논의할 것이다. 인도의 전통 자체는 처녀지라고 할 수 없다. 인도 사상에 관한 쇼펜하우어의 지속적 관심은 이미 빌헬름 할프파스(Wilhelm Halbfass)가 밝힌 바 있다.

쇼펜하우어가 처음 인도에 관심을 가지게 된 것은 낭만주의자들에게 인도를 널리 알린 동양학자 프리드리히 마예르(Friedrich Majer)[1]의 영향 때문이었다…….[2]

할프파스는 또한 쇼펜하우어가 1816년에 『의지와 표상으로서의 세계』 첫 권이 제작되던 중에 쓴 글을 인용한다.

고백하건대 나에 앞서 우파니샤드, 플라톤, 칸트가 인간의 정신을 밝혀 주지 않았다면 내 학설은 정립될 수 없었다.[3]

쇼펜하우어가 자신의 사상과 인도의 사상에서 확인한 '조화'란 무엇인가? 할프파스의 말을 계속 들어 보자.

인도철학을 바라보는 그의 관점은 이를테면 '철학적 사료 편찬' (wiedererkennende Philosophiegeschichte)이라고 할 수 있었다. 따라서 매우 다양한 역사적 맥락에서 똑같은 통찰력을 찾아내는 것도 가능했다. 쇼펜하우어는 자기 철학의 기본 사상, 즉 '의지와 표상으로서의 세계'에 관한 학설, 실재와 외적 투사가 근원적으로 공간-시간적 복수성으로 통합된다는 학설을 인도의 여러 사상에서 찾을 수 있다고 생각했다. 이는 단지 역사적 선례의 형태만이 아니라 역사나 지리의 한계와 무관한 진실의 맥락에서 상통한다.[4]

이 접근은 우리가 지금까지 한 방식과 같다. 즉 쇼펜하우어의 관점에서 비트겐슈타인을 해석하는 방식이다. 우리는 '인도의 여러 사상'이 "역사나 지리의 한계와 무관한 진실의 맥락에서" 쇼펜하우어와 비트겐슈타인에게 이어지는 관계를 밝힐 것이다. 독자들은 인도의 여러 사상에서 발견되는 학설들이 바로 고대 아리아인의 종교적 신앙이 현존하는 형태라는 점에 주목해야 한다. 우리는 곧 나치의 인종 이론가들이 이 아리아 학설을 차용했다는 사실을 밝힐 것이다. 지금으로서는 그것이 여호와의 '타자성'을 강조하는 유대 신앙의 교리와 근본적으로 어긋난다는 점만 지적하고 넘어가자. 고대 아리아인의 신적인 정신은 개별 정신이다. 단, 그 개별 정신은 스스로 오류를 정화해 이 사실이 드러나지 않도록 할 수 있다.

쇼펜하우어를 연구하는 현대의 학자들은 인도와의 관련이 가지는 의미를 경시하는 경향이 있다. 그들은 인도 종교에 관한 그의 해석이 상궤에서 벗어나고 잘못된 것으로 본다. 심지어 쇼펜하우어가 괴짜라고까지 말한다. 학자들의 말이 옳을지도 모르지만, 영향력이 큰 괴짜의 견해를 무시하는 것은 온당치 못하다. 쇼펜하우어의 사상은 니체, 바그너, 비트겐슈타인, 히틀러에게 영향을 미쳤다. 그러므로 쇼펜하우어가 인도 종교에 관해 중요하다고 생각한 부분이 뭔지 알아내는 일은 결코 사소한 것이 아니다. 그는 특히 영국 선교사들을 경멸하는 입장을 취한다.

> 지금 우리는 브라만들에게 영국 성직자와 전도사들을 보내 동정심으로 그들을 바로잡으려 하며, 그들에게 인간은 무에서 창조되었고 그것에 대해 감사와 기쁨을 느껴야 한다고 가르치려 한다. 그러나 이것은 마치 절벽에서 총을 쏘는 것과 같다. 인도에서 우리의 종교는 결코 뿌리를 내리지 못할 것이다. 예부터 전승된 인류의 지혜는 갈릴리에서 있었던 일 따위에 밀려나지 않는다. 그 반대로 인도의 지혜가 유럽으로 흘러들어 우리의 지식과 사고에 근본적인 변화를 일으킬 것이다.[5]

이렇게 쇼펜하우어의 생각이 달라진 데는 분명한 원인이 있었다. 할프파스는 쇼펜하우어의 견해 중에서 비트겐슈타인 철학의 핵심이 된 부분을 따로 분리한다.

> 쇼펜하우어는 윤리학과 형이상학에서 중요하게 여기는 내용을 설명할 때면 종종 인도의 사상을 예로 들었다. 이미 1813년 박사 학위 논문을 준비할 때부터 그는 "윤리학과 형이상학을 한꺼번에 아우르는 철학"의 원칙을 정립했다. 그 통합적인 철학 체계를 이루기 위해 그는 동정심이라는 근본적인 윤리적 현상을 베단타(Vedanta, 인도 힌두 철학의 한 종류: 옮긴이)에 예시된 일치의 형이상학과 관련시키려 했다.

그가 보기에 "도덕의 토대는 궁극적으로 '그대가 바로 그것'(tat tvam asi)이라는 우파니샤드에 나오는 진리에 있었다."[6]

비트겐슈타인은 논리학과 윤리학이 함께 가는 것에 아무런 의혹도 품지 않았다. 그의 사상에서 이 통합으로 가는 열쇠는 모든 주체의 일치에 있었다. 그것도 쇼펜하우어처럼 '순수한 앎의 주체'와의 일치가 아니라 공통의 언어와의 일치였다. 수많은 사람이 발언한 하나의 명제는 정체 모를 '나'의 참된 본질, 신비스러운 본질을 보여 줄 수 있었다.* 그는 카비르(Kabir)가 번역한 라빈드라나트 타고르의 시도 알았을 것이다.

아무도 이 형용할 수 없는 운동을 알지 못한다.
하나의 혀가 어떻게 그것을 묘사하리요.
백만 개의 입과 혀를 가진 사람이 있다면
그 거대한 하나가 말하게 하라.[7]

명제는 우발적으로 이 입이나 저 입을 통해서 발언되지만, 수적으로는 늘 하나의 명제일 뿐이다. '백만 개의 입과 혀'를 통해 표현되는 명제는 '사적'이 아니라 공적이다. 말하는 것은 '거대한 하나'이며, 그 본질을 완전히 인지하는 것은 '형용할 수 없는 운동', 즉 신성화다. 쇼펜하우어의 의지는 이런저런 생명체를 통해 우발적으로 드러나지만 수

---

* 'Das Ich, das Ich ist das tief Geheimnisvolle!' 비트겐슈타인은 *Notebooks 1914~16*에서 이렇게 말했다.

적으로는 늘 하나다. 힌두교에서도 겉으로 보기에는 개별 아트만들이 많은 것 같아도 실상은 하나의 브라만을 인정한다. 불교에서도 개체화된 아트만의 관념은 부처가 구원하려는 무지의 근원으로 취급된다. 그러나 그 배경에 관한 추론은 명백하다. 그것은 먼저 인도에서 글로 기록되었고, 쇼펜하우어와 비트겐슈타인은 나중에 그 내용을 반복했을 뿐이다. 따라서 발명자는 인도인들 —— 아대륙을 침략한 고대 아리아인들 —— 이므로 내가 '인도'를 수식어로 사용하여 그 학설을 설명하는 것은 정당화된다.

쇼펜하우어 철학의 핵심이 어떤 경로를 거치든 인도에서 기원한다는 것은 많은 유럽의 많은 사상가들이 동의한 바 있다. 또한 그의 철학이 커다란 영향력을 가졌다는 것도 사실이다. 우리의 목적을 위해 가장 중요한 것은 작곡가 리하르트 바그너다. 그 사상은 바그너에게서 아돌프 히틀러에게로 흘러 들어가 나치 인종 이론에 편입되었다. 이 전환에서 흥미로운 것은 인도의 학설이 아리아인에게만 국한되었다 해도 수용되었겠느냐는 문제다.

나치의 대표적인 인종 이론가이자 동유럽 점령지의 장관을 지냈고 1946년에 교수형을 당한 알프레트 로젠베르크(Alfred Rosenberg)는 쇼펜하우어/바그너가 해석한 인도 종교로 나치 인종 이론의 뼈대를 구성했다. 그의 저술로 미루어 아트만/브라만의 일치는 아리아 철학의 핵심 개념이었음이 틀림없다. 하지만 아리아인들에게서 갈라져 나온 힌두교는 '서출'이라는 한계로 인해 인종적 기반을 잃었다. 민족이 어떻게 철학에 수용되는지 의아해하는 독자들은 다음 로젠베르크의 과장된 주장을 보면 나치 공식 인종 이론가의 관점이 어떤 것이었는지 알 수 있을 것이다.

타고난 스승인 인도인은 자신의 영혼이 생명의 숨결로 팽창하여 우주 전체를 채우는 것을 느꼈다. 동시에 그는 자신의 가슴속에서 세계가 고동치는 것을 들었다. 신비스럽고 풍요하고 풍부한 자연의 유혹에도 아랑곳하지 않고 그는 심오한 형이상학에 빠져들었다. 우파니샤드의 옛 가르침에서 금욕주의 사상가에게도 필수불가결한 전제로 간주되었던 행동하는 삶은 방랑자의 눈앞에서 영혼의 우주 속으로 사라지기 시작했다. 요란한 색채에서 앎의 흰 빛으로 향하는 길은 이성을 통해 자연을 전복시키려는 원대한 계획으로 이끌었다. 바로 그 순간 비범한 혹은 고귀한 인도인들은 속세를 초월했다. 하지만 후대의 인도인들은 그 가르침만 물려받았을 뿐 생생하게 살아 있는 인종적인 전제는 물려받지 못했다. 그들은 점차 바르나(Varna)의 핏빛 감각을 이해하지 못하게 되었다.* 오늘날 바르나를 기술적 분업과 같은 분야에 응용하는 것은 세계에서 가장 지혜로운 통찰력의 하나를 처참하게 조롱하는 행위다. 후대의 인도인은 피, 자아, 전체의 세 가지를 다 알지 못하고 자아와 전체의 두 가지 본질만 알고 있다. 자아를 그 자체로 이해하려는 중대한 시도는 그에게 없다. 인도인은 인종 범죄를 물려받았다. 그로 인해 그 자손들은 정신적으로 빈곤한 사생아처럼 보이며, 갠지스 강에서 불구가 된 자신의 존재를 치유하려 애쓴다…….[8]

로젠베르크는 고대 인도의 아리아인들 중에서 비범한 혹은 고귀한 사람들이 아트만/브라만 일치의 앎을 통해 형이상학적 통찰력을 얻었

---

* 바르나(Varna)는 산스크리트 고어로 색깔을 뜻한다. 색깔에 따라 사람들을 구분한다는 의미인데, 인도를 침략한 아리아인과 원주민인 드라비다인의 구분을 가리킨다.

다고 주장한다. 문제는 아리아인이 인도 원주민과 통혼한 탓에 인종 혼합이 이루어짐으로써 그 통찰력이 손상되었다는 것이다. 로젠베르크의 말을 더 들어 보자.

인도의 일원론자는 합리적 결심을 통해 자아/전체의 정신적 양극 중 후자를 지지하는 방향으로 '극복'을 이루었으므로 …… 그 뒤에도 인종과 개성 같은 개념들에 큰 가치를 부여하지 않는다. …… 실재하는 모든 것은 세계정신(브라만)으로, 개인들(아트만)의 영원한 재탄생으로 구현된다. 무엇보다도 이렇게 자연으로부터 등을 돌린 결과 처음에 명확했던 인종의 표상과 개념이 점차 약화되었다. 본능은 교조적이고 철학적인 인식에 의해 속세의 왕국에서 밖으로 나왔다. 만약 세계정신이 존재하는 모든 것이고 아트만이 그 본질이라면 개성의 관념은 사라질 수밖에 없다. 그리하여 무형의 전체/하나가 이루어지는 것이다.[9]

아트만/브라만 일치는 비범한 자, 인종적으로 순수한 아리아인에게 완벽하게 수용되었으나 모든 것을 망라하는 보편적 교리 때문에 다른 종족의 혼합을 허용했다. 이 종족 혼합으로 인해 교리의 진리를 깨닫는 능력을 가진 사람들을 만들어 내는 환경이 파괴되었다. 아리아의 형이상학적 지식을 열망하는 사람들은 이제 더 이상 아리아인이 아니다. 숭고한 아리아의 형이상학은 그것을 지지하는 인종이 바뀌면서 달라졌다. 그래서 로젠베르크는 다음과 같이 말한다.

상황이 이렇게 되자 인도인의 창조성은 사라졌다. 수드라(Sudra) —— 이들은 아트만 때문에 평등하다고 간주되었다 —— 의 검고 낯선 피가 흘러들어 카스트 혹은 인종의 원래 개념이 소멸했고 타락이 시작되었다. 뱀과 남근 숭배가 원주민들에게 퍼졌다. 100개의 팔을 가진 시바의 상징적 표현이 사실화되어 원시 정글에서 무시무시한 잡종 예술로 재현되었다. 옛날 영웅의 송가는 황궁에서만 기억되었고, 칼리다사(Kalidasa)를 비롯해 무명에 가까운 위대한 시인들의 서정시도 그곳에서만 볼 수 있었다. 칸카라(Cankara)는 인도철학을 쇄신하고자 했으나 소용이 없었다. 인종의 동맥이 절단되어 아리아-인도인의 피가 모두 쏟아져 나왔기 때문이다. 그 피는 여기저기 고대 인도의 땅에 스며들어 땅을 비옥하게 만드는 데 그쳤다. 철학적·전문적 교리만이 남아 후대에 전해졌는데, 이것은 그 뒤 형태가 왜곡되어 현대의 힌두교를 지배하고 있다. 그렇다고 해서 인도인이 최초의 인종과 자신의 개성을 포기하거나 곡해했다고 주장하는 것은 너무 편협하다. 그보다 더 중요한 것은 그 형이상학적 사고가 이원론의 현상을 무너뜨리고 이원론의 양극 중에서 상호 제약하는 더 낮은 형태를 제거하는 방향으로 나아갔다는 점이다.

외부에서 볼 때 아트만-브라만의 대평등을 철학적으로 인정한 것은 인종적 쇠퇴를 초래했다. 다른 나라에서는 그런 현상이 철학 사상을 공고화시키지 않았고, 오히려 둘 혹은 여러 대립적인 인종들 간에 끊임없이 인종 혼합이 일어난 결과로 그런 현상이 생겨났다. 그 과정에서 각 인종의 역량은 제고되거나 보완되지 못하고 반대로 상호 소멸로 나아갔다.

달리 말해 나치 인종 이론에 따르면 아트만/브라만 일치를 철학적으로 인정할 경우 —— 혹은 다른 인종에게 그것을 깨닫게 하고 인종 혼합이 이루어질 경우── '인종적 쇠퇴를 초래' 한다는 것이다. 특이한 생각이 아닌가? 하지만 이전 장들에서의 고찰이 옳다면, 비트겐슈타인의 철학에는 아트만/브라만 일치와 매우 비슷한 것이 있다! 그러므로 히틀러가 "개성을 없애는 유대주의"를 극렬히 비판했을 때 그는 바로 그것을 염두에 두었을 가능성이 농후하다. 히틀러가 유대인에게 갖다 붙인 학설은 사실 독실한 유대인이라면 누구나 거부할 터였다. 하지만 유대 혈통의 어느 20세기 철학자는 케임브리지의 트리니티칼리지에서 바로 그 학설을 다르게 포장해 설파했다. 그것도 1930년대만이 아니라 1차 대전 이전에도 그랬으며, 아마 히틀러와 함께 학교를 다닐 때도 그랬을 것이다.

로젠베르크가 이런 식으로 나치 철학을 설명한 것은 한 차례가 아니었다. SS 지도자인 하인리히 히믈러(Heinrich Himmler)는 점성술을 언급했다.

> 우리에게 협력하지 않는 점성가들이 계속 활동하도록 허용할 수는 없다. 국가사회주의 나라에서 점성술은 특권으로 인정되어야 한다. 점성술은 대중을 위한 것이 아니다. …… 우리는 점성술이 보편적 신조로서 우리의 철학적 세계관에 정면으로 대립한다는 사실을 인지해야 한다. …… 흑인, 인도인, 중국인, 아리아인에게 동등하게 적용되는 신조는 우리가 생각하는 인종적 정신에 반대된다. 각 민족은 나름의 인종적 특성을 가진다…….*

---

* Francis King, *Satan and Swastika: The Occult and the Nazi Party*, Mayflower, 1976, p.241. Paddy Padfield의 히믈러 전기에도 비슷한 흥미로운 구절들이 많이 있다.

아리아인은 '인종적 정신'을 가지고 있다! 놀랍지 않은가? 이제 여러 요소들을 취합한 가설을 생각해 보자.

이미 보았듯이 히틀러와 비트겐슈타인은 1904년 모종의 관계를 가졌다. 당시에도 비트겐슈타인의 개성 ── 설득력 있고, 하인을 부리는 데 익숙하고, 표준 독일어를 사용하는 특성 ── 은 어린 히틀러에게 중대한 영향을 미쳤다. 어떤 과정을 통해서인지는 모르지만 히틀러는 비트겐슈타인이 어린 시절에 느낀 아인퓔룽의 경험을 알게 되었고, 그것이 경험 주체의 본질에 관해 무엇을 말해 주는지도 알았다. 그것은 바로 아리아인, 유대인, 흑인, 중국인은 모두 하나의 정신을 공유한다는 것이었다. (지적인 십대 소년들에게 가능성의 한계란 없다.) 분명하지는 않지만 역사적으로 중대한 이유에서 그들은 사이가 틀어졌다. 히틀러는 유대인을 포함한 공통적이고 보편적인 정신에 대해 거부감을 가졌다. 그가 보기에 그 신조는 유대인에게 국제주의와 인류의 형제애를 전파하는 수단으로 이용되는 반면 유대인에 반대하는 아리아인의 연대는 약화시키고 있었다. 비트겐슈타인이 '국제적 진리 추구자'로 자칭하던 무렵에 그의 가문은 제국의 경제를 통제함으로써 오스트리아 독일인들을 착취하고 있었다. 이런 사태를 해결하기 위해 히틀러는 비트겐슈타인의 학설이 지닌 보편적 측면을 제거하여 그 공통적 정신을 순수한 아리아 인종의 정신으로 제한해야 한다고 믿었다. 이것이 바로 아리아인이 생각한 '인종 정신'인데, 그 정신에 도달할 수 있는 것은 아리아인밖에 없었다.

앞에서 인용한 로젠베르크의 말은 내가 유럽의 유대인들에 관해 제시한 가설이 인도의 수드라에게까지 거슬러 올라간다는 것을 보여 준다. 로젠베르크는 "만약 세계정신이 존재하는 모든 것이라면, 개성의 관념은 사라질 수밖에 없다"고 말한다. 비트겐슈타인의 글에는 분명히 개별 정신이 존재하지 않는다. 그 다음에 로젠베르크는 "수드라〔'유대인'〕—— 이들은 아트만 때문에〔'공동의 의식 때문에'〕 평등하다고 간주되었다——의 검고 낯선 피가 흘러들어 카스트 혹은 인종의 원래 개념이 소멸했고 타락이 시작되었다"고 쓴다. 물론 유럽의 나치가 '유대 국제주의'에 항의한 것은 인종의 순수성을 파괴하고 '인종의 동맥'을 절단하는 결과를 빚었다. 『나의 투쟁』에서 히틀러는 젊은 시절 빈에서 그런 일이 일어났다고 항의한다. 합스부르크 치하에서 여러 인종이 법적 평등을 얻은 결과 인종적 타락이 일어났다는 것이다. 그는 헤르만 라우슈닝(Hermann Rauschning)에게 빈의 상황을 불평했다. "오스트리아는 유대인 때문에 썩었소. 빈은 더 이상 독일의 도시가 아니오. 슬라브 혼혈들이 빈을 유린해 버렸소."[10] 슬라브 혼혈이라면 누구를 가리키는 걸까? 과거에 또 다른 루트비히 비트겐슈타인이 러시아의 귀족이었음을 감안한다면 히틀러가 말하는 '슬라브 혼혈'의 의미는 명백하다. 오스트리아로 흘러든 외국 혈통——아리아인의 형이상학이 다른 인종들에게 무제한으로 전파됨으로써 인도를 타락시켰다는 수드라의 혈통과 관련된다——은 바로 비트겐슈타인의 슬라브/유대인 혈통이었다.

케임브리지 철학자의 사상과 나치 지도자의 사상이 연관을 맺는 과정에는 또 한 가지 흥미로운 측면이 있다. 비소유 심리 이론의 특징은 사상과 관념을 특정한 사상가의 활동으로 보기보다——이 경우 사상가가 죽으면 사상도 사라진다——현재 우리에게까지 전해지는 영구한 형상으로 보는 것이다. 그러므로 히틀러가 '역사의 의미'를 형식의 견지에서 설명한 것은 무척 흥미로운 일이다. 그의 꿈은 아리아인의 보편적 정신 공동체에 있었다. 이 공동체는 끊임없이 외부의 위협에 시달리는데, 외부의 가장 위험한 무기는 바로 아인퓔룽에서 나오는 국제주의였다. 위협의 주체는 당연히 '유대인'이었다. 그러나 그것은 개별적 인간존재가 아니라 영구한 것의 형식으로 간주된 유대인이었다. 루트비히 비트겐슈타인은 바로 영구한 유대인을 표상하는 존재였다. 그래서 히틀러는 『나의 투쟁』에서 이렇게 쓴다.

> 유대인의 속성은 변하지 않았다. 2천 년 전 오스티아의 곡물상으로 로마어를 쓰던 유대인과 오늘날 밀가루 장사로 폭리를 취하면서 유대 억양으로 독일어를 재잘거리는 유대인은 서로 다를 바 없다. 늘 같은 유대인이다.[11]

"늘 같은 유대인이다." 여기서 '유대인'은 각자의 개성이 구분되는 개인이 아니라 '독일어를 재잘거리는' 영구한 형식이다.

하지만 히틀러는 정신의 보편적 본성을 아쉬워하면서, 사상을 공개하면 이미 세상을 떠난 아리아 개인들 —— 예컨대 프리드리히 대왕이나 프리드리히 바르바로사 —— 의 정신과 접촉할 수 있다고 여겼다. 죽지 않는 영원한 생명의 본성을 이해하면 죽은 자의 영혼과 일종의 신비로운 친교를 맺을 수 있다고 본 것이다. 히틀러는 자살을 택했으나 100년쯤 뒤에는 또 다른 '천재'가 도래하리라고 믿었다. 그는 이 미래의 천재가 누구라고 상상했을까? 그가 염두에 둔 인물은 바로 영구한 형식으로 부활한 그 자신이었을 것이다. 자살하기 전에 그는 "나 같은 위대한 예술가가 죽다니!" 하고 개탄했는데, 이 말은 또 다른 유대인 박해자인 로마 황제 네로의 마지막 말을 연상케 한다. 『나의 투쟁』에서 유대인이 형상으로 묘사된 것에서 보듯이 유대인 박해자는 하나의 형식이었다. 히틀러는 네로, 히틀러, 미래에 등장할 박해자와 똑같은 존재였다. 마찬가지로 그의 투쟁 ─ 『나의 투쟁』 ─ 도 영구한 것이었다.

히믈러가 베스트팔리아의 파더스보른 부근 베벨스부르크 성에 SS를 집결시켜 과거 독일 영웅들의 영혼과 신비스러운 친교를 추진한 것도 역시 비소유적 관점에서 해석될 수 있다.

그는 환생을 굳게 믿었다. 1936년 다카우에서 SS의 고위 간부들에게 연설하면서 그는 우리 모두 전에 언젠가 함께 있었으며, 현재의 삶이 끝난 뒤에도 다시 만나리라고 말했다. 실제로 그는 자신이 작센 왕조의 창건자인 사냥꾼왕 하인리히(875~936)의 화신이라고 여겼다. 하인리히는 폴란드를 동쪽으로 몰아낸 공로로 특별한 존경을 받는 역사적 위인이었다. 하인리히 서거 1천 년을 맞아 그는 하인리히의 '동방 문명화 사업'을 계승하겠다고 맹세하고, 그 뒤 해마다 왕의 무덤 앞에서 명상하는 시간을 가졌다. 그는 그곳을 "우리 독일인들이 순례하는 성지"라고 말했다. 히믈러는 자신이 사냥꾼왕 하인리히의 환생이라고 믿었으면서도, 전쟁 중 그의 마사지사로 일한 펠릭스 커슈텐에게 털어 놓은 바에 의하면 한밤중 그 죽은 왕의 영혼과 오랫동안 대화했다고 한다. 아마 그의 말은 자신의 영혼 내부로 깊숙이 들어가 자신과 대화를 나누는 습관을 가지고 있었다는 의미일 것이다.

히믈러가 자신이 하인리히의 후손이라고 믿었을 가능성은 충분하다. 그가 신봉한 환생 이론은 카를 에크하르트도 지지했다. 에크하르트는 모든 사람이 자신의 후손으로 다시 태어난다면서 우리 모두는 어떤 의미에서 자신의 조상이라고 주장했다.[12]

히믈러는 "자신과 대화를 나누는 습관"을 가지고 있지 않았다. 오히려 그는 자신이 하인리히의 생각과 연결되어 있으며, 명상의 수단을 통해 하인리히가 될 수 있다고 믿었다. 사냥꾼왕 하인리히는 하인리히 히믈러의 신체를 매개로 정신적 과정을 재현하고 표현함으로써 접촉할 수 있었다. 그렇다면 비소유 심리 이론은 죽은 자의 정신과 소통할 수 있다는 신비스러운 믿음을 이해하게 해준다. 히믈러처럼 히틀러와 가까운 나치 고위 당국자에게 그런 믿음이 있었다면, 우리는 비소유 이론이 주술이나 비학(秘學)과 어떤 관계가 있는지 조사하지 않을 수 없다.

다음 장에서 보겠지만, 주술에 관한 비소유적 설명은 한 가지가 아니라 세 가지가 있다. 그것들은 각각 쇼펜하우어, 옥스퍼드 철학자 콜링우드(Collingwood), 그리고 비트겐슈타인이 제시했다. 쇼펜하우어는 분명히 주술이 나름의 효과를 가진다고 믿었다. 비트겐슈타인은 주술이 언어처럼 저주 같은 것을 표현하는 데 사용할 수 있는지에 관해 깊이 연구했다. 콜링우드는 예술 이론을 다루는 부분에서 그 주제에 거의 한 개 장 전체를 할애했다. 히틀러의 생애는 주술과 비학의 냄새를 물씬 풍긴다. 쇼펜하우어가 설명하는 주술을 탐구하면 히틀러가 무엇에 몰두했고 그것을 어떻게 해냈는지 정확히 이해하는 데 도움을 얻을 수 있다.

.7장. 주술, 마법, 히틀러

케임브리지와 옥스퍼드 두 대학은 독특한 영국적 느낌을 가지고 있다. 정상을 향해 나아가는 성찰적 문명의 이미지를 보여 준다. 일반 사람들에게 두 대학은 위대한 지적 진보를 상징한다. 물리학과 생물학의 중대한 과학적 발견, 러셀·무어·비트겐슈타인의 철학 연구, 케인스의 경제 이론 등이 이곳을 무대로 이루어졌다. 그러나 19세기에 비소유 이론을 연구한 수많은 옥스브리지의 학자들과 학생들은 인문학이나 과학의 연구에 몰두하면서도 신비주의적 주술과 비학을 버리지 않았다. 이 점에서 그들은 플로티노스(Plotinus)의 일자(一者) 이론에서 람블리코스(Iamblichus)의 주술 숭배로 이행한 알렉산드리아 신플라톤주의자들과 같은 길을 걸었다.*

일부 비소유 이론가들은 주술을 연구 목표로 삼고, 주술의 역할과 효과에 관해 대단히 훌륭한 철학적·인류학적 관찰 결과를 내놓았다. 나는 여기에 콜링우드와 비트겐슈타인을 포함시키고자 한다. 하지만

---

* 흑주술사 알레이스터 크롤리는 트리니티칼리지 학생이었는데, 자신이 전생에 람블리코스였다고 주장했다.

실제로 주술을 사용하는 법을 연구한 사람들도 일부 있었다. 여기에는 알레이스터 크롤리(Aleister Crowley), 월터 듀런티를 비롯해 많은 사람들이 포함된다. 이 신비주의적 관심이 우리의 목적을 위해 중요한 이유는 나중에 크롤리, 데니스 휘틀리(Dennis Wheatley), 맥스웰 나이트(Maxwell Knight)를 통해 그 경향이 영국 보안기관에까지 침투했기 때문이다.

당국자들은 종교적인 사람들이 아니었으므로 크롤리의 충고를 의심하지 않았다. 그들은 이 충고를 자기들의 목적에 맞게, 예를 들면 헤스(Hess) 변절 사건을 공작하는 데 사용했다.* 그들 중 일부는 크롤리에게서 사사하기도 했는데, 이 충격적인 사실과 그 결과를 상술하려면 별도의 책이 필요할 것이다. 우리의 주된 관심은 영국 보안기관 내부에 '마녀단'이 존재했다는 사실을 증명하려는 게 아니라 주술 ── 쇼펜하우어는 '실용적 형이상학'이라고 불렀다 ── 이 비소유 심리 이론과 어떤 연관을 가지느냐에 있다. 우리는 또한 주술에 대한 히틀러의 믿음과

---

* Joan Miller는 *One Girl's War*(Brandon Book Publishers, 1986, p.45. 영국에서 금서였다)에서, 맥스웰 나이트의 아내가 "일종의 신비 의식이 잘못되는 바람에" 오버시스 클럽에서 사망한 사건에 크롤리가 관련이 있다고 주장했다(나이트는 MI5의 B5(b), 대항전복 부서의 책임자였다). 나이트는 크롤리의 사탄 숭배 의식을 감시하기 위해 자신의 요원들을 파견했다. 그 불운한 요원들은 정체를 드러내지 않기 위해 할 수 없이 의식에 참여해야 했다. 여기서 나이트의 목적이 국가 안보가 아니라 '마녀단'의 충원에 있었음은 밀러의 책에 상세히 나온다. Grant와 Symond가 쓴 크롤리의 전기에는 더 상세한 내용이 있으며, Anthony Masters가 쓴 맥스웰 나이트의 전기(*The Man Who Was M*, Blackwell, 1984, p.68)에는 이런 구절이 나온다. "나이트는 조카인 해리 스미스에게, 데니스 휘틀리와 함께 크롤리의 신비 의식에 참여한 적이 있었다고 말했다. 그들은 휘틀리의 책을 위해 흑주술을 연구하려 했다. 스미스가 내게 말한 바에 따르면 '그들은 함께 크롤리의 의식에 신참자로 참여했고 크롤리는 그들을 제자로 거두었다.'" 이 마지막 문장은 곱씹어 볼 필요가 있다. 크롤리는 주술의 힘에 관심이 많았던 월터 듀런티, 톰 드리버그(훗날 영국 노동당 비서가 된다. 둘은 모두 소비에트 요원으로 추정된다)와 비역질을 했다. Masters는 크롤리가 나이트와 이언 플레밍(제임스 본드 소설의 작가)의 헤스 변절과 관련이 있다고 말한다. 그의 책 126∼129쪽에서 그 사건을 다루고 있으며, John Pearson도 *The Life of Ian Fleming*(Cape, 1966)의 110쪽에 크롤리가 헤스 사건에 관해 말하는 편지를 수록했다.

주술사(The Magus)

그의 삶에 주술이 어떤 영향을 미쳤는지도 살펴볼 것이다.

　쇼펜하우어는 여러 저작에서 신비주의 현상을 언급했고, 두 저작에서는 상당히 깊이 있게 논의했다. 그것은 『자연 속의 의지에 관하여』의 '동물의 흡인력과 주술' 이라는 장과 『소품과 단편집』(*Parerga und Paralipomena*)에 수록된 '보는 영혼에 관하여' 라는 글이다.[1] 현대의 쇼펜하우어 학자들은 마치 역사가들이 아이작 뉴턴의 연금술에 관한 글을 무시하는 것처럼 쇼펜하우어의 그 두 글에 전혀 눈길을 주지 않는다. 그들은 그 역사적 중요성을 간과하고, 쇼펜하우어를 칸트와 비슷한 합리론 계열의 철학자로 생각한다. 그러나 쇼펜하우어는 자신의 의지 이론과 본질적으로 연관된 신비주의 현상의 이론을 개발했다. 그의 생각은 리하르트 바그너의 음악적 정신과 맥을 같이한다. 예를 들어 바그너는 쇼펜하우어를 칭찬하면서, "그는 투시력의 생리학적 현상에 관한 심원한 가설로 우리에게 좋은 지침을 제공한다"고 말했다.[2] 히틀러가 바그너와 쇼펜하우어의 저작에서 관련된 부분을 읽었으리라는 것은 거의 의심의 여지가 없다.

쇼펜하우어는 그런 현상이 실제로 일어났다고 믿었으나, 영혼의 관점에서 주술을 설명하는 일반적인 방식은 완전히 허튼소리라고 생각했다. 그는 주술의 본질에 관해 독창적인 견해를 제시했다. 내가 아는 한 그 내용은 지금까지 어느 문헌에도 나오지 않았으나, 크롤리는 그것을 약간 변형시켜 의지에 강조점을 두고 주술에 관해 논의한 적이 있다. 나는 여기서 크롤리의 저작을 연구하려는 게 아니고 독자에게 그것을 권하지도 않는다. 크롤리의 글을 읽는 것은 벌집을 건드리는 격이다.

쇼펜하우어의 이론에 다가가려면 먼저 주술의 효력에 관해 생각해 봐야 한다. 합리론을 신봉하는 독자라면 당연히 주술의 효력이 전혀 없다고 믿을 것이다. 그러나 주술적 현상이 실제로 일어나느냐의 문제에 관해서는 달리 볼 수 있다. 이 점에 관해 오스트레일리아와 남아프리카의 독자들은 아마 영국과 유럽의 독자들보다 덜 회의적일 것이다. 나는 오스트레일리아 서부에서 보낸 어린 시절에 원주민 부족이 나쁜 주술에 걸려 퍼스 병원에 실려 왔다는 신문기사를 본 적이 있었다. 일부 희생자들은 사망했다. 여기서 그 점을 증명하기보다 회의하는 독자들은 인류학 문헌을 읽어 보라고 권하고 싶다. 뼈를 바늘로 찌르거나 노래를 불러 사람을 죽이는 등의 의식은 여러 사회에서 볼 수 있지만 오스트레일리아 원주민 사회의 관습도 그에 못지않게 많이 기록되어 있으며, 사람이 사망한 일도 많다.

회의론자들은 희생자가 단지 공포에 질려 죽은 것뿐이라고 말한다. 주술이 직접 효력을 발휘한 게 아니라 주술의 효과가 다른 수단을 통해, 이를테면 사람을 커다란 공포로 몰아넣는다든가 하는 방식으로 작용했다는 주장이다. 하지만 여기서 중요한 것은 그 다른 수단이 무엇인지 우리는 알지 못한다는 점이다. 단지 뼈를 바늘로 찌르거나 노래를 불러 사람을 죽인다는 것은 서구의 어떤 심리학자나 인류학자도 할 수 없는 일이다. 하지만 부족의 주술은 통했다. 그러므로 불쌍한 희생자가 "공포에 질려 죽었다"는 것은 주술에 의한 죽음을 설명하지 못한다. 지금으로서는 그런 죽음을 설명할 수 있는 적절한 이론을 아직 구성하지 못했다고 말할 수밖에 없다. 주술에 희생된 원주민은 대개 두려워하기보다는 체념 상태에서 자기 운명의 필연성을 받아들였다. 따라서 정상적인 합리론자의 반응은 지나치게 성급하다. 주술은 ── 역사적으로 보면 준(準)주술적 기법이라고 할 수 있는 최면술처럼 ── 때로는 분명하게 통한다. 단지 어떻게 통하는지 우리가 아직 모를 뿐이다.

이 '합리론자의 반응'에 대해 나로서는 콜링우드의 말을 인용할 수밖에 없다. 그는 제임스 프레이저가 『황금가지』(*The Golden Bough*)에서 손톱 깎기라는 주술 현상에 관해 설명한 것을 이렇게 비판한다.

이론과 그것이 설명하고자 하는 사실이 서로 들어맞지 않는다…….
관찰된 사실은 '야만인'이 자신의 깎아 낸 손톱을 없앤다는 것이고, 이론은 그가 깎아 낸 손톱과 자기 신체의 '신비스러운' 연관성 ── 예컨대 깎아 낸 손톱을 없애면 자기 신체에 해가 온다든지 ── 을 믿는다는 것이다. 그런데 만약 그가 그렇게 믿는다면 그는 손톱을 없애는 행위를 자살처럼 간주할 것이다. 하지만 그렇게 생각하지는 않으므로 그가 '신비스러운' 연관성을 믿는다고 볼 수는 없다. 아울러 그가 '원시적 심성'을 가지고 있다고 보는 근거도 사라진다.

비록 단순하지만 그 실수는 결코 작지 않다. 그것은 우리와 다른 문명들을 조롱과 경멸의 대상으로 만들려는 음모에 다름아니다. 물론 이렇게 말하면 인류학자들은 펄쩍 뛰면서 부정할 것이다. 하지만 반대신문을 해보면 그들의 부정은 무너진다. 그들은 우선 '야만인'이 깎은 손톱을 없애는 이유는 적이 주술 의식으로 자신을 파멸시키지 못하도록 하기 위해서라는 이론을 세운다. 그런 다음 이렇게 생각한다. "정보 제공자는 다른 사람이 두 가지 일, 즉 손톱을 없애는 행위와 의식의 진행을 동시에 할 때 두렵다고 말한다. 그런데 이제 그는 그 의식이 야바위에 불과하다는 것을 안다. 그렇다면 두려워할 게 전혀 없다. 따라서 그는 손톱을 없애는 행위를 두려워하는 것이다." 인류학자는 마음속으로 이런 추론을 전개할 것이다. 하지만 그 이론은 올바른 관찰에 따른 진정한 사실(주술 의식이 수반될 경우에만 손톱 없애기를 두려워한다)이 아니라 허위 사실(손톱 없애기 자체를 두려워한다)에 기반을 두고 있다. 이렇게 된 이유는 인류학자가 손톱 없애기에 수반되는 의식이 야바위에 불과할 뿐 실은 아무도 해치지 않는다고 굳게 믿고 있기 때문이다. 그러나 그 의식이야말로 주술의 가장 중요한 부분이다. 인류학자의 주술 이론은 사실을 조작하여 모든 주술적 요소들을 누락시킨다. 바꿔 말하면 그 이론은 은근히 주술 연구를 거부하고 있는 것이다.[3]

콜링우드는 주술의 효력을 확실히 믿었으며, 그의 설명은 —— 옥스퍼드 출신의 철학자·역사가에 어울리게 —— 미신적인 것이 아니었다. 그는 주술이 기본적으로 거의 알려지지 않은 인간 심리의 사실과 관련된다고 보았다. 그의 주장에 의하면, 우리가 그것을 이론화하기 어려운 이유는 실제의 사실 때문이 아니라 뿌리 깊은 공포, 즉 우리가 주술을 매우 두려워하기 때문에 감히 정면으로 바라보지 못한다는 사실 때문이다. "신비스러운 주술이 흔히 할리우드 공포영화의 소재가 된다는 점에 주목하자. 그런 영화가 인기를 끄는 이유는 희극적인 효과에 있는 게 아니라 주술이 실제로 커다란 공포를 불러일으킨다는 데 있다."[4] 우리가 "냉철하고 논리적인 태도를 취하면서 그 주제에 거부감을 가지고 있다"는 콜링우드의 주장은 사실이다. 그러나 '주술이란 무엇인가'에 관한 그의 이론은 그다지 놀랍지 않다. 여기서 그는 주술의 상징적 역할을 강조하는데, 이것은 비트겐슈타인이 『프레이저의 황금가지에 관한 소견』(*Remarks on Frazer's Golden Bough*)에서 밝힌 바와 똑같다. 쇼펜하우어는 "의지의 행위가 어떻게 주술적일 수 있는가?"라고 물은 적이 있다. 그에 비해 비트겐슈타인과 콜링우드가 제기한 "주술이 어떻게 주술사의 욕망을 표현할 수 있는가?"라는 질문은 비인과적이다. 이 질문들은 그 문제의 탐구와 전혀 무관하지 않다. 먼저 주술에 관한 콜링우드의 견해를 요약해 보자.

주술을 가장 유익하게 이론화하는 방법은 예술의 측면에서 접근하는 것이다. 타일러-프레이저 이론처럼 주술과 응용과학의 유사성을 찾는 것은 별로 보람이 없다. 주술사는 과학자가 아니다. 이 점을 받아들여 주술사를 나쁜 과학자로 간주한다면, 기껏해야 주술사와 과학자를 구별하는 특성만 찾을 수 있을 뿐이다. 그 특성은 굳이 분석하지 않아도 상관없다. ……
주술과 예술의 유사성은 강력하면서도 내밀하다. 주술 행위는 춤, 노래, 그림, 조형 같은 중요한 예술 행위를 포함한다. 나아가 이 요소들은 다음 두 가지 면에서 오락과 유사한 기능을 한다.

(i) 그것들은 미리 예상한 목적을 달성하는 수단이므로 예술이라기보다는 기술이다.

(ii) 이 목적은 정서를 유발한다.

(i) 주술이 기본적으로 미리 예상한 목적을 달성하는 수단이라는 것은 분명하다. 또한 그렇게 수단으로 사용되면 언제나 예술적이라는 것도 분명하다〔목적을 위한 수단이라는 점에서 순수한 예술이라기보다는 준(準)예술이라고 해야 할 것이다〕.

(ii) 주술의 목적이 언제나 특정한 정서를 유발한다는 것은 그다지 분명하지 않다. 그러나 적어도 부분적으로 그럴 때가 있다는 것은 누구나 인정할 수 있다. 오스트레일리아의 성인식에서 불로러(bull-roarer, 원주민 악기)를 사용하는 것은 성인식 참가자들에게서 특정한 정서를 유발하고 비참가자들에게서 다른 정서를 유발하려는 의도가 어느 정도 있다. 이웃 부족과의 전쟁에 나서기 전에 전쟁의 춤을 추는 것은 전쟁에 어울리는 정서를 불러일으키려는 것이다. 전사들은 춤을 통해 적을 물리칠 수 있다는 자신감을 얻는다. 농업 사회에서 농경을 둘러싸고 이루어지는 다양하고 복잡한 주술은 가축, 농작물, 농경 도구를 중시하는 사회적 정서를 나타내며, 사회 구성원들에게 연중 농사와 관련된 중요한 시기에 알맞은 정서를 불러일으킨다.

그러나 주술이 정서를 유발한다 해도 그 방식은 오락과는 전혀 다르다. 주술적 행위로 유발된 정서는 그 행위로 인해 소진되지 않는다. 사회 구성원의 실생활을 고려할 때 그렇게 되어서는 안 되며, 주술 행위 역시 그렇게 되지 않아야만 주술적이라고 할 수 있다. 하지만 실제로는 그 반대 현상이 일어난다. 정서가 집중되고 구체화되고 굳어져 실생활의 효과적인 대리자가 되는 것이다. 이 과정은 카타르시스의 정반대다. 그 경우 정서는 소진되어 실생활과 접점을 이루지 못한다. 따라서 그 정서를 실생활로 유도할 필요가 있다.[5]

콜링우드는 공중 부양이나 영혼의 물체화와 같은 현상을 미신이라고 보지 않는다. 그의 말은 실제로 주문이나 저주의 효과를 설명한다고 볼 수 있다. 하지만 그는 주술이 인간에게는 영향을 미칠 수 있다는 것은 인정해도 무생물에 직접적으로 작용한다는 것은 부인한다. 그의 말을 계속 들어 보자.

주술사 자신에게, 또 주술로 인해 좋거나 나쁜 영향을 받는 다른 사람들에게 미치는 정서적 효과는 주술이 낳을 수 있는 유일한 효과다. 또한 제대로 시행하면 나올 수밖에 없는 유일한 효과이기도 하다. 주술 행위의 일차적 기능은 시행자에게 삶을 위해 필수적이거나 유용하다고 간주되는 정서를 산출하는 데 있으며, 이차적 기능은 다른 사람들, 즉 시행자의 적이나 친구들의 삶에 유용하거나 해를 끼치는 정서를 산출하는 데 있다.

하고자 하는 일의 성패, 혹은 질병의 발생과 치료에 그 정서가 미치는 영향을 이해할 수 있을 정도의 심리적 지식을 가진 사람이 보면, 이 주술 이론은 평범한 일상 활동의 모든 측면을 완전히 설명해 준다. 예를 들어 그런 사람은 전쟁의 춤이 없이 전쟁을 벌일 경우에는 패배한다고 믿으며, 적절한 주술을 먼저 행하지 않고서 도끼를 들고 숲으로 가면 나무를 베어 내지 못한다고 믿는다. 하지만 그렇게 믿는다고 해서 '야만인'의 노력과 무관하게 주술의 힘으로만 적을 물리치거나 나무를 베어 낼 수 있다는 뜻은 아니다. 그것은 전쟁이든 나무 베는 일이든 그에 걸맞은 의욕이 없으면 아무런 성과도 낼 수 없다는 의미다. 주술의 기능은 그런 의욕을 고취하거나 억누르는 데 있다. 예를 들어 적의 첩자가 우리 전쟁의 춤을 염탐하고 겁을 집어먹는다면 자기 진영으로 돌아가 싸우지 말고 항복하자고 말할 수도 있지 않을까? 주술의 목적이 아군의 사기를 북돋아 공격에 나서도록 하는 데 있을 경우, 적은 바위나 나무가 아니라 인간이기 때문에 주술의 힘만으로도 사기가 크게 꺾일 수 있다. 이 부정적인 정서의 효과가 어떻게 여러 가지 질병을 낳거나 죽음을 유발하는지는 의료 심리학에서도 이론화하지 못하고 있는 문제다.

콜링우드는 주술 기법을 사기에 영향을 주기 위한 것으로 보았으나 그 힘이 어디까지 미친다고 확정하지는 않았다. 물론 그 점은 지금도 밝혀지지 않았다. 여기서 콜링우드의 말에 주목하는 이유는 1930년대의 끔찍한 사건들 때문이다. 콜링우드는 "주술의 힘만으로도 사기가 크게 꺾일 수 있다"고 말한다. 여기서 '주술'을 '선전'이라는 말로 바꾸면 1930년대 히틀러의 정책을 정확히 묘사할 수 있다. 예를 들어 한밤중 뉘른베르크에 군중이 모여 그리스도교 이전 시대의 게르만 신화에 나오는 신비주의의 상징물들이 둘러선 가운데 결의를 다지는 것이다. 콜링우드는 야만족의 경우를 이야기했지만 그것은 20세기 뉘른베르크 대회에도 분명히 응용되었다. 외부 관찰자들은 그 광경을 보고 잔뜩 겁에 질려 그 자리를 피했다.

'주술'이라는 말을 그런 행위에 적용하는 데는 아마 거부감이 들 것이다. 우리는 그보다 '사기 진작'이나 '선전'이라는 이름으로 군중을 결속시키는 데 더 익숙하다. 그 말이 더 객관적이고 과학적으로 들린다. 그러나 그것을 '주술'이라고 부르는 데 거부감을 느낀다면 히틀러가 한 일을 명확히 인식하기 어렵다. 나중에 말하겠지만, 더 중요한 것은 히틀러가 하려 한 일을 명확히 인식하는 것이다. 그러기 위해서 나는 '대중 정치선전'이라는 말보다 '주술'이라는 말을 쓰는 게 낫다고 생각한다. 주술적인 행위를 '대중 정치선전'이라고 부른다면 실제의 사태를 올바로 이해하지 못하게 된다.

이런 군중대회에서 히틀러가 의도한 것은 콜링우드가 말한 주술적 효과와 정확히 일치한다. 편견 없이 바라보면, 콜링우드가 야만 부족의 주술이라고 말한 것의 20세기판을 확인할 수 있다. 그래도 다양한 나치의 대중 조작을 '주술'이라고 부르는 데 거부감이 느껴지는 사람은 그 조작자 자신이 그 행위를 최면술과 주술의 일종으로 여겼다는 사실을 생각해 보라. 히틀러가 군중대회의 심리학을 최면술, 즉 준주술적 기법의 견지에서 설명한 기록은 많이 전해진다.[6] 또한 히틀러의 설명은 콜링우드가 간과한 집단으로서의 특성을 드러낸다. 그것은 바로 집단정신, 공통의 비소유적 정신이다.

"내가 세상에서 가장 위대한 민족의 운동을 일으킬 수 있었던 이유는 필수 법칙을 어기지 않았고 대중의 감정에 위배되는 일을 전혀 하지 않은 덕분이다. 대중의 감정은 원초적이지만 자연적 성질 특유의 저항력과 불멸성을 가진다. …… 나는 필수 법칙을 고려하기 때문에 그것을 다스릴 수 있는 것이다…….

그가 대중을 열광하게 한 것은 자기 정책의 도구로 삼기 위해서였다. 그는 대중을 크게 일깨웠다. 그는 대중이 일어나게 했고, 그들에게 의미와 기능을 부여했다. 그는 대중의 가장 원초적인 본능에 호소했다는 이유로 비난을 받았다. 그러나 실제로 그가 하는 일은 전혀 달랐다. 만약 그가 대중에게 합리적인 태도로 다가가려 한다면 대중은 그를 이해하지 못할 것이다. 그가 대중에게서 적절한 감정을 일깨웠기 때문에 대중은 그가 제시한 단순한 슬로건을 추종했다.

그는 이렇게 강조했다. "대중 집회에서는 생각이 배제됩니다. 이것이 내게 필요한 정신 상태이기 때문에, 그래야만 내 연설이 최대의 효과를 발휘할 수 있기 때문에 나는 모든 사람들에게 집회에 참여하라고 명합니다. 원하든 원치 않든 집회에서 그들은 대중의 일부가 됩니다. '지식인'도, 부르주아도, 노동자도 똑같죠. 나는 사람들을 섞이게 합니다. 연설할 때 나는 대중을 대중으로만 볼 뿐입니다."

그는 잠시 말을 멈추고 생각에 잠겼다. 그런 다음에 더욱 열정적인 태도로 입을 열었다.

"대중을 움직이는 기술에서는 내가 단연 최고라고 생각합니다. 괴벨스도 안 되죠. 괴벨스는 지성으로 배울 수 있는 모든 것, 똑똑한 생각의 도움으로 이룰 수 있는 모든 것을 할 수 있지만 진짜 대중의 리더십은 배울 수 있는 게 아니에요. 명심해야 할 것은 군중이 많이 모일수록 움직이기 쉽다는 사실입니다. 또한 농민, 노동자, 사무 노동자 등 여러 계급이 섞여 있을수록 전형적인 대중의 성격을 보입니다. '지식인' 집회나 상호간의 이익을 위해 한데 뭉친 집단의 모임에 시간을 낭비하지 마십시오. 오늘 합리적인 설명을 통해 그런 사람들에게서 얻어 낸 모든 것들을 내일이면 반대의 설명으로 다 빼앗기게 됩니다. 하지만 열광적인 지지와 헌신을 보이는 대중에게 말한 것은 마치 최면술에 걸린 상태에서 들은 말처럼 지울 수 없고, 어떤 합리적 설명에도 끄떡없습니다……."

계속해서 히틀러는 선전을 이용하여 적을 물리치는 방법을 논의했다. 그는 이 문제가 앞의 문제와는 크게 다르므로 절대 혼동해서는 안 된다고 강조했다. 대중을 장악하는 것과 선전으로 적을 물리치는 것은 다르다. 하지만 한 가지 공통점이 있다. 둘 다 합리적인 토론과 논박을 피해야 한다. 즉 의논이나 의혹은 없어야 한다. 그러나 그 외에도 적과 선전전을 벌이는 목적은 전혀 다른 측면이 있다.

"정복이란 언제나 강한 의지가 약한 의지로 전달되는 것을 뜻합니다. 내 의지를 어떻게 적에게 강요할 것인가? 우선 적의 의지를 분쇄하고 마비시켜 적이 스스로 갈등과 혼란에 빠지도록 해야 합니다."

그는 의지의 전달을 자연에서 일어나는 물리적이고 생물학적인 과정으로 말했다. 바깥에서 적의 순환계를 뚫고 들어가 발판을 구축하고 병을 일으키고 체력을 약화시켜 마침내 항복하도록 만드는 것이다. 테러의 수단은 반드시 필요하지만, 직접적인 효과를 내기보다는 반대 의지를 침식하기 위해 사용되어야 한다.

주술을 믿지 않는 회의론자들은 히틀러가 의식적으로 주술을 사용했다는 증거를 전혀 찾을 수 없으며, 집회의 효과는 심리학이나 대중마케팅 같은 학문들을 통해 더 잘 이해할 수 있다고 주장한다. 그들은 그런 학문들이 상당 부분 과학적으로 보이는 주술적 개념들을 새로 포장한 것에 불과하다는 점을 간과하며('주문' = '최면 후 암시'), 히틀러의 지적 배경도 알지 못하고 있다. 예를 들어 생각이 사라진 상태에 도달하는 것은 왜 중요한가? 히틀러는 어디서 그런 생각을 처음 얻었는가? 그에게 지적인 선배가 있었는가?

이 관념에 관해 히틀러의 선배는 아르투르 쇼펜하우어와 리하르트 바그너인데, 둘 다 생각의 정지가 비소유적이고 보편적인 의지에 의한 행동의 전제조건이라는 점을 강조했다. 바그너는 음악을 통해 이 상태에 도달하고자 의식적으로 노력했고, 그 결과를 설명하는 기다란 글을 남겼다.* 이것이 바로 그의 음악의 핵심이었다. 쇼펜하우어에 관해서는 뒤에서 살펴볼 것이다.

라우슈닝이 히틀러와 나눈 대화에 따르면 히틀러는 자신의 지적 선배들로 레닌, 트로츠키, 악명 높은 반유대주의 위조 문헌인 『시온 의 정서』(The Protocols of the Elders of Zion, 유대인이 세계를 정복하여 단일한 세계 정부를 수립하려는 음모를 꾸미고 있다는 내용의 위서: 옮긴이)를 제외하고, "가톨릭 교회와 프리메이슨(Freemason, 원래는 중세 석공 길드를 모태로 18세기 영국에서 박애와 자선을 위해 결성된 단체였으나 점차 비밀 조직의 성격이 강해졌다: 옮긴이)에서 여러 가지를 배웠고 그밖에는 전혀 없다"고 말했다. 라우슈닝이 프리메이슨에게서 무엇을 배웠느냐고 묻자 히틀러는 다음과 같이 대답했다.

"간단하지. 말할 것도 없이 나는 이 사람들이 대단히 사악하고 유해하다고 별로 믿지 않아. …… 하지만 위험한 요소가 하나 있다네. 내가 그들에게서 모방한 것도 바로 그것이지. 그들은 일종의 사제 귀족 집단이라네. 비교(秘教)의 교리를 계발하고 여러 가지 상징과 비밀스럽고 신비스러운 의식을 통해 그것을 전파하지. 위계적 조직과 비밀 의

---

* 나는 특히 바그너의 'The Artwork of the Future' 라는 글을 추천하고 싶다. '감정을 통한 앎' 의 본질과 '개별 의지를 보편 의지로서 일깨우는 것' 에 관해 서술하는 글이다. 바그너의 의도가 예술적 성취보다 정치적인 데 있었음은 그 글에서 쉽게 알 수 있다. 아울러 1934년 뉘른베르크 대회를 다룬 Leni Riefenstahl의 영화 Triumph of the Will을 보라.

식을 바탕으로, 말하자면 수고스럽게 머리를 쓰는 대신 주술과 상징을 통해 상상력을 작동하는 거야. 이것이 바로 내가 본받으려는 그 위험한 요소라네. 자네는 우리 당이 그런 성격을 가져야 한다고 생각하지 않나?" 그는 탁자를 손으로 내리쳤다. "명령이라네. 반드시 따라야 해. 세속의 사제가 내리는 위계적인 명령이야."

라우슈닝의 말이 옳다면 ── 그는 히틀러와의 대화를 빠짐없이 기록했다고 주장한다 ── 히틀러는 의도적으로 주술을 통한 상상력을 사용했다는 이야기다.

주술의 인과적인 효력을 의심하는 사람들, 혹은 콜링우드의 이론을 따르는 사람들이라 해도 아직 우리의 연구를 사소한 것으로 치부해서는 안 된다. 주술 행위는 히틀러가 실제로 한 일인지 아닌지는 알 수 없어도 최소한 히틀러가 자신이 하는 일을 어떻게 **생각**했는지 말해 준다. 십자군의 종교적 믿음을 모르고서는 십자군을 이해할 수 없다. 신의 가호가 예루살렘을 정복하게 해주었다는 것은 부인할 수 있을지 몰라도, 신의 가호에 대한 믿음이 십자군의 사기를 높여 예루살렘 정복을 가능케 했다는 주장은 가능하다. 마찬가지로, 설사 주술의 효력을 부인한다 하더라도, 히틀러가 주술의 효력을 믿고 개발한 기술이 실제로 통했다는 주장은 충분히 가능하다. 주술에 관해 회의론자들이 비웃는다 해도 ── 아울러 내가 주술이라고 규정하는 것이 올바른지 어떤지는 차치하더라도 ── 어쨌든 히틀러가 응용한 기술은 실제로 통했다. 히틀러가 1920년부터 1940년까지 거둔 성공은 세계 역사상 어느 개인이 이룬 성공보다도 놀라운 것이었다. 고독한 퇴역군인에다 오스트리아 출신인 인물이 밑바닥에서부터 일약 대국의 지도자로 뛰어오른 것이다. 그는 수백만 개의 일자리를 창출했고 조국을 빈곤에서 구했다. 피 한 방울 흘리지 않고 여러 나라를 차례로 접수했다. 그리고 프랑스를 상대할 때처럼 정작 피를 봐야 할 경우가 닥치면 군사적 열세에도 불구하고 불과 몇 주일 만에 점령해 버렸다. 그렇다면 히틀러 자신의 생애는 주술 —— 콜링우드가 규정한 의미에서 —— 이 실제로 인과적 효력을 발휘한 실험적 증거라고 할 수 있다. 나치즘이라는 현상에서 주술은 지속적인 실험을 거쳤고 제대로 통했다.*

　　그렇다면 이른바 주술의 초자연적 효과는 뭘까? 의욕을 고취하는 기능을 하지도 않고 단지 자연법에 위배되기만 하는 주술은 어떻게 봐야 할까? 쇼펜하우어와 달리 콜링우드는 그런 가능성을 부인했다. 그는 인간의 의욕을 고취하는 효력을 지니는 주술에만 관심을 국한시켰으며, 자연법에 위배되는 효력만 가지는 가짜 주술 따위는 성립할 수 없다고 믿었다. 콜링우드, 쇼펜하우어, 비트겐슈타인을 진지하게 받아들이려면 그런 구분이 반드시 필요하다. 이 경우 효력이 있는 주술은 어떻게 그 결과를 산출하느냐는 문제가 대두된다. 여기서 우리는 문제의 본질에 접근한다. 콜링우드의 입장과 비트겐슈타인의 입장은 어떤 연관을 가질까? (주술이 통하는 수단에 관한 쇼펜하우어의 설명은 좀 다른데, 이 점은 나중에 살펴보기로 하자.)

　　주술이 어떻게 이런 정서적 효과를 산출하는지 묻는다면 그 답은 쉽다. 주술은 재현(representation)에 의해 효과를 발휘한다. 주술이 필

---

* '콜링우드가 규정한 의미에서'라는 말을 덧붙인 이유는 주술이 물리적 법칙을 침해한다는 주장을 피하기 위해서다.

요한 상황, 즉 정서가 발휘되어야 할 현실적 상황이 있다고 하자. (예를 들면 전사가 창을 팽개치고 농부가 쟁기를 뽑아서 전쟁이 벌어지지 않고 파종이 이루어지지 않는 상황을 가정하자.) 이때 주술의 효력을 얻기 위해서는 행위자가 그 관계를 알고 있어야 한다. 자신의 행위가 전쟁의 춤인지, 쟁기에 관한 의식인지를 숙지해야 한다. 그러므로 의식을 처음 시작할 때는 먼저 자신에게 설명해야 한다. 이것은 말로 할 수도 있고(이것은 의식의 지침의 형태를 취할 수도 있고 의식 자체의 일부가 되는 해설이나 노래의 형태를 취할 수도 있다) 거의 정확한 모방으로 할 수도 있다.

주술을 통해 실생활과 연관된 기능을 가지는 정서를 유발하려 할 경우, 혹은 그런 기능을 제거하려 할 경우, 주술 행위를 그것이 필요한 실생활로 집중시킬 경우, 주술은 재현이 된다. 주술 행위는 실생활의 메커니즘에 정서적 힘을 공급하는 일종의 동력이다. 그렇기 때문에 주술은 인간의 모든 조건에 필요하고, 실제로 모든 건강한 사회에 존재한다. 주술의 필요성을 떨쳐 버렸다고 생각하는 사회는 잘못된 견해를 가졌거나 죽어 가는 사회다. 생존과 존속에 대한 관심이 부족한 탓에 사멸해 가는 사회다.[7]

콜링우드의 주술 개념은 프레이저의 합리주의적 개념을 거부하지만——이 점에서 비트겐슈타인도 마찬가지다——어떤 합리론자도 그것에 대해 이의를 제기하기는 어렵다. 그것은 자연주의적 주술 개념이기 때문이다. 콜링우드에 따르면, 주술 주문이 통하는 것은 대학 농구팀이 학생들의 열띤 응원을 받아 경기에서 승리하는 것과 전혀 다를 바없다. 주술의 효과는 응원의 함성이 가지는 효과와 마찬가지다.* 콜링우드는 주술이 어떻게 통하는지 혹은 심리에 어떤 작용을 가하는지 우리가 알 수는 없지만, 그 점을 악용해서 진정으로 효험이 있는 인간 활동을 위축시켜서는 안 된다고 주장한다.

콜링우드의 이론은 논리에 명백한 결함이 없다는 점에서 주술에 관한 가능한 설명이라고 볼 수 있다. 내가 그것을 비소유 이론이라고 부르는 이유는 콜링우드가 비소유 이론가이기 때문이지만, 그는 주술 현상에 관한 자신의 이론을 비소유 심리 이론과 명시적으로 결부시키지는 않았다. (옥스퍼드에 재직하는 교수의 신분이므로 자신의 견해가 실은 매우 급진적이라는 점을 공개적으로 드러내기는 어려웠을 것이다.) 그의 주술 이론은 비소유 철학을 비판하는 사람들도 지지할 수 있다. 그러나 콜링우드의 주술 철학은 우리가 다룰 주술에 관한 전주곡에 불과하다. 독자들은 콜링우드의 설명을 통해 주술의 효험이 단지 원시적인 현상이 아니라는 점, 나치즘을 비소유 심리론에 바탕을 둔 주술적 현상으로 간주할 수도 있다는 점을 깨달아야 한다.

이제 콜링우드의 주술 이론 ── 주술을 기본적으로 의욕을 고취하거나 소멸시키는 것으로 보는 이론 ── 에서 벗어나 또 다른 비소유 주술 이론을 살펴볼 차례다. 콜링우드와 달리 쇼펜하우어는 주술 효과를 일으키는 기술을 노골적으로 제시한다. 그것을 설명하기 전에 우리가 왜 나치 현상을 이런 관점에서 연구해야 하는지 밝히는 게 좋겠다.

내 감성으로 볼 때 나치즘에서는 신비주의의 냄새가 물씬 풍긴다 (내가 처음으로 이런 인상을 받은 사람은 아니다). 공식 석상에서 히틀러

---

* 응원단이 함성을 지르는 이유는 뭘까? 어떤 효과가 있을까? '하나의 제국, 하나의 민족, 하나의 지도자'라는 구호가 정치적 지성을 어떻게 마비시켰기에 자유의지와 이성으로 이름 높은 독일인들이 자신의 정부를 선택할 권리마저 팽개치게 만든 걸까?

가 보여 준 연기와 몸짓, 번쩍이는 눈과 거칠고 쉰, 때로는 알아들을 수 없는 목소리, 배경색의 활용, 근위병들의 제복에 장식된 룬 문자와 저 승사자의 머리 상징, 이런 것들은 자신이라는 인간 형식을 수단으로 부리려는 힘에 의식적으로 동조하는 주술사의 모습을 연상케 한다. 연설 연습을 하고 있는 호프만의 히틀러 사진은 마치 주문을 외우는 마술사처럼 보인다. 이런 생각이 단지 공상에 불과하지 않다면 히틀러는 매체의 힘을 대중 앞에서 상당히 과시했다고 볼 수 있다. 과연 그 증거가 있을까?

그 증거는 아주 많다. 기자들이 편견 없이 전해 준다. 물론 그들이 속아 넘어갔을 수도 있다. 하지만 우리는 섣불리 전체 사안을 선험적으로 불가능하다고 단정하기 전에 그들의 말을 들어 봐야 한다.

우선 히틀러는 앞날을 예견하는 능력을 가졌다고 한다. 사진사의 말을 믿는다면, 몇 차례 암살 기도를 모면한 것도 그 능력 덕분이었다. 그 예로, 전쟁이 끝나고 히틀러가 사망한 뒤 하인리히 호프만이 펴낸 책에서 한 부분을 인용해 보자. 호프만은 오랫동안 히틀러의 헌신적인 친구였으며, 두 사람은 전혀 주종 관계가 아니었다. 호프만의 종업원이었던 에바 브라운은 히틀러와 결혼할 예정이었고, 그의 딸은 히틀러 소년단의 지도자인 발두어 폰 시라흐(Baldur von Schirach)와 결혼했다. 먼저 초자연적인 것에 대한 히틀러의 태도를 살펴보자.

어떤 결정을 망설일 때면 그는 자주 동전을 던지곤 했다. 그렇게 운에 맡기는 것을 어리석게 여기면서도 동전이 원하는 방향으로 나오면 그는 늘 크게 기뻐했다.

그는 역사적 사건들이 시간에 따라 반복되고 정확히 재현된다고 굳게 믿었다. 그에게 11월은 혁명의 달이었고, 5월은 어떤 일을 시작하기에도 순조로운 달이었다. 물론 실제 성공은 나중에 올 수도 있었지만.

1922년에 그는 점성술 달력을 보고 1923년 11월의 폭동을 정확히 예언했다. 그 뒤 몇 년 동안이나 그 일을 자랑삼아 말하곤 했다. 그는 설령 부인할지 몰라도 이 예언은 그에게 틀림없이 지속적이고 중대한 인상을 남겼을 것이다.

25년 동안 그와 교류하면서 나는 그가 예감에 얼마나 쉽게 넘어가는지 수도 없이 보았다. 돌연히, 아무런 이유도 밝히지 않고 그는 불안에 떨곤 했다. 뷔르거브로이켈러 사건의 경우에도 그는 허공에 뭔가 있고 뭔가 잘못되었다는 알지 못할 충동적인 감정에 사로잡혀, 자기 자신도 왜 그러는지 모르면서 모든 계획을 취소했다…….*

1933년 뮌헨 독일 미술관의 초석을 놓을 때 히틀러의 얼굴에 나타난 당황한 표정을 나는 결코 잊을 수 없을 것이다. 그냥 상징적으로 살짝 내리친 은망치가 둘로 쪼개져 버렸다. 그것을 본 사람은 거의 없었고, 히틀러는 즉시 그 불길한 일에 관해 아무도 언급하지 말라고 명령했다. "사람들은 미신을 믿으므로 이 사소한 일을 불운의 조짐이라고 생각할지도 모른다"는 게 그의 주장이었다. 그러나 그의 얼굴을 보니 깜짝 놀란 기색이 역력했다. 그가 염두에 둔 것은 사람들이 아니라 자기 자신이었던 것이다!

그런 별것 아닌 일들은 확실히 그에게 불쾌한 인상을 남겼다. 우리는 그의 기분을 고려해서 그 일을 다시 입에 올리지 않았다.

---

* 뷔르거브로이켈러 암살 기도는 비트겐슈타인에게 맬컴의 죽음과 비슷한 효과를 일으켰을 것이다. 그는 '영국 민족성'이 안보기관의 살인을 용인하기에 충분하다고 여겼다. 그러나 나중에 밝혀진 바에 따르면 영국 안보기관은 그 사건과 아무런 관련도 없었다.

히틀러가 권좌에 오른 뒤 한 번은 측근 한 사람이 수백 년 전의 유명한 점성가인 노스트라무스의 예언에 관해 이야기를 시작했다. 히틀러는 큰 관심을 보이면서 부하를 시켜 국립도서관에서 그 책을 가져오라고 했다. 그런데 그 책을 누가 읽으려는 것인지는 절대 말하지 않았다. 결국 도서관 측은 줄이 3천 개나 그어져 있는 지저분한 책을 내주었다.

책에 나온 예언들 중에는 거대한 산 위에 커다란 독수리 한 마리가 맴돌고 있다는 내용이 있었다. 히틀러는 그 산을 독일에, 독수리를 자신에 비유했다. 그는 예언들을 문장 하나씩 상세히 검토한 뒤, 그것들 모두가 자신을 직접 지칭한다고는 할 수 없어도 뭔가 불가해한 현상을 나타낸다는 느낌이 든다고 말했다. 이런 맥락에서 그는 햄릿을 인용했다. "세상천지에는 많고 많은 것들이 있다네……."[8]

계속해서 호프만은 히틀러가 예견 능력으로 여러 차례 암살 기도와 사고를 피한 자신의 목격담을 전한다. 한 번은 히틀러가 탄 열차에서 사고가 나 스물두 명이 죽은 일도 있었다. 또 한 번은 히틀러가 암살범의 총격을 세 번이나 피한 일도 있었다. 그로부터 60년이 지난 지금 호프만이 사건들의 내막을 정확히 어느 정도나 윤색했는지는 확인할 길이 없으나, 그가 히틀러의 예견 능력을 굳게 믿은 것만은 분명하다. 그의 증언은 꾸며 낸 것도, 지나친 숭배에서 나온 것도 아닌 듯하다. 은망치가 부러졌을 때 히틀러의 미신적 성향을 지적한 일에서 그 점을 확인할 수 있다.

이 점을 어떻게 생각하든 히틀러가 독특한 흡인력을 가졌다는 것은 충분히 검증된 사실이다. 그 전거는 주변적인 문헌에 국한되지 않는다. 히틀러의 중요한 전기나 1933~45년의 사건들을 접할 때는 그 사실에 맞닥뜨리지 않을 수 없다. 알베르트 슈페어, 독일의 장군들, 그밖에 많은 사람이 히틀러를 직접 보았을 때 매우 강렬하고 뚜렷한 흡인력을 경험했다. 독일이 패망을 앞두었을 때 전선의 장교들은 히틀러에게 전황이 절망적이라는 보고를 하기 위해 벙커로 들어갔다가는 오히려 최종 승리를 낙관하는 자신감에 차서 나오곤 했다.

윈스턴 처칠조차 이미 1932년에 그런 사실을 인정했다. 종전 후 그는 1932년 독일을 방문한 기억을 회상했다. 그는 당시 히틀러의 비서인 에른스트 한프슈탱글(Ernst Hanfstaengl)에게 히틀러와의 만남을 주선해 달라고 부탁하려 했다. 그러나 처칠은 히틀러의 흡인력을 감안하여 계획을 취소했다. "히틀러가 강렬한 매력을 지닌 사람인 것은 분명하다. 그런 힘과 권위는 관광객에게도 쉽게 드러나게 마련이다."[9] 윈스턴 처칠만큼 현명하고 저명한 인물이 그런 생각을 할 정도였다면, 지금 우리가 가진 많은 증언과 우리의 탐구 방향이 옳다고 봐도 좋을 것이다. 히틀러는 사람을 사로잡는 특별한 힘을 가지고 있었다. 그는 그 힘을 언제, 어디서, 어떻게 얻었을까?

이 문제는 그가 지도자의 위치에 오르고 NSDAP(국가사회주의노동당, 즉 나치: 옮긴이) 관리들에게 강력한 지배력을 행사한 것과 중대한 연관성이 있다. 히틀러가 주변 사태에 수동적으로 이리저리 끌려 다녔으리라고 보는 것은 어리석은 생각이다. 그가 어떻게 그런 힘을 가지게 되었는지를 이해하지 못한다면 그가 아닌 다른 사람이 그와 비슷한 힘을 얻어 끔찍한 일을 저질렀을 가능성도 있다고 봐야 한다. 이 점에 관해서는 아직까지 포괄적인 연구가 없는 듯하다. 우리가 가진 모든 정보는 단편적인 것에 불과하다.

불럭이 쓴 히틀러 전기는 그의 빈 시절을 다음과 같이 설명한다.

그는 공공도서관에서 책을 많이 읽었으나 아무렇게나 마구잡이로 읽
는 식이었다. 고대 로마, 동방 종교, 요가, 신비주의, 최면술, 점성술,
개신교 등의 주제들이 모두 한때 그의 관심을 끌었다.[10]

히틀러가 '아무렇게나 마구잡이로' 책을 읽었다는 불럭의 주장은
전혀 증거가 없다. 내가 보기에 그의 독서에는 일관성이 있었을 텐데
아직 알아내지 못했을 따름이다.

히틀러를 이해하는 데 불가해하거나 어려운 점이 없다고 생각하는
것은 히틀러에 관한 작가들이 일반적으로 가진 결점이다. 도덕적 차
원 —— 예컨대 극도의 사악함 —— 을 무시한다면, 히틀러는 유럽 대륙
이 배출한 가장 비범한 인물의 반열에 오를 자격이 충분하다. 그는 무
엇을 발견했기에 그런 일을 할 수 있었던 것일까? 진실은 아무도 모르
지만, 그는 분명히 뭔가를 발견했고 그것을 이용하여 먼저 NSDAP를,
다음에는 독일을 자신의 뜻대로 조종했다. 그 비밀을 알아내기가 어려
운 이유는 그가 한 일을 거의 그대로 따라한 사람이 아무도 없기 때문
이다.

이 연구의 작업 가설은 히틀러가 지닌 힘의 궁극적인 비밀, 그가
읽은 책들의 배후에 있는 공통적 주제는 응용철학이라는 것이다. 그는
바로 이 철학 —— 비트겐슈타인의 비소유 이론을 아리아인에게만 국한
시킨 사상 —— 을 기준으로 읽어야 할 책들을 선정했다. 그 못지않게 개
인적 흡인력이 대단했던 비트겐슈타인처럼 히틀러의 '마나(mana, 초
자연적인 힘: 옮긴이)'는 정신이 어떻게 활동하고 언어가 어떻게 기술하

는가에 관한 철학에서 나왔다. 나는 그 궁극적인 근원이 젊은 비트겐슈타인을 통해 접한 쇼펜하우어였다고 믿는다. 이 문제를 더 깊이 파고들어 보자.

쇼펜하우어가 자신의 철학으로 확립했다고 생각한 중대한 논점은 의지가 자연세계의 인과 질서에서 벗어나 있다는 것이었다. 심지어 그는 세계란 감각으로 인식된 의지에 불과하다고 주장했다. 우리가 보고, 만지고, 듣고, 냄새 맡고, 맛보는 사물들은 모두 그 의지가 '객체화' 된 것이다. 모든 사물은 의지의 여러 가지 '등급' 을 표현한다. 우리가 보는 화강암 언덕은 영구성을 향한 의지의 가시적인 형태이며, 무상하게 변하는 구름은 일시성의 의지를 표현한다. 이처럼 사물의 존재는 바로 의지를 통해 설명된다. 의지가 스스로를 드러낼 때 우리는 의지를 만질 수 있다. 의지는 초연하고 초월적인 원인으로서가 아니라 심원하게 내재적인 것으로서 세계를 창조했다. 절벽이나 구름은 우리가 우리 내부에서 다른 방식으로 알고 있는 것이 객관적으로 가시화된 형상이다. 독자들의 신체에 표현된 바로 그 의지는 동시에 세계 내의 사물들 속에 가시화된 형태로 그 모습을 드러내고 있다.

더 나아가 쇼펜하우어는 이런 의지론에 기반하여 형이상학적 인과성의 영역까지 밝히고자 했다. 형이상학적 영역의 특성은 시간과 공간의 범주에 예속되지 않고 자연적 인과 질서에서 완전히 벗어나 있다는 점이다. 의지의 활동은 직접적이다.

의지가 그러한 사물 자체임을 깨달으면 그 의지가 정신 현상과 신체 현상에 두루 내재하리라는 추측이 가능해진다. 정신 현상에 관한 과거의 설명은 모두 유심론적이었다. 칸트가 『강신술사의 꿈』(*Träume eines Geistersehers*)의 앞부분에서 비판한 것도 바로 그것이었다. 여기서 나는 **관념론적** 설명을 시도하고 있다.[11]

쇼펜하우어가 정신 현상을 공통 의지의 비소유 이론으로 설명한 것은 극히 당연한 일이다. 다음은 주술의 효과에 관한 그의 설명이다.

…… 언제 어디서나 그토록 많은 실패에도 불구하고 인간이 줄기차게 주술의 관념을 추구했다는 데는 놀라지 않을 수 없다. 여기서 우리는 주술이 사물 전반은 아닐지라도 최소한 인간존재의 본성에 깊이 뿌리를 박고 있으며, 자의적으로 고안된 관념일 수는 없다는 결론에 이르게 된다. **주술**의 정의에 관해서는 다루는 작가들마다 의견이 분분하지만, 근본적인 이념은 어디서나 오해의 여지가 없이 명백하다. 세계 속에서 변화를 유발하는 일반적인 방식은 사물들의 인과적 연계에 의존하는 것이다. 그러나 그런 인과적 연계에 의존하지 않는 전혀 다른 방식이 존재한다는 견해는 어느 시대, 어느 나라에나 있다. 그것은 인과성에 비추어 보면 터무니없게 여겨진다. 적용된 원인이 의도된 결과와 맞지 않을뿐더러 원인과 결과의 인과적 연관성이 없기 때문이다. 그러나 이 세계의 현상들 사이의 물리적 연계를 확립하는 외부적 연관성 이외에 만물의 본질 자체를 관통하는 또 다른 연관성이 있다. 말하자면 일종의 잠복된 연관성이 있기 때문에 여러 가지 시점에서 즉각적인 결과의 산출이 가능해지는데, 이것이 바로 **형이상학적 연계**다. 그러므로 흔히 보는 바깥에서부터의 결과가 아닌 안에서부터의 결과, 현상이 현상에 미치는 결과가 가능하다. 외양은 아무리 다양해도 단일한 본질이 있기 때문이다. 우리는 나투라 나투라타[natura naturata, 창조된 자

연]로서만이 아니라 나투라 나투란스[natura naturans, 창조하는 자연]로서 행동할 수도 있으며, 소우주가 잠시 동안 대우주를 대신할 수도 있다. 개체화와 분리의 칸막이는 무척 튼튼하지만 이따금씩 소통을 허락한다. 말하자면 식탁 밑에서 벌어지는 비밀스런 장난처럼 막후에서 작용하는 것이다. 이럴 때면 몽유병 환자의 비상한 통찰력이 그렇듯이 **인식**의 고립적 개별화가 사라지고 **의지**의 고립적 개별화도 사라진다. 이런 생각은 경험적으로 일어나지도 않고, 경험을 통해 확정되어 모든 시대, 모든 나라에 보존될 수도 없다. 경험은 오히려 그것과 대립하는 경우가 많다. 그러므로 우리는 아무리 경험이나 평범한 상식에 위배된다 하더라도 인류 전체에 보편적이고 제거될 수도 없는 그 생각의 기원을 아주 깊숙이 추구해야 한다. 다시 말해 우리는 의지 자체의 전능함을 내적으로 느끼면서 그것을 추구해야 한다. 의지는 인간존재의 내부에 존재하는 동시에 자연 전체에도 존재한다. 또한 그 전능함은 어떤 방식으로든 한꺼번에 스스로를 드러내며 개인에게서 유출될 수도 있다. 사물 자체로서의 의지와 그 개별적 양태를 구분해서 탐구할 수는 없다. 단지 특정한 상황에서 의지가 개체화의 장벽을 뚫을 수 있다는 가정만 가능할 뿐이다.[12]

그렇다면 쇼펜하우어의 주술 개념은 인과성이 '식탁 밑에서' 작용하다가 의지가 '개체화의 장벽을 뚫을' 때 현실화된다고 볼 수 있다.* 다시 말해 의지는 본래 주술적으로 작용한다. 즉 '내 의지'나 '네 의지'

---

* 현대 물리학에서 말하는 '양자 얽힘'의 개념 —— 원거리 비인과적 작용 —— 을 받아들이는 독자들은 19세기 역학자들보다 쇼펜하우어의 사상을 인정하기가 더 쉬울 것이다. 하지만 쇼펜하우어의 이론이 그와 같은 인과성의 변형과 관련이 있다고 생각하지는 않는다.

가 아니라 모든 현상의 배후에서 단일한 의지로서 작용한다. 이 특이한 이론은 경험적으로 검증하기가 어렵다. 개체로서 작용하는 의지가 어떻게 해서 보편 의지를 주술적으로 특정한 결과에 이르도록 하는지가 명확하지 않기 때문이다. 만약 주술을 과학적으로 검증하는 데 실패할 경우 주술사는 언제든 이렇게 반박할 수 있다. "내가 의지의 수단으로 행동하지 못했기 때문이오. 안타깝게도 나의 보잘것없는 개별 의지로는 주술의 효험을 낳도록 행동할 수 없었다오."* 실제로 쇼펜하우어는 보편 의지가 그 본성을 완전히 자각한 상태에서 개체를 통해 작용할 수 있도록 하는 수단을 제시한다. 이것이 히틀러의 발견과 관련되지만, 우리는 그것을 다루기 전에 먼저 기반을 튼튼히 다질 필요가 있다. 다음은 쇼펜하우어가 "'죽은 자의 영혼과 소통하는 현상"에 관해 설명하는 내용이다.

> 마지막으로, 환영(幻影)을 설명할 때 우리는 흔히 삶과 죽음의 차이가 절대적이지 않고 단일한 삶의 의지가 양자 모두에게 존재한다는 사실을 전거로 든다. 이런 식으로 산 자로부터 거슬러 가면 죽은 자와의 소통처럼 보이는 기억을 되살릴 수 있을 것이다.[13]

이 문구는 —— 앞서 살펴본 히믈러의 신비주의와 더불어 —— 비소유 이론이 영적 실체 같은 존재와 소통하는 이론으로 전화되는 것을 보여 준다. 물론 비소유 이론에서는 그 기억이 단지 죽은 자와의 소통에

---

* 그렇게까지 어려운 것은 아니다. 최면이 불가능한 사람이 있다는 이유만으로 최면술을 거부할 필요는 없다.

불과한 게 아니라 죽은 자의 심리 과정 자체로 나타난다. 즉 그것은 과거, 현재, 미래에 동시적으로, 시간의 흐름과 무관하게 영구히 존재하는 정신의 활동이다. 오래전에 죽은 피타고라스의 의식적인 생각은 피타고라스의 신체와 기하학적 성향을 가진 독자의 신체를 통해 전혀 변하지 않은 채로 전승되고 있다. 콜링우드가 자기 글의 제목으로 표현했듯이 역사란 과거 경험의 회상에 불과하다. 죽은 사람들의 생각은 역사에 기록되어 우리에게 생생하게 전달된다. 히틀러가 역사의 의미를 발견하고 프리드리히 대왕이나 프리드리히 바르바로사 같은 인물들을 존경한 것은 그런 까닭이다. 신비주의는 이 무시간적인 생각이 비소유로 보이지 않고 다른 사람, 죽은 실체의 것으로 보일 때 시작된다.

쇼펜하우어가 설명하는 자연과 악마의 교섭은 무척 흥미롭다. 그는 신비를 낳는 수단의 본질이 다름 아닌 의지의 고착이라고 보았다.

지금까지 제시한 중대한 생각에 따르면, 모든 주술적 시도에 사용된 물리적 수단은 언제나 형이상학적인 것의 매개체에 불과하다는 사실을 알 수 있다. 그것을 사용하지 않았다면 의도된 결과를 낳지 못했을 것이 분명하기 때문이다. 외국어, 상징적 행위, 그림, 밀랍 인형 등이 그런 매개체다. 본래의 감정에 따르면 그런 매개체에 의해 생겨난 것은 궁극적으로 그것과 연관된 **의지**의 행위다. 아주 자연스러운 자극을 느낄 때는 신체를 움직이는 순간마다 설명이 전혀 불가능한 의지의 형이상학적 영향이 작용하는 것을 의식한다. 그런 영향이 다른 신체들에까지 연장된다고 볼 수는 없을까? 의지가 고립을 극복하고 모든 개체에게서 스스로를 드러내도록 하는 방법을 발견하여 의지의 직접적 영역을 신체 너머까지 확대하는 것, 바로 이것이 주술의 과제다.

하지만 주술의 참된 원천인 이 중대한 생각은 한순간에 명확한 의식으로 알 수 있는 것도 아니고, 추상적으로 이해할 수 있는 것도 아니다. 주술은 이해가 거의 불가능하다. 곧 인용문을 통해 살펴보겠지만, 약간의 성찰과 고대 학자들의 연구를 통해 우리는 주술의 힘이 의지 자체에 있다는 명확한 관념을 얻을 수 있다. 과거에 귀신과 악마를 물리치는 수단으로 믿은 그럴듯한 상징물과 행위, 그에 수반되는 무의미한 말은 단지 의지의 고착화를 위한 매체이며 수단일 뿐이다. 이런 방법을 통해 의지는 주술적으로 작용하며, 단순한 소망이 아니라 실제 행위가 된다. 이때 의지는 (파라켈수스의 말처럼) 실체를 가지게 되며, 일반 의지로서, 즉 의지 자체로서 나타난다는 주장도 가능하다.

여기서 쇼펜하우어가 말하는 '일반 의지'나 '의지 자체'란 비소유 이론으로 본 의지다. 이 이론에 따르면 쇼펜하우어가 말하는 주술의 목적은 우리가 모르는 사이에 언제나 일어나고 있다. 특정한 행위를 수행하려는 단일한 의지는 시간과 공간을 초월해 나의 신체와 무수히 많은 다른 사람들의 신체를 통해 동시에 표현된다. 그러나 이 의지를 의식적으로 작용하도록 할 수 있다면 개인이 주술적 효과를 야기할 수도 있지 않을까? 쇼펜하우어는 주술의 메커니즘을 어떻게 설명했을까?

우선 그는 주술의 도구들 —— 밀랍 인형, 부적 등 —— 이 그 자체로 기능하지 않는다는 점을 강조했다. 또한 다신교가 주술에 더 잘 맞는다고 여겼다. 다신교의 신들은 자연력을 의인화한 것이기 때문이다. 주술 관습에 문제를 제기한 것은 유대교와 거기서 파생된 종교들이었다. 모세의 시대 이래로 유대인들은 점술이나 주술을 일체 금지했다.

점쟁이나 길흉을 말하는 자나 요술하는 자나 무당이나 진언자나 신접자나 박수나 초혼자를 너희 가운데에 용납하지 말라. 이런 일을 행하는 모든 자를 여호와께서 가증히 여기시나니…….*

그런데 여호와가 금지한 관습은 무엇이었을까? 점쟁이, 무당, 진언자, 신접자, 박수, 초혼자는 실제로 무슨 일을 했기에 신이 가증스럽게 여겼을까? 쇼펜하우어에 따르면 형이상학의 견지에서 볼 때 그들이 사용한 수단이 보편 의지를 집중시켜 자연을 절대적으로 지배하게 해준다는 생각은 잘못이었다. 그들은 주술적 효과의 근원을 비소유적 전능한 의지에 귀착시키지 않고 자신들이 사용한 수단에 귀착시켰다. 밀랍 인형을 사용하거나 초자연적 존재 ── 천사, 케루빔, 악마, 기타 원초적 힘이 의인화된 존재 ── 에 도움을 요청한 것이 그런 잘못이었다.

그런 외적인 작용은 본질적인 것이 아니라, 유일한 행위자인 의지가 물질세계에서 방향을 취하고 고착화되어 현실로 들어가기 위한 매개체에 불과하다. 그 시대의 일부 저자들은 근본적인 주술 관념을 바탕으로 자연에 대한 절대적인 지배력을 행사하고자 했다. 하지만 그들은 그런 지배가 직접적이어야 한다는 데까지 생각하지 못하고 간접적이라고만 여겼다. 모든 나라의 종교들은 자연을 신과 악마의 지배 아래 두었다. 그래서 주술사는 신과 악마에게 자신의 의지를 부합시켜 그들의 도움을 얻기 위해 애썼다. 그 노력이 성공을 거두면 주술사는 신과

---

* 신명기 18 : 10~12. 유대교에는 분명히 신비주의 전통이 있고 카발라도 분명히 주술적이다. 그러나 유대 주술에서는 주술사가 여호와에게 호소하지 않으며, 그런 생각 자체가 불가능하기 때문에 그럴 수도 없다.

악마의 덕택으로 돌렸다. 마치 메스머(Mesmer, 최면술의 선구자로 알려진 18세기 독일의 의학자: 옮긴이)가 자신의 최면술을 실제 행위자인 자신의 의지 덕분으로 돌리지 않고 손에 든 막대자석의 덕택으로 돌린 것과 마찬가지다.

쇼펜하우어는(바그너도 마찬가지다) 다신교의 신과 악마를 형이상학적 원리의 표현으로 보았다. 그들은 어떻게 사람들에게 영향을 줄까? 쇼펜하우어는 놀랍게도 자신의 주장을 뒷받침하기 위해 최면술을 언급한다. 그의 시대에는 메스머가 보여 준 최면 현상을 주술에 가까운 것으로 간주했고, 화학이 연금술에서 발전되었듯이 과학이 주술에서 발전해 나왔다는 생각도 튼튼히 뿌리를 내리지 못한 상태였다. 그러나 쇼펜하우어는 주술적 개념들이 미신에 불과한 게 아니라 나름대로 의미를 가진다고 주장했다. 예를 들어 그는 신과 악마를 다음과 같이 바라본다.

모든 종류의 신과 악마는 항상 근본 원리의 역할을 한다. 신도와 종파는 그 원리를 통해, 자연의 배후에 있고 자연에 존재와 안정성을 부여하고 자연을 통제하는 **형이상학**을 이해한다. 따라서 악마의 도움으로 주술이 이루어졌다고 말할 때, 그 근저에는 언제나 주술이 물리적 경로가 아니라 **형이상학적** 경로로, 자연적이 아니라 초자연적으로 작용한다는 의미가 깔려 있다. 하지만 주술의 실제, 즉 동물의 흡인력과 교감적 치료 같은 것을 뒷받침해 주는 몇 가지 사실에서 우리가 의지의 즉각적인 작용을 식별해 낸다면, 의지를 실행하는 개인과 무관하게 내부에 숨어 있던 의지의 직접적인 힘이 드러난 것에만 주목한다면, 또한 나중에 확고하고 명확한 인용문으로 증명하겠지만 고대의 주술에 뿌리를 둔 사람들이 주술의 모든 효과를 오로지 그것을 시행하는 사람의 **의지**로부터 끌어낸다면, 그것은 내 학설을 입증하는 강력한 경험적 사례가 될 것이다. 여전히 표상의 외부, 사물 자체의 바깥에 존재하는 형이상학 일반을 우리는 우리 자신에게서 **의지**로서 인지한다.

쇼펜하우어는 주술 행위를 단지 주술 시행자가 지닌 의지의 기능으로만 간주한다. 주술 시행자는 신이나 악마를 불러내어 그 의지를 표상하는 수단으로 삼는다. 이를테면 주술사는 말[馬], 지진, 바다를 다스리기 위해서 포세이돈을 불러낸다. 신의 영역 속에서 공통의 형태가 인지된다.* 그런 다음 쇼펜하우어는 신, 악마, 인형 등이 주술 행위에서 필요한 이유를 '지성의 허위 관념' 때문이라고 말한다. 그것들은 주체적인 인자가 아닌데도 마치 그런 것 같은 착각을 안겨준다. 하지만 그는 그것들의 역할을 플라시보 효과(placebo effect), 즉 "실제로는 효용이 없으나 환자를 속이는 효과"처럼 간주한다. 다시 말해 의지는 주술에서 사용되는 소품임에도 **불구하고** 주술의 인자인 것처럼 작용하는 것이다.

만약 주술사들이 의지가 이따금씩 자연에 행사하는 직접적 권력을 악마가 도와주는 간접적인 효과로 여긴다면, 언제 어디서든 그런 현상이 일어날 때 그것을 미연에 방지할 수 없다. 이런 사태에서는 의지 자체

---

* 바이런은 부드럽게 파도를 타면서 손을 뻗어 물결이 마치 말의 갈기인 것처럼 사랑스럽게 어루만지는 것을 묘사한다. 바이런의 표현은 물이라는 불안정한 매개체와 달리는 말발굽 때문에 흔들리는 모습에서 연상되는 포세이돈의 다양한 활동 양식을 설명한다.

가 원래의 본성대로 활동하고 표상에서 분리되기 때문에 지성의 허위 관념으로 의지의 활동을 막을 수 없다. 여기서 이론과 실천은 아주 멀어진다. 이론의 허구성이 실천을 가로막지 못하고 올바른 이론으로 실천을 계도하지 못하는 것이다. …… 내가 아는 사례가 있다. 어느 지주의 소작인들은 오래전부터 병에 걸리면 지주가 주문을 외워야만 병을 몰아낼 수 있다고 믿었다. 지주는 그런 일이 불가능하다고 확신했으나 품성이 선한 탓에 소작인들의 전통적인 의지를 그대로 놔두었고, 자주 좋은 결과를 낳았다. 그는 그것을 소작인들의 굳은 믿음 때문이라고 여겼을 뿐, 효용이 없는 약도 잘 속는 환자에게 주면 효과를 발휘한다는 생각까지 하지는 못했다.

여기서 쇼펜하우어는 주술 효과를 야기하는 게 밀랍 인형이 아니듯이 최면술을 유도하는 것도 막대자석이 아니라는 사실을 강조하고 있다. 그럼에도 불구하고 시행자가 그것을 '실체'로서 사용하면 그런 효과가 발생한다. 쇼펜하우어는 의지의 집중을 통해 주술 효과를 야기하는 진짜 수단에 관한 지식이 부재한 이유가 적대적 권위자들의 탓이라고 본다. 그들은 지금 우리에게 전해지는 고대 비학 문헌들도 마음대로 걸러 냈다.

앞서 말한 바와 같이 마법과 마술이 알맹이의 해석이자 표현에 불과하다면, 대부분의 사람들은 그 껍데기 너머까지 가려 하지 않겠지만, 그래도 적지 않은 사람들은 내부를 들여다보고 이따금 주술이 영향력을 발휘할 때 작용하는 것이 의지뿐임을 알 것이다. 주술을 낯설게 여기거나 적대시하는 사람들 가운데서 깊은 통찰력을 지닌 사람을 찾으려

하면 안 된다. 그런데 바로 그런 사람들이 주술에 관한 책을 쓴다. 그들은 법정이나 증인 신문을 통해 주술을 아는 게 고작이므로 수박 겉 핥기로 주술에 관해 서술할 따름이다. 실제로 그들은 사람들의 고백을 통해 알게 된 것도 사악한 주술을 널리 퍼뜨리지 않도록 하기 위해 신중하게 침묵으로 일관한다.

여기서 쇼펜하우어는 자신의 의지 이론으로 주술사들이 늘 해왔던 일을 설명할 수 있다는 주장을 뒷받침하기 위해 비학 문헌에 관한 연구를 이야기하기 시작한다. 그는 로저 베이컨(Roger Bacon), 파라켈수스(Paracelsus), 바니니(Vanini)를 인용하고, 주술 효과를 유발하려면 의지에게 '실체'가 필요하다고 강조한다. 다시 말해 단순히 어떤 일이 일어나기를 바라기만 하는 것으로는 충분하지 않다. 주술 효과를 기대하려면 의지가 표상을 이루어야 한다. 소망하던 사건의 단일한 형태가 주술 작용에서도 나타나야 한다. 이를테면 누군가에게 주술적으로 해를 끼치기 위해 바늘을 인형에 꽂는다든가, 메스머가 자석을 이용해 최면술을 유도하는 것을 생각할 수 있다. 쇼펜하우어는 이런 경우에 실제로 일어나는 일은 집중된 의지의 일면적 고착화이므로 주술 표상의 역할은 의지를 그 뒤에 따르는 행위에 '집중'시키는 것이라고 보았다. 쇼펜하우어는 먼저 고대 유럽 비학의 권위자들이 이미 예전에 자신의 주장을 말한 바 있다는 것을 보여 주고자 했다.

…… 우리가 물질의 본질에 관한 정보를 얻을 곳은 미신이 성행하던 시대에 살던 철학자들과 자연의 탐구자들이다. 그들의 주장을 보면 주술에서, 정확히 말하면 동물의 흡인력에서 행위자는 의지밖에 없다는

것이 명확히 드러난다. 이를 증명하기 위해 몇 가지 인용을 보기로 하자. 13세기에 로저 베이컨은 이렇게 말했다. "사악한 마음을 가진 사람이 남을 해치겠다는 각오를 다질 때, 그런 일을 열렬히 소망하고 굳은 결심을 가지고 하고자 할 때, 그리고 그렇게 할 수 있다고 확신할 때, 자연은 그 의지의 의도에 틀림없이 따를 것이다"[『대저작』(Opus Majus), 1733년, 252쪽]. 그러나 내가 보기에 주술의 내적 본성에 관해 누구보다 많은 정보를 주는 사람은 테오프라스투스 파라켈수스다. 그는 대담하게도 주술의 과정까지 정확하게 서술한다. 특히 제1권 91쪽, 353쪽, 789쪽 이하 및 제2권 362쪽과 496쪽에 잘 나와 있다[1903년 두 권짜리 2절판(folio, 전지 한 장을 반으로 접어 네 쪽을 만든 것)으로 간행된 스트라스부르판에 따른다]. 제1권에서 그는 이렇게 말한다.

"다음의 밀랍 인형 그림들을 잘 보라. 만약 내 의지를 통해 내가 남에게 적대감을 품는다면, 이것은 매개체, 즉 실체를 통해 수행될 것이다. 이 경우 내 정신으로, 즉 칼을 이용하는 신체의 도움을 받지 않고도 나의 격렬한 욕망을 통해 남을 해치는 일이 가능하다. 또한 내 의지로써 적의 정신을 인형 안에 몰아넣은 다음 내 마음대로 휘거나 마비시킬 수도 있다. 의지의 효과는 의학에서 매우 중요하다. 만약 누가 다른 사람을 시기하고 증오하고 저주한다면 그 저주가 실제로 일어날 수도 있기 때문이다."*

의지의 효과가 의학에서 대단히 중요하다는 것은 확실하다. 그 한

---

* 모든 인용문은 앞서 소개한 쇼펜하우어의 짧은 글에 나온다. 원본의 라틴어를 E. F. J. Payne의 영역본 On the Will in Nature의 각주에 나오는 영역문으로 대체했다.

계가 어디까지인지는 오늘날에도 밝혀지지 않았다. 파라켈수스는 20세기 연구가 복잡한 통계 분석으로 증명한 것을 간단히 진술했다. 약물 치료를 받고 있다고 믿는 환자들은 —— 실제로는 약이 아니라 설탕인데도 —— 설탕만 섭취하는 통제 집단보다 더 빠르게 회복된다. 이것이 잘 알려진 '플라시보 효과' 다. 플라시보 효과의 타당성을 고려하면 부정적인 형태도 불가능하지 않을 것이다. 다시 말해 실제로는 약을 먹지 않는데도 약을 먹고 있다는 믿음이 치료에 도움이 된다면, 실제로는 독을 먹지 않는데도 독을 먹고 있다고 믿을 경우 병에 걸릴 수도 있을 것이다. 또한 독이라는 물질이 아니라 주술의 공격을 받고 있다는 믿음으로도 병이 날 수 있다. 그렇다면 저주로도 사람을 병들게 하거나 심지어 사망에 이르게 할 수 있다. 저주가 작동하는 메커니즘을 기계공이 알 수도 없지만 플라시보 효과와 관련된 메커니즘은 생화학자도 알기 어렵다. 플라시보 효과는 실제로 통하며, 주술 기법도 예술에 조예가 깊은 사람들이 사용하면 그런 효과를 발휘한다. 그것은 오스트레일리아 원주민들에게 통했다.

의지를 집중시키는 데 필요한 실체와 주술이 효력을 가진다는 믿음 이외에 쇼펜하우어는 비학 문헌에서 의지를 주술적으로 행동하도록 하기 위해 필요한 요소를 찾아냈다. 이 요소를 이용하면 합리적 사고가 극복되고 정신은 본능에 따라 행동할 수 있다. 이 요소는 '영혼의 격렬하고 무절제한 흥분' 이다. 그래서 쇼펜하우어는 아그리파 폰 네테스하임(Agrippa von Nettesheim)의 『신비 철학에 관하여』(De occulta Philosophia)의 첫 권에서 다음 대목을 인용한다. "격렬한 증오심을 느끼는 사람의 정신이 명하는 모든 것은 위해와 파괴의 효과를 가진다. 마찬가지로, 정신이 문자, 그림, 단어(대화), 몸짓 등을 통해 행하고 명하는 모든 것도 정신의 욕망을 뒷받침하며, 상당히 특별한 힘을 획득한다……." 그는 또한 바니니의 말도 인용한다. "피와 정신에 의해 움직이는 생생한 상상력은 마음속으로 생각한 것에 내적으로만이 아니라 외적으로도 영향을 줄 수 있다."[14]

쇼펜하우어는 비학 문헌 조사 결과를 다음과 같이 요약한다.

이 학자들이 서로 견해가 일치하고, 최근에 동물의 흡인력으로 생겨난 신념과도 일치하며, 그와 관련하여 내 추측에서 나온 추론과도 일치한다는 점은 한 번 숙고해 봐야 할 현상이다. 성공한 것이든 실패한 것이든 지금까지 행해진 모든 주술 행위에서 내 형이상학의 전조를 볼 수 있다. 주술 행위에서 표현된 의식에 따르면, 인과율은 단지 외양의 관계에 불과할 뿐이고 사물의 본질 자체는 그것과 무관하다. 또한 이 본질에서부터, 즉 내부에서부터 자연에 즉각적인 효과를 가할 수 있는데, 그 효과는 의지 자체를 통해서만 발휘될 수 있다. 하지만 주술을 베이컨의 분류에 따라 실용적 형이상학으로 규정하고자 한다면, 그것에 어울리는 이론적 형이상학은 바로 나처럼 세계를 의지와 표상으로 분석하는 것이다.

비학적 전통에 관한 쇼펜하우어의 독해에서 어떤 결론을 내릴 수 있을까? 수세기에 걸친 인간의 어리석음에 고개를 가로저을 수도 있을 것이다. 하지만 다른 한편으로 특별한 의의를 가진 단서를 찾을 수도 있다.

히틀러는 주술의 효험을 믿었다. 그는 사람들에게 자신의 예견 능력을 과시했으며, 사람들을 잡아 끄는 흡인력을 가지고 있었다. 헤르만

라우슈닝(Hermann Rauschning)에 따르면, 히틀러는 자신의 성공이 주술적 통찰력을 가진 덕분이라고 믿었다. 라우슈닝은 히틀러와 사이가 틀어지기 전까지 그의 막역한 친구였다. 1930년대에 그와 히틀러가 나눈 대화의 기록은 히틀러의 사고 과정을 드러내고 있어 특히 흥미롭다. 그는 어느 특별한 대화에 관해 상세히 이야기한다.

우리는 지금 세계 역사의 전환점을 맞았다. 이것이 그가 늘 하던 말이었다. 우리 인간은 평생 동안 일어날 혁명이 어떤 규모가 될지 상상할 수 없다. 그 무렵 히틀러는 예언자나 도인처럼 말했다. 그의 확신에 찬 선언은 생물학적 신비주의에 바탕을 두고 있었다. 아니, 신비주의적 생물학이라고 해야 할까? '지성의 우연적 경로'를 추구하는 것은 신성한 임무로부터의 이탈을 뜻했다. 히틀러는 주술적 통찰력을 가지는 것을 인류 진보의 목적으로 여겼다. 실제로 그는 자신이 그런 재능의 싹수를 가졌다고 믿었으며, 그 덕분에 지금까지 성공을 거두었고 앞으로도 명성을 얻으리라고 생각했다…….

그는 자신의 대단한 경력이 숨겨진 힘의 존재를 증명한다고 여겼다. 그는 자신이 초인적인 과제를 담당하기 위해 선택되었으며, 새로운 형태의 인간으로 부활한 예언자라고 믿었다. 그의 말에 따르면 인류는 바야흐로 거대한 변형의 와중에 있었다. 수천 년 동안 지속된 변화의 과정이 완성되는 단계에 접어들었다. 인간의 태양 시대가 끝나가고 있었다. 다가오는 시대는 최초의 위대한 인간형을 통해 그 모습을 드러내는 중이었다. 옛 게르만족의 불멸의 예언에 따라 세계가 꾸준히 쇄신을 거듭하고 낡은 질서가 낡은 신들과 더불어 사멸하듯이, 게르만족이 태양이 하지와 동지를 지나는 것을 삶의 주기로 받아들여 직선형이 아니라 나선형의 발전 과정을 이해했듯이, 인간은 이제 방향을 틀어 더 높은 단계로 올라갈 준비를 해야 한다…….

그는 양립 불가능한 관념들을 조화시키는 능력을 가지고 있다. 한 가지 확실한 사실은 히틀러가 예언자의 정신을 가졌다는 것이다. 그는 일개 정치인에 만족하지 않는다.

대화하던 중에 그는 더 유물론적인 형태로 그 생각을 제시했다.

"창조는 아직 끝나지 않았어. 인간이라는 생물에 관한 한 분명히 그렇지. 생물학적으로 볼 때 인간은 분명히 전환점을 맞았다네. 새로운 변종이 탄생하는 중이지. 과학적으로 정확히 말하면 돌연변이야. 기존의 인간형은 죽어 가고 있어. 그 결과 불가피하게 생물학적 성장 불능의 단계로 빠져들었지. 낡은 인간형은 점점 더 쪼그라들 거야. 모든 창조적 에너지는 새로운 인간형에게 집중된다네. 두 인간형은 급속도로 멀어질 거야. 하나는 열등 인류로 몰락하고 다른 하나는 오늘의 인간으로 우뚝 서게 되지. 나는 이 두 인간형을 각각 신인(神人)과 짐승-인간이라고 부르고 싶네."

나는 그의 주장이 니체가 말한 초인을 연상시킨다고 말했다. 그러나 나는 늘 그것을 은유로만 여겼다.

"그래. 인간은 극복하고 뛰어넘어야 해. 니체는 나름대로 그 점을 깨달았지. 그는 초인을 새로운 생물학적 변종으로 인정하는 데까지 갔어. 하지만 그것을 확신하지 못했지. 인간이 신이 된다는 것은 간단한 사실이야. 인간은 신이 되고 있어. 한계를 뛰어넘으려고 열심히 노력해야 해. 마음을 놓고 안주하는 순간 타락하고 인간의 수준 아래로 떨어지게 되지. 신과 짐승, 우리의 세계는 그 양자로 이루어져 있다네.

얼마나 쉽고 간단한가! 언제나 결론은 똑같아. 새로운 정치적 결정을 내릴 때나, 우리 사회 체계의 질서를 다시 조직해야 할 때나 문제는 마찬가지야. 우리의 운동에 동참하지 않는 자들, 낡은 질서에 매달리는 자들은 사멸할 수밖에 없어. 반면에 아주 오랜 인간의 메시지에 귀 기울이는 자들, 우리의 영원한 운동에 헌신하는 자들은 새로운 인류로 불리게 되지. 이제 우리 국가사회주의 운동의 깊이를 자네도 제대로 알겠지? 그것보다도 더 위대하고 모든 것을 망라하는 게 또 있겠나? 국가사회주의를 일개 정치운동으로 보는 자들은 그걸 절대로 모를 걸세. 그건 종교보다 더 강력하지. 완전히 새로운 인류를 창조하려는 의지야……."

이렇게 말한 다음 히틀러는 큰소리로 외쳤다. "새로운 인간이 우리 안에 있네! 바로 여기 있어! 이제 자네도 만족하겠지? 비밀을 말해 주지. 나는 새로운 인간을 상상한 적이 있다네. 아무런 두려움도 없는 강한 인간이야. 그의 앞에서 내가 위축된다네!"[15]

라우슈닝의 이야기가 믿을 만한 것이라면, 히틀러는 주술에 감수성을 가진 사람들을 육성하고자 했던 듯하다. 그들은 그를 위축시킨 그 상상에 쉽게 접할 수 있는 사람들일 수도 있고, 그들 자신이 바로 그 공포스러운 상상이 육화된 대상일 수도 있다. 그 이야기를 뒷받침하는 것은 히틀러가 탐독한 반유대주의 잡지 『오스타라』(Ostara)를 발간한 게오르크 란츠 폰 리벤펠스(Georg Lanz von Liebenfels)라는 오스트리아인의 글이다. 그는 주술에 감응하는 인종의 육성을 인종 양성 계획의 근거로 삼았다. 그의 잡지는 히틀러가 빈에서 읽은 바로 그 '반유대주의 책자'로 알려져 있으며, 『나의 투쟁』에도 그 잡지에서 유대인 문제에 관한 정보를 얻었다는 말이 나온다. 베르너 마저는 『오스타라』의 견해를 요약하고 있는데, 방금 살펴본 라우슈닝의 인용문과 나란히 놓고 보면 무척 흥미롭다.

제29호(1908년 가을호)는 이전 호들에서 제기한 노선에 주의를 환기시킨 뒤 발간의 목적을 다음과 같이 정의한다. "『오스타라』는 위대한 인종적 특성을 탐구하고 배양하는 것을 전문으로 하는 처음이자 유일한 잡지다. 민족학의 연구 성과를 현실에 응용함으로써 우리는 체계적인 우생학을 통해 사회주의와 페미니즘의 파괴적 혁명으로부터 영웅적이고 고결한 인종을 보존하고자 한다." 잡지의 취지를 잘 드러내 주는 대목이다.

1905년에 란츠 폰 리벤펠스는 '새 성전기사단'을 창립하고, 회원을 금발에 푸른 눈을 가진 남성으로 제한했다. 이들은 모두 금발의 푸른 눈을 가진 여성과 결혼하기로 서약해야 했다. 많은 글을 쓰는 것으로 유명한 리벤펠스는 1908년에 대작을 썼다. 이것은 1928년부터 1930년까지 『오스타라』에 책자의 형식으로 다시 실렸는데, 제목은 『신의 동물학 혹은 소돔의 원숭이 인간과 신의 전자(電子). 고대와 현대의 세계관 입문 및 왕과 귀족의 정당화』였다.

그가 말하는 '소돔의 원숭이 인간'이란 악마의 '졸작'인 검은 피부의 '하등 인종'으로서, '신들의 걸작'인 푸른 눈에 금발을 가진 '아리아 영웅'과 대조되는 개념이었다. 우수한 인종은 전기를 띤 신체기관을 가졌으며, 전기를 생산하고 송전하는 발전소에서 만들어진다. 이들은 인간 종(種)과 인류의 원형이다. 리벤펠스는 '우생학의 정화'를 통해 신들을 깨워야 한다고 주장했다. 그에 따르면 신들은 '인간의 육신이라는 관' 속에 잠들어 있다. 동시에 그는 아리아 영웅 인종에서 탄생하는 새로운 인류가 예전의 신적인 '전자기 방사선' 기관을 되찾아 신들의 시대에 그랬던 것처럼 '전지전능'에 도달할 수 있도록 도와야 한다고 주장했다.[16]

이것은 바로 히틀러가 시도한 나치 양성 계획의 목표였다. 모든 것을 이해하는 열쇠는 주술, 즉 선택적 양성으로 신들을 깨우는 마법이다. 그렇게 하려면 어떻게 해야 할까? 히틀러는 자신이 인정한 철학자의 저작에서 많은 것을 배웠다. 책을 거의 암기하다시피 한 그는 거기에서 비학 문헌에 관한 상세한 설명을 발견했는데, 그 가운데는 주술 효과를 유발할 수 있는 수단에 관한 지침이 있었다. 이 지침의 이론적 바탕은 개별 의지들을 초인적인 의지로 통합하는 비소유 심리 이론이었다.

한편 히틀러처럼 쇼펜하우어에 심취한 1904년의 교우 ── 루트비히 비트겐슈타인 ── 는 비소유 이론을 일반화하여 자신의 초기 철학을 '쇼펜하우어적 관념론'이라고 불렀다. 우리가 앞서 추론했듯이 그는 젊은 히틀러가 '자우유트'라는 반유대주의적 별명으로 부르던 그 인물이었을 것이다. 히틀러는 그가 유대 혈통이라는 것을 알고 그를 몹시 증오했다.

그 증오심이 열쇠였다. 쇼펜하우어는 『헤르메티카』(Hermetica, 그리스의 신 헤르메스와 이집트의 신 토트의 계시를 받아 만들어졌다는 2~3세기 그리스 비학 문헌: 옮긴이)를 인용하여 '감정의 격렬하고 무절제한 흥분'에 의해 주술 효과를 유발할 수 있다고 말한다. 히틀러는 유대인에 대한 증오심을 지속적으로 배양함으로써 감정을 무절제한 상태까지 흥분시켰다. 라우슈닝에 따르면 "유대인에게 그가 얼마나 증오심을 품었는지는 유대인을 욕하지 않으면 거의 말도 할 수 없을 지경에 이른 것으로 알 수 있다."[17] 다음은 뮌헨의 주간지 『데어 게라데 베크』(*Der Gerade Weg*)의 편집자인 요제프 헬(Josef Hell)이 1920년대 초반 히틀러와 나눈 대화다.

그 전까지 히틀러는 비교적 차분하고 온건하게 말했으나 그때 성질이 완전히 변했다. 그는 나를 쳐다보지도 않았고, 먼 곳에 시선을 둔 채 언성을 한껏 높였다. 처음에는 발작을 일으킨 듯싶더니 나중에는 내가 마치 민족주의에 열광한 군중인 것처럼 내게 소리를 질러댔다. "내가 권력을 잡는다면 처음으로 할 일이자 가장 중대한 과제는 유대인의 말살입니다. 권좌에 오르면 곧바로 뮌헨의 마리엔 광장에 교수대를 세울 겁니다. 교통이 마비되지 않는 선에서 최대한 많이 세울 겁니다. 거기다 유대인들을 매달 거예요. 썩어서 악취가 날 때까지. 보건 위생이 허락하는 한 오래오래 매달아 둬야죠. 시신들을 끌어내린 뒤에는 다시 다음 유대인들을 매답니다. 뮌헨에서 유대인이 자취를 감출 때까지 계속할 겁니다. 독일의 다른 도시들에서도 그런 식으로 해서 유대인을 모조리 없애 버릴 겁니다."[18]

이것은 확실히 '무절제한' 생각이다. 유대인에 대한 그의 증오는 주술을 금지하는 종교를 가진 민족, 비소유 의지 이론을 불경스럽게 여기고 암묵적으로 거부하는 민족에 대한 증오였다. 히틀러가 성공을 거둔 비결은 유럽의 비학 문헌을 설명한 쇼펜하우어의 책을 읽고 주술적 원인에 관해 깊은 지식을 쌓은 덕분이다. 쇼펜하우어의 지적 매력은 히틀러가 이미 젊은 비트겐슈타인에게서 배운 비소유 이론에 있었다. 그의 반유대주의는 공교롭게도 그 자신을 비소유 이론으로 인도해 준 유대인 개종자의 민족을 겨냥했다. 그 반유대주의가 곧 유대인을 상대로 주술적 책동을 가능케 했다. 히틀러는 자신의 목소리를 통해 주술을 주문으로 바꿔 독일인들을 지배하는 권력을 장악했다. 반유대주의는 히틀러가 권좌에 오른 것과 결코 무관하지 않았고 오히려 결정적인 요인으로 작용했다. 다시 말해 히틀러의 유대인 증오와 그의 성공은 내적인 연관성이 있었다.

히틀러의 반유대주의, 신비주의, 비트겐슈타인 가문 사이에는 또 하나의 연관성이 있는데, 독자들은 특히 이 점에 주의를 집중해야 한다. 히틀러가 '그 유대인'에 관해 마지막으로 한 말을 라우슈닝은 이렇게 전한다.

"하지만 지금까지 우리는 유대인이 경제적 세계제국의 지배자라고만 말했네. 유대인이 우리의 정치적 적이라고 말했지. 새로운 시대를 향한 험난한 투쟁에서 유대인은 어디에 위치할까?"

그의 물음에 나는 모르겠다고 대답했다.

"선택받은 민족은 둘일 수 없어. 우리는 신의 민족이야. 이것이 그 질문에 대한 완전한 답이 아닐까?"

"상징적으로 그렇다는 말인가?"

그는 또다시 탁자를 손으로 내리쳤다.

"상징적이라고? 아냐! 순전한 진실이지. 두 개의 세계가 마주보고 있네. 신의 사람들과 사탄의 사람들이라네! 유대인은 반(反)인간이고 다른 신의 피조물이야. 인류의 또 다른 뿌리에서 나온 게 틀림없네. 아리아인과 유대인은 서로 적이라네. 그러니까 한 측을 인간이라고 부른다면 다른 측은 인간이 아니지. 둘은 인간과 짐승만큼이나 먼 관계야. 그렇다고 유대인을 짐승이라 부르고 싶은 생각은 없네. 오히려 우리 아리아인보다도 짐승과 훨씬 더 멀지. 유대인은 자연의 바깥에서 생겨났고 자연과 이질적인 존재야."

히틀러는 할 말이 더 있는 듯했으나 파도처럼 거세게 밀려드는 생각 때문에 말을 잇지 못했다. 그의 얼굴이 씰룩거리며 일그러졌다. 크게 흥분한 상태였다. "끝이 없는 주제야." 마침내 그는 말을 토해 내듯 내뱉었다.[19)]

신비주의 문헌에 한동안 심취해 본 경험이 있는 사람이라면 '인류의 또 다른 뿌리'라는 말이 익숙하게 느껴질 것이다. '뿌리 인류'의 개념은 19세기 신비주의자인 헬레나 페트로브나 블라바츠키(Helena Petrovna Blavatsky)가 창립한 신지학회(神智學會)와 관련이 있다. 1888년에 간행된 블라바츠키 부인의 『비학』(Secret Doctrine)은 인간의 신비주의적 진화론을 서술하고 있다. 여기서 아리아인은 '다섯째 뿌리 인류'에 해당하며, 유대인은 넷째와 다섯째 사이의 비정상적이고 부자연스러운 고리에 위치한다. '넷째 뿌리 인류'는 아틀란티스에서 흑주술사들의 지배를 받으며 살았다.

히틀러가 블라바츠키의 인종 학설을 알았다고 생각하는 학자들은 그가 빈이나 뮌헨에 머물던 시절과 독일의 개종한 신지학자인 루돌프 슈타이너(Rudolf Steiner)에게 주목한다.* 그러나 우리의 목적에 더 잘

---

* 히틀러와 신비주의에 관해서는 잡다한 문헌들이 많이 있다. 그것들은 내가 보기에 몇 가지 예외를 제외하면 거의 가치가 없다.

부합하는 고리가 있다. 그것은 그보다 훨씬 더 이전, 히틀러가 레알슐레에 다니던 시절로 거슬러 올라간다.

피터 워싱턴(Peter Washington)의 책 『블라바츠키 부인의 원숭이』(*Madame Blavatsky's Baboon*)는 블라바츠키 부인의 성생활에 관해 충격적인 폭로를 담고 있다.

그녀에게 연인이 있었는지, 없었는지는 정확히 알 수 없다. 독일의 마엔도르프 남작, 폴란드의 비트겐슈타인 공작, 헝가리의 오페라 가수 아가르디 메트로비치 등이 연인의 물망에 오른다. 이 사람들은 모두 그녀와 연관이 있지만, 그녀는 그 관계를 부정하기도 하고 사실이라고 암시하기도 한다.[20]

만약 '폴란드 공작 비트겐슈타인'이 블라바츠키 부인의 연인이었거나 가까운 인척 관계였다면, 부인의 사상을 비트겐슈타인 가문이 잘 알았을 것은 당연하다(부인의 사상은 런던, 뉴욕, 시드니, 인도에 뿌리를 내렸다). 비트겐슈타인 공작과 절친한 사이라는 사실은 블라바츠키 부인 자신이 직접 밝혔다. 블라바츠키의 표준판 전기를 쓴 매리언 미드(Marion Meade)는 1890년 7월 20일 『뉴욕 선』(*New York Sun*)지에 블라바츠키 부인을 공격하는 글이 실렸다고 말한다.

여기에는 이름만이 아니라 그녀가 1857~58년에 파리 화류계 여자였고 "에밀 드 비트겐슈타인 공작과 간통했다"는 비난이 실려 있다.
……
헬레나는 즉각 판사에게 『뉴욕 선』지를 명예훼손으로 고발하겠다고 말했다. 그녀는 모든 혐의를 부인했으며, 화류계 여자였다는 주장도 우스꽝스럽고 가당치도 않은 일이라면서 비트겐슈타인 공작을 헐뜯지 말라고 항변했다. "현재 고인이 된 그는 …… 내 가족의 옛 친구였고 나는 열여덟 살 때 그를 마지막으로 본 게 고작이다. …… 그는 돌아가신 러시아 황후의 친척이었으며, 지금 저 더러운 뉴욕 신문이 자신을 비난하리라고는 생각지도 못했을 것이다. 그와 나에게 가해진 모욕에 대해 나는 모든 수단을 동원해 대응하겠다."[21]

미드의 전기에는 블라바츠키 부인이 여러 가지 일에서 거짓말을 했다는 사실이 드러나 있지만, 비트겐슈타인 가문과 오랜 가족적 관계가 있었다는 이 중대한 사안에 관해서는 진실을 말하고 있는 것으로 보인다. 매리언 미드는 비트겐슈타인이 그녀의 연인이 아니었으리라고 믿는다. 그러나 단지 가족적 친분 이외에 다른 관계가 있었다. 그것은 바로 두 사람이 똑같이 신비주의에 경도되어 있었다는 점이다.

신지학회의 역사가는 1873년 '영국 전국 유심론자 협회'가 창설되었는데, 에밀 드 자인-비트겐슈타인이 협회의 명예회원 또는 객원회원이었다고 전한다.[22] 비트겐슈타인 공작은 1878년『유심론자』에 보낸 서한에서 터키와의 전쟁 중에 '어느 협회의 지도적 인물'의 도움으로 위험을 모면했다고 말했다. 블라바츠키 부인은『신지학자』1883년 3월호에서 그 인물이 신지학회의 교사들 중 한 사람으로 자신과도 연락을 주고받았던 모랴(Morya)라고 밝혔다.[23] 신지학회의 역사가인 조세핀 랜섬(Josephine Ransom)은 비트겐슈타인 공작이 신지학회 회원이었다고 말한다.

에밀 드 자인-비트겐슈타인(F. T. S.)은 러시아 유심론학회의 회원이었으며, H. P. B. 가문의 옛 친구였다. 황후의 친척이자 황제의 부관으로 신망을 받았던 그는, 황제를 도와서 유심론학회의 도서 수집을 완료하였다.[24]

블라바츠키 부인 —— 유대인이 '인류의 또 다른 뿌리'에서 나왔다는 히틀러의 주장에 근거가 된 인물 —— 은 비트겐슈타인 가문과 연관이 있었고 우크라이나의 비트겐슈타인 영지 부근에서 출생했다.* 에밀 비트겐슈타인은 프란츠 리스트와 바람을 피운 여인, 코지마 바그너가 유대인이라는 이유로 증오하던 카롤리네 비트겐슈타인 후작부인의 시숙이었다. 따라서 블라바츠키 부인은 그 세간의 이목을 끈 연애 행각에 관해 잘 알고 있었을 것이다.**

히틀러가 유대인을 '인류의 또 다른 뿌리'에서 나왔다고 말한 것은 우리의 탐구에 비추어 볼 때 특별한 중요성을 가진다. 블라바츠키 부인의 유해한 영향력은 누구도 생각하지 못한 1904년에 이미 히틀러의 마음속에 작용하고 있었음이 틀림없다. 여기서 나는 블라바츠키와의 연관성(에밀 비트겐슈타인 공작을 통해 루트비히와 이어지는 연관성)이 확실하다고 주장하려는 게 아니라, 이 추측이 그냥 무시될 수 없다

---

* Meade는 블라바츠키 부인의 탄생 별자리를 보고, 그녀가 1831년 7월에 경도 동경 35:01, 위도 북위 48:27에 해당하는 예카테리노슬라프에서 태어났다는 것에 주목한다.
** 스탈린이 티플리스에서 신학을 공부했다는 것은 흥미로운 사실이다. 티플리스는 블라바츠키 부인이 살았고, 그녀의 할아버지가 고위 관리로 있던 곳이었다. 만약 유명 인물인 블라바츠키의 관심이 젊은 스탈린에게 신비주의의 싹을 심어 주었다면, 그가 티플리스 신학교에서 쫓겨난 이유는 그것으로 충분히 설명된다. 그의 죽음에 관해 그의 딸이 전한 인상적인 증언, 또 밀로반 드질라스(Milovan Djilas, 유고의 정치가, 작가: 옮긴이)가 그와 대화하던 중에 갑자기 긴장감이 급습하는 것을 느낀 현상은 주술이 어떻게 작용하는지 아는 사람에게는 익숙한 일이다.

는 것을 사실로 인정하면 홀로코스트에 관한 새로운 연구의 방향이 열린다고 주장할 뿐이다. 블라바츠키 부인은 유대인의 간략한 역사를 이렇게 서술한다.

유대인은 인도 찬달라스 혈통의 종족이다. 그들은 과거에 브라만이었다가 추방되어 칼데아와 신드, 아리아(이란)로 망명했다. 그들의 조상은 기원전 8천 년경에 살았던 아브람(브라만이 아니라는 뜻)이다.*

그녀가 말하는 '아브라함'이라는 이름의 어원은 언어학적으로 터무니없지만, 아리아 신비주의 ── 즉 브라만 ── 의 공통 정신과 유대교의 거부와 관련된다는 점에서 우리의 연구 결과와 묘하게도 잘 들어맞는다.

지금까지 우리는 콜링우드, 쇼펜하우어, 블라바츠키, 히틀러를 살펴보았다. 그런데 비트겐슈타인의 주술관은 어땠을까? 비트겐슈타인의 제자들은 여전히 그를 빈의 과학적 실증주의자로 여기고 있다. 그가 주술적 사유 양식을 반대했다고 보는 것이다. 하지만 『프레이저의 황금가지에 관한 소견』에서 보듯이 실은 그 반대다. 비트겐슈타인은 주술을 옹호했고, 주술이 표상의 본질과 연관된 인간존재의 깊은 곳을 반영한다고 생각했다. 또한 히틀러와 마찬가지로 그는 주술 행위를 그 자체로서가 아닌 다른 견지에서 바라보려는 시도에 반대했다. 프레이저가 주목한 네미의 사제–왕 살해 사건에 관해 그는 "사제–왕을 죽인 행위를

---

* Helena Petrovna Blavatsky, *The Secret Doctrine*, Theosophical Publishing House, 1893, p.210. 20세기에 중대한 의미를 지니게 된 구절에 관심이 있는 독자라면, 나치 십자표장의 신비주의적 의미를 설명하는 103~106쪽을 보라.

설명하려는 생각조차도 내가 보기에는 잘못"이라고 썼다. 비트겐슈타인이 생각하는 주술의 본질은 그것을 훨씬 넘어서는 것이었다. 비트겐슈타인 연구자들은 간과하고 있지만 그는 사실 자신의 행위를 기본적으로 주술 행위라고 보았다. 예를 들어 보자.

나는 형이상학에 관한 소견을 일종의 주술로 간주하면서 내 책을 시작하는 것이 옳다고 믿는다. 하지만 그럴 경우 나는 주술을 증명하기보다 조롱하는 것인지도 모른다.

주술의 깊이는 보존되어야 한다.

주술을 배제하는 것 자체가 주술적 성격을 가진다.

(나무나 탁자가 아니라) '세계'에 관해서 이야기를 시작한다면, 주문에 걸린 어떤 고결한 것을 내 말에 담고 싶지 않겠는가?[25]

이 말에서 우리는 비트겐슈타인이 주술의 배후에 있는 관념과 『논리철학 논고』에서 제시한 철학적 관념 사이에 모종의 일체성을 인정했다고 추론할 수 있다. 유망한 철학자의 정신을 옥죄는 형이상학의 굴레를 벗겨 버린 것은 일종의 엑소시즘을 연상케 한다. 그 뒤에 남는 것은 신비의 영역에서 나온 고요하고 표현할 수도 없는 통찰력이다. 일상적 정신이 떠나간 자리에 남은 것은 수브 스페키에 에테르니타티스(sub specie aeternitatis), 즉 영원의 관점에서 본 통합된 전체다. 짧은 경구 형식을 취한 『논리철학 논고』의 말에 따르면, '어떤 고결한 것'을 불러내는 것이며, 논리적 수단으로 주문에 걸린 상태를 유지하는 것이다. 『논리철학 논고』는 주문이다.

비트겐슈타인의 저작에 대한 현대의 해석에 의하면 그는 신비주의적 성향을 지닌 논리학자에 불과하다. 그의 철학의 궁극적인 목적은 신비주의적 계몽이다. 이것은 열망하는 영혼을 보편적 영혼으로 전환시킴으로써 도달할 수 있다. 『노트』에서 그는 자신의 형이상학적 '나'를 '신격'이라고 말한다.* 우리는 그가 스스로 『논리철학 논고』의 역할이 주문에 지나지 않는다고 말하는 것을 보았다. 그것을 깨달으면 이 신격에 이를 수 있고, 계몽된 철학자의 정신 속에서 나타나게 할 수 있다.

---

* 1916년 7월 8일의 *Notebooks*에는 이런 구절이 있다. "두 개의 신격이 있다. 세계와 나의 독립적인 나."

제 3 부

비트겐슈타인의 비소유 이론

Wittgenstein
VS
Hitler

.8장. 마음을 여는 열쇠

지금까지 서술한 내용에서 나는 비트겐슈타인의 철학과 나치즘의 사상 사이에 적어도 연관의 가능성이 있다는 점을 설득력 있게 제시하고자 했다. 그 가능성은 진지한 탐구가 필요할 만큼 강력하다. 비트겐슈타인의 냉철하면서도 알쏭달쏭한 주장과 히틀러가 공식 석상에서 보여 준 거친 열변은 서로 크게 다른 것 같지만, 두 사람에게는 단일한 관념이 내재해 있다(히틀러는 자신의 인종주의적 신념에 맞도록 곡해했지만). 그 관념은 바로 비소유 심리 이론이다. 이 장에서는 그 이론의 내용, 역사, 그에 대한 비판을 상세히 살펴볼 것이다.

첫번째 논점은 종교적 발상이 기저에 깔려 있다는 점이다. 비트겐슈타인이 형이상학적 '나'를 '신격'이라고 말한 것에서 그 점이 드러난다. 또한 히틀러가 인종적 순수성과 자신이 창조하려는 새로운 인간의 신비주의적 형제애를 신성시한 것도 마찬가지다.

비소유 이론의 본질은 에머슨이 아리아 본래의 의식 개념을 말하는 데서 드러난다. "······보는 행위와 보이는 것, 보는 자와 보이는 대상, 주체와 객체는 하나다."[1] 이것이 바로 비트겐슈타인의 견해라는 사실은 당시 그가 직접 말한 내용으로 볼 때 명확하다.

트리니티칼리지의 철학자 G. E. 무어는 1930~33년에 비트겐슈타인의 강의를 듣고, 많은 철학자들처럼 "그도 역시 '내가 보는 것'과 '나의 보는 행위'를 구분하지 않는 듯하다"고 썼다.* 주체가 뭔가를 의식할 때 일어나는 현상을 설명하는 자연스러운, 거의 다른 방법이 없는 견해가 있다. 예를 들어 누가 탁자를 의식할 때는 세 가지 요소가 개입된다. 사람, 탁자, 그리고 이 둘 사이의 대단히 난해한 관계, 즉 인식이 그것이다. 이와 마찬가지로 사유 과정에도 사람, 사유, 그 사유에 대한 의식이 있다. 이것이 트리니티칼리지 철학자인 버트런드 러셀, G. E. 무어의 견해다. 하지만 비트겐슈타인은 무어나 러셀과 같은 견해를 '피상적으로는 매력적이지만' 잘못이라고 여겼다.** "A는 p라고 생각한다"는 표현의 논리적 형태를 그는 이렇게 설명했다.

> …… 피상적으로 고찰하면 명제 p는 대상 A와 모종의 관계가 있는 것처럼 보인다. 〔현대 인식론(러셀, 무어 등)에서 이 명제는 실상 이런 식으로 해석된다.〕[2]

그 다음 대목에서 그는 다음과 같이 말한다.

---

* Moore, p.14. 이 판단은 중시할 필요가 있다. 무어는 유명한 철학 논문인 *The Refutation of Idealism*에서 이 구분을 이용해 관념론 철학을 난타했기 때문이다. 무어는 그것을 간과할 만큼 어리석은 철학자에게 정신 차리라고 호통을 쳤을 것이다. 그러나 무어가 그 때문에 비트겐슈타인을 비난한 것은 잘못이다. 비트겐슈타인은 실제로 행위와 대상을 구분했다. 무어와 비트겐슈타인이 차이가 있다면 단지 비트겐슈타인이 그 구분을 올바르게 이끌었다는 점이다.

** 비트겐슈타인이 '피상적' 이론이라고 무시한 것은 사실 그 자신이 발명했다가 나중에 버린 것이었을 가능성도 있다. 예를 들어 러셀은 *Logic and Knowledge*(R. C. Marsh, p.226)에서 비트겐슈타인의 영향을 인정했다.

"A는 p라고 생각한다", "A는 p라는 생각을 가지고 있다", "A는 p라고 말한다"는 모두 "'p'는 p라고 말한다"는 형태다. 이것은 사실과 대상의 상호관계를 포함하지 않는다……

이윽고 그는 결론을 내린다.

이것은 오늘날의 천박한 심리학에서 생각하는 것과 달리 정신 같은 것 —— 주체 등 —— 은 없다는 점을 보여 준다.[3]

비트겐슈타인이 무엇을 반대하는지는 합리적으로 명확하다. 그는 의식이 주체와 객체의 관계로 해석되는 일체의 분석을 반대한다. 하지만 그가 제시한 대안은 뭘까? 간단한 답은 아무도 모른다는 것이다. 여기에 관해 합의란 없다. 이것은 카발라(Kabbala, 유대교 신비철학: 옮긴이)의 수수께끼처럼 『논리철학 논고』의 수많은 명제들 속에 숨겨져 있다. 그러나 우리는 가설을 세울 수 있다.

사유에 관한 한 그는 사유가 스스로 뭔가를 말하는 **명제**라고 말하는 듯하다. 사유는 표현 수단(명제를 말하거나 쓰는 사람의 입이나 펜)을 통해 드러나지만, 그 사람은 그 명제의 진정한 주인이 아니다. 오히려 명제 자체가 스스로를 드러내는 것이다. "'p'는 p라고 말한다." 따라서 명제를 만들고 사유를 생각하는 사람은 없다. 즉 개별적 인간 정신 같은 것은 없다.

그런데 비트겐슈타인은 왜 무어와 러셀의 의식 분석을 반대했을까? 이 문제의 의미는 무엇일까? 비트겐슈타인은 '명확하다'고 말하지만 실은 전혀 명확하지 않다. 이 대목에서 그가 말한 한두 마디를 가지고 학자들은 70년 동안이나 씨름을 했으나, 그 결과 그렇잖아도 혼탁한 물을 아예 진흙탕으로 만들었을 뿐이다.

무어의 의식 개념은 철학 문헌에 많이 인용되었는데, 그럴 만도 하다. 그의 말은 숙고해 볼 가치가 있다. 뭔가를 의식하는 데는 단지 의식되는 것 이외에 뭔가가 개재되어 있다. 문제는 이 다른 요소가 무엇인지는 몰라도 어쨌든 의식의 대상은 아니라는 점이다. 즉 그것은 의식되는 것이 아니다. 우리는 그것을 자세히 바라볼 수 없다. 대상이 우리의 정신을 위해 존재하는 게 아니라 대상 덕분에 우리의 정신이 존재하는 것이다.

명상에 익숙한 사람들은 명상 기법을 통해 이 신비스러운 순수한 의식과 마주치려 한다. 자리에 앉아서 한순간에 그것을 파악하려 한다. 우리는 신체의 감각, 자동차의 소음, 눈꺼풀에 와 닿는 빛 등을 감지하며 스스로 생각한다. "아냐. 이것들은 사물 자체가 아니라 의식의 대상일 뿐이야." 명상에 빠져들면 그것들에 대한 의식을 잃고 명상의 대상 속으로 빨려 들어갈 수도 있다. 하지만 순수한 본질의 목표는 언제나처럼 멀리 있다. 무어는 거기서 어려움을 느꼈다.

우리가 관심을 의식에 집중하고 그것이 무엇인지 정확히 보려 하는 순간 그것은 사라져 버린다. 마치 우리 앞에는 빈 공간만 있는 듯하다. 파란색의 감각을 내적으로 성찰하려 하면 보이는 것은 파란색뿐이고 다른 요소는 투명한 듯 어렴풋하게 보인다.[4]

바로 그 다음 부분에서, 무어는 이 투명하고 어렴풋한 요소 —— 의식 —— 를 아주 자세히 들여다보면 식별이 가능하다고 주장한다. 이 말은 곧 명상하는 의식을 가만히 성찰하면 그 자체를 의식할 수 있다는 뜻이다. 그런데 이 의식은 무엇을 의식하는가? 의식 자체에 대한 의식이다. 즉 우리의 의식은 의식하는 자체를 의식한다. 똑같은 질문을 되풀이하면, 의식하는 자체를 의식하는, 그 자체를 의식한다는 답이 나온다. 이런 식으로 영원히 계속될 수 있다. 그러므로 우리의 의식은 무한한 의식 행위를 동시에 수행하는 것이 되는데, 이는 명백히 불가능하다. 순수한 의식을 따로 떼어 내 조사 가능한 것, 경험 가능한 것으로 만들기란 불가능한 일이다.

쇼펜하우어, 에머슨 등은 그 반대로 주체, 행위, 객체가 구분될 수 없다고 주장했다. 이것이 비트겐슈타인의 입장에 더 가까워 보인다. 맥기니스의 증언에 의하면 비트겐슈타인은 쇼펜하우어와 에머슨의 책을 즐겨 읽었다고 한다.

내가 이렇게 현대의 철학적 심리학의 쟁점을 끄집어내 2500여 년 전의 고대 아리아 사상과 결부시키려는 이유는 뭘까? 같은 쟁점이라고 생각하기 때문이다. 이 단계에서 아무리 미심쩍게 여겨진다 하더라도 이 책의 나머지 부분을 계속 읽는다면 그 의혹은 상당히 완화될 것이다. 비트겐슈타인의 스승인 쇼펜하우어는 그것들이 같은 쟁점이라고 생각했다. 그는 고대 아리아의 경전들이 그가 주장하는 비소유 의지의 철학을 설명한다고 보았다. 히틀러가 숭배한 리하르트 바그너도 마찬가지였다. 바그너는 유대인을 비난하는 부분 바로 앞에서 힌두 우파니샤드에 나오는 아리아 심리철학에 관해 말한다.

조상의 지혜가 주는 교훈을 우리가 얼마나 완전하게 잊고 있었던가는 수천 년 뒤 쇼펜하우어가 재발견해야 했던 것으로 판단할 수 있다.[5]

쇼펜하우어의 철학에 심취한 비트겐슈타인과 히틀러도 '조상의 지혜가 주는 교훈'을 알고 있었다. 인도의 경우 그것은 합일로 이끄는 어려운 명상 —— 요가 등 —— 을 가리킨다. 다시 말해 개별 정신이 '그대가 바로 그것', 전체와의 근본적인 일체화를 깨닫는 것이다. 이 조상의 지혜에는 무어와 러셀의 견해가 적용될 만한 복수의 주체란 없다.

비트겐슈타인은 어릴 때 이 명상의 상태 —— 앞에서 살펴본 일체화의 경험 —— 에 자연스럽게 빠져들었다. 나는 그가 거기서 얻은 통찰력을 자신의 철학에 포함시켰다고 본다. 이 통찰력은 인종주의적 성격이 강한데, 그 완전한 모습은 얼마 뒤에 드러나게 된다. 일단 여기서 주목할 것은 비트겐슈타인이 대상의 인식에 구성요소가 없다고 믿었고, 무어와 러셀과 '오늘날의 천박한 심리학'처럼 주체/기술/객체의 구도로는 분석될 수 없다고 여겼다는 점이다. 에머슨과 쇼펜하우어를 믿을 수 있다면 '아리아적'이라고 말해도 좋을 만한 의식 이론이다. 그것은 자아의 본성에 관한 신비주의적 학설과 내밀하게 얽혀 있으며, 아주 오랜 전통을 가지고 있다.

이 문제에 관한 비트겐슈타인의 주장에는 명백한 모순이 보인다. 철학자 데이비드 슈와이더(David Shwayder)는 『논리철학 논고』의 내용[6]을 사유하는 것과 사유되는 것의 일체화라는 견지에서 설명한다. 사유되는 것은 대상이 될 수 없으며, 사유되는 것을 사유하는 행위는 있을 수 없다.* 계속해서 슈와이더는 비트겐슈타인에 대해 이렇게 설명한다.

프레게(Frege)의 경우와 같은 '의미'의 사유는 아니다. 또 무어가 명제라고 부르는 것도 아니며, 문장은 더더욱 아니다. 비트겐슈타인은 러셀에게 보낸 편지에서 사유는 심리적인 것이라고 분명히 못박았다. 그림은······ 이러저러한 것을 생각하는 정신 행위다.

『논리철학 논고』에서 사유를 나타내는 그림은 이 해석에 따르면 사적인 것으로 보인다. 대상이 아니라 행위가 되기 때문이다.**

비트겐슈타인이 말하는 사유에 관한 슈와이더의 설명(사유는 행위 다)과, 다음에 소개하는 철학자 자코 힌티카(Jaakko Hintikka)의 글에서 발췌한 부분을 비교해 보라. 힌티카는 프레게를 좇아 슈와이더와 반대되는 입장을 전개한다.

비트겐슈타인의 사유 관념에는 사적인 것도, 심리적인 것도 없다. 따라서 프레게의 사고(Gedanke)처럼 다른 사람들이 공유할 수 있다.[7]

---

* 불교 사상과 비교하기 위해, 국제적으로 이름 높은 불교 승려이자 옥스퍼드의 철학박사 주임인 Walpola Rahula 박사가 오온(五蘊, 몸·느낌·생각·욕구·의식 다섯 가지가 쌓인 것을 가리킨다: 옮긴이)에 관해 쓴 책(*Zen and the Taming of the Bull*, Gordon Fraser, 1978, p.41)을 살펴보자. "이 오온이 함께 우리가 흔히 존재라고 부르는데, 한마디로 두카(상카라두카)다(두카는 '苦', 상카라는 '行'으로 번역된다: 옮긴이). 두카를 경험하는 이 오온의 배후에 다른 존재 혹은 '내'가 있는 것이 아니다. 운동의 배후에 부동의 원동자 같은 것은 없다. 단지 운동만 있을 뿐이다. 바꿔 말해서 사유의 배후에 사유하는 자가 있는 것은 아니다. 사유 자체가 사유하는 자다. 사유를 제거하면 사유하는 자도 없다. 여기서 반드시 유의해야 할 점은 이 불교 견해가 데카르트의 코기토 개념과 정반대라는 것이다." 유명한 현대 불교 학자들의 이름에 친숙한 독자들은 *Early Buddhist Theory of Knowledge*(Allen and Unwin, 1963, p.10 참조)의 저자인 K. N. Jayatilleke가 1945~47년에 휴일 건물에 있는 비트겐슈타인의 방으로 찾아와서 그의 강의를 들었다는 사실을 알고 있을 것이다.

** 독일의 위대한 철학자이자 논리학자인 프레게는 또 다른 방식으로 **사유의 행위**와 **사유의 내용**을 구분하는 입장을 지지했다. 프레게가 보기에 사유의 행위는 주체에게만 속하는 반면 사유의 내용은 공적인 것이다. 프레게의 저작에서는 주체/행위/대상의 삼분법이 명백하다. 프레게는 사유하는 자와 정신의 공개성에 관해 이렇게 말한다(G. Frege, *Logical Investigations*, Ed. Peter Geach, Blackwell, pp.25~26). "사유하는 자는 사유 행위를 소유하는 것이지 사유 내용을 소유하지 않는다."

앞에서 본 것처럼 슈와이더는 비트겐슈타인의 사유 관념을 정신 행위로 해석한다. 앞의 인용문에서 힌티카는 사유가 공유 가능한 것이라고 주장한다. 언뜻 보기에는 서로 대립되는 듯하다.

이 대립이 해소되면 주류 학술권 철학자들이 미처 생각하지 못한 심리철학으로 들어가게 된다. 그들은 그것이 본능적으로 명백한 잘못이라고 여겼기 때문에 그것을 생각하지 못했다. 나는 비트겐슈타인이 평생에 걸쳐 지지했고 아돌프 히틀러가 왜곡하고 변형시킨 것이 바로 이 입장이라고 본다.

슈와이더와 힌티카의 비트겐슈타인은 서로 상충하는 것처럼 보이지만 실은 둘 다 옳다. 『논리철학 논고』──나아가 비트겐슈타인의 철학 전체──에서의 사유는 철학적으로 대단히 급진적인 방식으로, 즉 사유 행위를 공유할 수 있다고 해석된다. 사유를 말로 표현하는 '입'은 사유와 무관하다. 이것은 앞서 샤파레비치가 수학의 발전 과정을 설명할 때 말한 바와 같이 오케스트라의 악기들이 주선율을 연주하는 것에 비유할 수 있다. 명제는 주선율처럼 어느 바이올린이나 무차별적으로 연주할 수 있다. 마치 피타고라스의 정리를 어떤 사람이든 생각할 수 있는 것과 같다. 그러나 두 개인이 같은 생각을 할 경우 두 가지 사유 행위와 공통의 내용이 있는 게 아니다. 사유 행위는 하나뿐이고, 의식에 관해서만 두 개인이 엇갈릴 따름이다. 슈와이더와 힌티카의 비트겐슈타인 해석에서 드러난 표면상의 대립은 의식 행위가 사적이 아니라 공적이라면, 즉 의식 안의 개별적 사례 사유(token thinking, 여기에서 'token'이란 'type'(유형)와 대조되는 개체를 가리키는데, 다른 '개체'라는 용어와 혼동을 빚지 않기 위해 '사례'라는 말로 옮겼다: 옮긴이)를 둘 이상의 정신이 수행할 수 있다면 쉽게 해소된다.* 둘 다 정신 행위이며 공유 가능하다. 힌티카는 사유를 공적으로 본 점에서 옳지만 프레게식 내용과 일치시키는 잘못을 저질렀다. 또 슈와이더는 사유를 행위로 본 점에서 옳지만 사유의 공적인 성격을 언급하지 못했다. 두 사람 다 비트겐슈타인의 사유 개념이 자아를 초인격적으로 보는 그의 관점과 일치한다는 것을 알지 못했다.

비트겐슈타인의 심리 이론에 관해 내가 주장하는 내용은 물론 그의 연구에 기초하고 있다. 쉽게 이해할 수 있는 이론은 아니지만, 비트겐슈타인이 보기에 사유란 의식의 탐조등이 사유 행위에서 한 부분만을 떼어 내 주체와 연결시키는 것이 아니다. 그러므로 인식 과정을 주체, 정신 행위, 객체의 삼각 구도로 보는 것은 잘못된 분석이다.

하지만 그렇다고 해서 의식 행위와 의식 대상 사이에 아무런 구분도 하지 않으면 1930년대 비트겐슈타인의 강의에 대한 무어의 비판에 취약해진다. 슈와이더가 『논리철학 논고』의 특징으로 잘 포착했듯이, 사유가 이것저것을 사유하는 것이라면, 사유와 사유하는 것은 하나로 합쳐진다. 따라서 비트겐슈타인이 행위와 대상을 구분하지 못했다는 무어의 비판이 타당해 보인다. 이 문제를 어떻게 해결할 수 있을까? 이것은 오래전부터 제기된 중요한 문제다. 비트겐슈타인의 설명에 따라, 예를 들면 치통을 앓는 복수의 행위가 어떤 결과를 빚는지 살펴보자.

하나가 붉은색이고 다른 하나가 녹색이라면 두 대상은 서로 다른 색이듯이, 한 사람이 치통을 앓고 다른 사람이 두통을 앓는다면 두 사

---

* '사례'(token)란 미국의 철학자 C. S. 퍼스(Peirce)가 사용한 철학 용어다. 예를 들면 Mississippi라는 말은 4개의 **유형** 문자와 11개의 **사례** 문자로 되어 있다. 심리철학의 일반적 입장은 두 사람이 같은 정신 행위를 공유할 수 있다는 것인데, 이는 곧 같은 유형에 속하면서도 서로 별개인 두 사례 행위를 함께 가진다는 의미다. 그 반대로 비소유 이론에서는 같은 사례 정신 행위에서 교차하는 것으로 본다.

람은 서로 다른 통증을 가진 것이다. 둘 다 붉은색이거나 파란색이라면 두 대상은 같은 색이듯이, 둘 다 치통이나 두통을 앓는다면 두 사람은 같은 통증을 가진 것이다. 그런 경우가 아니라면 우리는 두 사람이 같은 통증을 가졌다고 단정할 수 없다. 그렇다면 우리는 두 우체통이 같은 색이라는 것을 부인해야 한다. 단지 이런 추론만 가능할 뿐이다. "설사 둘 다 진홍색이라 해도 대상이 둘이기 때문에 같은 색일 수는 없다. 단지 유사한 색이라고만 말할 수 있다." 이것은 대다수 철학자들이 받아들이는 주장이다.* 그들은 두 사람이 같은(동일한, 수적으로 하나인) 통증, 사유 등을 가질 수 있다는 것을 부인하고, '정확하게 말하면' 두 사람은 결코 같은 통증이 아니라 '유사한' 통증만을 가질 수 있다고 주장한다.

그런데 그렇게 말할 경우 유사성의 개념을 침해하게 된다. 색을 다시 생각해 보자. 색의 경우 주홍색은 진홍색과 유사하다고 말할 수 있다. 즉 두 색은 같은 종류의 비슷한 색조다. 하나가 주홍색이고 다른 하나가 진홍색이라면 두 대상은 비슷한 색조를 가진다. 마찬가지로, 협심증은 심장병과 유사하다. 즉 양자는 같은 종류의 통증이다. 그러므로 한 사람이 협심증을 앓고 다른 한 사람이 심장병을 앓는다면 두 사람은 동일하지는 않지만 유사한 통증을 가지고 있는 것이다. 하지만 한 사람이 치통을 앓고 있다면 두 통증은 유사하지 않고 전혀 다르다.

이리하여 세 가지 가능성이 생긴다. 두 사람의 통증은 **다르거나, 유사하거나**(작은 측면에서만 다르다), **동일하다**. 따라서 철학자가 두 사람

---

* 이 주장에 대한 전거는 심리철학을 다룬 어느 책에나 나와 있다. 더 상세한 전거가 필요하다면 잠시 후 젊은 피터 스트로슨의 견해를 논의하는 부분을 보라.

의 통증이 유사할 뿐 동일할 수 없다고 말한다면 그것은 터무니없는 주장이다. 그것은 단순한 추측에 대한 근거의 진술이 아니라 사람들이 일상적으로 하는 말의 정반대를 나타낸다.

이런 측면에서 비트겐슈타인의 미완성 이야기를 살펴보자. 그는 앞에 말한 것과 유사한 평범한 관찰로써 '다른 사람이 **나의** 통증을 가질 수는 없다'는 주장의 허구성을 보여 주려 했다. 이 입장을 완고하게 옹호하는 사람은 자기 가슴을 두드리면서 "분명히 다른 사람이 **이** 통증을 가질 수는 없다"고 강력하게 주장한다. 이에 대해 비트겐슈타인은 이렇게 대답한다.

'이' 라는 말에 강조점을 둔다고 해서 동일성의 기준이 확립되지는 않는다. 그러면 오히려 우리에게 그런 동일성의 기준이 필요한 경우가 있다는 사실만 강조될 뿐이다.[8]

여기서 비트겐슈타인의 말은 완벽하게 옳지만 논점은 아직 명확하지 않다. 그러므로 상상을 통해 이 대화를 더 진행해 보자.

비트겐슈타인은 그 사람 앞에서 자기도 가슴을 두드려 보인 뒤 그 가슴을 손으로 가리키며 대답한다. "당연히 같은 통증을 가질 수 있소! 나는 바로 여기서 통증을 느낀다오." "하지만 이보시오, 비트겐슈타인. 나는 지금 심장이 약하게 뛰고 희미한 통증을 느끼지만 조금씩 가라앉고 있소. 당신은 그 통증을 느낄 수 없지요?" 이 질문에 대한 대답은 다음 두 가지 중 하나다. "아니오, 나도 바로 그 통증을 느낄 수 있소." "그렇소, 내가 착각했소. 내 통증은 훨씬 더 심한 느낌이오. 동일하기는커녕 유사하지도 않소!"

이 대화의 논점은 비트겐슈타인이 동일한 통증을 느낄 때 그가 실은 동일한 통증이 아니라 '유사한' 통증을 느낄 뿐이라고 말하는 것은 잘못이라는 점이다. 물론 두 사람이 동일한 통증이 아니라 유사한 통증——협심증과 심장병처럼——을 느끼는 것은 가능하다. 하지만 모든 경우에 틀림없이 그렇다고 말하는 것은 잘못이다. 서로 다른 두 사람이라도 실제로 같은 통증을 느낄 수 있다.

논점은 아주 명확하다. 하지만 똑똑한 철학자들이 엉터리처럼 보이는 입장을 채택했을 경우 그것을 비판하려면 그들이 왜 그런 입장을 채택했는지 설명해야 한다. 놀랍게도 그들은 엉터리라고 생각하지 않는다. 심지어 그들은 "아무도 다른 사람과 동일한 통증을 가질 수는 없다"는 명제가 반드시 참이라고 본다! 그들은 의사가 두 환자의 경우에는 동일한 통증에 시달린다고 말하면서도 (요산 수치가 같은) 또 다른 환자는 그저 조금 불편한 정도라고 말할 수도 있다는 것을 잊고 있다. 그런 일상적 표현을 어떻게 간과할 수 있을까?

한 가지 방법은 비트겐슈타인의 사례에서 통증의 **장소**를 둘로 보는 것이다. "그래, 나는 내 가슴이 아프고 비트겐슈타인은 자기 가슴이 아프니까 아픈 곳이 둘인 거야." 여기서 우리는 첫번째 논리적 오류에 빠진다. 통증이 보편적인 게 아니라 특수한 대상처럼 존재한다고 간주하는 것이다. 하지만 통증은 사물이 아니라 생물체의 속성이다. 통증을 생물체의 속성이 아니라 일종의 사물(사적 대상)로 잘못 생각하면, 서로 다른 두 장소가 있다는 사실 때문에 두 '사적 대상'이 존재한다고 생각할 수밖에 없다. 그럴 경우 동일한 논거를 우체통의 색에 적용하려 하면 엉터리임이 즉각 드러난다는 것을 잊게 된다. "두 우체통이 동일한 색을 가질 수는 없다. 이것은 이 색이고 저것은 저 색이다!"

다른 사람이 나의 통증을 느낄 수 없다는 견해에는 또 다른 근거가 있다. 앞서 말했듯이 그것은 행위와 대상 —— 즉 통증을 느끼는 것과 느껴진 통증 —— 이 함께 간다고 보는 관점에서 나온다. 그 결과 두 사적 대상이 하나의 공통적인 속성으로 귀결되지 않고 소유자들에 의해 구별된다. 다음은 피터 스트로슨이 젊은 시절에 취한 입장이다.

[경험이] 특수자로서의 동일성을 가지는 것은 그 경험을 …… 소유한 사람의 동일성에 기인한다.*

그러나 앞에서 보았듯이 경험이 특수자로서의 동일성을 가질 수 있는 것은 **경험** 때문이 아니라 경험자가 그 경험을 **소유**하기 때문이다. 심장병이라는 특수한 통증은 불행하게도 우리 모두가 공유할 수 있다. 하지만 남과 나는 다르기 때문에 남의 통증은 나의 통증과 구분된다.

이러한 행위/대상의 구분을 간과하거나 오해할 경우 스트로슨의 경우처럼 엉터리 결론에 이르게 된다. 스트로슨의 말을 더 들어 보자.

…… 자기 자신이 가진 통증을 남도 가질 수 있다는 주장은 이치에 닿지 않는다.[9]

이 말은 무슨 뜻인가? 만약 '자기 자신이 가진 통증'이 심장병이라면, 다른 사람은 누구도 심장병을 가질 수 없다는 말인가?

---

* *Individuals*, p.97. 피터가 여전히 이 입장을 옹호하는지는 알 수 없다. Peter Geach는 *Truth, Love and Immortality*(Hutchinson, 1979, p.111)에서 비슷한 견해를 표명하지만, 그것이 그 자신의 견해인지, 철학자 맥태거트(McTaggart)의 견해인지는 확실하지 않다.

두 사람이 서로 다르기 때문에 같은 통증을 가지지 못한다고 주장할 수는 없다. "나는 나고 너는 너기 때문에 너는 내 통증을 가질 수 없다"는 말은 잘못이다. 사물이 아니라 속성은 얼마든지 여러 장소에서 동시에 일어날 수 있다. 통증은 생물체의 속성이므로(앓는 사람이 없이 병이 존재할 수는 없다) 여러 생물체에게서 얼마든지 똑같이 나타날 수 있다. 만약 그렇지 않다면 어떤 통증이 일어났을 때 어떤 약을 먹어야 한다는 처방이 어떻게 가능하겠는가? 스트로슨의 입장을 고집한다면 처방의 내용을 "유사한 통증이 일어났을 때"로 수정해야 하는데, 그것도 불가능한 일은 아니지만 원래와는 다른 처방이 된다.

내가 스트로슨의 책에서 인용한 부분은 '개체들'이라는 제목의 절인데, 일반적인 철학적 견해에 따르면 이 절은 비소유 심리 이론을 결정적으로 논박하는 내용이라고 알려져 있다. 하지만 나는 그 논박이 제대로 이루어지지 않았다는 것을 독자들에게 깨우쳐 주고자 한다.

철학자들은 속성이 문제될 때마다 소유한 것과 소유하는 행위를 혼동했다. 나는 A4짜리 종이 두 장이 '흰색의 두 가지 사례'라는 것을 누가 반박하겠느냐고 철학자들이 놀라움을 표시하는 것을 들은 적이 있다.* 그러나 철학자들은 색과 색덩이를 헷갈리는 경향이 있다.

물론 종이 두 장이 흰색의 정도에서 서로 차이가 있다면(즉 서로 다른 흰색이라면), 흰색의 두 가지 사례라고 말할 수 있다. 하지만 그렇지 않다면 흰색의 **같은** 사례임이 명백하다! 단지 종이가 두 장이라는 근거에서 종이 두 장이 '흰색의 두 가지 사례'를 보여 준다고 주장한다면,

---

* '사례'라는 말 대신 '사례화'라는 이상한 용어도 자주 쓰인다. 논제에 용어를 억지로 꿰어 맞추려는 의도다.

매우 특수한 경우가 된다! 그 정통 입장에 내재한 술수는 색이 색으로서가 아닌 다른 방식으로 변할 수 있다는 허구적 주장이다. 다시 말해 위치에 따라 색 자체가 달라질 수 있다는 이야기다.

비록 색의 사례를 가리킬 때 색덩이를 가리킬 수도 있기는 하지만, 색은 색덩이와 다르다. 붉은색의 사례는 주홍색, 진홍색, 자홍색 등 여러 가지가 있다. 여기서 사례란 천 위에 칠해진 주홍색덩이나 진홍색 깃발, 자홍색 도장 자국 같은 게 아니다. 마찬가지로, 요통은 관절염의 한 사례일 뿐 갑돌이라는 사람이 특정한 요통을 앓는다는 것과는 무관하다. 갑돌이의 요통이 관절염의 특수한 사례라고 말하는 것은 옳지만, 그렇다고 해서 길동이라는 사람이 그것과 동일한 관절염의 사례를 앓지 못하는 것은 아니다. 즉 갑돌이와 길동이는 둘 다 같은 요통을 앓을 수 있다.

이 논점을 다시 제기하자면, 특수한 속성 또는 속성의 사례를 개체화한다고 해서 그 담지자도 개체화되는 것은 아니다. 특히 통증을 개체화한다고 해서 주체도 개체화되는 것은 아니다.

이 점은 비트겐슈타인 심리철학을 이해하는 데 대단히 중요하다. 통증의 주체는 그 주체가 가진 통증의 특징과 무관하다. 비트겐슈타인의 더 인상적인 말을 인용하면, 직접적 경험 자료는 소유자가 없다.*

---

* 나는 비트겐슈타인의 저작에서 이 점에 관한 정확한 구절을 찾지 못했지만, 무어가 *Mind*, LXIV 권, 13~14쪽에서 비트겐슈타인 강의를 이야기하면서 거의 동일한 진술을 제시하고 있다. 'das gegebene ist subjektlos'라는 구절은 카르나프의 *Aufbau*에 나온다(Bernard William의 글 'Wittgenstein and Idealism', *Royal Institute of Philosophy Lectures*, 7권, 81쪽에는 페이지 표시 없이 인용되고 있다). 하지만 (카르나프를 폄하하려는 생각은 없으나) 역사적 근거로 볼 때 그 근원이 비트겐슈타인임은 분명하다. 미리 말하자면, 그 주장은 우리 정신의 대상이 공적이라는 주장보다 더 강력하다. 그것은 단지 대상을 경험하는 행위가 의식 속에서 데카르트적 사건으로 인식되는 것을 가리키지 않기 때문이다. 이는 내가 제시하려는 내용에서도 근본적인 것이다.

지금까지 통증을 예로 삼아 논의를 전개했지만, 그 논리는 다른 정신적 측면에 관해서도 명백하게 적용된다. 특정한 통증을 반드시 내게만 특유한 것이라고 말할 수 없는 것처럼 사유, 꿈, 잔상, 정서, 기대 등이 반드시 내게만 특유한 것은 아니다. 프레게는 사유하는 사람에 관해 이렇게 말했다.

"그는 사유의 소유자가 아니라 사유 행위의 소유자다." *

사유가 사적 소유물이라면, 즉 나 이외에는 누구도 내 사유를 가질 수 없다면(이를테면 "오늘은 무덥군" 하는 생각까지도), 의사소통이 어떻게 가능하겠는가? 사유는 소통이 가능하며, 둘 이상의 정신이 접근할 수 있어야만 한다. 실제로 비트겐슈타인의 초판본 맨 앞에는 다음과 같은 구절이 있다.

…… 이 책은 이 책 속에 표현된 사유를 이미 가진 사람만이 이해할 것이다.[10]

비트겐슈타인의 글이 유의미하다면 그가 하는 말이 불가능해서는 안 된다. 이것만으로도 사유가 공개화를 받아들인다는 것은 충분히 입증된다.

일반적으로 나의 정신에는 '내가-소유함'이라는 속성이 없다. 이

---

* Frege, pp.25~26. 또한 성 아우구스티누스는 말했다. "진실의 그 어떤 부분도 개인의 소유물이 아니다. 오히려 그것은 전적으로 만인의 것이다."(*On Free Choice of the Will*, Trans. A. S. Benjamin and L. H. Hackstaff, Bobbs-Merrill, 1980, ch.XIV)

점은 앞서의 논의에서도 명백하며, "그 순간 우리 둘은 같은 생각을 했다" 같은 일상 언어에서도 분명히 드러난다. 그러나 비트겐슈타인은 『철학적 소견』(*Philosophical Remarks*)에서 논의를 한층 더 진전시킨다.

> 그의 치통과 나의 치통을 구분하는 것은 무엇인가? …… 어떻게 두 치통을 구분할 수 있는가? 강도나 유사한 특성에 의해서 구분한다. …… 그러나 두 경우가 서로 같다면 어떨까? 차이가 단지 치통을 앓는 사람이 나와 그라는 것밖에 없다면, 치통의 소유주가 곧 치통 자체를 한정한다는 의미다. 하지만 그 경우 내가 치통을 가지고 있다는 명제는 무엇을 뜻할까? 아무 뜻도 없다.
>
> '치통'이라는 말이 두 경우 모두에 같은 의미를 가진다면, 두 사람의 치통을 비교할 수 있다. 또한 그 강도 등이 일치한다면 같은 치통이 된다. 옷 두 벌의 색이 명도, 채도 등에서 서로 같다면 같은 색이 되는 것과 마찬가지다.
>
> 그러므로 두 사람이 같은 감각자료를 가질 수 없다는 말은 무의미하다. '감각자료'라는 말의 원초적인 의미를 고려한다면 그렇다.[11]

여기서 비트겐슈타인의 논리는 다음과 같다. 만약 특정한 통증이 특정한 주체에 의해 느껴지는 것으로(예컨대 갑돌이의 통증) 구분된다면(한정한다면), 갑돌이가 이 통증을 느낀다는 말은 갑돌이가 갑돌이의 옷을 소유한단 말처럼 무의미하다. 통증의 소유는 통증 자체의 특징이 될 수 없다. 그러므로 갑돌이의 치통과 갑순이의 치통은, 두 사람이 같은 강도로 통증을 느낄 경우 **같은** 통증이라고 정당하게 말할 수 있다.

비트겐슈타인은 이 논리를 모든 형태의 원초적 감각자료에 적용한다. 감각자료는 전통적으로 지각을 통해 의식에 직접적으로 주어지는 것이었으며, 그 본성도 자명한 것으로 간주되었다.

우리의 발견을 비트겐슈타인이 만든 사례에 적용해 보자. 그러면 공통의 정신이라는 관념 속으로 들어갈 수 있을 것이다. 비트겐슈타인은 나와 다른 사람이 마치 샴쌍둥이처럼 신체의 일부를 공유한다는 상상을 해보라고 말한다.

> 내 팔과 A의 팔의 신경과 힘줄이 함께 이 손에 연결되어 작동한다고 상상해 보라. 이 손이 말벌에 쏘였다고 해보자. 우리 둘은 비명을 지르고 얼굴을 찡그리고 똑같이 통증을 표현한다.*

우리는 이 경우 통증이 같다고 생각한다. 그러면 곧바로 비트겐슈타인이 제기한 문제와 연결된다. 그것은 하나의 통증일까, 아니면 두 개의 통증이 우연히 같은 속성을 가지게 된 걸까? 만약 후자라면 어떻게 그것을 둘로 인식할 수 있을까? 이를테면 저울의 접시처럼 공통의 형태를 가진 구분 가능한 둘이 단일한 것을 공유하는 경우일까?

비트겐슈타인이 그런 사례를 만들어 낸 이유는 경험을 공유할 수 있다는 것을 강조하기 위해서였다. 그는 그 사례로 정신의 사유화가 깨지는 것을 분명히 보여 줄 수 있다고 생각했다. 물론 그 배후에는 비트겐슈타인과 친구가 통증의 주체로서 만나며, 그들의 정신이 공통의 경험 대상을 통해 중첩되고 교차된다는 관념이 있다. 그러므로 (고통이 두

---

* *Blue Book*, p.55. 이 사례는 나중에도 반복적으로 사용되므로 단지 30년대만의 특징이 아니다. 예를 들어 *Philosophical Investigations* 253절을 보라.

개의 입을 통해 표현된다는 것을 무시하면) 그 사례의 현상학에 관한 한 일어나는 사건은 한 가지뿐이다. 샴쌍둥이는 손만을 공유하는 게 아니라 단일한 경험을 하는 것이다.

이런 식으로 사물을 바라보는 것을 잘못으로 여길 만한 고려 사항이 있을까? 이 사례가 제기하는 가능성을 거부하도록 할 만한 논거가 있을까?

우리는 무엇 때문에 말벌이 통증을 유발할 때 두 정신적 사건이 있어야 한다고 생각할까? 대학 시절에 나는 어느 철학자와 그 문제를 놓고 토론한 적이 있었는데, 그는 당연하다는 듯이 "비명을 지르는 사람이 둘이니까!"라고 말했다. 하지만 그렇지 않다. 그것은 마치 하나의 천둥소리가 별개의 두 장소에 효과를 미친다고 해서 천둥소리가 둘이라고 말하는 것과 같다. 천둥소리처럼 비트겐슈타인의 사례에서 통증은 단일한 원인을 가진다. 하나의 통증이 공유하는 손에 느껴져 복수의 비명소리가 나오게 된 것뿐이다.

다른 철학자들은 이 사례에서 두 통증이 두 가지 두뇌 과정에 작용한 탓에 인과적으로 두 사람이 느끼게 된다고 주장한다. 하지만 이것도 잘못이다. 이렇게 유추해 보자. 무대 위에 조명등이 비추는 곳이 있다. 두 개의 빛줄기가 비춘다면 (같은 곳을 비추지 않는 한) 비춰진 곳은 둘이 된다. 그러나 만약 빛줄기가 우연히 겹쳤을 경우, 그 사실을 놓고 두 빛줄기를 한 곳에 비추기 위해서는 조명등에 다양한 인과적 장치가 필요하므로 무대에는 원래 빛이 비치는 장소가 두 곳 있다는 식으로 주장할 수는 없다. 하나의 빛줄기는 무대 위의 한 곳을 차지한다. 비트겐슈타인의 사례에서도 마찬가지다. 하나의 통증은 한 곳에서, 즉 공유한 손에서 느껴진다. 통증이 두뇌에서 느껴지는 것은 아니다. 두뇌 속의 인과적 과정이 있다는 생각은 조명등에 인과적 장치가 있다는 생각처럼 부적절하다.*

다른 반대도 있다. "둘 중 한 사람이 죽는다면 어떻게 될까?" 그 경우 정신적 사건의 동일성이 분리되지 않겠느냐는 이야기다. 하지만 조명등의 유추를 더 진행해 보면 알기 쉽다. 설사 조명등 하나가 갑자기 꺼진다 해도 남은 조명등이 있으므로 무대 위의 빛이 비춰지는 장소는 전처럼 유지된다. 마찬가지로, 통증의 주체 한 사람이 죽는다 해도 통증은 전혀 변하지 않는다. 빛이 비춰진 장소가 변화하리라는 억지 반대를 하는 사람도 있을 수 있으니까 내 사례를 이렇게 수정하는 것도 좋겠다. (1) 빛줄기는 적외선이므로 눈에 보이지 않는다. (2) 빛줄기는 무대 표면의 물질과 광화학적 반응을 일으킨다. (3) 빛줄기는 무대 표면의 물질과 작용하여 가시광선과 똑같은 강도를 낳는다.

오스트레일리아의 저명한 철학자인 데이비드 암스트롱(David Armstrong)은 비트겐슈타인의 제자인 코넬 대학교의 고(故) 노먼 맬컴 교수와의 토론에서 비트겐슈타인의 샴쌍둥이 사례를 간략하게 고찰한 뒤 그로서는 특이하게 황당한 주장을 펼친다.

…… 통증은 분명히 둘이다. 쌍둥이 중 A가 통증을 없애기 위해 아스피린을 복용해도 B는 그 영향을 받지 않는다.[12]

여기서 암스트롱은 아스피린의 약효가 작용하는 논리적 양식에 관

---

* 정신의 '동일성' 이론을 신봉하는 사람들은 **통증의 소유**가 두뇌 과정이지 **통증**이 두뇌 과정인 것은 아니라고 생각한다.

해 헷갈리고 있다. 아스피린이 개입하는 것은 통증을 **소유한** 쌍둥이 A 다. 마찬가지로, 같은 색의 두 우체통 중 하나가 다른 색으로 바뀐다면 더 이상 먼젓번의 색은 아니다. 그러나 통증(혹은 색)의 경우 둘은 처음부터 같지 않았다!

비트겐슈타인의 사례에서 조명등이 비치는 장소의 유추가 유효하다면, 정신의 사유화는 깨질 수밖에 없다.

이 사례는 무척 흥미롭지만 샴쌍둥이 이외의 사례에서 어떤 의미를 가지는지는 그다지 명확하지 않다. 그러나 적어도 비트겐슈타인의 철학을 이해하기 위해서는 상당히 중요한 의미를 가질 수 있다. 이 사례에 관한 그의 설명을 그의 다른 주장과 결합하면 한층 명확해진다. 예를 들어 『체텔』(*Zettel*)에는 이런 말이 나온다.

우리는 통증의 장소에 관한 앎을 사적 대상에 관한 느낌으로 변화시키려는 경향이 있다…….[13]

물론 비트겐슈타인은 '사적 대상'이라는 관념에 큰 거부감을 보였고, 자신의 두번째 저서인 『철학적 탐구』의 주요 부분을 정신의 사적 대상 같은 것은 없다는 논증에 할애했다. 그러므로 『체텔』의 인용문에서 그는 통증이 느껴지는 장소가 통증의 특성이라는 생각을 노골적으로 반대하고 있다. 우리는 통증이 있는 장소를 알기 위해 대상에 집착하려는 강렬한 경향—말하자면 통증에 장소가 기록되어 있다는 생각—을 가지고 있는데, 비트겐슈타인에 의하면 그것은 잘못이다. (색에 관해서도 마찬가지로 말할 수 있다. 붉은색이 있는 장소는 색의 특성과 무관하다. 다른 장소의 색은 변하지 않을 수도 있기 때문이다.)

이 주장은 한 번만이 아니라 비트겐슈타인의 저작 여러 군데에 나온다. 예를 들어『철학적 탐구』에서는 소리가 들리는 방향을 찾는 문제에 관해 간단히 설명한 뒤 이렇게 덧붙인다.

그것은 통증의 어떤 특성이 곧 통증이 신체의 어디에 있는지를 말해준다는 생각과 다를 바 없다.[*]

여기서 그는 통증이, 예컨대 강도와는 밀접한 관련이 있어도 신체 속에서의 장소와는 무관하다고 말하고 있다.

이 인용문이 중요한 이유는 뭘까? 아주 중요한 이유가 있다. 만약 비트겐슈타인의 말이 옳다면, 앞의 사례에 나오는 샴쌍둥이는 전혀 불필요하다. 왜일까? 두 사람이 같은 통증을 느낄 때 진짜로 같은 통증을 느낀다면, 신체의 공간적 분리는 그 느낌의 성질과 완전히 무관해지기 때문이다. 통증은 공간적으로 개별화되지 않지만 쑤심, 욱신거림, 뒤틀림처럼 그 자체의 고유한 성질을 가진다. 앞에서 보았듯이 치통을 앓는 사람과 협심증을 앓는 사람이 있을 때 두 사람은 다른 통증을 가진다. 둘 다 치통을 앓을 때는 같은 통증이다. 치통은 누구의 이에서 일어나든 달라지지 않는다. 붉은색이 어느 우체통에 칠해져 있든 변하지 않는 것과 마찬가지다.

여기서 논의되는 것은 어떤 위치인가? 이렇게 말할 수 있겠다. 두 사람이 같은 통증을 호소한다면, 서로 몸이 분리되어 있다 해도 통증의

---

[*] *Investigations* II, viii, p.185. 또 *Last Writings on the Philosophy of Psychology*(Ed. G. H. von Wright and Heikki Nyman, Blackwell, 388) 53쪽도 참조하라. 이것은 그가 최후까지 그 견해를 신봉했음을 증명한다.

직접적이고 현상적인 원인은 단일하다.* 이것이 바로 비소유 이론이다. 여러 사람이 같은 통증을 가졌다면, 샴쌍둥이든 아니든 의식에 관한 한 사건은 일어난 하나뿐이다. 마찬가지로, 명상에 잠긴 수도사가 "이 의식은 정말 알기 어렵군!" 하고 생각한다고 하자. 만약 세계 내의 다른 곳에서도 "이 의식은 정말 알기 어렵군!"이라고 생각하는 사람이 있다면 수도사는 그 사람과 연결된 것이다. 의식에는 복수의 사건이 존재하지 않는다. 대다수 철학자들은 이 입장이 자기 모순적이라고 여기는 듯하지만, 나는 비트겐슈타인의 심리 이론이 바로 그렇다고 주장한다.

---

* 정신과 관련하여 여러 가지 구분을 내리고 단서를 다느라 분주한 철학자들에게 나는 이제 그만 중단하라고 권하고 싶다. 두 사람이 같은 통증을 가질 때 그들은 같은 유형의 두 사례가 아니라 같은 사례 통증을 가진 것이다.

.9장. 정신과의 합일

이제 비소유 이론은 감각과 사유에 적용되면서 한층 명확해졌다. 하지만 무엇이 **지각**의 비소유 이론을 구성하는지는 전혀 명확하지 않다. 여기서는 개인적인 경험이 도움이 될 듯싶다. 다음은 내가 직접 겪은 '특별한 경험'이다.

뉴질랜드의 코로만델 반도에 있는 어느 농장에 머물던 때였다. 나는 넓은 바다 어귀가 내려다보이는, 소나무 숲으로 둘러싸인 외딴 오두막에 살고 있었다. 따뜻한 날에 나는 필립 카플로(Philip Kapleau)의 『선의 세 기둥』(*The Three Pillars of Zen*)[1]을 읽고 있었다. 선의 명상에 심취한 사람들의 경험을 모은 책이었는데, 거기에는 1953년에 일본의 어느 기업가가 고대 중국 선불교 문헌에 나온 문구를 읽고 깨달음을 얻었다는 이야기가 소개되어 있었다.

나는 정신이란 곧 높고 깊은 산이고 강이며, 태양이고 달이고 별이라는 것을 깨달았다.*

그 기업가는 계속해서 이렇게 말한다.

이 구절은 전에도 읽은 적이 있었지만 이번에는 너무 생생하게 다가와 깜짝 놀랄 정도였다. 나도 모르게 혼잣말이 흘러나왔다. "7~8년 동안 좌선**한 끝에 마침내 이 구절의 참 의미를 깨달았구나." 솟구치는 눈물을 주체할 수 없었다. 사람들 앞에서 우는 모습을 보이기 부끄러워 고개를 돌렸다…….

…… 나는 그 구절을 되풀이해서 읽으며 곱씹었다.

…… 열한 시 반이 넘어서야 잠자리에 들었다.

자정 무렵 돌연히 잠에서 깼다. 처음에는 정신이 흐릿하다가 갑자기 이 구절이 내 의식 안으로 밀려 들어왔다. "나는 정신이란 곧 높고 깊은 산이고 강이며, 태양이고 달이고 별이라는 것을 깨달았다." 그 구절을 암송하자 퍼뜩 스치는 생각이 있었다. …… 순간 무한한 환희가 파

---

* Kapleau는 각주(205쪽)에서 기업가가 읽은 문헌이 도겐(道元)의 『쇼보겐조』(正法眼藏)라고 본다. Stryk와 Ikemoto(*Zen*, Doubleday, 1965, p.63)에 의하면 도겐이 활동한 연대는 1200~53년이다. Kapleau는 그 말이 원래 고대 중국 선불교 문헌인 *Zenrui No 10*에서 나온 것이라고 말한다. 다음 *Svetasvatara Upanishad*에 나오는 유명한 구절과 비교해 보라.
"그대는 불
그대는 태양
그대는 달
그대는 별하늘
그대는 지고의 브라만
그대는 물
그대는 만물의 창조주
그대는 여성, 그대는 남성
그대는 젊음, 그대는 처녀
그대는 지팡이를 짚고 비틀거리는 노인
그대는 모든 방면을 향한다
그대는 검은 나비
그대는 붉은 눈을 가진 녹색 앵무새
그대는 뇌운, 계절, 바다
그대는 시작이 없고
시간과 공간을 초월하나니."
이것은 다른 존재에게 바치는 찬가처럼 피상적으로 보이지만, 보기와는 달리 독자에게 호소하는 바가 있다.
** 좌선은 선을 위한 명상법이다.

도처럼, 태풍처럼 내게로 몰려왔다. …… 나는 미친 듯이 큰소리로 웃으며 소리쳤다. "깨달음을 얻었다! 석가모니와 원로들은 날 속이지 않았어! 그들의 말이 사실이었어!" 이렇게 연신 소리쳤던 게 기억난다. 마음이 진정되자 나는 식구들에게 미안하다고 말했다. 그들은 소동이라도 난 것처럼 놀라 아래층으로 내려와 있었다…….

지금 이 글을 쓰는 중에도 살갗이 떨리는 게 느껴진다.

나는 행복한 심정으로 이 대목을 읽었다. 그 일본 기업가는 자신에게 일어난 어떤 일에 벅찬 감동을 받았다. 그리하여 만약 정신이 "높고 깊은 산이고 강이며, 태양이고 달이고 별"이라면 **당연히** 정신은 하나뿐이며, 이 하나의 세계에 우리 모두가 살고 있음을 깨달은 것이다.

나는 자리에서 일어나 베란다로 걸어갔다. 내가 사는 세계와 똑같은 세계에 부처도 과거에 살았다는 것을 곰곰이 생각하는 동안 내 시선은 4미터쯤 떨어진 곳에 있는 양치류 나무 한 그루로 향했다. '시선이 향했다'고 말한 이유는 당시 나의 수동성을 강조하기 위해서다. 정신은 멀쩡했지만 왠지 내가 행동한다는 느낌이 들지 않았다. 일이 저절로 일어나고 있었다.

주변은 온통 전기를 띤 듯 찌릿찌릿한 분위기였다. 자연의 색이 넘실거렸다. 흰 구름이 파란 하늘을 가로지르고, 바람이 나뭇가지를 흔들고, 들판에 길게 자란 풀이 일제히 흔들렸다. 바람이 갑자기 멈추더니 사위가 조용해졌다. 이따금 새가 우는 소리 외에는 아무런 소리도 없었다. 그때 돌연히 머리털이 곤두섰다. 독자들은 별것 아니라고 여길지 모르지만 나는 갑자기 섬뜩하고 낯선 기분에 사로잡혔다. 누군가가 내가 바라보는 **바로 그 나무**를 보고 있다는 느낌이었다.

우스운 일 아닌가? 하지만 그것은 계시처럼 다가왔다. 얼마나 거기 서 있었는지는 알 수 없다. 몸을 전혀 움직일 수 없었다. 심장이 뛰고 땀이 흐르고 몸이 떨려 숨쉬기조차 힘들었다. 관자놀이의 힘줄이 팽팽해지면서 세계의 본성이 분명하게 드러났다. 나는 마치 태초의 아담처럼 그냥 바라보고만 있었다. 난생 처음으로 세계를 있는 그대로 보고 있었다. 세계는 늘 그렇게 내 눈앞에 번쩍이고 있었으나 다만 내가 미처 알지 못했을 따름이었다. 전에 의심하지 않았던 나의 본성에 관한 대단히 중요한 것이 모습을 드러낸 듯한 경험이었다. 나는 모든 것의 일부를 느꼈다. 풀은 내 안에서 흔들리고 있었다. 거대한 수수께끼, '히말라야만큼이나 높고 오래된'[2] 비밀에 맞닥뜨린 기분이었다. 오래전부터 알았으나 오랫동안 잊고 있던 뭔가를 마주한 느낌이었다. 종소리처럼 맑고 선명하고 활기가 넘치는 것이었지만 전에는 오히려 그 선명함 때문에 깨닫지 못했다. 엘리어트의 시 「리틀 기딩」(Little Gidding)의 유명한 구절이 떠올랐다.

…… 우리의 모든 탐험이 끝나고

출발했던 곳으로 돌아가면

그곳을 처음으로 알게 되리라.*

---

* Four Quartets V, pp.vii~ix. Hugo von Hofmannsthal은 Wittgenstein—The Later Philosophy(H. Finch, Humanities Press, 1977)에서 다음과 같은 귀여운 구절을 인용했다. "깊이는 감춰져 있다. 어딜까? 표면일까?" Finch는 아리스토텔레스의 Metaphysics를 인용한다. "…… 박쥐의 눈이 햇빛에 부시듯이 인간의 지성은 매우 명백한 자연을 직면할 때 제대로 기능하지 못한다."(238쪽) 여기서 나는 플라톤적 회상의 의미에 관한 플로티노스의 해석을 덧붙이고자 한다. Merlan의 각주(76쪽)에는 플로티노스가 플라톤에 관하여 설명하는 유용한 대목이 나온다. "플로티노스가 회상의 무시간성을 이야기할 때 그 말은 '나는 전에 보았던 관념을 기억한다'는 식으로 이해하면 안 되고, '나는 늘 무의식적으로 보고 있었던 관념을 지금 의식한다'는 식으로

물론 내가 의미심장하게 본 것이 실제로 의미심장하다고 말한다면 동어반복에 불과하다. 물론 누군가 내가 보는 것을 본다면 그는 내가 보는 것을 보는 것이다. 하지만 나는 그 경험이 어떤 의미인지 분명히 밝히고자 한다.

내가 풀을 볼 때 그 경험은 녹색의 경험이 아니라 풀 자체의 경험이다. 두 사람이 베토벤의 피아노 소나타를 들을 때 그들이 듣는 것은 베토벤의 피아노 소나타다. 사람마다 서로 다른 경험을 한다는 가정은 무의미하다. 그러나 구조적으로 같은 양식의 배열을 취하고 있다면 판단의 형태도 일치할 것이다.* 나중에 보겠지만, 각자가 듣는 것은 머리 안에 있는 사적인 것, 알지 못하는 것이 아니라 신체로부터 어느 정도 거리를 두고 나오는 공적인 베토벤의 피아노 소나타다. 샴쌍둥이는 같은 통증을 가지듯이 음악을 듣는 사람들은 소나타에서 만난다! 주체로서 우리는 소나타까지 가지 못한 어느 지점에서 멈추지 못한다.

지각의 인과(표상) 이론을 신봉하는 사람들은 우리가 직접 듣는 소리의 근원을 우리 신체 외부의 장소에서 찾는 게 잘못이라고 주장한다. 그들은 공기 중의 조용한 파장이 우리에게 전해져 우리의 신체, 두뇌, 사적 정신의 청각 자료가 되는 것이라고 말한다. 그렇기 때문에 우리는 소리의 장소가 우리 신체의 외부에 있다고 착각한다는 것이다.

이해해야 한다. 달리 말해서 우리는 관념을 실제로 기억하는 게 아니라 그 관념이 체현되기 전에 보았던 것과 똑같은 방식으로 관념을 보는 것이다. 이 방식은 물론 기억이라고 불리는 것이 아니다. 이렇게 회상이란 무의식적 지식이 의식 속에서 되살아나는 것을 가리킨다." R. T. Wallis는 Neo-Platonism(Scribner's, 1972, p.80)에서 Merlan보다 더 분명하게 쓴다. "······ 플라톤이 지식을 회상이라고 기술한 것에 대해 플로티노스는 이렇게 해석한다. 영혼이 과거에 알았던 것을 일시적으로 상기하는 게 아니라 영혼의 참된 자아가 영구적으로 아는 것을 일깨우는 것이다."

* 여기서 나는 '색채 반전 논증'의 타당성을 부인한다. 즉 내가 녹색이라고 경험하는 것을 다른 사람은 붉은색이라고 경험할 수도 있다.

표상론자들은 시각을 그렇게 설명한다. 그들은 우리가 보는 대상이 우리 신체에서 공간적으로 떨어져 있는 탓에 우리가 대상을 직접 본다는 착각을 한다고 말한다. 그러나 우리는 대상이 있는 곳의 '외부'에 있지 않다. 그 대상의 모사가 우리 신체에 작용을 가하는 탓에 —— 감각이나 감각자료의 형식으로 —— 우리는 무의식적으로 그 모사의 원인이 외부에 있다고 추정하는 것이다. 그 반대로 비소유 이론은 하나의 세계가 공적이라고 본다. 여기에는 가로막는 매개체가 없기 때문에 두 사람은 똑같은 베토벤 소나타를 듣고 감상할 수 있다. 샴쌍둥이가 같은 통증을 경험하듯이 비소유 이론은 듣는 사람들의 정신이 소나타에서 만난다고 설명한다. 또한 샴쌍둥이의 경우처럼 갑이 느끼는 통증은 을이 느끼는 통증과 같으며, A가 듣는 소나타는 B가 듣는 소나타와 같다. 우리는 소나타의 지각자로 서로 만나므로 '사적 대상'이란 없다. 지각에 관한 한 우리는 대상과 함께한다. 우리는 모두 공통의 감각기관, 공통의 물리적 세계를 가지고 있다. 주체로서 우리는 우리의 신체에 국한되지 않는다.

지각하는 사람의 수가 늘어난다고 해서 지각적 공간이 확장되는 것은 아니다. 사적인 공간이란 없다. 즉 내 공간과 네 공간이 별도로 존재하지는 않는다. 청각기관을 소리의 장소라고 말할 수 있다면(신체는 물리적 감각의 장소이므로) 청각기관은 피부의 한계 너머로 연장될 뿐 아니라 다른 사람의 청각기관과도 뒤섞인다. 샴쌍둥이의 청각기관이 뒤섞이는 것과 같다. 후각기관과 시각기관의 경우도 마찬가지로 공기 중에 존재하는 공통의 냄새, 공통의 시각 대상에서 서로 만난다.

이러한 지각의 현저한 특징 —— 매개체가 없고 어떤 의미에서 주체가 대상으로 연장된다는 점 —— 은 예전에도 주목을 받은 바 있지만, 위대한 영국의 신비주의 시인인 토머스 트러헌(Thomas Traherne)이 「나의 정신」(*My Spirit*)이라는 시의 끝부분에서 보여 준 것만큼 아름다운 것은 없다. 인용이 길어지는 것을 용서하라.

정신은 중심으로부터 먼 대상으로
움직이는 게 아니라
바라보는 상태로 존재한다
무엇을 하든 정신은
존재하면서 바라본다
다른 기관의 작동이 아니라
행위 속에 숨어 저절로 움직인다
그 본질은 참되고
완벽한 행위로 전환된다
그리고 정확하다
신이 이 신비스러운 사실에 개입한다면
모든 눈, 모든 행위, 모든 시각이리라
원하는 대로 되리라
보고 행하라
빛보다 더 매끄럽고
1만 개의 형태를 취하리라
스스로가 꾸민 장식으로 치장하리라

해서 나는 무엇을 보든
영원토록 존재하노라

전에는 대상이었던

나의 눈은 자연의 법칙에 따라

내 영혼 안에 자리 잡았다

자연의 모든 보물은

나의 직접적이고 내적인 쾌락이 되었다

크나큰 환희가 내 마음을 채웠고

자연이 빚은 모든 것으로

내 영혼이 가득 찼으니

가슴 속의 모든 대상, 거기서 생겨난 생각

나는 알지 못했다

거기서 사물들이

스스로 나타나는지

내 정신 속에 진정으로 거주하는지

아니면 나의 순응하는 마음속에서

빛나는 것이 사물들뿐인지

그래도 나는 확신했다

내 영혼은 그 힘을

최대한 드러낼 수 있었다

그만큼 기민하고 순수한 영혼이었기에

내 마음은 모든 곳에 있었다

무엇을 보든 항상 어디에나 있었다

저 멀리 있던 태양이 가까이 왔다

아주 먼 별은

아득히 보이지만

내 눈동자 속에 있었다

그곳에 나의 시야, 나의 삶, 나의 감각,

나의 실체, 나의 마음이 있었다

거기서도 나의 정신은 빛났다

한순간의 움직임이 아니라

행위가 그곳에 내재했다

사물은 멀지만 바로 여기처럼 느껴졌다.[3]

이것은 유아론(唯我論)의 극단과 같은 철학이다. 비트겐슈타인은 순수한 실재론을 끝까지 올바르게 사유하면 바로 주체가 없는 유아론과 같아진다고 말했다.

이제 앞에서 예고한 대로 아인퓔룽을 유발하기 위한 심리적 실험에 들어가기로 한다. 비트겐슈타인이 말한 샴쌍둥이가 통증을 공유하는 사례를 시각적으로 유추해 보자.

먼저 두 사람이 녹색의 사다리꼴(거의 직사각형에 가깝다)을 한참 동안 응시하여 붉은색의 잔상이 맺히도록 한다. 그런 다음에 각자 자신의 잔상을 다양한 표면에 투영한다. (초점을 맞추는 표면을 멀리 할수록 잔상이 더 크게 보인다.)

두 사람은 이 책에서 일정한 거리를 두고 동시에 옆의 직사각형에 그 잔상을 투영한다.

각자의 잔상이 직사각형의 테두리 내에 정확히 들어맞는지, 그리고 붉은색 잔상의 색조, 채도, 명도가 서로 같은지 알아본다.

이 실험은 앞에서 고찰한 비트겐슈타인의 샴쌍둥이 사례를 시각적으로 정확히 재현한다. 실험 결과 두 주체는 직사각형 안에서 하나의

잔상을 동시에 보게 된다.[*]

    물론 슬라이드를 투영할 때처럼 잔상이 종이 위에 있는 것은 아니다. 하지만 그것은 뼈가 손의 일부라고 해서 통증이 손에 있지 않다고 말하는 격이다.[**] 이것은 나의 논점과 무관하다. 샴쌍둥이 사례가 두 사람이 같은 곳에서 공동의 통증을 느끼는 것을 보여 주듯이, 앞의 사례는 두 사람이 같은 곳에서 공동의 잔상을 가지는 것을 보여 준다. 그들은 공동의 잔상에서 주체로서 만난다. 이 사례는 앞에서 통증을 논의할 때 제기한 주장을 입증하기 위한 것이지만, 여기서 그것을 되풀이하고 요약해 보자.

    쟁점은 같다. (동일하지만 구분되는 두 개의 당구공처럼) 서로 동일하면서도 공간적 위치로 구분되는 두 개의 이미지가 존재한다는 주장은 성립하지 않는다. 그 두 이미지는 정확히 같은 공간적 위치에 존재한다. 또한 주체가 복수로 존재한다고 해서 이미지를 둘로 나눌 수도 없다. 둘 이상의 우체통이 존재한다고 해서 우체통들이 둘 이상의 색이어야 한다고 논증할 수 없는 것과 마찬가지다. 전에 나는 이런 질문을

---

[*] 믿지 않는 사람들을 위해 이 주장을 다른 형태로 제시해 보자. 즉 두 사람에게 똑같은 '사례' 잔상이 동시에 나타난다. 우리는 조금 뒤에 유형/사례 구별의 어둠을 뚫게 될 것이다.

[**] 우리 통증의 위치를 우리가 어떻게 아는지를 검토해 보면 더 분명하게 드러날 것이다.

받은 적이 있다. "한 사람의 잔상이 다른 사람의 잔상과 붉은색의 색조에서 달라 보일 때는 어떻게 되는가?" 그 경우에는 그냥 두 잔상이 같지 않다고 답하면 된다. 자홍색 우체통은 심홍색 우체통과 색조가 다르다고 말하는 것과 마찬가지다. 하지만 설사 같다고 해도 문제가 달라지지는 않는다. 속성의 소유자가 복수로 존재한다고 해서 소유된 속성도 복수가 되는 것은 아니다. 그러므로 단일한 잔상을 동일하면서도 구분되는 두 잔상으로 나누려면, 공간적 위치나 경험자의 복수성과는 다른 근거가 필요하다.

이제 이미지를 3차원으로 만들어 사례를 좀더 복잡하게 바꿔 보자. 3차원의 잔상을 공유하도록 하는 것이다.* 빅토리아 시대에 포르노그래피를 제작할 때 그런 방법을 자주 썼다. 여성의 신체를 3차원 이미지로 만들어 옷을 단계적으로 벗도록 한 것인데, 입체 그림을 본 사람은 쉽게 이해할 수 있다. 다음 쪽에 나오는 입체 그림 두 장을 보자. 사시처럼 눈을 뜨고 곁눈질로 보면 세 이미지가 보인다. 가운데 그림에 시선을 집중하면 입체 그림의 3차원적 성질이 뚜렷해질 것이다. 이 이미지는 앞으로 '튀어나온' 것처럼 보인다. 칸막이로 나누어야 입체 그림이 보이는 사람도 있을 것이다. 하지만 연습을 충분히 한 뒤 한쪽 눈

---

* 심상에 관한 심리학 문헌에 따르면, 잔상의 논리적 가능성은 3차원적일 뿐 아니라 현실성을 지닌다. Alan Richardson, *Mental Imagery*(Routledge, 1969) 24~25쪽을 고찰해 보라. "대다수 사람들은 완전한 어둠 속에서 대상에 잠깐 밝은 빛을 비출 때 기억 잔상을 경험한다. 그렇게 잠깐 빛을 비추면 대상과의 관계에서 눈의 운동이 불가능하므로 대단히 명료한 잔상이 남게 된다. Gregory, Wallace, Campbell의 연구(1959)에서는 110줄 1밀리세컨드 섬광전구를 사용하여 몇 초 동안 지속되는 잔상을 만들어 냈다. 한 예의 경우 복도의 섬광이 만들어 낸 잔상은 **주체가 움직일 때 시점이 달라지기도 했다.** 이런 현상은 사진사가 쓰는 일반적인 플래시로도 재현할 수 있다. 어두운 방에서 의자를 3미터쯤 떨어뜨려 놓은 상태에서 플래시가 비칠 경우 의자의 왼쪽으로 1미터쯤 떨어진 지점으로 걸어가면 가까이 다가가면서 **상의 각도가 계속 변화하는 것을 볼 수 있다.**" 〔강조는 지은이〕

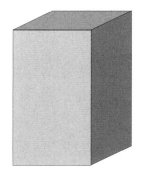

으로 한 그림에 초점을 맞추고 다른 그림을 분리시키면 칸막이가 없어도 어렵지 않게 3차원 입체 이미지를 만들 수 있다. 유기화학자들은 복잡한 유기 분자의 입체 모형을 자주 응시한 경험이 있어 대체로 그런 능력을 가지고 있다. 두 그림 사이에 곁눈질로 시선을 집중시켜 만들어낸 이미지는 정상적인 입체 그림으로 만든 이미지의 절반 크기의 거울 이미지지만 우리의 목적에는 유용하다. 위의 이미지들에 이 방법을 사용하면, 페이지 면 위에 입체 이미지가 3차원으로 나타난다. (그 이미지를 손가락으로 찔러 보면 종이 평면 바깥에 위치한다는 것을 알 수 있다.)

이 실험의 조건을 따져 보면 흥미로운 파생 이미지가 생긴다. 3차원 입체 이미지를 낳은 종이 위의 평면 그림은 실체가 아니어도 상관이 없다. 그것 자체는 2차원의 잔상이다. 다시 말해 우리의 실험을 한 단계 더 전개하면 3차원 잔상이 만들어진다.

우선 그림들을 적절히 배치한 암실에 피실험자를 앉히고 오른쪽 눈과 오른쪽 그림을 가린다. 플래시큐브(섬광전구를 이용한 발광 장치: 옮긴이)를 비추면, 왼쪽 눈에 녹색, 파란색 노란색 2차원 잔상이 생긴다. 이것은 입체 이미지의 왼쪽 입체 모형이다. 다음에 왼쪽 눈과 왼쪽 그림을 가린 채 플래시큐브를 오른쪽 눈에 비추면 오른쪽 입체 모형이 형성된다. 이렇게 해서 잔상들을 만든 뒤 초점을 조정하면 잔상들이 합쳐져 3차원 입체 이미지를 만들 수 있다. 전문적으로 말하면 그 입체 이미지를 '잔상'이라고 부를 수는 없다. 입체에 의해 만들어진 게 아니라 두 개의 2차원 입체 모형으로 만들어졌기 때문이다. 다시 말해 잔상을 낳은 실체의 입체는 없었다. 물론 여기서 말장난은 중요하지 않다. 중요한 것은 입체 이미지가 물리적 공간을 점한다는 점이다. 즉 입체 이미지를 경험하는 사람은 탁자 위의 입체 격자창 안에 실제로 입체 이미지가 들어 있는 것처럼 경험한다.

두번째 피실험자에게 알맞게 그려진 입체 모형을 주고 실험 절차를 반복하면, 그도 탁자 위의 입체 격자창에 들어맞는 3차원 입체 이미지를 만들 수 있다. 이제 그 실험이 이루어진 뒤 두 피실험자가 각자 자신의 입체 이미지를 이 입체 격자창 안에 투영한다고 해보자. (이미지들은 색이 같아야 한다.) 그 결과 두 피실험자는 공동의 공간에서 공동의 3차원 시각 이미지를 공유한다. 그 이미지는 두 피실험자의 신체 외부에 있다. 두 사람은 그 이미지가 입체 격자창 안에 놓여 있다고 말할 것이다. 또한 이미지가 있는 곳에서 그들은 주체로서 만난다. 이미지는 결코 두 사람의 신체 내부에 있지 않다. 이미지가 인간의 인식기관에 (망막에 작용한다든지 해서) 전해지는 물리적 조건이 인간의 신체라고 말할 수는 있겠지만, 그 이미지는 명확하지 않다. 그것은 탁자 위의 입체 격자창 안에 있다. 요컨대 실험은 우리가 미리 예상한 정신의 사적 성격의 관념을 깨뜨린다.

이러한 공동의 잔상에 관한 한, 내가 세심하게 설명하고자 하는 공적 성격은 비소유 이론이 평범한 물리적 대상의 성질로 간주하는 공적 성격과 똑같다. 철학의 정상적인 노선은 그 반대로, 지각의 정신적 사적 성격 때문에 공적 성격이 불가능하다고 주장한다. 지금까지 '정신의 사적 성격'과 외부 세계가 사적 경험으로부터 어떻게 '구성'되는지에 관해서는 많은 책이 나왔는데, 대부분 한 사람은 다른 사람이 세계를 어떻게 경험하는지 알 수 없다고 말한다. 그러나 지각은 결코 사적이지 않다. 두 사람이 같은 것을 볼 때 그들은 진정으로 같은 것을 본다. 비트겐슈타인의 샴쌍둥이가 통증을 공유하는 것과 같다. 대상의 색은 사적으로 소유되는 게 아니라 비트겐슈타인의 비소유 심리 이론을 기반으로 하는 (비소유적인) 사회주의 세계 속에 존재한다.

.10장. 비트겐슈타인과 정신적 사회주의

비트겐슈타인이 후기 저작에서까지 비소유 이론 —— 나는 이것을 정신적 사회주의(mental socialism)라고 부른다 —— 을 신봉했다는 증거는 찾기 쉽다. 우선 1930~33년 강의에 관한 무어의 보고를 인용해 보자.

> …… 그가 무엇보다도 강조하고자 한 요점은 우리가 치통을 앓는다고 말하는 상태는 곧 그가 '원초적 경험' (과거에 그는 이 말 대신 '직접적 경험' 이라는 말을 사용했다)이라고 말하는 상태라는 것이었다. 그는 "'원초적 경험' 의 특징은 '내' 가 교수를 의미하지 않는다는 것"이라고 말했다. 이 말을 명확히 하기 위해 그는 "나는 치통을 앓는다"와 "나는 붉은색 덩이를 본다"를 비교하고, 일반적으로 '시각적 감각' , 구체적으로 '시각적 장(場)' 이라는 것에 관해 설명했다. "한 사람의 생각은 그 생각의 기술(記述)에 속하지 않는다. 이는 (신체의) 눈이 보이는 것의 기술에 속하지 않는 것과 같다." 마찬가지로 그는 "한 사람의 생각은 '치통을 앓는 것' 의 기술에 속하지 않는다"고 말했다.[*]

무어의 이야기는 계속된다.

"(신체적) 눈이 보는 행위에 관여되지 않듯이 자아도 사유 행위나 치통을 앓는 행위에 관여되지 않는다." 이렇게 말한 그는 "'내가 생각한다'는 말 대신 '그것이 생각한다'고 말해야 한다"는 리히텐베르크(18세기 독일 철학자: 옮긴이)의 말을 확신에 차서 인용했다. 내 생각에 그는 '시각적 장에 있는 눈'이 시각적 장에 있지 않다고 말하는 듯하다.

무어의 이야기를 인용한 이유는 비소유 이론이 『철학적 탐구』의 내용과 완벽하게 부합한다는 것을 보여 주기 위해서다. 이제 인용문을 끝없이 갖다 붙이기보다 비소유 이론을 이용하여 『철학적 탐구』에 나오는 까다로운 주장들을 설명하고, 수많은 인용문 가운데 몇 가지를 살펴보는 방식으로 논의를 진행하기로 하자. 비소유 이론이 비트겐슈타인의 후기 저작에 함축되어 있다는 증거로 내가 제시하는 것은 통상 논리학자가 말하는 '증거'와는 다르며 또 다를 수밖에 없다. 내 증거는 법정에서 말하는 증거와 비슷하다. 즉 너무 강력해서 합리적인 사람이라면 아무도 의심할 수 없다. 독자들은 이 장을 다 읽고 나서, 내가 제시하는 것 이외에 다른 어떤 설명이 비트겐슈타인이 말한 것에 합리적으로 들어맞을지 잠시 생각해 보기 바란다.**

---

* *Mind*, vol.LXIV, No.253, 1955. 1, p.13. 스트로슨이 비트겐슈타인을 비소유 이론가로 간주하게 된 근거는 이 강의에 관한 무어의 노트에 있었다.

** *Investigations* 342절에는 윌리엄 제임스를 인용한 구절이 있는데, 여기서 귀머거리에 벙어리인 밸러드는 "세계가 어떻게 생겨났는가?"라는 의문을 품는다. 그 뒤 한두 쪽에 걸쳐 제임스는 마취 상태에서 깨어나는 경험에 관한 헤르첸 교수의 말을 인용한다. "가사(假死) 상태는 심리적 사망이며 일체의 의식이 없다. 그러다 의식이 돌아오기 시작할 때 잠시 모호하고 무한한 느낌을 가지게 된다. 너와 나의 구분이 없는 일반적인 존재의 감각이다."(*The Principles of Psychology*, University of Chicago, 1988, p.177) 비트겐슈타인의 생애 또는 그가 읽은 책들에서 주체/대상 연결의 초월과 연관된 내용을 정리해 본다면, 상당량의 정보를 모을 수 있을 것이다. 어쨌든 우리가 추적하는 관념이 여러 가지 원천에서 비트겐슈타인에게 연결된다는 것은 분명하다.

비트겐슈타인의 전략은 1인칭 경험을 철학적으로 설명하려 할 때 많은 어려움이 따른다는 것을 보여 주려는 것이었다. 그는 여러 곳에서 똑같은 기법을 구사했다. 다음은 1930년대에 작성한 『강의노트』에 나온 그의 주장이다.

나는 '나'라는 말을 L.W.(루트비히 비트겐슈타인: 옮긴이)와 대립하는 모든 인간에게 두루 사용한다.[1]

그러나 '나'라는 말을 어떻게 모든 인간에게 두루 사용할 수 있을까? 비트겐슈타인에 따르면 다음과 같은 상황이라야 **가능**하다.

나의 의식과 그의 의식을 구분하지 않는 상황. 우리가 우리 자신의 의식만을 의식한다는 생각이 우리에게 떠오르지 않는 상황.
자아가 신체에 존재한다는 관념은 사라져야 한다.
어떤 의식이든 모든 인간에게 두루 퍼지면, '자아'라는 말을 사용하고 싶은 유혹이 사라질 것이다.[2]

의식이 모든 인간에게 두루 퍼지는 철학을 어떻게 구성할까? 이것은 '보편적 정신'의 학설이 아닌가? 비트겐슈타인은 계속해서 이야기한다(영어에 다음과 같은 독일어 문장을 써넣었다).

Ist eine Philosophie undenkbar, die das diametrale Gegenteil des Solipsismus ist?
(유아론과 정반대되는 철학을 생각할 수는 없을까?)

앞서 우리는 그런 철학이 잔상의 문제를 어떻게 해석하는지 본 바 있다. 너와 내가 같은 잔상을 가질 때는 네 잔상과 내 잔상의 두 개가 존재하지 않는다. 이 경우 단일한 이미지의 기술이 두 인간에게 퍼지는 셈이다. 또한 우리는 그런 철학이 의지를 어떻게 해석하는지도 보았다. 너와 내가 같은 행위를 의지할 때는 데카르트류의 두 의지가 존재하지 않고 하나의 의지만 존재한다. 비트겐슈타인을 이해하는 비밀 열쇠는 통증의 본성을 설명할 때나 모든 정신 현상을 설명할 때나 똑같은 방식을 적용한다는 점이다. 이제 비트겐슈타인의 후기 저작을 검토하면서 이 철학이 어떻게 응용되는지 알아보자.

먼저 『철학적 탐구』의 주장을 살펴보자. 그에 따르면 어떤 지식을 자신의 정신만이 가지고 있다는 말은 어리석은 주장이다. 이 점은 『철학적 탐구』의 246절에서 통증의 사례로 설명되어 있고, 더 일반적인 설명은 221쪽의 다음과 같은 내용으로 제시되어 있다.

> "나는 내가 무엇을 원하고 바라고 믿고 느끼는지 안다"는 식의 주장 (나아가 모든 심리학적 주장)은 철학자들의 허튼소리이거나, 최소한 선험적인 판단은 아니다.

이 주장이 폭넓은 함의를 가진다는 것은 다음의 문단에서 명확히 드러난다.

> "나는 당신이 무엇을 생각하는지 안다"는 말은 옳고, "나는 내가 무엇을 생각하는지 안다"는 말은 그르다. (철학의 모든 구름은 문법 한 방울로 응축되어 있다.)[3]

비트겐슈타인은 왜 정신 영역을 지식의 올바른 장이라고 생각하지 않은 걸까? 이에 관해서는 그가 여러 곳에서 이러저러한 형태로 제기한 비유를 통해 조금씩 정보를 얻을 수 있다. 예를 들어 『철학적 탐구』의 278절에서 가상적 대화자가 "나는 녹색이 내게 어떻게 보이는지 확실하게 안다"고 말하자 비트겐슈타인은 다음과 같이 응수한다.

만약 누가 "나는 내 키가 얼마나 되는지 안다!"고 말하면서 자기 머리 위에 손을 대고 그것을 증명하려 한다면 어떨지 상상해 보게.

그 사람은 쉬지 않고 "내 키는 이만큼이야!"라고 계속 말해야 할 것이다.

『체텔』536절에도 비슷한 비유가 나온다. 누가 자신의 통증이 정확히 어느 정도인지 사적으로 안다고(즉 다른 사람은 알 수 없다고) 주장하자 비트겐슈타인은 이렇게 되묻는다.

자신의 통증이 어느 정도인지 정확히 안다고? (이것은 자기가 어디 있는지 늘 안다고 말하는 것과 마찬가지 아닌가? 그 답은 바로 여기다.)

비트겐슈타인은 그 비유가 아주 적절하다고 여긴 듯 여러 곳에서 반복하고 있다. ("나는 내 키가 이만큼이라는 것을 알아", "나는 내가 여기 있다는 것을 알아" 등등.) 이 사례의 주체들은 자신의 키가 얼마인지, 자기가 있는 곳이 어디인지 전혀 모르고 있다. 그러나 그것의 전반적인 논리적 요점은 무엇일까? 그것은 어떤 힘을 가지고 있을까?

그 비유는 유익하기는 하나 지금까지 학자들은 그 요점을 포착하지 못했다. 학자들은 그것을 통증과 같이 우리 정신의 **대상**에 관해 말하는 것처럼 이해하지만, 실은 대상이 아니라 **주체**에 관한 주장이다.* 마찬가지로, 철학자들은 사적 감각을 '상자 안의 딱정벌레'로 간주한 비트겐슈타인의 유명한 비유를 통증이 사적 정신 안에 있다는 의미로 이해할 뿐, 비트겐슈타인의 의도가 그 딱정벌레를 제거하려는 데 있다는 것을 보지 못한다.

> 만약 나 자신의 사례를 통해서만 '통증'이라는 말의 의미를 알 수 있다면, 다른 사람들에 관해서도 똑같이 말하면 안 되는 걸까? 어떻게 하나의 사례를 그렇듯 무책임하게 일반화할 수 있을까?
> 누가 내게 자신의 사례를 통해서만 통증을 알 수 있다고 말한다! 모든 사람이 상자를 하나씩 가지고 있다고 가정하자. 우리는 그 안에 든 것을 '딱정벌레'라고 부른다. 아무도 다른 사람의 상자 안을 들여다볼 수 없다. 모두들 자기 딱정벌레를 봐야만 딱정벌레가 무엇인지 안다고 말한다. 모두의 상자 안에 각기 다른 것이 들어 있을 가능성도 얼마든지 있다. 심지어 끊임없이 변하는 것일 수도 있다. 하지만 '딱정벌레'라는 말이 이들의 언어에서 하나의 용도를 가진다면 어떨까? 만약 그렇다면 사물의 이름으로 사용되지는 않을 것이다…….
> 다시 말하면 이렇다. 감각이라는 표현의 어법을 '대상과 지칭'이라는 식으로 해석한다면, 대상은 부적절한 것으로 간주되어 고려에서 배제된다.[4]

---

* '사적 언어 논증'을 해석할 때도 똑같은 오해가 일어난다. 스콜라 철학 이후 그처럼 무의미한 용어는 없었다.

비트겐슈타인의 사례에서 진정으로 제거된 것은 딱정벌레가 아니라 상자다! 통증은 분명히 있다. 딱정벌레가 바로 그것이다. 없는 것은 저마다 갖고 있다고 생각하는 여러 사적 정신, 즉 상자들이다. 이 비유의 요점은, '딱정벌레'는 특수한 사물의 특성이 아니라 공유 가능한 보편자의 특성을 가지고 있다는 것을 밝혀 주는 데 있다. 그래서 비트겐슈타인은 이렇게 말한 것이다. "'딱정벌레'라는 말이 이들의 언어에서 하나의 용도를 가진다면 어떨까? 만약 그렇다면 사물의 이름으로 사용되지는 않을 것이다." 실제로 그렇다. 여러 상자는 수적으로 구분되는 딱정벌레들을 넣을 수 있다! 그러나 상자들은 정확히 **어떻게** 사라질까? 이 비유를 좀더 전개하고 다듬어 보자.

길을 완전히 잃은 하이킹 집단의 지도자가 의기양양하게 "우리는 적어도 한 가지는 확실히 알고 있어. 우리는 바로 여기 있다는 거야!"라고 말한다고 상상해 보라. 물론 이 말은 농담이다. 그들은 자신들의 위치를 전혀 모른다. '여기'라는 말은 특정한 위치를 가리키지 않는다. 지도자가 무엇을 아느냐고 묻는다면, 아무 것도 모른다고 대답해야 할 것이다. 그는 집단의 위치를 전혀 알지 못한다.

통증의 경우와 비교해 보자. 통증을 앓을 때 **누가** 통증을 앓는지에 관해서는 아무 것도 경험 속에서 확정할 수 없다. "내게 통증이 있다는 것을 알아"라는 생각에는 '나'를 다른 주체와 연결하는 고리가 없다. 하이킹 집단의 예에서 '여기'와 특정한 장소를 연결할 수 없는 것과 마찬가지다. 하이킹의 예에서 장소를 모르는 것은 통증의 예에서 누가 통증을 가졌는지 모르는 것에 해당한다. '나'는 하나를 비슷한 다른 것들과 구분하는 데 사용되지 않는다. 비트겐슈타인이 사용하는 문구로 말하면 "'나'에게는 이웃이 없다." ('나'는 모든 인간들에게 퍼져 있다.) 자신의 상태를 아는 것은 여러 실체들 중 하나의 실체가 아니다. 따라서 이 경우 '나'는 아무 것도 지칭하지 않는다. 그래서 비트겐슈타인은 다음과 같이 말한다.

> 만약 …… 내가 내 어법에 이웃이 없다고 주장함으로써 (다른 사람들에게는 아니더라도) 나 자신에게 어떤 의미를 전달할 수 있다고 믿는다면, 그것은 "나는 여기 있다"는 문장이 이치에 맞는다고 생각하는 (어쨌든 그 말은 언제나 사실이니까) 실수를 저지른 격이다. 그런 일은 아주 특수한 경우, 예컨대 내 목소리와 내가 말하는 방향을 다른 사람이 식별하는 경우가 아니면 불가능하다.[5]

열성적인 현상학자들이 모임을 가지고 의식의 현상을 내밀하게 이해하기 위해 각자 바늘로 자신의 몸을 찌른다고 상상해 보자. 그들은 명상 과정을 통해 의식에서 일어나는 일을 정확하게 알고자 한다. 오로지 현상적 결과만을 고려한다면, "내가 통증을 가졌다는 것을 안다"는 생각이 들었을 때 공동의 의식에서 **많은** 과정들이 일어나는 것은 아니며 단 한 가지만 일어난다.*

그렇다면 명상에서 통증을 아는 사람은 누굴까? 그것은 어떤 실체에 관한 지식일까? 앞의 비유를 다시 보자. 길을 잃은 하이킹 집단의 '여기'가 특정한 장소를 가리키지 않듯이, "나는 통증을 가졌다"는 의식적 생각은 특정한 주체를 가리키지 않는다. 아무리 많은 현상학자들

---

* 용어를 유의미하게 여기는 사람들을 위해 말한다면, 단 하나의 **사례** 사건만 일어난다. 사유란 사례 정신 행위가 공유되는 것이다.

이 모였다 해도 그들이 만나는 의식에는 수적으로 하나의 통증만 존재한다.*

의식의 '나' ─ 철학자의 '나' ─ 는 실체를 가리키는 말이 아니다. 하지만 일상생활의 '나'는 다른 사람들이 입으로 불러 주고 글로 써 줌으로써 지칭 대상을 얻는다. 의식에서는 생각하는 것이 생각이고, 통증을 느끼는 것이 통증이며, 기대하는 것이 기대다. '나'라는 실체는 없다.

물론 통증이 아프다는 것은 지극히 당연하다. 그러나 셰익스피어의 27번 소네트는 그 관념이 다른 정신적 영역까지 연장되는 좋은 예를 보여 준다. 다음에서 강조 부분은 시인이 한 게 아니다.

고되고 지쳐 황급히 잠자리에 드네
피곤한 여행 끝에 꿀맛 같은 사지의 휴식이여
하지만 머릿속에서는 새로운 여행이 시작되고
몸은 늘어졌어도 정신은 활발하게 움직이니
내가 머무는 곳에서 멀리 달아난 **나의 생각**은
그대를 향한 열렬한 순례를 꾀하도다
무거워지는 눈꺼풀을 부릅뜨고

---

* Merlan은 "…… 후설이 남긴 문헌을 공개하면 상당히 놀랄 것"이라고 말하면서(*Monopsychism, Mysticism, Metaconsciousness*, Martinus Nijhoff, 1969, p.132) 다음과 같이 이야기한다. "후설은 현상학이 선험적 유아론과 비슷해진다는 점을 깨닫고 반드시 그렇지는 않다는 것을 증명하려 애썼다. 그가 제시한 증거는 이렇다. '선험적 환원(즉 대상 세계를 주관성 혹은 의식 속에서 구성하는 것)을 지속할 때 우리는 궁극적으로 인격적인 선험적 의식의 영역을 넘어서서 완전히 비인격적인 선험적 의식의 영역으로 들어가게 된다. 바꿔 말해서(이것은 후설의 말이 아니다) 인격적인 선험적 의식이 비인격적인 선험적 의식에 의해 구성되는 것이다(피히테의 사상과 명백한 유사성을 보인다). 그러나 그 순간 인격적 의식의 복수성은 사라지게 된다.'" 여기서 나는 후설이나 현상학을 말하려는 게 아니라 사상의 원천을 숨김없이 드러내고자 할 따름이다.

아무 것도 보이지 않는 어둠을 들여다보네……

이 시에서 생각은 개인과 관련되는 게 아니라 그 자체가 의도를 담는 수단이다. 통증이 아프듯이 의도가 의도한다. (이런 속성은 옛 인도유럽어에서 더 많이 볼 수 있는데 셰익스피어는 단지 '시적'으로 표현한 게 아니다.) 앞에서 보았듯이 비트겐슈타인은 이 내용을 일반화할 때 'p'는 p라고 말한다는 명제를 사용한다. "풀은 녹색이다"는 사유의 본질은 "풀은 녹색이다"고 생각한다는 것이다. 의식은 주체에 속하는 게 아니라 사유에 속한다. 때로 의식은 이러저러한 주체의 입을 통해 겉으로 나올 뿐이다.

예를 들어 옥스퍼드의 고전학자인 E. R. 도즈(Dodds)는 이 주제에 관해 다른 작가들을 인용한다.

"내가 노래를 만든 게 아니라 노래가 나를 만들었다." 괴테가 말했다. "생각하는 것은 내가 아니다. 나의 관념이 나를 대신해 생각한다." 라마르틴이 말했다. "창조하는 정신은 꺼져 가는 석탄처럼 보이지 않는 힘을 발휘하며, 변덕스러운 바람처럼 수시로 총기를 일깨운다." 셸리의 말이다.[6]

그림(Bild)이 그림을 그리고 생각(Gedanke)이 생각을 한다. 우리가 예전에 가졌던 '단일한 사유자'의 개념은 비트겐슈타인의 견해를 이해하기 위한 예비 모델이 된다. 그러나 그 모델을 더 발전시켜 보면, 의식에서 사유의 본질은 그냥 생각하는 것뿐이므로 단일한 사유자는 존재하지 않고 공동의 의식적 사유만 남게 된다. 의식의 사유는 복수의 주체에 의해서가 아니라 그 내용으로 개별화되며, 사유 행위와 전혀 구분되지 않는다. 『논리철학 논고』에서처럼 "나는 'p'를 생각한다"는 말은 사실 "'p'가 p라고 말한다"는 형태를 취한다. 의식의 사유는 그저 생각일 뿐이며, 하나의 기호가 많은 상징으로 표현될 뿐이다.*

현대적인 비유로 말하면, 두뇌를 각 개인마다 하나씩 가진 컴퓨터처럼 간주하는 모델 대신 두뇌를 기본적으로 공동의 중앙처리장치를 위한 보조 기관으로 간주하는 모델을 취하는 것이라고 할 수 있다. 이 경우 각각의 인과적 사건들은 보편자의 성격을 가지게 된다. "나는 통증을 가졌다"는 생각은 그 중앙처리장치에서 담당하는 하나의 처리 과정이다. 중앙처리장치는 멀리 떨어진 여러 단말기와 능률적으로 소통하면서 그 자체를 표현한다. (생리학적인 차원에서 실제로 그렇게 진행된다는 이야기는 아니다. 내 주장은 비소유 이론이 논리적으로 자기 모순에 빠지지 않는다는 점을 보여 주기 위해 세운 '사유 가설'이다. 하지만 나는 생리학적 과정을 보편자로 간주한다면 실제로 그런 진행이 가능하리라고 믿는다.)**

비트겐슈타인은 『청색책』(*Blue Book*)에서 직접적 경험 자료에 관해 서술하면서 대화자의 입을 통해 이렇게 말했다.

뭔가가 (실제로) 보일 때 그것을 보는 것은 항상 나다.[7]

---

* 나는 '공통의 단일한 사유자'로부터 '공통의 사유하는 사유'로의 이행을, 동방의 사유가 힌두적 동일성의 '아트만=유일한 브라만'에서 단일한 아트만을 부정하는 불교 신앙으로 이행하는 과정에 비유하고 싶다. Asvagosa는 『청정도론』(*Visuddhimagga*)에 나오는 불교의 견해를 이렇게 제시한다. "행위는 있으되 행위하는 자는 없다. / 고통은 있으되 고통을 겪는 자는 없다."

이 말에 비트겐슈타인은 다음과 같이 대답한다.

'항상 나'라는 문구야말로 놀라운 말이 아닌가? 항상 누구라니? 묘하
게도 나는 '항상 L.W.'를 가리키지는 않는다.

아주 흥미로운 말이다. 비트겐슈타인이 자신의 주장에 묘한 부분
이 있음을 인정하기에 더더욱 흥미롭다.

그는 "나는 '항상 L.W.'를 가리키지는 않는다"고 쓴다. 왜 그럴까?
굳이 이렇게 말하는 이유는 뭘까? 비트겐슈타인이 **단언**하는 것은 보기
드문 일이다. 그는 대개 자신의 글에서 단언을 회피한다. 그보다는 질
문을 던져 독자들이 나름의 결론을 내리도록 유도하고자 한다. 그런데
왜 여기서는 단언을 택할까?

그 이유는 그 논점이 까다로울 뿐 아니라 그가 생각하는 의식의 본
질을 이해하는 데 극히 중요하기 때문이다. 워낙 특별한 논점인 탓에

** 이 비유는 매우 중요하다. 성찰하는 독자라면 그렇게 비소유 이론의 일관성이 증명된다는 것을
알 수 있다(데카르트주의적인 일관성에서). 그 입장을 반대하려면 논리적 부정합을 공격하기보
다 이 모델이 실제로 현실과 부합하는지의 경험적 문제를 겨냥해야 한다. 만약 데카르트주의로
정신을 설명할 수 있다면, 비소유 이론도 논리적 근거로만 보아 도외시할 수는 없다. 이론의 **내
적** 정합성을 찾으려는 노력은 시간낭비다(나중에 보겠지만 아퀴나스가 그런 잘못에 빠졌다). 그
이유는 데카르트주의와 비소유 이론이 정신적 인과론이기 때문이다. 다만 관련된 **정신적 원인**의
성격과 수에서만 차이가 있을 뿐이다. 비소유 이론을 데카르트주의로 간주하는 것은 큰 잘못이
지만, 정신적 원인을 특수하게 보지 않고 보편적으로 간주한다면 그것도 가능하다. 데카르트주
의의 심리 이론은 잘못이지만, 일관성이 결여된 것은 아니다(단, 비소유 이론과 달리 복수의 정
신적 주체들이 개별화되는 난점이 있다). 다른 조건이 동일하다면, 비소유 이론은 오컴주의적 근
거에서 채택할 수 있다. 관련된 인과성이 효율적이지 않고 형식적일 경우, 그 이론은 1513년의
정통 판결을 가까스로 통과할 수 있을 것이다. 아퀴나스 이래 그리스도교의 정통 신앙은 영혼이
신체의 형상이라는 아리스토텔레스의 학설이었다. 비소유 이론에 따르면 개별적 정신의 내용은
공적이지만, 개인이 그 내용을 개별적으로, 즉 내용과 분리된 것으로 경험하면 신체적 표현을
유발하는 내용이 된다. 그 경우 신체의 표현은 곧 개별적으로 원인을 가지는 것이다.

결론을 독자에게 맡겨 둘 수 없었던 것이다. 그 논점은 누구의 입을 통해 '나' 라는 말이 나오는지 알아야만 누가 통증을 느끼는지 안다는 것이다. 심지어 그게 나라 해도 마찬가지다. 그러기 전까지는 하나의 주체를 다른 주체와 구분하는 게 불가능하다. 의식에는 단지 공유된 통증만 있을 뿐이며, 통증을 가진 우리는 모두 하나로 통합되어 있다. 그래서 비트겐슈타인은 이렇게 말한다.

"x가 치통을 가졌다"는 함수는 스미스나 존스 등 다양한 값을 가진다. 하지만 나는 아니다. 나는 독립적인 부류에 속한다. 어떤 경험을 나타내는 문장에서 '나' 라는 말은 소유자를 가리키지 않는다. "나는 담배를 가졌다" 같은 문장에서의 용법과는 다르다.[8]

같은 부분에서 그는 유아론의 배후에 있는 동기를 진단하고 바로잡는다.

유아론자가 바라는 것은 자아가 독점권을 가지는 상황이 아니라 자아가 사라지는 상황이다.

이 말은 유아론을 지향하는 태도의 핵심을 지적하고 있다. 비트겐슈타인의 분석에 의하면 "나는 내가 통증을 가졌다는 것을 안다"는 말이 확실해지기 위해서는 '나'의 지시대상을 몰라야 한다. 내가 통증을 가졌을 때 내가 통증을 가졌다는 것을 의심할 수 없는 이유는 대상으로서의 통증과 의식 속에 별도로 존재하는 주체 사이에 아무런 연관이 없기 때문이다. 그럴 때 통증을 느끼는 것은 통증 자체이며, 단지 그것이

내 입으로 말해질 뿐이다.

비트겐슈타인은 이 논점을 『철학적 소견』에서 내가 보기에 가장 명료하고 심원한 하나의 철학적 언급으로 제시한다.* "나는 나의 통증을 느낀다"에서 '나의'라는 말을 정당화하는 통증의 복수성이 어디 있느냐는 질문을 던진 뒤 그는 이렇게 썼다.

> "나는 통증을 가졌다"는 명제 기호는 내가 그 말을 할 때와 다른 사람의 입에서 그 말이 나왔을 때 서로 전혀 다르다. 다른 사람이 말했을 때, 누가 그 말을 입 밖에 냈는지 내가 알기 전까지 그 말은 나에 관한 한 무의미하다. 이 경우 그 명제 기호는 소리만으로 구성되지 않고, 그 소리를 누가 냈다는 사실로 구성된다. 그 반면에 내가 말하거나 생각하는 경우 명제 기호는 소리 자체가 된다.**

누가, 어느 특정한 주체가 통증을 가졌다는 말은 무슨 뜻인가? 그 말 자체는 현상적 특성을 가지지 않는다고 할 수 있다. 내게 가해진 현상적 불쾌함은 통증 때문이지 통증을 가졌기 때문이 아니다. 우체통을 식별할 수 있는 것이 우체통의 색 때문이지 우리가 우체통을 보는 것 때문이 아닌 것과 마찬가지다. 의식에는 경험 주체의 복수성을 구분해

---

* 이것이 강력한 주장임은 나도 잘 알고 있다. 이것은 데카르트주의자들이 경험의 통일과 통일의 경험을 혼동한다는 칸트의 주장에 비견된다. 물론 비트겐슈타인의 주장이 심오하다고 해서 반드시 옳다는 것은 아니지만, 나는 옳다고 생각한다.

** 비트겐슈타인은 이 점을 매우 중시하여 여러 차례 반복한다. 예컨대 무어의 1930년대 강의 보고서의 11쪽을 보면, 비트겐슈타인이 '기호'와 '상징'을 구분했다는 말이 나온다. "기호에 의미를 부여하는 것은 '상징'이다. 기호가 문장이라면 '상징'은 기호와 그 문장에 의미를 부여하는 모든 것을 포함한다." 계속해서 무어는 비트겐슈타인이 든 예를 설명한다. "'나는 피곤해'라고 말할 경우 그의 입은 상징의 일부다……."

줄 수 있는 것이 없다. 그렇다면 '가졌다'는 말을 어떻게 해석해야 할까? 그 답은 비트겐슈타인이 이 주제에 관해 쓴 모든 글과 맥을 같이한다. 예컨대 『청색책』의 68쪽에는 이런 구절이 나온다.

통증으로 신음하는 사람, 혹은 통증을 가졌다고 말하는 사람은 그것을 말하는 입을 선택하지 않는다.

그의 주장은 계속된다.

"그는 통증을 가졌다"고 말할 때 그는 게임의 규칙에 의해 신음하고 얼굴을 찌푸리는 사람이다.

하지만 여기서 다시 『철학적 탐구』 302절을 보자.

통증의 주체는 그것을 표현하는 사람이다.

복수의 주체들, 따라서 관계를 가진 사람들은 의식에서가 아니라 행동에서, 즉 단일한 통증의 정식 표현으로 식별된다. 통증은 행동이 아니다. 누가 통증을 **가지는 것**이 행동이다. 그런 행동이 없으면 통증을 주체와 연결시켜 주는 것이 전혀 없다.* "나는 통증을 앓는다"는 생각은 의식 속에서, 비트겐슈타인이 말하는 단일한 기호인 '나'와 함께 일

---

* 가급적 고통을 표현하지 않고 견디려는 금욕주의적 행동은 행동이 아닌 것이 아니라 단지 다른 종류의 행동일 뿐이다.

어난다. 그 다음에는 많은 입들이 열리며 "나는 통증을 앓는다"는 비명과 신음이 따른다. 많은 입에서 '나'라는 말이 나올 때 사유의 단일한 기호, 공동의 비소유적 경험의 단일한 기호는 많은 상징 속에서 신체적 표현을 획득한다. ("입은 상징의 일부다"는 말은 단지 '나'라는 음절을 어느 입이 말했는지 알아야만 누가 그 말을 했는지 알 수 있다는 의미다.)* 그리고 그 통증의 많은 주체가 창조된다.

여기서 근본적으로 중요한 것은 통증의 주체가 표현에 의해, 즉 '나'라는 말의 사용에 의해 **창조된다**는 점이다. 공동의 단일한 형태가 다양한 신체를 통해 복수로 표현된다. '나'라는 말(혹은 행동에서 그것에 해당하는 말)이 누군가의 입에서 나오기 전에는 경험 내에서 주체의 복수성을 논리적으로 식별할 수 없다. '나'라는 말의 발음은 주체를 탄생시키고 다른 주체들과 구분한다. 이것은 비트겐슈타인의 언어철학 배후에 있는 동기, 즉 언어의 창조력에 관한 연구, 말의 연구를 잘 보여주는 사례다. '나'라는 말이 발음됨으로써 주체가 창조되는 것이다.

그렇다면 나는 무엇인가?

나라는 생물체는 신체를 통해 언제든 '나'라는 말을 표현할 수 있는 존재다.

그것은 어떤 생물체인가? 알다시피 앞의 문장은 이 책의 지은이인 킴벌리 코니시가 쓴 것이다. 어느 손이 나의 손인가? 방금 어느 손이 '나의'라는 말을 썼는가? 내가 손을 움직인 결과라고 하자. 물론 '나의

---

* *Wittgenstein's Lectures 1932~1935*의 24쪽에는 흥미로운 구절이 있다. "사람들이 이야기할 때 그 소리는 늘 확성기를 통해 나오며, 목소리는 똑같다. '나'라는 말은 전혀 쓰지 않는다. 내가 치통을 가졌다'는 말은 엉터리다. 화자는 그 말로 식별되지 않는다." 여기서 중요한 것은 화자가 식별되느냐의 여부가 아니라 다른 사람이 같은 것을 말할 때는 나 자신을 남과 구분할 수 없다는 데 있다. 즉 자아-타자 구분이 붕괴한다.

손'이라는 말을 쓰고자 하는 의지는 바로 이 순간에도 전 세계에 걸쳐 무수히 많은 손들을 움직이게 하고 있을 것이다. (방금 전에도 킴벌리 코니시의 손은 '나의 손'이라는 말을 썼다.) 수많은 손들이 '나의 손'이라는 말을 쓴다면, 바로 그 사실로 서로 다른 수많은 주체들이 '나의 손'이라는 말을 쓰려는 의지를 가지고 있다고 할 수 있다. 바로 여기에 구체화(embodiment)의 비밀이 있다. 나의 행위는 논리적으로 나를 그 무수한 손들의 동인(動因)으로 만든다. 그래서 쇼펜하우어는 다음과 같이 말했다.

> **신체와 일치돼야만 개인으로서 등장하는** 앎의 주체에게 이 신체는 두 가지 전혀 다른 방식으로 주어진다. 지적 인식에서 신체는 표상의 방식으로, 즉 대상들의 법칙에 따르는 하나의 대상으로 주어진다. 하지만 신체는 동시에 그것과 전혀 다른 방식으로, 다시 말해 모두가 즉각적으로 아는 것으로 주어지며, 의지라는 말로 표시된다.[9] [강조는 지은이]

그러므로 쇼펜하우어는 단 하나의 의지만 존재한다고 생각했다! 비트겐슈타인의 철학에서 이 학설은 사유, 잔상, 통증 등으로 확장된다. 그런 일반화는 명백하다.

지금까지 나는 비소유 이론이 정신의 본질에 관한 비트겐슈타인의 거의 예언적인 선언에 잘 부합하며 그 근거를 제공한다는 것을 보여 주고자 했다. 요점은 의식이 사적 대상을 포함하지 않는다는 것이다. 그런 대상을 사적으로 소유할 만한 개별 주체가 없기 때문이다. 이리하여 사유성의 개념은 무너진다.

비트겐슈타인은 『철학적 탐구』 398절에서 이 점을 분명히 밝히고 있다. 지금껏 연구자들이 이 대목에 주목하지 않은 것은 놀라운 일이다.

"하지만 내가 뭔가를 상상할 때, 혹은 실제로 대상을 볼 때도 나는 내 이웃들이 갖지 않은 것을 가지고 있다." 나는 당신을 이해한다. 당신은 주변을 둘러보며 이렇게 말하고 싶은 것이다. "나만 이것을 가지고 있어." 그런데 이 말들이 무슨 소용인가? 아무런 소용도 없다. 그렇다고 해서 이런 식으로 말할 수는 없지 않은가? "'보는 것'은 아무 문제가 없다. 따라서 '가지는 것'도 마찬가지다. 주체의 문제도 없고, 따라서 '나'의 문제도 없다."

같은 절에서 비트겐슈타인은 좀더 길게 이야기한다.

그러나 당신이 말하는 것이 뭔가? 실제로 나는 당신의 의도를 충분히 알았다고 말했다. 하지만 그 말은 우리가 이 대상을 이해하고 바라보기 위해, 보고 가리키는 행위에 의도를 부여하기 위해 어떻게 생각하는지를 밝힌 것뿐이다. 나는 이 경우 어떻게 앞서 살펴보고 주위를 둘러보는지 안다. 나는 우리가 이렇게 말할 수 있다고 생각한다. 당신은 '시각적 방'에 관해 이야기하고 있다(예컨대 방안에 앉아 있다면). **'시각적 방'은 소유자가 없는 방이다.** 나는 그 방을 소유할 수도 없고, 걸어다닐 수도 없으며, 살펴볼 수도, 가리킬 수도 없다. 다른 누구의 것도 아니기 때문에 내 것 또한 아니다. 바꿔 말하면 그 방이 내 소유가 아닌 이유는 내가 그 방에 관해 현실의 방과 똑같은 표현 형식을 사용하고자 하기 때문이다. 현실의 방에 대한 기술은 소유주를 언급할 필요가 없다. 사실 그 방은 소유주가 필요 없다. 하지만 그렇다면 시각적 방도 소유주를 가질 수 없다. 결국 이렇게 말할 수 있다. "그 방은 밖에도 안에도 주인이 없다."〔강조는 지은이〕

마지막으로 399절에는 다음과 같은 구절이 나온다.

또한 이렇게 말할 수도 있다. 시각적 방의 소유자는 일종의 사물과 같다. 하지만 그는 그 방에 있지 않다. 거기에는 바깥이 없다.

이 대목을 깨달음에 관한 스즈키의 설명과 비교해 보자.

깨달음에는 …… 여러 가지 느낌이 있다. 자신이 절대적으로 특유한 개별성이라는 느낌, 지금 즐기는 삶은 절대적으로 자신의 것이라는 느낌, 신이 이 특별한 은총을 다른 누구도 아닌 바로 자신에게만 주는 느낌이다. 그러나 이 모든 느낌은 궁극적으로 하나의 확실한 '나' 라는 주체, 나머지 세계와 차별화되는 주체와 연관된다. 깨달음은 느낌도 아니고, 보통 직관이라고 말해지는 지적 행위도 아니다. 깨달음은 자기 자신의 본성을 꿰뚫어보는 것이다. 이 '본성' 은 남들과 구분되는 자신에게만 전적으로 속하지는 않는다. '보는 행위' 에는 보는 자가 없다. …… **본성'은 보이는 대상만이 아니라 보는 자이기도 하다.**[10] 〔강조는 지은이〕

아나타(무아) 학설을 설명하는 스즈키의 논점은 비트겐슈타인과 거의 같다. 따라서 우리가 고찰하는 이론을 뒷받침하는 것으로 봐야 한다. 그렇다면 비트겐슈타인의 심리철학과 아나타 학설의 근원은 아인

필룽의 신비주의적 경험이라고 볼 수 있다.

『철학적 탐구』에는 또 한 가지 난해한 내용이 있다. 철학자들은 흔히 그것을 정신 영역의 지식에 관한 내용으로 일축한다. 이를테면 "나는 통증을 앓는다"는 진술은 정신 영역을 '기술'한다기보다는 '표현'한다는 것이다. 실상 이 주장은 자기 인식에 관한 예전의 주장과 같은 선상에 있다. 그 이유를 알기 위해 여기서 다시 길 잃은 하이킹 집단의 사례를 보자.

하이킹 집단이 말하는 "우리는 여기에 있다"는 문장은 그들의 위치에 관해 아무 것도 말해 주지 않는다. 즉 그 말은 그들의 위치를 기술하는 데 사용할 수 없다. 그러나 구조대가 길 잃은 그들을 찾아 나선 상황에서는 그 말을 적절하게 사용할 수 있다. 그럴 때 하이킹 집단이 "우리는 여기에 있다!"고 소리를 쳐 구조대에게 자신들의 위치를 표현하면 구조대는 그들이 있는 곳을 알 수 있다(그들의 위치를 식별할 수 있다). "어이!" 또는 아무 소리나 지르는 것도 똑같은 기능을 한다.

이와 마찬가지로, "나는 통증을 앓는다"는 생각은 실체의 상태를 기술하지 않는다("우리는 여기에 있다"는 길 잃은 하이킹 집단의 외침이 장소를 기술하지 않는 것과 같다). 하지만 누군가의 입에서 "나는 통증을 앓는다"는 말이 나오면 우리는 누구를 치료해야 할지 안다. 구조대가 길 잃은 하이킹 집단을 어디서 찾아야 할지 아는 것과 같다. 비소유 기호는 입을 통해 발언자가 누구인지 확인할 수 있으므로 개별화된 상징이 된다. 또한 길 잃은 하이킹 집단의 "우리는 여기에 있다!"는 말이 "어이!" 또는 아무 소리나 지르는 것과 같은 기능을 하듯이, (『철학적 탐구』244절에서 나오는 것처럼) "나는 통증을 앓는다"는 말도 "아야!" 또는 신음소리를 '대신'할 수 있다.

비트겐슈타인의 경구들에 관한 이런 해석을 뒷받침하는 증거는 그의 저작 여러 곳에서 얻을 수 있다. 『철학적 탐구』 404~405절에서 한두 부분을 길게 인용해 보자.

"'나는 통증을 앓는다'고 말할 때 나는 통증을 가진 사람을 지칭하지 않는다. 어떤 의미에서 나는 **누가** 통증을 앓는지 알지 못하기 때문이다." 이 말은 정당화될 수 있다. 나는 이러저러한 사람이 통증을 앓는다고 말한 게 아니라 내가 어떠어떠하다고 말하는 것이기 때문이다. 이렇게 말할 때 나는 어느 누구의 이름을 말하지 않았다. 통증으로 **신음**할 때 어느 누구의 이름을 말하지 않는 것과 같다. 하지만 다른 사람은 그 신음소리로 누가 통증을 앓는지 안다. **누가** 통증을 앓는지 안다는 말은 무슨 뜻인가? 예를 들어 그 말은 이 방안의 어떤 사람이 통증을 앓는다는 것을 안다는 뜻이다. 말하자면 저기 앉아 있는 사람일 수도 있고, 저 구석에 서 있는 사람일 수도 있고, 저기 금발에 키가 큰 사람일 수도 있다. 내가 말하고 싶은 것은 개인의 '**신분**'을 식별하는 데는 여러 가지 기준이 있다는 사실이다. 그 중 어떤 기준이 '**내**'가 통증을 앓는다는 나의 말을 결정할 수 있을까? 아무 것도 없다. "하지만 어쨌든 당신이 '**내**가 통증을 앓는다'고 말할 때 당신은 남들의 관심을 특정한 개인에게 집중시키고자 하지 않는가?" 그렇지 않다. 나는 남들의 관심을 **나 자신**에게 집중시키고 싶을 따름이다.

'나 자신'이 비트겐슈타인을 가리키지 않는다는 것은 바로 다음절의 내용으로 명백하다. 거기서 그는 "나는 통증을 앓는다"는 말을 사용할 때 루트비히 비트겐슈타인이라는 인물과 N.N.이라는 인물을 구분하고자 한다. 설령 루트비히 비트겐슈타인이라는 사람의 입에서 그 말이 나왔다 해도 마찬가지다.

어떤 사람이 신음하고 있는 것도 가능하다. "어떤 사람이 통증을 앓는데, 나는 그가 누구인지 모른다!" 이 경우 우리는 신음하는 사람에게 달려가 도와준다.[11]

이것이 어떻게 가능할까? 환자가 기억상실에 걸려 혼수상태 속에서 헤매다가 깨어났다고 가정하자. 환자는 깨어나서 자기가 남자인 것 혹은 금발이라는 것에 깜짝 놀란다. 과거의 기억을 잃었기 때문이다. 혼수상태에서 그는 심한 통증에 시달렸다(몸이 다쳤을 수도 있지만 여기서 통증의 원인은 상관이 없다). 그는 자기도 모르게 얼굴을 찡그리며 비명을 지른다. 아프다고 소리치지만 물론 논리적으로 그를 막을 수 있는 것은 없다. 그러나 그는 혼수상태 속에서 기억상실에 걸렸기 때문에 비명을 지르는 것은 이해할 수 있는 일이다. 비트겐슈타인의 예에 나오는 사람처럼 그는 "어떤 사람이 통증을 앓는데, 나는 그가 누구인지 모른다!"고 말하고 있는 것이다. 그는 자신이 누군지 모르기 때문에 통증을 앓는 사람이 누군지 알지 못한다. 이것은 경험에 의해 주어진 것이 아니라 그가 잊고 있었던 우연한 사실이다. 의식만을 증거로 해서 그는 논리적으로 말할 수 있는 것을 모두 말했다. 혼수상태에서 헤매면서 통증을 느끼고, 그 통증을 완화하려는 생각에서 뭔가를 말하고 싶었다. 기억상실증 환자를 담당한 의료진인 우리는 서둘러 조치를 취한다. 비명소리는 하나, 둘, 혹은 여럿일지 모르지만 모두 단일한 현상적 통증에서 비롯된 것이다. 하나의 천둥소리가 시내 여러 집의 창문들을 두드리듯이 하나의 정신적 원인이 여러 곳에 영향을 미쳐 신체들을 하나씩 고통에 시달리게 만든다. 현상적 원인의 단일성은 선(禪)을 주제로 한 다음의 시에서도 확인된다.

사루사와 연못에서
손뼉을 치면
하녀가 차를 올리고
새들이 날아오르고
물고기들이 다가온다[12]

하녀가 듣는 소리는 새들과 물고기들이 듣는 소리와 똑같다. 공동의 내용 속에 만남 —— 현상적 만남 —— 이 있다. 여기에는 손뼉을 치는 사람, 하녀 등 다섯 가지 정도의 '사적 대상'이 나온다. 이 모델 역시 『철학적 탐구』 409절에서 명확한 설명을 찾을 수 있다.

나를 포함해 몇 사람이 둥그렇게 서 있는 모습을 상상하자. 우리 중 한 사람씩 번갈아 눈에 보이지 않는 전기 장치의 한 극에 연결된다. 나는 다른 사람들의 얼굴을 보고 누가 전기에 감전되었는지 알아내려 한다. 그러다가 내가 말한다. "이제 그게 누군지 알겠다. 바로 나니까." 이런 의미에서 나는 이렇게 말할 수도 있었다. "이제 누가 감전되었는지 알겠다. 바로 나니까." 이것은 좀 이상한 이야기다. 하지만 **다른 사람이 감전되었을 때도 내가 그 충격을 느낄 수 있다고** 상상한다면 "이제 누군지 알겠다"는 식의 표현은 전혀 부적절하다. 그 말은 이 놀이와 무관하다. 〔강조는 지은이〕

그 말이 **왜** 부적절한지 알기 위해 비트겐슈타인처럼 둘 이상의 사람들이 똑같은 전기 충격을 느낀다고 가정해 보자. 그 경우 수적으로 하나의 충격이 "이제 누가 감전되었는지 알겠다. 바로 나니까"라는 한 가지 생각의 원인이라면, 여기서 '나 자신'은 누구를 가리킬까? 누가 **나**일까? 많은 사람들이 같은 통증을 겪고 그것에 관해 같은 생각을 할 경우(다시 말해 "이제 누가 감전되었는지 알겠다. 바로 나니까"라는 말이 통할 경우), '나'라는 말은 특정한 개인을 가리키지 않는다. 한 가지 생각만 존재하는데 어떻게 그럴 수 있겠는가? 의식 속에서 어떻게 '나'의 여러 가지 현상이 일어날 수 있겠는가? 그렇다면 그 주장에 표현된 의심의 여지 없이 명백한 지식은 다음과 같이 번역될 수 있다. "이제 누가 감전되든 누가 감전되었는지를 안다. 바로 감전된 사람이니까." 그래서 다음 문단이 이렇게 이어진다.

'나'는 개인의 이름이 아니다.

비트겐슈타인의 저작에는 이와 비슷한 진술이 무수히 나온다. 예를 들면 이렇다.

내가 나의 감각자료를 기술한다 해도 특정한 개인을 그 소유자로 볼 수는 없다.*

---

* *Notes for Lectures*, p.309. 마찬가지로, 우리는 누가 입체 잔상을 가지는지 물을 수 있다. 그것은 우리 모두가 공유하기 때문에 사람에 따라 달라지는 게 아니다.

다른 사람들은 어느 신체가 통증이나 감각자료를 표현했는지 봄으로써 그 주체가 누구라고 추측한다. '다른 사람들'의 존재는 이렇게 확인된다.

『강의노트』에서 발췌한 다음 인용문에서 비트겐슈타인은 시각적 감각자료에 관해 말하고 있다.

> "그것을 보는 사람이 당신이라는 것을 당신이 어떻게 아는가?" 나는 내가 구체적으로 지적하기 전에는 그것을 보는 사람이 다름 아닌 이 사람이라는 것을 알 수 없다. 바로 이런 뜻에서 나는 "내가 치통을 가졌다"는 말을 누가 하는지 알지 못한다고 말했다.[13]

이 논거는 일반적으로 행위에 적용된다. 공동의 사유가 "나는 내 팔을 쳐들겠다!"고 생각한다. 이때 누구 팔이 올라가는가? 바로 **그것이** 주체를 확정한다!

이 논거를 연장하면 우리가 우리 신체적 감각의 위치를 아는 수단을 설명하는 비트겐슈타인의 주장을 이해할 수 있다. 이것은 해묵은 철학적 쟁점이다. 내가 치통을 앓을 때 그 치통이 내 신체의 다른 곳에 있지 않고 바로 내 이에 있다는 것을 어떻게 알까? 내 신체의 특정한 위치에 있다는 것은 통증의 현상적 특징일까, 아니면 나는 다른 수단으로 그 위치를 아는 걸까? 우리가 통증의 위치를 어떻게 아는지를 우리가 주체임을 어떻게 아는지와 연관시켜 보면 비트겐슈타인의 견해를 이해하는 데 큰 도움이 된다.

맬컴이 『회상록』에서 말한 바에 따르면, 비트겐슈타인은 통증의 위치를 아는 문제를 통증의 현상적 특징으로 보지 않았다.

…… "내 통증이 어디에 있는지 내가 어떻게 아는가?" 누가 내 통증이 어디에 있다고 말해 줄 필요는 없다. 내 몸짓과 구두적 기술이 그 통증을 찾아낸다.[14]

『청색책』에서 비트겐슈타인은 우리가 어떤 의미에서 자신이 구체적으로 가리키기 전에 과연 통증이 어디 있는지 안다고 말할 수 있느냐고 물은 뒤 이렇게 대답한다.

…… 가리키는 행위가 통증의 장소를 결정한다.[15]

비트겐슈타인의 제자 A. C. 잭슨의 아들인 프랭크 잭슨은 그런 행동주의적 발상을 즉각 거부한다. 잭슨은 자신의 책 『지각』(*Perception*)[16]에서 통증의 장소는 본인이 가리키는 곳이라는 주장을 거부하는데, 그 이유는 위치가 잘못될 가능성(즉 내가 실수할 가능성) 때문이라고 말한다. 그는 각주에서 이 학설이 비트겐슈타인의 것이라는 데 의심을 표명한다. 하지만 그것은 비트겐슈타인에게 좀 부당한 주장이다. 그는 잭슨이 주목한 구절의 바로 다음 문장에서 "가리키는 행위와 면밀한 조사를 통해 통증의 장소를 찾아내는 행위를 혼동해서는 안 된다. 양자는 서로 다른 결과를 낳는다"고 말하기 때문이다. 『철학적 문법』(*Philosophical Grammar*)에도 비슷한 주장이 나온다.

내 손에서 통증이 있는 곳을 찾는다고 하자. 나는 통증 지점이 아니라 접촉 지점을 찾는다. 이 말은 곧 내가 찾은 것이 장소이지 통증이 아니라는 의미다. 따라서 설사 경험을 통해 손으로 누르면 통증이 느껴진다는 것을 안다 해도 누른다고 해서 통증을 찾을 수 있는 것은 아니다. 이는 마치 발전기의 손잡이를 돌린다고 해서 불꽃이 일어나지는 않는 것과 같다.[17]

『확실성에 관하여』(*On Certainty*)에는 이런 구절이 있다.

"나는 내가 통증을 느끼는 것을 안다"라든지 "나는 이곳에 통증이 있다는 것을 안다"는 말은 "나는 내가 통증을 앓는다는 것을 안다"는 말처럼 잘못이다. 그러나 "나는 네가 내 팔의 어느 곳을 만지는지 안다"는 말은 옳다.[18]

그러므로 잭슨이 비트겐슈타인의 이론이라고 인정하지 않으려 했던 것은 실상 비트겐슈타인 자신이 직접 인정했고 자신의 분석에서 응용한 것이었다. 그렇다면 그의 분석은 구체적으로 어떤 것이었을까?

그 내용은 곧 통증의 주체들이 '나'라는 발음에 의해 (복수로) 만들어진다는 것이다. 앞서 내가 암시한 근본적 생각의 또 다른 사례다. 여기에는 통증의 장소들이 그 장소들을 지칭하는 데서 생겨난다는 관념이 근저에 깔려 있다. 지칭하기 전에는 장소가 복수로 존재하지 않는다. 비트겐슈타인은 우리가 감각의 장소를 먼저 알고 나서 그곳을 가리킨다는 발상을 단호히 거부했다. 개개의 심리적 상태나 사건(장소를 아는 것)은 "가리킨다는 의도적 행위에 앞선다."[19] "가리키는 행위가 통증의 장소를 결정한다"는 것이 그의 견해였으므로 가리키는 행위 이전에 통증은 분명히 찾아졌어야 한다.

통증은 물리학의 세계에서 일어나지 않는다. 예를 들어 수족 절단

환자는 수족이 마치 그대로 있는 것처럼 원래의 장소에서 —— 정확히는 수족이 잘린 신체 부분의 끝에서 —— 통증을 느끼는 경우가 있다. 환자가 통증을 호소하는 장소를 물리적으로 조사해 보아도 발견되는 것은 없다. 현미경, 방사선 탐지기 등은 아무런 소용이 없다. 그런 점에서 지각 능력이 있는 생명체가 곧 통증 감지기인 셈이다. 사실 이런 경우에 환자가 통증을 느낀다는 유일한 증거는 환자 자신이 지시하는 것뿐이다. 하지만 그렇다면 비트겐슈타인의 주장을 입증하기란 어려워진다. 통증의 장소에 관한 증거는 환자의 말과 행동밖에 없다. 그런데 이 자명한 사실을 놓고 어떻게 통증이 표현되기 전에 분명히 존재한다고 주장할 수 있을까?

여기서 다시 한 번 통증은 ('사물'이 아니라) 지각 능력을 가진 생명체의 속성으로서 다른 사람들도 겪을 수 있다는 사실을 상기하는 게 필요하다. 앞서 사례로 든 환자들의 병동으로 돌아가 보자. 통증에 시달리는 의식은 아무리 혼자서 꿋꿋이 통증을 참는다 해도 다음과 같이 생각하게 마련이다.

빨리 마취가 되었으면 좋겠군! 숨쉬기조차 힘들어. 오른쪽 갈비뼈에 통증이 다시 시작됐어! 이런!

통증은 아직 물리적으로 특정한 공간에 있지 않다. 의사인 우리는 환자에게서 염증이나 근육 경련을 관찰할 수도 있다. 하지만 우리는 통증을 그 자체로 의식하지는 못한다(우리가 통증을 앓는 것은 아니니까!). 그렇다고 통증의 위치가 환자에 의해 표현되지 않는다는 점은 이미 밝힌 바 있다. 확실한 것은 오로지 "내 갈비뼈 바로 아래에 통증이 있다"

는 생각이 존재한다는 것, 즉 사례 사유뿐이다.

통증 공간의 은유를 잘 생각해 보면 비트겐슈타인의 견해를 이해할 수 있다. 같은 통증을 가진 사람들이 하나의 같은 통증 공간을 점유한다는 것만 고려하면 된다. 이 통증 공간에서는 통증에 모든 집중이 일어난다. "거기예요, 바로 거기가 얼마나 아픈지!" 하지만 집중은 아직 물리적 세계의 어떤 지점에 고정되지 않았다. 공간의 어떤 지점도 향하지 않고 오로지 통증만을 향해 있다. 의사로서 우리는 이렇게 말할 자격이 있다. "지금 통증을 가리키세요!" 그러면 스무 개의 손이 스무 개의 다른 곳을 가리킨다. 갑자기 하나의 통증이 스무 군데에서 발견되는 셈이다. 가리키기 전에 통증은 여기 또는 저기에 있다고 확정할 수 없다. 확실한 것은 단지 통증이 물리적 세계의 좌표(x_1, y_2, z_3), (x_1, y_2, z_3) …… (x_1, y_2, z_3)에서 느껴지는 게 아니라 바로 통증 공간 그곳에서 느껴진다는 것뿐이다.

그렇다면 우리는 '통증 공간'을 어떻게 이해해야 할까? 통증 공간은 아퀴나스의 시대에 말하던 '실체 없는 존재', 공동의 의식, 부처의 신체 같은 신체적 이미지가 아니다.[*]

---

[*] 이 견해를 취하면 "당신의 통증이 당신이 가리키는 곳에 있다는 것을 어떻게 아는가?"라는 질문을 비소유 이론가가 자동적으로 무시하는 이유가 쉽게 밝혀진다. 그러나 다른 어려움이 있다. 멜버른 대학교의 브루스 랭트리(Bruce Langtry) 교수가 대화중에 제기한 반대는 이 견해로 인해 통증이 내게 나의 충수를 가리키도록 유발했다고 말할 수 없게 된다는 것이다. 그 이유는 간단하다. 만약 내 통증이 내가 가리키는 내 충수의 어떠어떠한 좌표(x, y, z)에 존재한다면, 그곳의 통증이 나로 하여금 그곳을 가리키도록 유발할 수는 없다.
그러나 그 추론은 무너진다. **그곳에 있는** 통증이 내게 그곳을 가리키도록 유발한 게 아니라 통증 **자체가** 나를 가리키도록 유발한 것이다. 앞서 우리의 사례에서는 하나의 충수 통증이 스무 개의 손을 유도한 결과 스무 개의 다른 통증 장소가 생겼다. 그 인과적 효력은 특정한 위치의 통증이 아니라 통증과 관련된다. 천둥소리의 경우와 같다. 천둥소리가 여러 집의 창문들을 뒤흔들 때 인과적 효력을 가지는 것은 단일한 원천에서 비롯된다. **여기** 많은 창문들을 흔드는 것은 **저기** 천둥소리다. 세상의 많은 손들을 움직이는 것은 통증 공간에 있는 하나의 통증이다.

비소유 이론은 비트겐슈타인의 심리 이론이 지닌 세 가지 특성을
보여 준다.

1. 자신의 정신에 관해 안다고 주장하는 것은 무의미하다.
2. "나는 통증을 앓는다"는 진술은 기술적이라기보다 표현적이다.
3. 몸짓으로 가리키는 것은 통증의 위치를 **확정**한다기보다 알리는 행
   위다.

독자들에게 묻고 싶다. 지금까지 내가 제시한 비트겐슈타인의 수
많은 인용문들을 달리 해석할 수 있겠는가? 하지만 내 주장의 결과가
옳다는 판단은 결코 하찮은 게 아니다. 『철학적 탐구』의 심리철학은 이
미 1930년대에 학자들이 폐기하기로 만장일치로 동의한 바로 그 비소
유 이론이다. 더 중요한 것은 그의 사후 반세기 동안 적지 않은 주석자
들이 비트겐슈타인의 심리철학을 올바르게 이해했다는 점이다. 앤스컴
(Anscombe)과 기치(Geach)의 『세 철학자』(*Three Philosophers*)에서
한 구절을 인용해 보자.

…… 아퀴나스의 사유에 관한 견해에 공감한 그 시대 사람들은 진정
으로 사유하는 것은 사람이 아니라 지성이라고 여겼다. …… 단일한
지성이 수많은 인간 유기체를 통해 스스로를 드러내는 것이다.

지금에야 밝혀졌지만 이 철학자들은 초기 비소유 이론가들이었다.
내가 제시한 아나타 학설의 해석이 옳다면, 그것은 불교의 또 다른 밀
교(密教)다. 단일한 지성은 부처의 본성, 즉 불성(佛性)이다. 모든 신도

들이 깨달아야 하는 불성은 감각 능력을 지닌 모든 생명체가 공유하는 데, 깨달음을 얻은 자는 의식적으로, 깨달음을 얻지 못한 자는 무의식적으로 가지게 된다.

이런 내용은 스즈키의 책 셋째 권에 수록된 선의 이야기에도 나온다.[20] 한 승려가 가르침을 구하기 위해 "누가 부처입니까?"라는 정형화된 질문을 던진다. 대화는 이렇게 이어진다.

혜초라는 승려가 법원에게 물었다. "누가 부처입니까?"
법원이 대답했다. "그대가 혜초로다."

이 대화는 법원이 혜초에게 하는 말이라고 볼 때 알쏭달쏭하다. 법원은 아무런 가르침도 주지 않고 단지 혜초의 이름만 되풀이했을 뿐이기 때문이다. 하지만 이 이야기의 핵심은 '그대'라는 지칭에 있다. 그가 말하는 상대를 아퀴나스 시대에 말하던 "수많은 인간 유기체를 통해 스스로를 드러내는 단일한 지성"으로 대체하면 논점은 분명해진다. 법원은 이 지성 — 즉 불성 — 에게 말하는 것이며, 이 경우 그 불성이 우연히 혜초였을 뿐이다. 그는 자기 자신도 모르는 사이에 자신의 입을 통해서 불성의 문제를 물은 것이다.

무신론적 불교와 공산주의의 연관성은 예전에 자흐너(Zaehner) 교수가 지적한 바 있다. 물론 공산주의는 소부르주아적 신비주의를 탐탁지 않게 여겼지만, 신비주의는 어떤 면에서 공산주의와 밀접한 관련이 있다. 신비주의라는 용어를 비소유 심리 이론으로 사용하면 더욱 그렇다. 공산주의의 핵심은 궁극적인 혁명의 딜레마를 푸는 것이다. 이 딜레마는 커루-헌트(Carew-Hunt) 교수가 『스펙테이터』(*Spectator*) 지의 기사에서 아주 명료하게 표현했다. 이 글은 나중에 확대되어 SIS 논문집에 게재되었다.[21] (공교롭게도 이 논문집에 재정을 지원한 사람은 필비였다.) 커루-헌트는 그것이 마르크스주의 신념의 핵심적 부분이라고 지적했다.

> 장차 참된 공산주의 사회가 발전하면 인간은 표현을 속성으로 하는 자신의 개성을 버리고 오로지 집단 전체 속에서, 집단을 위해 살아가는 데 동의한다. 하지만 사람들이 자발적으로 그렇게 하리라고 믿는다면 극단적 유토피아주의일 뿐이다. 개인과 사회의 긴장은 자연스러운 것이므로 억지로 제거하려 해도 해소되지 않는다. 저울의 한쪽 부분을 없애면 균형이 맞지 않는 것과 마찬가지다. 마르크스의 가르침에는 이러한 인간 본성의 전환이 일어나리라고 말하는 부분이 없으며, 『국가와 혁명』에서 레닌은 그 문제를 아무도 답할 수 없고 아무도 질문할 권리가 없는 것으로 간주했다.

비트겐슈타인의 정신적 사회주의 —— 비소유 심리 이론—— 는 그러한 목표를 달성할 수 있는 수단이었다. 비트겐슈타인의 철학적 방법을 통해 인간은 "표현을 속성으로 하는 자신의 개성을 버리고 오로지 집단 전체 속에서, 집단을 위해" 살아가도록 유도할 수 있었다. "사람들이 자발적으로 그렇게 하리라고 믿는 극단적 유토피아주의"와는 거리가 멀었던 비트겐슈타인은 막대한 유산에 등을 돌리고, 커다란 위험을 감수하면서 히틀러와 싸웠다. 아마 필비는 마르크스주의 이론이 퇴보했다고 생각했을지도 모른다. 그래서 케임브리지의 교육을 통해 공산주의의 커다란 미해결 난제에 대한 해법을 발견했다는 믿음에서 커루-

헌트 교수의 사상을 출판하는 데 자금을 지원했을지도 모른다. 그는 자기 스승의 철학적 방법으로부터 해법을 얻었다. 비트겐슈타인은 섬세한 철학적 방법으로 케임브리지의 제자들이 공산주의를 종교적 계시로 채택하도록 유도했다. 콘퍼드와 벨은 그 이념을 위해 죽었고, 블런트와 몇몇 사람은 그 이념을 삶의 목표로 삼았다. 그것은 원래 유대인이 주창한 아리아인의 의식 이론이었다. 또한 그 이념은 비트겐슈타인의 제자들의 노력을 통해 히틀러를 패퇴시키는 데 기여했다.

.11장. 아비세나와 아베로에스

비소유 이론을 이해하기 위해서는 그 이론의 역사, 한때 억압되었다가 쇼펜하우어와 함께 부활한 과정을 알면 큰 도움이 된다. 그 이론의 역사는 무척 방대하기 때문에 정면으로 파고들기보다는 지금 이 책과 같은 문헌에서 약간 돌출한 부분을 접하는 편이 더 낫다.[*] 하지만 그래도 그 이론의 역사를 간략하게 살펴보고, 과거 2천 년간의 지적 논쟁 속에서 그 위치를 확인할 만한 가치는 충분하다. 또한 위대한 랍비 모세스 마이모니데스(Moses Maimonides)가 그 이론을 지지한 것도 주목할 만한 사실이다.

유럽에서 그 이론은 두 차례나 억압을 받았다. 1277년이 처음이었고 1513년이 두번째였는데, 당시에는 그 이론을 다룬 철학 문헌이 얼마나 되는지 알지 못했다. 나는 이븐 시나(Ibn Sina)와 그 이론을 파리 대학에 소개한 인물에 초점을 맞출 것이다. 파리 대학에서 그 이론은 중세 최대의 경멸을 받았다. 아퀴나스가 그 이론에 반대하여 전개한 논

---

[*] 우리의 주제가 서구 사상에 어떻게 드러나 있는지를 잘 보여 주는 문헌은 Philip Merlan, *Monopsychism, Mysticism, Metaconsciousness*(Martinus Nijhoff, 1969)이다.

증을 알면 그 이론 자체를 상세히 이해하는 데 도움이 된다.

이븐 시나는 11세기 페르시아의 철학자로서, 서구에서는 아비세나 (Avicenna)라는 라틴식 이름으로 더 잘 알려졌다. (이제부터는 그 이름을 사용하기로 한다.) 아비세나는 아리스토텔레스와 아퀴나스 사이의 가장 위대한 철학자로 꼽힐 뿐 아니라, 당대 최고의 의사이기도 했다. 그의 저서인 『의학 정전』(*Canon of Medicine*)은 히포크라테스와 갈레노스의 저작을 포함하여 의학의 역사에서 가장 유명한 문헌이며, 18세기까지 그 권위를 인정받았다. (또한 아랍어로 인쇄된 두번째 책이기도 하다.)

아비세나는 지성을 개인적인 차원으로 제한하지 않는 비소유 이론을 신봉했다. 그는 이 학설을 이용하여 평범한 인간의 지적 활동, 지성과 신성의 신비스러운 결합 같은 현상들을 설명하려 했다. 그의 철학은 이슬람 세계에 막강한 권위를 떨쳤으며, 스페인을 거쳐 파리 대학에까지 전해져 토마스 아퀴나스를 비롯한 많은 사람들에게 깊은 영향을 미쳤다. 아비세나의 학설이 어디서 연유했는지는 현재까지도 논란의 대상이지만, 나는 이 기회에 그동안 문헌에서 간과되어 온 그 근원을 제시할 작정이다.

아비세나의 사상에는 여러 가지 흥미로운 측면이 있는데, 그 중 하나는 그가 자신의 여러 저작에서 언급한 신비스러운 '동양철학'에 관한 1천 년 가까이 지속된 논쟁이다. 그것이 그의 사상 체계에서 어떤 역할을 했는지는 현재까지도 커다란 수수께끼로 남아 있다. 이 문제를 규명하기 위해 지난 30~40년 동안 많은 책과 논문들이 발표되었다. 일반적인 결론은 그가 말하는 '동양철학'이라는 게 있다면 **지리적으로** 동양에서 연원한 것은 아니라는 것이었다. 아비세나 연구자인 드미트리 구타스(Dmitri Gutas)는 그것을 "서구의 아라비아 연구를 내내 저해한 엄청난 학문적 사기극"이라고 단정했다.[1] 그러나 아비세나가 독특하고 신비한 동양철학을 알았다는 믿음은 거의 그의 시대까지 거슬러 올라간다. 예를 들어 로저 베이컨도 아비세나의 『동양철학』(*Philosophia Orientalis*)이라는 책을 언급했다.[*]

그것은 과연 무엇이었을까? 현 시점에서 확실한 사실은 그 동양 문헌이 1151년에 사라졌다는 것이다. 구타스는 중세 역사가 바이하키(Bayhaqi)를 인용하여 이 점을 입증하고 있다.

> 이맘인 이스마일 알 바라지(Ismail al-Barhazi)는 그 완벽한 동양철학과 왕실 철학의 문헌이 가즈나의 술탄 마수드 이븐 마흐무드(Masud ibn-Mahmud)의 도서관에 있다고 말했다. 그러나 그 도서관은 546년〔1151년〕에 지발의 왕 알 후사인〔제한 수즈〕의 구리드와 오구즈의 군대에 의해 소실되었다.[2]

그러므로 그 내용에 관해 우리는 거의 알지 못한다. 역사적 시기로 따져 보면 로저 베이컨도 온전한 책을 보았을 가능성은 적다. 하지만 묘한 일이 일어났다. 『동양철학』은 전부 소실된 것이 아니었다. 그 일부로 여겨지는 단편들이 카이로에서 1910년에 인쇄된 것이다. 현재 학자들이 그 단편들을 엄격하게 조사하는 중이다.

학자들의 견해는 대체로 구타스와 같다. 터무니없는 것에서 공상에

---

[*] *Britannica*(Cambridge, 1910, vol.III, p.63)에는 이런 구절이 있다. "아비세나의 저작들 가운데는 로저 베이컨이 언급한 *Philosophia Orientalis*가 있는데, 지금은 실전되었으나 아베로에스에 따르면 그 내용은 범신론에 속한다고 한다."

이르는 폭넓은 아비세나의 사상에 영향을 끼친 동양의 원본이 존재한다고 믿지 않는 추세다.[3] 아비세나는 실제로 학자들을 서양 학자와 동양 학자로 나누고 있다.[4] 여기서 아비세나 연구자인 아프난(Afnan)이 『만티크』(*Mantiq*)에 나오는 대목을 번역한 다음의 내용을 살펴볼 필요가 있다.

> 어떤 학문들은 그리스와 다른 방면에서 우리에게 전해졌을 가능성이 없지 않다. …… 그래서 우리는 그것들을 그리스인들이 논리학으로 묶은 학문과 비교해 보았는데, 동양인들이 말하는 것과 다른 이름을 가졌을 가능성도 있다.[5]

학자들은 이 구절을 매우 중요하다고 보고, 아비세나가 "그리스와 다른 방면에서"라고 말한 의도를 알아내기 위해 무진 애를 썼다. 예를 들어 코르뱅(Corbin)은 아비세나의 이야기에 나오는 '동양'의 의미에 초점을 맞춰 어느 소설에서 그것을 지리적 의미가 없는 일종의 비유로 해석한다. 즉 '동양'은 동이 트는 방향이라는 의미로서, 신비적인 계시를 받아들이는 철학을 가리키는 은유라는 것이다.* 그러나 구타스는 이런 해석에 단호히 반대하고, "그리스와 다른 방면에서" 지식을 얻었다는 아비세나의 주장을 자신의 직관 이론의 견지에서 바라보아야 한다고 믿는다. 여기서 '방면'이란 물론 직관을 가리킨다.[6]

하지만 '물론'이라고 말하기에는 약간 성급한 감이 있다. 실은 아

---

*Henri Corbin, *Avicenna et le recit visionnaire*, Departement d'Iranologie de l'Institut Franco-Iranien. 이 문헌을 요약한 영역본도 출간되었다(Pantheon Books, 1960).

무도 확실히 알고 있지 못하기 때문이다. 우리는 단지 우리에게 전해져 내려오는 단편적인 증거들을 토대로 가능성만 추측할 수 있을 따름이다. 여기서 우리는 코르뱅과 구타스의 주장을 모두 거부하고, 인용문의 자연스러운 경로를 따라 그 '방면'이 문자 그대로 지리적인 의미를 가진다고 볼 필요가 있다. 10세기에 그리스의 학문과 어깨를 나란히 할 만큼 지적 깊이가 있고 많은 사람들이 읽은 '학문들'이 달리 어디 있었겠는가?

잊지 말아야 할 사실은 아비세나가 무엇보다도 의사였다는 것, 그리고 아유르베다 의학이 인도에서 탄생했다는 것이다(인도는 분명히 그가 말한 "그리스와 다른 방면"에 속한다). 또한 인도에는 그리스의 논리학과 다른 논리학이 별도로 존재했다.* 아비세나의 아버지가 산 발흐는 요가 불교의 중심지였고, 고대에 번영하던 나우바하르 사원이 있었다. 이 사원은 인도를 여행한 중국 승려들의 이야기에 자주 나오는 곳으로, 663년 무슬림들의 공격을 받아 파괴되었다. 그러나 982년경 페르시아의 지리학 문헌에는 발흐를 "상인들이 자주 가는 곳 …… 매우 쾌적하고 번영하는 곳"이며, "힌두스탄의 경제 중심지"라고 서술되어 있다. 또한 나우바하르 사원의 유적에는 "그림들과 훌륭한 예술품들이 많다"는 언급도 있다.[7]

아바스 왕조 시대(750~1258)에 바그다드의 권력자들은 나우바하르와 가족적 연계가 있었다. 힌두교 신앙을 담은 책이 야히야 알 바르마크라는 고관을 위해 번역되기도 했다. 이 가문의 배경에 관해 자하우

---

* 펀자브에는 그리스 왕국들이 번영했기 때문에 Vidyabhusana가 인도 논리학의 발전에 그리스의 영향이 있었다고 본 것은 옳다. 그러나 그는 인도의 토착 논리학 전통도 오래 전부터 있었다고 말한다.

(Sachau)는 알 비루니의 인도에 관한 책의 번역서 서문에서 다음과 같이 썼다.

> 또다시 힌두교가 유입된 것은 하룬의 치세인 786~808년이었다. 당시 권력의 정점에 있던 바르마크 가문은 발흐의 지배 왕조와 교류했다. 그 가문의 조상은 일찍이 발흐의 나우바하르 사원에서 관리로 일했다. …… 물론 바르마크 가문은 이슬람교로 개종했지만, 그 시대 사람들은 개종을 그다지 중요하게 여기지 않았고 이슬람교를 참된 신앙으로 간주하지 않았다. 그런 가문의 전통에 따라 그들은 학자들을 인도로 보내 의학과 약학을 연구하게 했다. 또한 가문은 힌두 학자들을 바그다드로 불러 가문이 소유한 병원의 의사로 고용하고, 그들에게 의학, 약학, 독물학, 철학, 점성학 등의 제반 학문에 관한 산스크리트 문헌을 아랍어로 번역하게 했다.[8]

당시는 힌두교/불교 사상이 단순히 과거의 것이 아니라 현실적인 영향력을 행사하던 환경이었다. 이 영향력은 특히 철학과 의학·약학·독물학에서 두드러졌으며, 아비세나가 자신의 전공으로 삼은 분야도 바로 그것들이었다. 아라비아의 의학 전통에 관해 시릴 엘구드(Cyril Elgood) 박사의 정평 있는 설명을 들어 보자.

> 나는 바그다드 궁정에 거주하던 인도인 한두 명의 이름을 언급했다. 그들이 보기 드문 모험가가 아니라는 사실은 『피르다우스 울 히크마트』(Firdaus-ul-Hikmat)의 저자가 인도 의학을 서술할 때 말한 내용으로 보아 명백하다. 그는 그쪽 세계 사람들에게는 쉽고 잘 알려진 인

도의 치료법을 모았다고 말한다. 그는 850년에 그 책을 썼는데, 아마 메르프에 있었을 것이다. 당시에는 그런 치료법과 의학 이론이 널리 알려져 있었음이 틀림없다. 망카(Manka)는 독물에 관한 인도 문헌을 페르시아어로 번역했고, 인도인 산잘(Sanjahl)은 『차라카』(Charaka)를 페르시아어로 번역했는데, 이 책은 훗날 아랍어로 재번역되었다.*

인도 의학은 아랍 세계에 널리 알려졌고 아비세나는 의사였다는 이야기다. 게다가 『차라카』가 언급된 것은 특별한 의미를 가진다. 『차라카』는 『아그니베사』(Agnivesa)라는 대단히 흥미로운 힌두 문헌을 편집한 책이다. 『아그니베사』는 주로 의학을 다루었으며, 『차라카』를 재편집한 『차라카 삼히타』(Charaka Samhita)가 간행된 이후 널리 알려졌다. 이 책은 기원후 초기에 편찬되어 페르시아어로 번역되었다가 한참 뒤인 800년경에 아랍어로 번역되었다. 이 문헌이 중요한 이유는 아비세나가 『의학 정전』에서 차라카를 언급하면서 인도 문헌과의 직접적 연관성을 밝히고 있기 때문이다.**

---

* Cyril Elgood, *A Medical History of Persia and the Eastern Caliphate from the Earliest Times Until the year AD 1932*, Cambridge University Press, 1951, p.372. Elgood에 의하면 *Firdaus-ul-Hikmat*의 저자는 Abu-I-Hasan Ali ibn Sahl (ibn) Rabban al-Tabari라고 한다. Elgood는 Tabari의 *Firdaus-ul-Hikmat*에 관해 이렇게 쓴다(372쪽). "이 책은 곧바로 성공을 거두었고 널리 인용되었다. 안타깝게도 번역본은 없었는데, 최근에 베를린의 Sonnar Druckerei가 출판했다. 제7부이자 마지막 부에서 36개 장에 걸쳐 인도 의학을 다루고 있다."
** G. N. Bannerjee, *Hellenism in Ancient India*, Munshi Ram Manohar Lal, 1961, pp.153~ 154. "힌두 세계 최고의 의사였던 고대 아랍의 저자 Serapion은 Charaka를 언급한다. 라틴 번역본에서 그의 이름은 'Xarch Indus' 혹은 'Xarcha Indus'로 표기되며, 아비세나는 그를 'Apud, Sirak Indum', 'Rhazes in quit Scarac Indianus', 'dixit Sarac'라고 불렀다." Bannerjee는 아비세나를 직접 읽지 않고 T. F. Royle의 *Essays on the Antiquity of Hindu Medicine*을 읽었는데, 안타깝게도 연대나 출판사를 기록하지 않았다. 아무리 숙독해도 나는 Gruner의 번역본 *Canon of Medicine*에서 그의 원문을 찾을 수 없었다.

아비세나의 의학서에는 인도와 관련된 또 다른 내용도 있다. 예를 들어 『의학 정전』 1권(1037절)에는 "인도인들은 어떤 거머리가 유해한지 구체적으로 밝혔다"는 구절이 나온다.[9] 『차라카 삼히타』에는 거머리에 관한 내용이 별로 없지만, 『수슈루타 삼히타』(Sushruta Samhita)에는 거머리를 다룬 장이 하나 포함되어 있다. 이 책 역시 아유르베다 의학 문헌인데, 아비세나가 다른 문헌도 알았다고 믿을 만한 증거가 된다.*

순전히 가정에 불과하지만 만약 아비세나가 실제로 그가 언급한 문헌들을 읽었고 그 문헌들이 그의 시대 이후 훼손되지 않았다면, 만약 『차라카』에 자아가 모두에게 공통적이라는 진술이 있다면, 아비세나도 그 학설을 알았을 것이다. 『차라카 삼히타』 4권에는 우리의 주제와 관련된 부분이 있다. 다음은 그 한 예다.

아트레야 신이 이야기를 마친 뒤 아그니베사가 물었다. 신께서 우주와 인간 사이의 공통성에 관해 말씀하신 내용은 다 옳습니다. 그런 공통성이 왜 생겼는지 말씀해 주십시오.

아트레야 신이 말했다. 아그니베사야! 내 말을 잘 들어라. 전 우주가

---

* 거머리의 비유로 미루어 아비세나는 분명히 Sushruta Samhita도 알았을 것이다. 하지만 여기서는 Charaka Samhita만을 생각하기로 하자. Sushruta Samhita에는 당뇨병이 명백한 질병으로 간주되어 있지만(Benjamin Lee Gordon, Medieval and Renaissance Medicine, Philosophical Library, 1959, p.543), 유럽 의사(Thomas Willis)는 17세기에야 비로소 당뇨병을 병으로 규정했다. Gordon이 말하듯이(542쪽) "아비세나는 당뇨병을 완전하게 설명하고 있다." 그리스 의학의 당뇨병에 관한 설명이 불완전한 것처럼 인도에서도 당뇨병의 모든 증상을 다룬 것은 아니다. Elgood(Medicine in Persia, Paul B. Hoeber, 1934, p.15)는 Sushruta와 Charaka에 관해 "최근에 이 두 인도 현인들의 저작이 7세기 아라비아에서 'Kitab-i-Shaushrua-al-Hindi'라는 제목으로 간행되었음이 밝혀졌다"고 말한다.

자아 안에 있고 자아가 전 우주에 있다는 것을 알면 참된 지식을 얻을 수 있느니라. 자신의 내면에서 전 우주를 보는 자는 오로지 자아만이 행복과 불행을 가져온다는 진리를 깨우치게 될 것이로다. 과거 행위의 영향을 받는 원인 같은 것들도 고려해야 하지만, 자아와 우주의 합일을 깨달으면 구원을 얻으리라.[10]

조금 뒤에는 이런 구절이 나온다.

자기 자신이 우주 속에 퍼져 있고 우주가 내 안에 퍼져 있다고 생각하며 극대와 극소를 볼 줄 알면, 앎에 바탕을 둔 평정에 도달할 수 있다.[11]

아트레야 신은 우주와의 합일을 '열반'이라고 말했다(나는 그것을 주체/객체 연결을 초월한 결과라고 말한 바 있다). 열반을 '소멸'이라고 번역하는 게 옳은지는 뜨거운 논쟁의 대상이지만, 우리의 연구가 옳다면 그런 해석은 약간 잘못이다. 열반을 '개인의 소멸'로 이해할 수도 있겠지만, 비소유 이론이 옳다면 개인 의식이라는 것 자체가 아예 없다. 만약 아비세나가 『차라카 삼히타』의 이 대목을 읽었다면, 그는 분명히 우리가 논의하는 학설을 알고 있었을 테고 그것이 인도 종교에서 어떤 역할을 했는지도 알았을 것이다. 그렇다면 아비세나가 제시하는 자아의 철학은 무엇일까?

그의 심리철학에 따르면, 지성은 개인적이 아니라 모두에게 공통적이다. 학자들은 아리스토텔레스에게서 비슷한 학설을 발견하고, 아비세나의 원천이 거기에 있다고 주장했다. 하지만 아리스토텔레스의 문헌에서는 그 흔적이 명확하지 않은 반면에, 인도 문헌에서는 분명히 드러나 있다. 아비세나가 "그리스와 다른 방면에서" 얻었다고 말하는 '동양철학'에 관한 수백 년 동안의 수수께끼에 비추어 볼 때, 그동안 문헌에서 완전히 누락되었던 이 주장은 대단히 중요하다. 지금까지 철학 사가들이 그 점을 눈여겨보지 못한 것은 사실 당연한 일이다. 철학적 내용이 아니라 철학적 주제를 포함하고 있는 의학적 내용이었기 때문이다.

아비세나는 지리적으로 인도에 가까운 이슬람 세계의 동쪽 끝 호라산에서 활동했다. 그러나 우리가 감상하는 드라마의 다음 막이 올려진 무대는 인도의 영향력에서 먼 이슬람 세계의 서쪽 끝 스페인이었다. 이 드라마의 주연은 비소유 이론을 스콜라 철학이 지배하던 그리스도교권에 전한 인물이다. 그는 바로 이슬람 철학자인 이븐 루슈드(Ibn Rushd)로, 서구에는 아베로에스(Averroes)라는 라틴식 이름으로 더 잘 알려진 인물이다. 아리스토텔레스에 관한 저술과 주석에 힘쓴 탓에 아베로에스는 중세에 '주석자'라는 별명으로 통했다. 아리스토텔레스에 대한 존경심을 잘 보여 주는 별명이다.

아베로에스의 심리철학은 그가 지성의 완전한 비소유 이론을 신봉했음을 여실히 말해 준다. 그는 부분적인 비소유 이론의 입장을 취한 아비세나의 초기 연구에 해박했다.[12] 만약 아베로에스가 자신의 사상을 모든 정신적 기능에까지 확대했다면, 비트겐슈타인의 심리철학을 800년 가량 앞당길 수 있었을 것이다.

인도는 이슬람 세계와 폭넓게 교역했다. 인도와의 연관을 말해 주는 특히 주목할 만한 교역 기록을 보면, 아베로에스와 동향인 또 다른 저명한 이베리아인의 가문이 등장한다. 그는 바로 위대한 유대인 랍비인 모세스 마이모니데스였다. 살라딘의 궁정에서 의사로 재직한 그는 아베로에스보다 9년 뒤인 1135년에 그와 같은 도시 코르도바에서 태어났다. 콜레트 시라트(Colette Sirat)는 이렇게 말한다.

> 마이모니데스의 가문은 인도와 교역하는 해운업에 종사했다. 그의 형인 다비드가 난파로 죽자 가문이 몰락했다.[13]

다비드 마이모니데스는 스페인에서 머나먼 인도양에서 죽었지만, 유대인의 폭넓은 인도 교역망은 인도와 스페인 사이에 분명한 연관이 있었음을 말해 준다.* 또한 마이모니데스가 흥미를 끄는 이유는 그의 저작에서도 우리의 주제를 찾을 수 있기 때문이다. 그의 저작을 검토하기 위해서는 먼저 분위기를 전환할 필요가 있다.

그는 일단 신을 하나의 지성으로 간주하고, 신, 신이 이해하는 사물, 이해하는 행위가 모두 똑같이 신적인 본질이라고 주장한다. 바꿔 말해 주체, 행위, 대상이 하나라는 이야기다. 그는 이 논리를 창조자에서 피조물까지 두루 적용한 다음 이렇게 말한다.

> 지성, 지성으로 인식하는 주체, 지성으로 인식되는 대상이 수적으로 하나라는 사실은 창조주만 관련되는 것이 아니라 모든 지성에도 관련된다.[14]

---

* H. H. Ben-Sasson이 엮은 *A History of the Jewish People*(Harvard University Press, 1976, p.468)에는 이런 구절이 있다. "무슬림의 동방에서 유대인들은 도시 경제에 통합적인 부분이었다. 포스타트 게니자에서 발견된 기록에 따르면, 12세기에 유대인들은 인도양을 무대로 대규모 무역을 했다. 그 시기 마이모니데스의 레스폰사(Responsa, 유대 율법에 관한 질문과 답변: 옮긴이)에도 그런 기록이 있다."

그렇다면 같은 대상을 두 지성이 지적으로 이해할 경우에는 어떻게 되는지 묻지 않을 수 없다. 인식 행위가 별개의 실체들을 포함하지 않는 한, 이 경우 지성과 인식되는 대상의 일체화는 인식하는 주체들의 일체화를 뜻하는 게 아닐까? 이제 우리의 주제에 상당히 가까워졌다. 겉으로는 아리스토텔레스의 냄새를 풍기지만 실은 여기서도 인도의 냄새가 확연하다. 이번에 매개의 역할을 한 것은 마이모니데스 가문의 교역이다.

마이모니데스는 아베로에스를 읽었다. 스페인에서 추방되기 전까지는 아니었을지 몰라도 그 이후 이집트에 거주하면서부터는 확실하다.* 마이모니데스와 아베로에스에게서 모두 우리의 주제는 분명히 드러난다.

자이드와 암르는 수적으로 다르지만 형상에서는 동일하다. 예를 들어 자이드와 암르가 수적으로 다른 것처럼 자이드의 영혼이 암르의 영혼과 수적으로 다르다면, 자이드의 영혼과 암르의 영혼은 수적으로 둘이 되지만 형상에서는 하나다. 영혼은 또 다른 영혼을 소유한다. 그러므로 자이드의 영혼과 암르의 영혼은 형상에서 동일하다는 결론이 나온다. 동일한 형상이 수적인, 즉 분할 가능한 복수성에 내재하지만, 그 발현 형태는 물질의 복수성을 취한다. 그렇다면 영혼은 신체가 죽어도 죽지 않는다. 영혼이 불멸의 요소를 소유한다면 신체를 떠날 때 수적

---

* Dominique Urvoy, *Ibn Rochd*(Averroes), Trans. Olivia Stewart, Routledge, 1991, p.123. 레오 아프리카누스는 마이모니데스가 스페인에 있을 때 아벤조아르에게서 의학을 배웠고 아베로에스에게서 철학을 배웠다고 말한다(Gordon, 220쪽 참조). 그러나 가족이 스페인으로 이주했을 무렵 마이모니데스는 겨우 열 살이었으므로 믿기 어려운 이야기다.

단일성을 이루어야 한다.[15]

그러므로 모든 영혼은 하나이고, **개별적** 불멸성이란 없다.

아베로에스가 제시한 이 학설은 힌두교/불교의 부활이든 새로운 창조이든 그리스도교에 직접적인 문제를 야기한다. 그 이유는 그리스도교의 경우(유대교와 이슬람교도 마찬가지지만) 피조물과 창조자의 간격이 절대적이기 때문이다. 개별 지성의 요소가 신체의 수로 복수화되지 않는데, 사후 개별적 보상과 징벌의 교리로 무엇이 나올 수 있겠는가?* 다시 말해 지성이 본질적으로 개별적이지 않다면, 사후에 미덕으로 보상을 받거나 악덕으로 징벌을 받는다고 해서 달라질 게 무엇이겠는가? 그런 교리에서 사적인 불멸성의 개념이 어떻게 가능하겠는가? 무엇보다 골치 아픈 문제로, 피조물의 정신과 창조자의 정신을 어떻게 구분하겠는가?

이 학설의 결과 아리스토텔레스와 그리스 철학의 평판은 땅에 떨어졌다. 아리스토텔레스가 (믿기 어려운 인도를 대신하여) 그 학설의 원천으로 간주되었기 때문이다. 아리스토텔레스는 아베로에스의 주석을 곁들인 아랍어 번역 문헌을 통해 서구에 소개되었다. 비그리스도교적 성격의 전통과 신학적으로 의심스러운 영혼의 설명으로 인해 파리 대학의 아리스토텔레스와 아베로에스 연구자들은 교회 당국으로부터 늘 적대적 시선을 받아야 했다.

---

* 내가 제시하는 설명에서, 신체의 수에 비례하는 것은 지성이 아니라 지성의 소유다. 지적 관계는 지적 행위를 하는 사람의 수만큼 많다. 지적 내용은 인간의 신체를 통해 표현되지만 그렇게 표현되는 것일 뿐 지성 자체는 모든 인간에게 공통적이다. 물론 이를 비판하는 사람들은 지성이 모든 인간에게(나아가 동물이나 곤충에게도) 공통적이라는 것은 지극히 당연한 사실이지만 내가 해석하는 방식과는 다른 의미라고 주장할 것이다.

하지만 영혼의 비소유적 입장을 취하는 아베로에스의 학설은 성장하는 장인 계층에게서 큰 인기를 끌었다. 그들 가운데 가장 유명한 인물인 브라반트의 시게르(Siger of Brabant)는 지성의 단일성이라는 문제에 관해 노골적으로 아베로에스의 견해를 추종했다. 1266년에 교황특사(나중에 교황이 된다)였던 브리온의 시몬은 시게르를 기술자 집단의 반란 지도자로 몰아붙였다. 『브리태니커 백과사전』의 '시게르' 항목에서는 그의 마지막 저서인 『지적 영혼에 관한 논고』(*Treatise on the Intellectual Soul*)를 언급하며 다음과 같이 설명한다.

인간에게는 단 하나의 '지적' 영혼이 있으며, 따라서 의지가 단일하다는 것이 그의 기본적 믿음이다. 영혼은 영원하지만 개별 인간은 불멸의 존재가 아니다.

시게르의 견해에 관한 이 설명이 옳다면, 시게르는 한 걸음 더 비소유 입장으로 다가간 것이다. 마치 13세기의 쇼펜하우어를 보는 듯하다. 인간의 수만큼 다양한 복수의 '의지들'은 없고, 단일한 의지가 모든 의지하는 생명체들을 통해 그 자체를 표현할 뿐이다. 이 유사점은 내가 꾸며낸 게 아니라 실재하며, 쇼펜하우어와 비트겐슈타인에게서도 확인되는 학설이다.

특별한 천재가 아니더라도 그 견해가 쇼펜하우어에게서 어떻게 확인되는지 충분히 알 수 있다. 또한 그것은 아베로에스에게서도 찾아볼 수 있다. 시게르도 마찬가지로 지성에 관해 논리적으로 동일한 학설을 전개했을 게 분명하다. 하지만 그의 저작이 대부분 훼손되고 실전된 탓에 그의 사상이 정확히 어느 정도까지 쇼펜하우어의 면모를 가지고 있었는지는 확인할 수 없다.*

　이것은 적지 않은 손실이다. 비트겐슈타인의 선배이자 수학적 논리를 철학에 응용한 스승인 프레게처럼 예민한 철학자도 이와 같은 사유성의 문제에 관해 중세에 일어난 엄청난 변동을 알지 못한 듯 논점을 회피하고 있다.

　…… 나의 감각 인상과 다른 사람의 감각 인상을 비교하는 것은 불가능하다. 한 의식에 속하는 감각 인상을 다른 의식에 속하는 감각 인상과 한 의식 속에서 묶을 수 있어야 하기 때문이다. 한 관념이 한 의식에서 사라지게 하고 동시에 한 관념이 다른 의식에 나타나도록 하는 일이 가능하다 해도, 두 관념이 같은 것인지는 대답할 수 없는 문제다. 내 관념들 각각의 본질이 내 의식의 내용을 이루는 것과 마찬가지로 다른 사람의 모든 관념도 내 것과 구분된다. 그런데 내 관념, 내 의식의 전체 내용이 동시에 더 포괄적이고 신적인 의식이 된다는 것은 가능하지 않을까? 그러려면 나 자신이 신적인 의식의 일부여야 할 것이다. 하지만 만약 그럴 수 있다면 그것은 진정 내 관념일까? 내가 그 관념의 소유자일까? 이것은 인간 이해의 한계를 크게 뛰어넘는 것이므로 그럴 가능성은 고려에서 배제해야 한다.[16]

　프레게가 자신의 근거에서 의식이 공적일 가능성을 고려에서 배제

---

* *Oxford Dictionary of the Christian Church*에 의하면(1274쪽), 실전된 저작 *De intellectu*(16세기 초 이탈리아의 어느 작가가 인용한 것으로 그 존재가 입증되었다)에서 시게르가 토마스 아퀴나스에게 응답했다고 말한다. Van Steenberghen의 *Aristotle in the West*(Louvain, 1955, pp.215~218)는 현재까지 시게르의 저작 14개가 발견되었으며, 실전된 것으로 알려진 저작에 관한 언급도 있다고 말한다.

한 것은 분명히 단견이다. 그 가능성이 과연 '인간 이해의 한계'를 뛰어넘는 것일까? "한 의식에 속하는 감각 인상"은 왜 **바로 그 사실만으로** "다른 의식에 속하는 감각 인상"과 달라야 하는 걸까? 프레게는 왜 이 분야에서 어떤 진지한 철학적 탐구도 불가능하다고 생각한 걸까? 그 이유는 아마도 그가 진지한 철학적 가능성을 한 번도 생각해 보지 못했기 때문일 것이다. 그는 그런 사유가 이미 600년 전에 있었으나 이슬람교와 그리스도교 연구자들이 살해될지 모른다는 두려움에 떤 탓에 알려지지 않았다는 것을 알지 못했다. 그래서 프레게는 이 부분을 탐구할 필요를 전혀 느끼지 못했던 것이다. 의식이 하나이자 전체로서 분할되지 않는다는 생각은 동양과 서양에 두루 있었으며, 동양의 아리아인들에게는 거의 문자가 발명되었을 때부터 암암리에 널리 퍼져 있었다.

지금 나는 인도 사상, 아베로에스, 시게르를 한 편으로 묶고, 쇼펜하우어와 비트겐슈타인을 다른 편으로 묶었는데, 그 연관성은 명백하다. 비트겐슈타인을 보면 이 모든 학설의 단편들이 어떤 목적을 향하고 있는지 분명해진다. 그는 프레게가 간과한 것의 중요성을 이해했을 뿐 아니라, 그것을 극한까지 추구하여 자신의 심리철학을 구성했으며, 그 종교적 함의를 완전히 숙지했다. 비록 비트겐슈타인은 원래의 원천으로부터 너무 멀어지기는 했지만, 그에게 철학적 선배가 없었다는 폰 브리그트의 주장은 완전히 잘못이다.*

---

* 미국의 심리학자 William James가 비트겐슈타인에게 영향을 준 것은 틀림없다. 다음은 우리가 조사하고 있는 논쟁과 직접적으로 연관되는 구절이다(*The Principles of Psychology*, p.346). "형이상학적이 되는 순간 …… 나는 일종의 세계정신이 우리 모두의 안에서 온갖 어려움을 헤치고 절대적으로 개별적인 수많은 영혼들보다 더 나은 가설을 생각하고 있다는 것을 느낀다."

현대에 우리가 검토하는 견해를 지지하는 사람들은 진지한 철학적 흐름에서 벗어나는 경향이 있다. 과거에는 주류에 속했어도 좀 색다른 취급을 받았다. 바그다드에서 할라즈(Hallaj)는 그 견해를 지지했다는 이유로 십자가에 처형되기도 했다. 언제나 그렇듯이 파리는 조금 더 문명화된 곳이었다.

.12장. 논증: 아퀴나스와 스트로슨

이제 토마스 아퀴나스가 유럽 최초의 비소유 심리 이론을 파괴하기 위해 동원한 몇 가지 논증을 살펴볼 차례다. 어느 번역자가 말하듯이 "그는 대학의 아베로에스파 지도자들, 특히 브라반트의 시게르를 논박하는 일을 평생의 주요한 논쟁거리로 삼았다."[1]

비소유 이론을 반박하는 논쟁은 영혼의 본성에 관한 그리스도교의 학설로 자리 잡았으며, 그 자체로 고유한 관심의 대상이 되었다. 아퀴나스는 『일치에 관하여』(De unitate) 1권에서 다음과 같이 자신의 목적을 밝혔다.

최근 들어 아베로에스의 저작에서 출발점을 찾는 많은 사람들 때문에 지성에 관한 잘못된 학설이 생겨났다. 그들은 아리스토텔레스가 '가능한 지성'이라고 불렀던 지성(그는 지성에 '실체가 없다'고 잘못 생각했다)이 그 본성상 신체와 별개의 실체이면서도 신체와 통합되어 있으며 신체가 지성의 형상이라고 주장한다. 나아가 그들은 이 가능한 지성이 모든 인간에게 하나라고 말한다…….

지금 우리는 앞서 말한 입장이 그리스도교 신앙의 진리에 모순된다는 점에서 잘못이라고 말하려는 게 아니다. 그 입장에 따르면 사후에는 인간의 영혼이 사라지고 하나의 공통적인 지성만 남게 된다. 그러면 징벌, 보상, 형벌 등 다양한 응보의 가능성이 사라진다.

우리는 그런 입장이 철학의 원리들과 갈등을 빚을 뿐 아니라 신앙의 증언과도 상충한다는 점을 보여 주고자 한다.

아퀴나스의 논증은 그의 여러 저작에 두루 등장하는데,[2] 우리의 목적을 위해서는 일부는 취하고 일부는 버려야 한다. 비트겐슈타인의 비소유 이론은 물론 지성이(아마 의지도) 모든 인간에게 하나라고 생각한 라틴 아베로에스 학파의 입장보다 한층 포괄적이다.

아퀴나스는 비소유 이론의 중대한 **신학적** 결과를 명확하게 예측했다. 아베로에스 학파를 비판하면서 그는 이렇게 썼다.

> ······ 그들의 추론에 따르면 우리는 단 하나의 지성만 존재한다고 단언할 수 있는데, 반드시 모든 인간에게 단 하나만인 것은 아니다.
>
> 단 하나의 지성만 존재할 경우 그들의 논거에 따른다면 전 세계에 단 하나만 존재하지만 반드시 모든 인간에게 단 하나만은 아니다. 그러므로 우리의 지성은 독립된 실체일 뿐 아니라 신 자체이기도 하다. 독립된 실체들의 복수성은 불가능해진다.*

여기서 그 학설에 대해 아퀴나스가 초기보다는 훨씬 우호적으로 바뀌었다는 점에 주목할 필요가 있다. 또한 초기 가톨릭 학자들보다도

---

* *De unitate*— 아퀴나스는 이 저작 제1장의 서두에서 자신의 목적을 진술했다.

훨씬 우호적인 입장을 보여 준다. 예를 들어 초기 아퀴나스는 지성 인자에 관해 "일부 가톨릭 학자들은 상당한 개연성을 가지고 신 자체를 '지성 인자'(intellectus agens)로 만들었다"고 말한다.*

아퀴나스의 말('상당한 개연성'이라는 문구는 시험적 동의를 나타낸다)은 『신학 대전』(Summa Theologica)에서 밝힌 후기의 입장과 상충한다. 그는 개별화를 문제로 간주했는데, 이는 지성의 완전한 비소유 이론을 주장하는 대목에서 명백하다.

> …… 한 사물 ── 예컨대 돌멩이 ── 의 지적 내용은 하나다. 모든 인간에게서만이 아니라 모든 지성에게서도 그렇다.**

비소유 이론은 한 사물의 지적 내용이 모든 인간에게서 하나(신도 마찬가지다)라고 주장한다. 실제로 논리적으로 보아도 그 사물의 지적 내용이라면 하나여야만 한다. 프레게와 마이모니데스에게서처럼 지적 활동의 내용은 공통적이며, 또 그래야만 한다. 하지만 지적 활동, 행위는 그 내용의 행동적인 표현을 통해, 복수의 인간들을 통해 복수화된다. 비소유 이론으로는 복수성이 독립적인 지성의 사유로 전화되는 과정을 설명할 수 없다고 본 점에서 아퀴나스는 옳다. 니컬슨(Nicholson)은 할라즈를 인용하면서 이슬람 신비주의에서 말하는 일체화 경험의 본질을 설명한다.

---

* 지성 인자는 지성의 활동이 색채의 지각에서 빛과 같은 역할을 한다는 의미로 이해하면 된다. 인용문이 있는 부분은 Lib. ii. Sentent. dist. 17, quaest 2, art. 1이다.
** De unitate, p.268. 이것은 위대한 랍비 모세스 마이모니데스의 학설이지만, 유대 신학으로 볼 때 옳지 않다.

그 장엄한 상태에서는 '나'나 '우리'나 '당신'이 없다. '나', '우리', '당신'은 모두 하나다.[3]

수피즘(Sufism, 개인적인 체험을 통해 신에게 접근하려는 이슬람교의 한 형태: 옮긴이)의 주요 내용을 이루는 이 신조에 대해서는 무슬림도 아퀴나스도 반대한다. 할라즈는 자신이 신이라고 주장했다. 그래서 그는 불경죄로 바그다드에서 수족을 절단당하고 십자가에 처형되었다. 그 뒤로 수피 교도들은 한층 신중한 태도로 신비적 일체화를 주창했다.

아퀴나스의 또 다른 관심은 앞의 사항과 연관이 있는데, 그 학설이 **도덕적으로** 커다란 문제가 있다는 것이다. 이에 관해서는 다음 구절에서 다뤄진다.

만약 모든 인간에게 하나의 지성이 있다면, 지적인 존재도 하나일 수밖에 없다. 따라서 하나의 의지, 하나의 행위자가 자신의 명령에 따라서 모든 속성들을 이용하여 인간들을 서로 차별화시키게 된다. 그렇다면 의지의 자유로운 선택에 관한 한 인간들 사이에는 아무런 차이도 없어야 한다. 그러나 서로 다른 인간들에게 지성이 단 하나뿐이라면 (다른 모든 힘들에게 행사하는 주권과 통제권은 이 지성만 가지고 있다) 모두가 똑같은 일을 해야 하는데, 이 가설은 분명히 잘못이고 불가능하다. 그런 학설은 명백한 사실에 위배된다. 또한 그럴 경우 도덕성의 모든 학문이 훼손되며, 아리스토텔레스가 모든 인간에게 천부적이라고 말한 사회 조직의 보존과 관련된 모든 것이 파괴된다.[4]

그러나 이 견해가 진짜 도덕성의 모든 학문을 훼손하는 걸까? 오히려 좋게 해석해서, 그 학설을 제대로 이해한다면 개인적 자기 중심주의에서 행동하지 않게 된다는 장점은 없는 걸까? 이 학설에 바탕을 두고 자기 중심적으로 행동한다면, 자신이 하는 일의 본질 —— 행위 자체의 본질 —— 을 오해하는 사태가 빚어진다. 비트겐슈타인과 서신을 주고받았던 좌익 출판업자 빅터 골랑즈(Victor Gollancz)는 세계의 종교 문헌에서 이 주제를 설명하는 몇 가지 이야기를 모아 『은총의 해』(*A Year of Grace*)라는 선집으로 간행했다. 다음은 골랑즈가 소개하는 19세기 인도의 수행자인 라마크리슈나(Ramakrishna)의 글이다.

> 어느 곳에 사원이 있었다. 그 사원의 승려들은 매일 음식을 구걸하러 다녔다. 어느 날 한 승려는 구걸을 나가서 지주가 소작인을 무자비하게 때리는 광경을 목격했다. 동정심이 발동한 승려는 지주에게 매질을 멈추라고 부탁했다. 그러나 지주는 죄 없는 그 승려에게로 분노를 폭발시켰다. 승려는 지주에게 흠씬 얻어맞고 그만 기절해 버렸다. 누군가가 그 일을 사원에 알렸다. 승려들이 현장에 달려나와 바닥에 누워 있는 동료를 발견했다. 너댓 명이 그를 업어다가 침상에 뉘였다. 승려는 여전히 기절한 상태였다. 승려들은 그의 주변에서 애통해했고 몇 사람은 부채질을 해주었다. 이윽고 한 사람이 우유를 좀 가져다주자고 제안했다. 우유를 마신 승려는 의식을 회복했다. 그는 눈을 뜨고 주변을 두리번거렸다. 승려들 중 한 사람이 말했다. "이 사람이 정신을 온전히 찾아 우리를 알아보는지 봅시다." 그는 승려의 귀에다 대고 소리를 쳤다. "누가 당신에게 우유를 주었습니까?" 성자가 낮은 목소리로 대답했다. "형제여, 나를 때린 사람이 지금 내게 우유를 주고 있습니다."[5]

비소유 이론은 행위를 바라보는 관점의 변화를 유발한다. 비소유 이론이 궁극적으로 단 하나의 행위자만 허용한다는 아퀴나스의 불평은 완전히 옳았다. 아마 비소유 이론이 도덕성의 모든 학문을 파괴한다는 불평도 옳을 것이다. 골랑즈의 이야기에 나오는 성자는 하나의 행위자, 즉 신이 모든 것을 행한다고 보았다. 그러나 설사 아퀴나스의 불평이 옳다 해도 그 학설이 잘못되었다는 결론이 필연적으로 도출되지는 않는다.

그 성자는 비소유 이론을 부정하고 논리적 근거에서 잘못되었다는 점을 입증할 만한 결정적인 논거를 가지고 있을까? 언뜻 그렇게 주장하는 것처럼 보이지만 실은 약간 다르다. 그는 먼저 비소유 이론이 인간의 본성에 관한 상식적인 믿음에 부합하지 않는다고 주장한 뒤 그 다음에는 그 상식적인 믿음이 비소유 이론에 의해 자기 모순이라고 입증되지 않는다고 주장한다.

이리하여 그는 지적 영혼과 신체의 통일에 관한 플라톤의 견해를 논의한다.

플라톤과 그의 학파는 형상과 물질이 통일되지 않듯이 지적 영혼과 신체도 통일되지 않는다고 생각한다. 양자는 원동자와 피동자(움직이는 것과 움직여지는 것)의 관계다. 플라톤은 영혼이 배를 모는 선원처럼 신체를 조종한다고 보았다.[6]

아퀴나스가 반대하는 이유는 이 견해를 좇으면 인간의 통일성이 사라진다는 데 있다. 즉 "인간은 그냥 하나가 아니고, 따라서 혼자 존재하지 않으며, 우연적으로 존재하게 된다"[7]는 것이다. 그는 이것으로 비소유 이론이 잘못이라는 것을 보여 주기에 충분하다고 생각했다. 『신학 대전』에서 반대 의견에 대해 다음과 같이 주장한다.

> 하나의 지성이 모든 사람에게 속한다는 것은 절대로 불가능하다. 플라톤이 주장했듯이 인간이 지성 자체라면 그 점은 분명하다. 만약 그렇다면 소크라테스와 플라톤은 한 사람이며, 각자의 본질 바깥에 있는 어떤 것에 의해서가 아니면 서로 구분되지 않는다는 논리가 된다. 소크라테스와 플라톤의 차이는 튜닉을 입은 사람과 외투를 입은 사람의 차이에 불과하다는 이야기인데, 이것은 전혀 터무니없는 주장이다.[8]

터무니없는 것이든 아니든, 여기 나온 옷의 비유는 『바가바드 기타』(*Bhagavad Gita*)에서 크리슈나 신이 되풀이한다.

> 살해할 수 있다고 생각하는 사람
> 살해된다고 생각하는 사람
> 둘 다 올바른 앎을 가지지 못했다.
> 살해하지 않는 자는 살해되지 않는다.*

---

*에머슨의 시 「브라마」는 이렇게 진행된다.

> 만약 핏빛의 살해자가 살해한다고 생각하면
> 혹은 살해된 자가 살해된다고 생각하면
> 그들은 미묘한 의미를 잘 모르는 것이다
> 나는 가지고, 넘겨주고, 다시 돌아선다 ……
> 그들은 나를 빠뜨리고 셈을 센다
> 그들이 나를 날릴 때 나는 날개다
> 나는 의심하는 자요 의심이다
> 그리고 나는 브라민이 부르는 찬가다

태어나지 않았으면 죽음도 없으니

존재하지 않았으면

다시 존재하지 않는다.

태어나지 않고, 영원히 존재하는 원초적인 자

그는 신체가 살해되어도 죽지 않는다.

인간이 스스로 불멸이라 믿고

영원하고 태어나지 않고 죽지도 않는다면

어떻게 누구를 죽이거나

죽을 수 있으랴?

낡은 옷을 버리고

새 옷을 입을 때

형체화된 영혼은 낡은 신체를 떨쳐 버리고

새로운 신체를 가진다.[*]

옷의 비유는 아퀴나스의 발명품이 아니다. 동양에서는 낡은 옷이 존경을 받았다. 이것은 잘못일지 모르지만 그 자체로는 터무니없지 않다. "인간은 그냥 하나가 아니고, 따라서 혼자 존재하지 않으며, 우연적으로 존재하게 된다"는 것이 왜 불가능할까? 이런 **깨달음**은 얻을 수 없

---

[*] Trans. R. C. Zaehner, *Hindu Sciptures*, Everyman, II, pp.19~22. Zaehner는 *Our Savage God*에서 아퀴나스를 무의식적으로 모방하면서, 이 시에 담긴 사상이 미국의 연쇄살인범 찰스 맨슨을 정당화하게 될까 봐 우려했다. 그는 LSD 같은 약물로 유발된 신비스러운 경험을 통해 *Gita*의 저자와 같은 입장에 도달했다.

는 걸까? 만약 그런 깨달음이 가능하다면 그것은 터무니없는 게 아니라 탐구해야 할 가설이 된다. 당연히 그것은 과학적 탐구의 영역에 속하며, 나중에는 진실이라고 밝혀질지도 모른다. 그렇다면 그것이 불가능하다고 생각하는 아퀴나스의 추론은 무엇인가?

내가 보기에 그것은 무의미하지도 않지만 그렇다고 충분한 설득력을 가진 것도 아니다. 아퀴나스는 인간이 이해하는 행위로만 존재하지 않는다고 주장했는데(인간은 이해를 본질로 삼는 지적 영혼이 아니다), 그 이유는 다음과 같다.

이해와 감각을 모두 의식하는 것은 같은 하나의 인간이다. 그러나 신체가 없으면 감각이 불가능하다.*

인간이 단지 지성만이 아니라면 아퀴나스는 논리 구성의 원리를 모색해야 한다. 지성은 그 자체가 부분으로 포함된 전체와 어떤 관련을

---

* 아퀴나스는 *Summa Theologica*, Q75, Art. 4에서 신체가 없이는 감각할 수 없다는 점을 지적했다. 그러나 Moore의 'Notes of Wittgenstein's Lectures 1930~33' (*Mind*, 1955. 1, p.13)에서 보듯, 비트겐슈타인은 반대로 생각했다. 다음 구절(*Wittgenstein's Lectures*, Ed. Alice Ambrose, University of Chicago Press, 1982, pp.22~23)은 그 점(아울러 나의 비트겐슈타인 해석)을 명확히 입증한다. 길게 인용할 만한 가치가 충분하다. "시각적 감각의 기술로 어떻게 들어가는가? 시야를 기술할 때 그 속으로 반드시 들어갈 필요는 없다. 시야는 내적인 속성이지만 반드시 내 것이어야만 그것을 기술할 수 있는 것은 아니다. 다시 말해 누군가의 소유라는 것은 시각적 감각 혹은 통증의 내적인 속성이 아니다. 나의 이미지나 다른 사람의 이미지 같은 것은 없다. 통증의 위치는 그 통증을 가진 사람과 전혀 무관하다. 소유자의 이름을 거명하는 것은 아무런 소용도 없다. 또한 시야를 기술하는 데 신체나 시각기관도 필요가 없다. 청각을 기술할 때도 마찬가지 논리가 적용된다. '소리가 내 오른쪽 귀에 다가온다'는 명제가 진리임을 입증하는 데는 물리적 귀의 존재를 필요로 하지 않는다. 청각 경험을 기술할 때 그 경험은 논리적으로 내 귀의 존재와 별개다. 청각 현상은 청각 공간에 있으며, 듣는 주체는 인간 신체와 관계가 없다. 마찬가지로, 우리는 이가 전혀 없이도 치통을 이야기할 수 있으며, 머리가 없이도 생각할 수 있다. 통증은 차지할 자리를 가지고 있으며, 청각 경험과 시각 자료도 마찬가지다. 시야가 기본적으로 시각기관에 속한다는 관념은 실제로 보이는 것에 바탕을 둔 것이 아니다."

맺는가? 그 통합의 원리는 무엇인가? 영혼과 신체의 통합에 관해 아퀴나스는 이렇게 쓴다.

> 하지만 일부 철학자들은 아베로에스의 결론이 개인의 생각을 보여 줄 수 없다는 것을 알고, 다른 길로 선회했다. 그들은 지성이 원동자로서 인간과 통합된다고 말한다. 그 통합이 신체와 지성, 원동자와 피동자가 결합됨으로써 생겨난다는 점에서 지성은 인간의 일부다. 그러므로 지성의 활동은 인간에게 달려 있다. 눈의 시각 활동이 인간에게 달려 있는 것과 마찬가지다…….
>
> 이 이론을 믿는 사람에게는 무엇보다 먼저 우리가 소크라테스라고 부르는 사람은 어떤 종류의 개인인지 묻지 않을 수 없다. 소크라테스는 지성 자체인가? 다시 말해 원동자인가? 아니면 신체에 의해, 감각 능력을 가진 생명체의 영혼에 의해 움직여지는 피동자인가? 아니면 양자가 결합된 것인가?
>
> 그들의 입장에 따르면 세번째 견해여야 한다. 즉 소크라테스는 지성과 신체, 원동자와 피동자가 결합된 존재가 된다.[9]

아퀴나스는 그것이 인간의 **통일성**을 팽개쳐 버리는 것이라고 주장한다. 그는 아리스토텔레스의 말을 인용하는데,[10] 그에 따르면 소크라테스는 "일리아스처럼 부분들로 구성된 도시와 같은 방식이 아니라 하나의 존재를 취하는 독특한 본성을 가진 실체"다.[11] 그러나 아리스토텔레스를 전거로 삼느냐 마느냐는 중요하지 않다. 여기에는 철학적 권위에 따른 단순한 견해와는 별개의 전거가 필요하다. 아퀴나스는 이런 입장이다.

소크라테스가 절대적으로 통일된 존재가 아니라 원동자와 피동자가 집적되어 이루어진 통일이라고 말한다면 많은 어려움이 따른다.

이 어려움이란 뭘까? 첫번째는 이것이다.

통일을 이루는 총체성에서만 부분의 활동은 전체의 활동이 된다.

아퀴나스는 배를 탄 선원의 예를 통해 설명한다. 선원은 지성에 해당하고 배는 신체에 해당한다.

…… 우리는 선원의 이해 능력이 선원과 배로 구성되는 총체성에 좌우된다고 말하지 않는다. 이해는 선원에게만 속할 뿐이다. 마찬가지로 …… 이해하는 것은 소크라테스의 행위가 아니라 지성만의 행위다. 지성이 소크라테스의 신체를 이용하는 것이다.

그의 이야기는 다음과 같이 계속된다.

설사 지성이 소크라테스를 움직이는 방식으로 소크라테스와 결합되어 있다 해도, 이 사실은 이해가 소크라테스에게 있다든가, 그가 이해한다는 것을 증명하지 못한다. 이해란 지성만이 가능한 행위이기 때문이다.

"이해란 지성만이 가능한 행위"라는 말은 무슨 뜻인가? 비소유 이론에 따르면, 이해 행위는 이 사람 또는 저 사람으로 개별화되는 정도에 따라 이 신체 또는 저 신체를 통해 표현된다. 그렇기 때문에 '나의 이해 행위'와 '너의 이해 행위'가 대립되고 달라지는 것이다. 비소유 이론에서 볼 때 '이해 행위'는 기본적으로 이 사람이나 저 사람의 것이다. '지성에서만' 가능한 것은 단지 공통의 내용뿐이므로 여기서 사유와 사유된 것은 구분되지 않는다. 그래서 내 것도, 네 것도 아닌 묘한 상황이 벌어진다. 아퀴나스가 짜증을 낸 것은 개별화된 이해 행위의 본성이 아니라 공통적이고 비소유적인 내용의 본성이다. 아퀴나스가 그런 어려움을 토로한 대목이 있다. 아퀴나스의 선집에서 인용한 다음 대목은 지성의 단일성에 관한 아베로에스의 학설을 단호히 논박하는 의미로 해석된다.

지성이 이 사람 혹은 저 사람과 결합하는 방식에 관해서는 생각하는 것 자체가 불가능하다. 주요 행위자와 두 개의 도구가 있다고 가정하면, 한 행위자는 절대적으로 존재하지만 행위는 몇 가지가 있다고 말할 수 있다. 한 사람이 두 손으로 몇 가지 사물을 만질 수 있는 것과 마찬가지다. 만지는 사람은 하나지만 접촉은 두 군데서 이루어진다. 만약 반대로 하나의 도구와 몇 가지 주요 행위자가 있다면, 행위자는 몇이지만 행위는 하나다. 예를 들어 많은 사람이 밧줄로 배를 끌어올릴 경우 끌어올리는 것은 여럿이지만 끌어올려지는 것은 하나다. 하지만 만약 주요 행위자가 하나이고 도구도 하나라면, 행위자와 행위는 하나다. 대장장이가 망치 하나를 두드릴 때 두드리는 것과 두드려지는 것이 하나인 것과 마찬가지다.
그렇다면 지성이 아무리 이 사람 혹은 저 사람과 결합 또는 연결되어 있다고 해도 인간에게 속한 다른 모든 것들보다 우선권을 가진다는 것은 분명하다. 감각 능력은 지성에 복종하고 지성을 위해 기능한다. 그러므로 만약 두 사람이 몇 개의 지성과 하나의 감각기관을 가졌다면 — 예를 들어 두 사람이 한 개의 눈을 함께 쓴다면 — 보는 사람은 여럿이지만 시각은 하나다. 그러나 만약 하나의 지성만 존재한다면, 그 지성이 아무리 다양한 도구를 사용할 수 있다고 해도, 소크라테스와 플라톤이 하나의 이해하는 사람이라고 말할 수밖에 다른 도리가 없다. 또한 여기에다 지성의 이해 행위는 지성 자체 이외에 어떤 기관에도 영향을 받지 않는다는 사실을 덧붙인다면, 단 하나의 행위자와 하나의 행위만 존재하게 될 것이다. 다시 말해 모든 인간은 하나의 지적 대상에 관하여 하나의 '이해자'이며, 하나의 이해 행위만 가지게 된다.[12]

실제로 그렇다. 하지만 이것을 유력하게 받아들이기에는 아직 시기상조다. 비소유 이론가는 정신과 신체를 개념적으로 분리할 수 있다는 가능성을 감안하여 심리 이론을 구성한다(이에 반해 데카르트주의는 불가해하고 모호한 개별화 원리를 정신에 적용한다). 비소유 이론에 따르면, 행동상의 차이를 무시하고 두 사람이 같은 지적 대상을 이해할 경우에는 하나의 이해 행위, 의식에 관해서 말하면 하나의 '이해자'만 존재한다. 그러나 이해하는 사람, 시기가 하나뿐이라고 말할 필요는 없다고 생각된다.

여기서는 무엇을 이해하느냐에 관한 설명이 필요하다. 비소유 이론에 따르면 소크라테스와 플라톤은 '하나의 이해하는 사람'이 아니다. 갑과 을, 샴쌍둥이가 현상적으로는 단일한 통증을 겪음에도 불구하고 하나의 환자가 아닌 것과 마찬가지다. 비소유적 입장에서는 의식에 관한 한 복수의 이해자 또는 복수의 환자가 없다(이해나 고통의 대상이 같다면). 그러나 인간 행동을 고려한다면 복수의 이해자와 환자가 분명히 존재한다.[*]

비소유 이론가는 인간 행동의 다양성이 아니라면 아퀴나스가 어떻게 지성이 사람들 간에 복수화되어 있다고 생각할 수 있었겠느냐고 묻는다. 흥미롭게도 아퀴나스는 지성의 본성이 복수인 것은 아니라고 주장한다.

…… 신이 같은 종의 지성을 많이 창조하지 못했다는 것을 증명하려 하는 사람들은 모순을 포함하는 어리석은 주장을 펼치고 있다.
우리는 지성의 본성이 복수가 아니라고 주장하지만, 그렇다고 지성이 복수화되는 것을 모순이라고 생각할 수도 없다. 설사 복수화의 원인이 존재의 본성에 있지 않다 해도 그것이 어떤 다른 이유로 완벽해지려는 것을 막을 수는 없다. 무거운 것은 그 본성상 가벼운 것들의 위에 있지 않으려는 경향이 있다. 무거운 것이 위에 있으려는 경향은 그 본성상 모순이지만, 위에 있으려는 것 자체가 모순인 것은 아니다. 마찬가지로 설사 지성이 복수화를 지향하는 자연적 원인이 없는 탓에 그 본성상 모든 인간에게 하나라 해도, 초자연적 원인에 의해 복수화가 가능하며, 여기에는 아무런 모순도 없다.
우리가 이 사실을 강조하는 이유는 직접적인 문제를 염두에 두었기 때문이기도 하지만 같은 논증을 다른 논의에까지 연장하지 않기 위해서

---

[*] 비트겐슈타인의 비소유 이론은 신체의 행동을 통해 비소유적 지성과 신체의 연결을 설명한다. 반면 아베로에스파 비소유 이론은 비실체적이면서 신체 기관 속에 있는 '환영'(幻影)의 견지에서 그 연결을 설명하려 한다.

이기도 하다. 따라서 신이 죽은 자를 되살릴 수 없다든지 맹인이 시력을 회복할 수 없다는 결론은 충분히 가능하다.[13]

이 구절을 읽으면 아퀴나스가 어떻게 다른 것과 구분지을 만한 특성이 전혀 없는 비물질적인 지성을 구별할 수 있다고 생각했을까를 묻게 된다. 그런데 그는 경건한 자세로, 지성의 본성은 구별할 수 없는 것이지만 신은 초자연적으로 구별할 수 있다고 말한다. 이것은 신이 초자연적으로 개입할 수 있는 논리적 수단을 알고 싶어하는 사람들에게는 도움이 되지 않는다. 오늘날에는 신앙심이 깊은 사람이라도 선뜻 인정하려 하지 않는 주장이다. 아퀴나스의 말은 아베로에스파에 반대하는 입장이라도 자기 모순이 아니라는 것, 그리고 지성과 신체가 분리되는 개별화 원리에 대해 아베로에스파가 아무리 강력하게 비판해도 개별화 원리 같은 것이 있을 수 없다고 단정하지는 못한다는 것이다.

아퀴나스는 지성이 어떻게 갑이나 을과 결합하는지 묻는다. 비소유적 대답(당연하지만 아베로에스나 시게르의 입장이다)은 지성이 통증을 공유하는 것과 같은 방식으로 연결되어 있고 신체를 사용해서 복수화된다는 것이다. 지성 자체로는 어떤 주체의 속성도 아니지만, 소크라테스나 플라톤의 입을 통해 지성이 선언되면 우리는 소크라테스나 플라톤의 지성에 귀를 기울인다. 또 소크라테스의 키는 플라톤의 키와 같았을 수도 있다. 하지만 소크라테스의 신체와 플라톤의 신체를 측정할 때 우리가 재는 것은 소크라테스의 키와 플라톤의 키다. 지성은 소크라테스나 플라톤을 통해 표현되는 한에서 소크라테스의 것이거나 플라톤의 것이다. 그러한 이론은 잘못일 수도 있고 터무니없을 수도 있지만, 단지 그렇다는 주장만으로 잘못이거나 터무니없다고 단정할 수 없다.

아퀴나스는 비소유 이론이 "소크라테스와 플라톤이 하나의 이해하는 사람이라고 말할 수밖에 다른 도리가 없다"고 굳게 믿으며, 그럴 경우 개인의 통일성이 사라진다는 것을 우려한다. 하지만 소크라테스와 플라톤은 신체, 출생 시기, 개성, 다른 사람들과의 관계 등 여러 가지 요소로 구별되는 것이지, 뭔가를 똑같이 이해한다고 해서 구별되는 게 아니다. 똑같이 이해하는데 어떻게 그들이 있을 수 있겠는가? 그 경우 이해의 복수성은 없지만, 그렇다고 다른 근거를 통해 인물의 구별이 불가능하다고 볼 수는 없다. 소크라테스와 플라톤이라는 별개의 실재들은 정신 영역이 공통적일 때 우연히 만날 뿐이다. 이것이 그냥 포기해도 좋을 터무니없는 학설일까? 아마 독자들은 앞에서 서술한 논증이 사람들을 매도하기에는 약간 빈약해 보인다고 여길 것이다.

이 장을 마치기 전에 비소유 이론을 반박하는 현대의 논증을 검토해 보자. 그것은 피터 스트로슨이 개발해서 자신의 저서 『개체들』에 수록했다.[14] 하지만 스트로슨이 설명하고 논박한 비소유 이론은 비트겐슈타인의 이론과 약간 차이가 있다.

앞에서 나는 나의 통증이 나의 신체를 통해 스스로를 표현한다고 말한 바 있다. 어느 신체가 '내 것'인지는, '내 것'이라는 기호를 능동적으로 표현하여 개별화의 상징으로 만드는 데 관여한 신체에 의해서 부분적으로 결정된다. 그런데 스트로슨의 비소유 이론은 나의 통증에 대해 상당히 다른 기준을 제시한다. 그에 따르면 나의 통증은 킴벌리 코니시라는 특정한 신체의 상태에 인과적으로 종속된 통증이다. 이것은 내가 나 자신의 정신 영역에 능동적으로 관여하는 것을 침해하여 순전히 수동적인 것으로 바꾼다. 그 결과 비소유 이론은 재앙에 맞닥뜨리게 된다.

스트로슨은 다음과 같은 전문적인 철학적 서술로 자신의 논점을 제시하는데, 우리는 잠시 후에 그 내용을 풀어 볼 것이다.

'자아'의 환상을 유발하는 우연적인 사실을 진술하려 할 때, 비소유 이론가는 "나의 모든 경험은 B라는 신체가 소유한다"(즉 그 신체의 상태에만 종속된다)는 식으로 진술해야 한다. '나의'라는 소유격 표현을 제거하려 하면 전혀 우연적이지 않은 사실이 되어 버리기 때문이다. 그러나 모든 경험이 B라는 단일한 신체의 상태에 인과적으로 종속된다는 명제는 잘못이다. 비소유 이론가는 단일한 사람이 가진 모든 경험이 우연적으로 그렇게 종속된 것이라고 말하려 한다. 또한 비소유 이론가는 'P라는 사람의 모든 경험'이 'B라는 특정한 신체에 우연적으로 종속된 모든 경험'과 똑같은 것을 뜻한다고 주장할 수 없다. 그럴 경우 그의 명제는 그의 이론이 요구하는 우연성을 유지하지 못하고 분석적이 되어 버리기 때문이다. 따라서 그는 우연히 모두 B라는 신체에 종속된 구성원들의 경험이라는 특정한 부류를 언급해야 한다. 이 부류의 특징은 모든 경험이 '나의 경험' 혹은 '어떤 사람의 경험'이라는 사실에 있는데, '나의'라든지 '어떤 사람의' 같은 소유격은 바로 비소유 이론가 자신이 의문시하는 관념이다.[15]

요컨대 스트로슨의 주장은 이렇다. '나의 경험'은 '킴벌리 코니시의 신체 상태에 종속된 경험'을 뜻할 수 없다. 왜냐하면 나는 다른 사람의 신체 상태에 종속된 통증을 가질 수도 있기 때문이다(다른 사람을 위한 노동에서 생기는 통증이 그런 예다). 이 경우 동일성은 우연에 불과한 것이 된다. 심지어 다른 사람의 신체 상태에 종속된 통증을 가졌다고 생각하지만 정작 다른 사람 본인은 전혀 통증을 가지지 않았을 수도 있다. (예를 들어 완전 마취된 다른 사람의 손가락이 꼬챙이에 찔리는 통증을 내가 느끼는 경우다.)

스트로슨의 주장이 비트겐슈타인의 비소유 이론을 제대로 논박하지 못하는 이유는 한 문장으로 제시할 수 있다. 내가 다른 사람이 표현하는 통증을 가지고 있다면, 그 사람도 같은 통증을 가지고 있는 것이다. 여기에는 우연적인 연결이 없다. 다른 사람이 표현하는 것이 통증이라면 그는 그 통증을 가지고 있어야 한다. 만약 그가 단지 통증을 가장하는 것이라면, 그는 통증을 표현하는 게 아니다. 통증을 가지지 않으면 통증을 표현할 수 없다. 기껏해야 가장만 할 수 있을 따름이다. 하지만 스트로슨이 제시하는 비소유 이론은 기준을 통증의 능동적 표현이 아니라 수동적인 신체의 손상에 두고 있다. 이 경우 신체가 손상되어도 반드시 통증을 느낄 필요가 없으므로 우연/필연의 질곡에 빠져 들 가능성이 있는 것이다.

다른 사람의 신체가 손상되었을 때 내가 (다른 사람은 느끼지 않는) 다른 통증을 느끼는 것도 가능하다. 하지만 비트겐슈타인의 비소유 이론에서는 어떤 신체든 '나의 통증'이라고 표현할 수 있다. 바로 이 '나의'라는 말이 통증의 주체를 논리적으로 나타낸다.

앞에서 나는 나의 통증이 나의 신체를 통해 스스로를 표현한다고 말한 바 있다. 스트로슨은 이렇게 묻는다. "하지만 다른 사람의 신체가 그 통증을 표현할 때 그 통증을 당신이 느낄 수도 있지 않은가?" 그 대답은 간단하다. "물론이다. 다른 사람도 그 통증을 가지고 있다면!" 나는 **오로지** 나의 신체만이 특정한 통증을 표현한다고 말한 적이 없다. 핵심은 단지 그 표현이 나오기 전까지는 그와 관련된 다수가 존재하지 않는다는 것이다. 모든 것은 어떻게 내가 **나의 신체**를 식별하느냐에 달려 있다. 그것은 이 신체 혹은 저 신체에서 '나의 신체'라는 말이 나옴으로써 가능하다. 각자의 발언들은 비소유적인 보편적 정신으로부터 경험의 개별 소유자 혹은 주체를 만들어 낸다. 스트로슨은 다음과 같이 주장한다.

'자아'의 환상을 유발하는 우연적인 사실을 진술하려 할 때, 비소유 이론가는 "나의 모든 경험은 B라는 신체가 소유한다는 식으로 진술해야 한다. …… '나의'라든지 '어떤 사람의' 같은 소유격은 바로 비소유 이론가 자신이 의문시하는 관념이다.

이런 식의 비소유 이론은 우연성을 다음과 같은 형태로 해석한다. **나의** 모든 경험은 킴벌리 코니시의 신체를 통해 표현된다. 내 경우라면 '나의'라는 말을 쓸 수 있다. 이때 스트로슨은 이렇게 묻는다. "하지만 다른 사람의 신체가 그 통증을 표현할 때 그 통증을 당신이 느낄 수도 있지 않은가?" 그 대답은 통증을 표현하는 한 우리 둘은 그 경험을 공유한다는 것이다. 그러나 만약 내가 홍길동이라는 사람의 입을 통해 '나의'라는 말을 표현한다면, 나는 홍길동이 **된다**. 그의 입이 곧 나의 입이다. 1인칭 대명사의 표현과 독립적으로 의식을 나타내는 개인적 동일성의 기준 같은 것은 없다.

.결론.

지금까지 독자들은 방대한 영역을 누비고 다녔다. 우리의 탐구는 관념의 역사와 지형 속에서 형이상학, 인식론, 역사, 비교 종교학, 심리학 등 많은 주제들을 다루었다. 우리의 관심은 인간의 본성, 도덕성, 주술, 신비주의적 합일에 이르기까지 다양했으며, 쇼펜하우어, 바그너, 비트겐슈타인, 히틀러 등 여러 대조적인 인물들을 대상으로 삼았다. 이 여정의 각 행로는 지도에 없는 지형을 탐사하는 데 도움을 주었고, 그 결과 우리는 홀로코스트에 이르는──아울러 20세기 전반에 걸쳐 지대한 영향력을 행사한──학설들의 근원에 관한 신빙성 있는 가설을 세울 수 있었다.

　유대인이 홀로코스트를 자초했다는 일부 반유대주의 정치 학설은 그동안 불신과 혐오의 대상이었다. 유대인의 어떠어떠한 행위가 홀로코스트를 불러들였으므로 그들은 희생자이면서도 그 사태에 책임이 있다는 주장이다. 그 근거들은 다양하지만 물론 그 모두가 부당하다. 어떤 의미에서 그것은 나치가 자신들의 행위를 정당화하기 위해 내세운 논리와 본질적으로 다르지 않다. 설사 일부 주장은 사실이라 하더라도 타당성은 전혀 없다. 유대인이 무슨 짓을 했든 그들에게 가해진 행위를 인도적으로 정당화할 수는 없다.

그 반면에 유대인의 측면에서 보면, 홀로코스트는 종교적으로 대단히 혼란스러운 사태였다. 그것은 성서 이후 유대 역사를 규정하는 사건이지만 홀로코스트를 예언한 사람은 없었다. 신앙심이 돈독한 유대인이 볼 때, 여호와는 아무런 이유도 없이 자신의 신민들에게 등을 돌리고 그들을 박해자들의 손에 넘겨 신명기의 모든 저주를 고스란히 받게 했다. 오직 유럽 일부 유대인만이 성소의 불길을 뚫고 살아남을 수 있었다. 왜 그런 일이 일어났을까? 종교적인 관점에서 왜 여호와는 그랬을까? 우리는 신의 침묵을 어떻게 설명할 수 있을까?

종교를 배제하면 설명할 것은 전혀 없다. 그저 인간의 본성이 악하기에 끔찍한 일이 일어났을 뿐이다. 디아스포라(유대인들이 나라를 잃고 세계 각지로 뿔뿔이 흩어지게 된 사건: 옮긴이)와 더불어 유대인은 힘이 약해졌고 그들이 거주하는 나라의 처분에 운명을 맡겼으니, 그런 참극을 겪은 것도 놀랄 일이 아니었다. 그 사태에서 특별히 종교적인 교훈을 끌어내려는 것은 시간낭비다. 홀로코스트는 단지 '해묵은 증오', 즉 수천 년간 지속된 반유대주의의 정점일 뿐이다.* 물론 정도는 다르지만, 질적으로는 그동안 아르메니아인, 집시, 르완다인 등 많은 소수민족들이 겪은 운명과 크게 다르지 않다.

하지만 독자들도 짐작하듯이 나는 홀로코스트가 전통적인 반유대주의와 거의 무관하다고 본다. 또한 종교적 연관성을 고려하지 않고 홀로코스트의 원인을 그냥 전통적인 반유대주의로 해석하는 사람들은 자

---

* Robert S. Wistrich의 책 제목은 *The Longest Hatred*다. 이 용어를 쓰면서 나는 Wistrich 박사를 탓할 생각이 전혀 없다. 나는 '종교적 신앙이 없는 사람'으로서 그의 연구에 대해 아주 깊은 존경심을 품고 있기 때문이다.

신의 역사적 무지를 탓해야 한다고 생각한다. 유대인 대학살에는 뭔가 다른 게 있다. 사태를 온전히 이해하려면 나치즘의 형이상학을 이 책에서보다 더 상세히 검토해야 한다. 이 책에서 나는 홀로코스트의 근원이 인간의 궁극적 본성에 관한 고대 아리아 종교 교리를 곡해한 데 있다는 해석을 시도하는 데 만족했다.

아돌프 히틀러는 학창 시절에 비트겐슈타인을 만났을 때부터 복수의 개인들을 수단으로 삼는 비소유적 정신의 관점에서 '역사의 의미'를 이해하게 되었다. 그는 역사를 형상들의 투쟁, 단일한 인종적 의지들의 투쟁으로 간주했다. 그는 아리아인의 의지가 아리아 인종을 신체적 수단으로 삼는다고 보았다. 비트겐슈타인의 영향력이 역력한 이 학설의 견지에서 히틀러는 쇼펜하우어가 요약하고 설명한 비학을 연구했다. 나아가 히틀러는 그것을 통해 대중을 매료시키는 힘을 개발할 수 있었고—나는 그 힘을 주술이라고 규정한 바 있다—궁극적으로는 독일의 지도자가 되어 홀로코스트의 방아쇠를 당길 수 있었다. 여기서 추적한 홀로코스트의 인과관계가 비트겐슈타인의 심리철학에 결정적으로 의존한다는 점에 주목해야 한다. 이 책에서 나는 하시디즘(18세기에 있었던 신비주의적 유대교의 한 파: 옮긴이)을 신봉하는 유대인이 할 수 있는 사유, 비유대인과 대립되는 유대교적 성찰에 더 어울리는 사유를 가급적 가볍고 간략하게 다루었다. 히틀러가 주술의 힘을 흡수하여 권좌에 오르고 홀로코스트를 일으키도록 이끈 동력은 비트겐슈타인 언약의 침해였다. 루트비히 비트겐슈타인은 유대 가문이었으므로 비소유 이론을 진실로 신봉할 수 없었던 것이다.

물론 우리의 연구는 홀로코스트에만 초점을 맞추지 않았다. 위대한 철학자를 다루는 책이므로 우리는 일단 철학을 파고들 수밖에 없었다. 그래서 우리는 주체, 의식, 영원, 죽음의 본성 같은 난해한 철학적 주제들을 고찰했다. 우리는 그 주제들을 공략하는 새로운 방법을 발견했다. 비트겐슈타인의 방법은 그것들을 풀 수 있을 뿐 아니라 우리가 제대로 보기만 한다면 이미 그 안에 답을 가지고 있다. 길고 지난한 과정을 거쳐 그 방법을 발견했을 때 우리는 그 평범함에 놀라지 않을 수 없었다.

무엇이 평범했던가? 우리가 고찰한 것들은 이렇다. 내가 '나'라고 말할 때 나는 나 자신을 다른 사람과 구분한다. 내가 '지금'이라고 말할 때 나는 그 말을 발언한 시간을 다른 말을 발언한 시간과 구분한다. 이 것은 실로 평범하며, 아무도 반박하지 않을 '문법 규칙'이다. 그러나 동시에 다른 관점에서 고찰하면 그것은 비트겐슈타인이 발명하여 후대에 물려준 새로운 학문, '철학적 문법'이다.

비트겐슈타인이 주장했듯이 "방법이 발견되었다." 비트겐슈타인은 히틀러와 싸우지 않았던 시절 내내 이 지적 영역의 지도를 스케치하는 데 몰두했으며, 그 지도의 완성은 후학들의 과제가 되었다. 새로운 것의 스케치는 일종의 개념의 유클리드화였고 '우리 언어 논리'의 연구였다. 이 지적 기획에 참여하기 위해 우리는 평범한 것들을 다르게 봐야 한다. 그것들이 '말해 주는' 것보다 '보여 주는' 것을 깊이 파고들어야 한다. 그 명예는 모두 비트겐슈타인의 몫이며, 나는 그것이 그의 철학에 어떻게 반영되는지를 보여 줌으로써 작은 기여라도 하기를 바라는 마음이다. '나'의 발언은 복수의 주체를 만들어 내며, '지금'의 발언은 정신적 사건을 나타내는 시간적 장소를 만들어 낸다. 이런 설명의 결과 우리는 **로고스**—신의 말씀—가 어떤 수단으로 우리 모두를 특정한 시간에 처한 개인들로 만들어 주는지 이해할 수 있게 되었다.

그러므로 다른 한편으로 우리는 그것을 신의 창조에 내재하는 논리적 메커니즘에 대한 연구로 바라보아야 한다. 신에 대한 우리 지식의 대부분은 유다에게서 나왔기 때문에 그 연구는 우리의 중대한 과제다. 내가 증명하려 애썼듯이 그것이 홀로코스트와 얽히게 된 것은 비극이다.

신의 창조라는 주제는 철학으로 보든, 신학으로 보든, 선험적인 문법으로 보든 결코 작지 않은 연구 대상이다. 현재까지 연구 방식도 개발되지 않았다. 이 책에서 우리는 전 세계와 수천 년의 역사를 가로지르며 '단일한 사유'의 관념을 추구했다. 그것은 무한히 되풀이되면서 다양하고 잡다한 인간 매체를 통해 스스로를 표현한다. 쇼펜하우어의 경우처럼 이 책의 목적은 '단일한 관념'을 전달하는 데 있다. 전달하는 데만도 이렇게 책 한 권이 필요할 정도다.

무엇이 확증되었는가? 우리는 적어도 '유아론의 가장 먼 극단'에 있는 철학, 아직 명료화되지는 못했으나 우리 모두에게 지대한 영향력을 미친 철학의 존재를 확증했다. 비트겐슈타인이 말했듯이 우리의 탐구는 다른 방면에서도 끊임없이 같은 장소로 돌아갈 것이다. 매번 돌아갈 때마다 우리는 "지식이란 연관성을 본다는 사실에 있다는 것"을 확인할 것이다.[1] 현재 우리는 그 과정 중에 있다.

.부록. 클라우제비츠, 히틀러, 루트비히 아돌프 비트겐슈타인 공작에 관한 소고

베르너 마저에 따르면, 히틀러는 독일의 군사 이론가인 카를 폰 클라우제비츠(Carl von Clausewitz)를 깊이 연구했다. 다음은 마저가 인용하는 요제프 페프라는 하숙집 주인의 이야기다.

> 1913년과 1914년에 스물네 살 된 하숙인은 끊임없이 주인을 뮌헨 대학교 도서관을 비롯한 여러 도서관과 서점에 보내 필요한 책들을 가져오게 했다. 주로 정치경제학, 예술사, 외교정책, 전쟁에 관한 책들이었는데, 특히 전쟁에 관한 문헌으로는 클라우제비츠의 『세 가지 고백』과 『전쟁론』이 있었다.[1]

한프슈탱글은 1920년대 초 히틀러의 서가에 『전쟁론』이 꽂혀 있는 것을 보았다고 회상하며 히틀러가 클라우제비츠를 '자구 그대로' 인용할 수 있었다고 말한다.[2] 또한 그는 히틀러가 뮌헨의 뷔르거브로이켈러에서 연설할 때 이렇게 불평했다고 회상한다.

> 여러분 중 아무도 클라우제비츠를 읽지 않았습니다. 설사 읽었다 해도

그가 지금의 상황과 어떻게 연관되는지 알지 못합니다.[3]

히틀러는 클라우제비츠를 지금의 상황과 연관시키는 방법을 안다고 자신했다. 이것은 레알슐레에서 '역사의 의미'를 발견했다는 『나의 투쟁』의 언급과 통하는 듯하다. 이 점에 관해서는 나중에 다시 살펴볼 것이다.

또한 히틀러는 나폴레옹을 매우 존경했으며, 독일이 파리를 점령했을 때도 그의 무덤을 방문한 일을 특별히 강조했다. 학자들은 특별한 설명을 요하는 이런 사실들에 주목하지 않았는데, 그 이유는 명백하다. 그들은 그런 일들이 히틀러의 개성을 나타낸다고 이해한 것이다. 그가 클라우제비츠를 읽은 것은 클라우제비츠가 뛰어난 전쟁 이론가였기 때문이고 나폴레옹에게 매료된 것은 자수성가한 프랑스의 황제였으니까 당연하지 않냐는 이야기다.

하지만 클라우제비츠는 1832년에 간행된 『전쟁론』 이외에 나폴레옹의 러시아 원정에 관한 책도 썼다. 사실 클라우제비츠는 저명한 독일 군사 이론가로 꼽히지만, 나폴레옹과 전쟁을 벌일 때는 프로이센의 군대가 아니라 러시아 군대에 속해 있었다. 그는 1812년 러시아 군대에 들어가 루트비히 아돌프 비트겐슈타인의 지휘를 받았다. 자인-비트겐슈타인-루트비히스부르크 공작인 루트비히는 당시 러시아 육군원수였으며, 그의 며느리는 나중에 프란츠 리스트의 연인이 된다. 클라우제비츠는 루트비히 아돌프 비트겐슈타인 공작이 거느린 군대의 참모장이 쓴 서한을 요르크 장군에게 가져가서 그를 설득하여 프랑스를 배신하도록 만들었는데, 이것은 역사에 타우로겐 협약이라고 알려졌다. 즉 클라우제비츠는 루트비히 아돌프 비트겐슈타인 공작의 지시를 받아 러시아에서 나폴레옹을 물리치는 데 중대한 역할을 한 것이다. (루트비히 아돌프라니! 1904년 역사 과목에서 이 이름은 1904년 린츠의 똑똑한 학생들을 얼마나 놀라게 했을까!)*

클라우제비츠가 전하는 비트겐슈타인의 군대 경력은 형편없었다. 그는 항상 군대를 놓쳤고, 하루의 행군 거리를 채우지 못하곤 했다. 비트겐슈타인이 러시아를 위해 큰 활약을 보인 것에 관해서도 클라우제비츠는 다른 사람들 덕분이라고 일축했다. 예를 들면 이렇다. "비록 비트겐슈타인이 쿠투조프나 황제의 명시적인 명령 없이는 행동하지 않았다 하더라도 전역이 멀리 엘베 강까지 확대된 데는 그의 책임이 가장 컸다."** 그렇다면 클라우제비츠의 책에 히틀러가 매력을 느낀 이유는 전쟁 이론만이 아니라 비트겐슈타인 가문과의 연관성 때문이기도 했을 것이다. 이런 생각의 연쇄가 추적해 볼 만한 가치를 가진다면, 러시아 원정에 관한 클라우제비츠의 설명을 비트겐슈타인과의 연관성에 비추어 살펴보고, 나아가 히틀러가 소련을 침공할 때 펼쳤던 바르바로사 작

---

* 학교에서 히틀러가 좋아했던 교사는 역사 교사인 푀치였다. 『나의 투쟁』에서 히틀러는 레알슐레 시절을 회상하면서 그 교사에 대한 그리움을 토로하고 있다. "루트비히 푀치 선생님은 이 원리를 이상적으로 구현한 분이었다. 친절하면서도 예리한 태도를 지닌 노신사인 그분은 매혹적일 뿐 아니라 말 그대로 학생들의 넋을 뺄 만큼 눈부신 웅변 실력을 자랑했다. 지금도 나는 그 반백의 노인을 생각할 때면 가슴이 벅차오른다." 당연히 그는 푀치 선생에게 값비싼 가죽 장정의 『나의 투쟁』을 직접 서명까지 해서 증정했다. 푀치는 짤막하게 감사의 뜻을 회신하면서 자기 이름은 루트비히가 아니라 레오폴트라고 지적했다(Jetzinger, pp.69~70). 이 실수를 알고 있는 히틀러 연구자들은 별 거 아닌 사소한 실수라고 생각했을 것이다. 그런데 루트비히라니? 그것은 혹시 히틀러의 심리를 무심결에 드러낸 실수가 아니었을까? 그에게 역사의 의미를 가르쳐준 인물이 바로 '루트비히'가 아니었던가? 노련한 통계학자라면 히틀러가 정부 요직에 임명한 사람들의 명단을 작성하여 '루트비히'라는 이름의 빈도수가 전체 인구에 비해 얼마나 되는지 조사해 보면 흥미로운 결과가 나올 것이다. 그 결과가 상당한 정도로 비례에 어긋난다면 우연이 아닌 어떤 요소가 개입되었다는 이야기다.

** Clausewitz, 'The Campaign of 1812 in Russia', Trans. Ed. Peter Paret and Daniel Moran, *Historical and Political Writings*, Princeton University Press, 1992, p.198. 비트겐슈타인이라는 이름은 『전쟁론』에 두 차례 언급되지만, 상세한 내용은 없다.

전과 비교하면서 검토할 필요도 있을 것이다.

클라우제비츠가 설명하는 러시아 원정에는 다음과 같은 매우 중대한 구절이 나온다.

저자의 회상에 따르면, 이 시기 비트겐슈타인의 본부에서 비트겐슈타인은 쾨니히스베르크까지 계속 전진하여 맥도널드를 격리시킨 뒤 비스툴라까지 추격하자고 고집을 부렸다. 그러나 사태의 전개는 그의 뜻대로 되지 않았다. 우선 맥도널드가 틸지트에 늦게 도착했고, 요르크 장군이 고립되었고, 그와 협상을 벌여 협약을 체결함으로써 맥도널드를 위기에 몰아넣을 수 있었다. 만약 3만 병력이 니멘 강이나 프레겔 강에서 러시아 군을 기다렸다면 사태는 크게 달라졌을 것이다. 러시아 원정은 프로이센 국경에서 끝났을 것이 거의 확실하다.

우리는 사건의 전개를 개별적 원인들에서 비롯되는 것으로 보지 않고 언제나 여러 가지 요소들이 복합적으로 작용한 결과로 보고자 한다. 그래서 하나의 구성요소만 빠져도 정반대의 결과가 나올 수 있다고 믿는다(하지만 구성요소의 중요성과 비교하면 부분적인 변화에 불과하다). 그렇다 해도 때로는 사소해 보이는 사건으로 인해 중대한 결과가 빚어지기도 하며, 고립된 원인, 특히 우연의 작용이 일반적인 결과를 낳는 경우도 허다하다.

요르크의 협약이 그런 경우다. 12월 29일 요르크 장군이 타우로겐에서 내린 결정이 없었어도 보나파르트가 프랑스 왕위를 차지하고 프랑스가 유럽을 지배할 수 있었으리라고 믿는다면 터무니없는 생각일 것이다. 그런 중대한 결과는 무한히 많은 원인 또는 힘이 작용한 탓에 생겨난다. 그 대다수는 요르크 장군이 아니었어도 힘을 발휘했을 것이다. 그러나 장군의 그 결정이 엄청난 결과를 가져왔고 최종적인 성과를 더욱 빨리 이루게 했다는 사실은 부정할 수 없다.[4]

계속해서 클라우제비츠는 모스크바에 대한 전광석화 같은 공격이 바로 러시아를 무너뜨린 결정적인 계기였다고 말한다. 하지만 위 인용문의 중요한 특징은 클라우제비츠가 언제나 루트비히 아돌프 비트겐슈타인을 인색하게 평가했음에도 불구하고, 여기서는 비트겐슈타인의 명령으로 작전 —— 요르크 장군을 격파하는 작전 —— 이 개시되었고 그것이 프랑스의 패퇴를 가속화하는 중대한 결과를 가져왔다는 것을 인정한다는 점이다. 역사적 사건에 영향을 미치는 원인이 무수히 많다는 사실 때문에 선뜻 단정하려 하지는 않지만, 클라우제비츠는 이것이 나폴레옹의 파멸에 결정적인 사건이었다고 간주할 의도가 있는 듯하다. 당시 비트겐슈타인은 전장에서의 활약은 보잘것없었지만 술책을 통해 프랑스를 격퇴했다. 그렇게까지는 아니더라도 최소한 프랑스의 몰락을 크게 가속화시키는 데 기여했다.

클라우제비츠를 읽는 전쟁사가들이 보기에 위의 인용문은 흥미롭지만 역사적 관점에서 큰 중요성은 없다. 사실 그것은 그의 저작에서 볼 수 있는 많은 통찰력 가운데 하나일 뿐이다. 그러나 비트겐슈타인 가문이 현대사에서 중대한 역할을 했다는 우리의 가설이 옳다면, 위 인용문은 사뭇 의미심장하다. 첫째, 히틀러가 비트겐슈타인 가문에 편견을 가졌다는 증거를 찾을 수 있다. 둘째, 클라우제비츠의 진정한 의도를 자신만이 올바로 이해할 수 있다는 그의 자신감을 설명해 준다. 나폴레옹을 꺾은 사람은 상트페테르부르크의 구세주인 루트비히 아돌프 비트겐슈타인이었다. 독일 장군들, 후대의 모든 역사가가 히틀러가 무

엇을 이야기하고 있는지 전혀 몰랐던 것도 당연한 일이다! 히틀러가 레
닌그라드의 전신인 상트페테르부르크를 유독 심하게 유린한 것도 아마
그 때문일 것이다. 러시아의 여느 도시들과 달리 레닌그라드는 포격으
로 거의 폐허가 되었으며, 고대의 바빌론처럼 후대에 보여 주는 증거로
남았다. 역사가들은 히틀러가 레닌그라드를 그렇게 만든 것이 볼셰비
키 혁명의 탄생지를 혐오했기 때문이라고 해석했다. 하지만 나는 루트
비히 비트겐슈타인이 구해낸 도시이기 때문이었다고 생각한다. 물론
그가 만난 루트비히 비트겐슈타인과는 다른 사람이기는 하지만, 그의
정신병적인 심리로 볼 때 같은 이름에 일종의 조건반사를 느껴 도시 전
체를 잿더미로 만들겠다는 충동이 일지 않았을까 싶다.

　역사는 일종의 유머 감각마저 보여 준다. 130년 뒤 영국의 소비에
트 첩자단이라는 매개를 통해 또다시 하늘에서 구원의 묘약——블레츨
리 파크 암호 해독반——이 내려왔다는 것은 얼마나 달콤한 역설인가.
레닌그라드가 900일에 걸쳐 공격을 받는 동안 내내 방어군은 굶주림에
시달리면서도 독일군과 어떻게 싸워야 할지 정확히 알고 있었다. 과거
에 상트페테르부르크였고 또 미래에 다시 상트페테르부르크가 될 레닌
그라드는 19세기에는 루트비히 아돌프 비트겐슈타인에 의해, 20세기
에는 루트비히 비트겐슈타인에 의해 구원을 받았다. 아니, 소련 전체가
구원을 받았다고 해야 할 것이다.

　물론 히틀러는 뭔가 잘못되었다는 것을 감지했다. 그는 점점 더 배
신을 확신했고, 자신의 군사 작전이 적들에게 새어나가고 있다고 생각
했다. 일부 학자들은 이것을 편집증의 증거라고 여기지만, 실은 히틀러
의 생각이 완전히 옳았다. 적은 그의 계획을 알았을 뿐 아니라 독일군
지휘관들이 전장에 나타나기도 전에 독일군의 동태를 정확히 파악하고

있었다. 블레츨리 파크 암호 해독반은 독일군 본부에서 송달되는 명령을 방대한 러시아에서 활동하는 수많은 독일의 암호 요원들보다 빨리 해독했다(하루에 3천 건이나 해독한 적도 있었다). 한때 연합군은 절망적인 처지에 몰리기도 했지만, 트리니티 시절 비트겐슈타인의 길고 고독한 노력은 마침내 1941년 히틀러에게 전략적인 패배를 안겨 주는 데 기여했다.* 아마 레알슐레에서 히틀러에게 당한 수모의 기억은 비트겐슈타인이 앨런 튜링과 끈기 있게 논리학에 관해 토론할 때, 베어마흐트(Wehrmacht, 2차 대전시의 독일군을 가리키는 말: 옮긴이)가 서서히 무너지고 있다는 소식을 들었을 때, 스탈린그라드 침공 이후 독일 병사들이 줄줄이 포로가 되어 끌려가는 보도 영화를 보았을 때 적지 않은 위안이 되었을 것이다. 그는 히틀러의 전략적 대실패를 일궈 냈으나 안타깝게도 그 뒤 4년간이나 소각로의 불길은 꺼지지 않았다.**

---

* 비트겐슈타인은 케임브리지 첩자들을 모집했다고 추측되는 것 이외에 자신도 모르게 전쟁에 기여한 공로가 있다. 앨런 튜링 ── 그는 첩자 앨리스터 윗슨의 소개로 1937년에 비트겐슈타인을 만났다 ── 은 비트겐슈타인의 강의를 듣고 그의 논리학 사상을 응용하여 암호 해독기를 고안했다. 전쟁 시기에 그는 정부 암호학교의 자료들을 분류하여 케임브리지로 가져왔고 비트겐슈타인과 논리학 토론을 벌였다(Andrew Hodges, *Alan Turing: The Enigma*, Simon and Schuster, 1983, pp.151~2). Costello(689쪽)는 1933년 초 튜링이 쓴 편지를 인용한다. "휴가 중 러시아를 방문할 생각이지만 아직 결정을 내리지는 못했음. '반전평의회' 라는 조직에 가입함. 정치적으로 공산주의. 그 강령은 주로 정부가 참전할 때 화학 노동자들의 파업과 폭동을 조직하는 데 있음." 비트겐슈타인에 관한 내 견해가 옳다면, 러시아도 블레츨리를 모방하여 자체 암호 해독반을 운영했을 게 분명하다. 또한 블레츨리가 대서양 전투에서 영국의 승리를 일구어 냈듯이 러시아 암호 해독반도 동유럽 전선에서 큰 역할을 했을 것이다.

** 블레츨리 파크에서 일하던 유대인 Walter Eytan은 *Codebreakers*(Ed. F. H. Hinsley and Alan Stripp, Oxford University Press, 1994, p.60)에서 통렬하고도 감동적인 회상을 술회한다. "…… 1943년 말 혹은 1945년 초에 우리는 에게 해에서 독일의 작은 함선에서 보내는 신호를 잡았다. 그 내용은 *zur endlösung*('마지막 해결책')을 위해 로도스나 코스에서 유대인들을 피라이오스로 수송하라는 것이었다. 그런 표현을 전에 들어 본 적이 없었지만, 나는 본능적으로 그 의미를 알았고 그 순간을 결코 잊지 않았다."

요제프 요아힘

비트겐슈타인 후작부인

프란츠 리스트

리하르트 바그너

.후주.

서론

1) *Isaiah*, 28:15.
2) *Victorian Parliamentary Papers*, 1950/51, Report 12, Vol.2, p.156(오스트레일리아 빅토리아의 러트로브 대학교에 소장된 마이크로필름 카드).

제1장 린츠의 유대인

1) Ray Monk, *Ludwig wittgenstein: The Duty of Genius*, Simon & Schuster, 1973, p.14.
2) Monk, *Ludwig wittgenstein*, p.12.
3) William Warren Bartley, *Wittgenstein*, Open Court, second edition, 1994, p.35.
4) Brian McGuinness, *Wittgenstein: A Life*, Duckworth, 1988, p.32.
5) McGuinness, *Wittgenstein*, p.32.
6) McGuinness, *Wittgenstein*, p.19; Monk, *Ludwig wittgenstein*, p.50.
7) Monk, *Ludwig wittgenstein*, pp.15~16.
8) Franz Jetzinger, *Hitlers Jugend*, Wien, 1956.(translated as *Hitler's Youth*, by Lawrence Wilson, Greenwood Press, p.71)
9) Monk, *Ludwig wittgenstein*, p.15.
10) Alan Bullock, *Hitler: A Study in Tyranny*, Penguin, 1980, p.26.
11) Adolf Hitler, *Mein Kampf*, Hutchinson, 1974, p.4.
12) Hitler, *Mein Kampf*, p.113.
13) Bradley Smith, *Adolf Hitler*, Hoover Institute Publication, Stanford, 1967, p.85.
14) Hitler, *Mein Kampf*, p.47.
15) Hitler, *Mein Kampf*, p.48.
16) Hitler, *Mein Kampf*, p.48.
17) McGuinness, *Wittgenstein*, p.19.
18) McGuinness, *Wittgenstein*, p.55.
19) Robert S. Wistrich, *Weekend in Munich*, Pavilion books, 1995, p.31.
20) John Toland, *Adolf Hitler*, Ballantine Books, 1976, p.183.

21) Ernst Hanfstaengl, *Missing Years*, Eyre & Spottiswoode, 1957, p. 50.

22) Theodore Redpath, *Ludwig Wittgenstein: A Student's Memoir*, Duckworth, 1990, pp. 56~57.

23) Robert G. L. Waite, *The Psychopathic God*, Basic Books, 1977, p. 43.

24) Monk, *Ludwig wittgenstein*, pp. 314~315.

25) McGuinness, *Wittgenstein*, p. 2.

26) Monk, *Ludwig wittgenstein*, pp. 314~315.

27) Monk, *Ludwig wittgenstein*, p. 5.

28) Monk, *Ludwig wittgenstein*, p. 279.

29) Monk, *Ludwig wittgenstein*, p. 114.

30) Monk, *Ludwig wittgenstein*, p. 368.

31) McGuinness, *Wittgenstein*, p. 52.

32) Monk, *Ludwig wittgenstein*, p. 114.

33) Hitler, *Mein Kampf*, pp. 389~389.

34) Werner Maser, *Hitler: legend, myth & reality*, Harper & Row, p. 165.

35) Waite, *The Psychopathic God*, p. 173.

36) 말러에 관해서는 Bartley, *Wittgenstein*, p. 76.

37) McGuinness, *Wittgenstein*, p. 18.

38) William A. Jenks, *Vienna and the Young Hitler*, Columbia University Press, 1960, p. 53.

39) Martin Bormann, *Hitler's Table Talk*, Oxford University Press, 1988, p. 206.

40) Joachim Fest, *Hitler*, translated by Richard and Clara Winston, Penguin, 1982, p. 19.

41) Jetzinger, *Hitler's Youth*, pp. 71~72.

42) Albert Speer, *Inside the Third Reich*, Phoenix, 1995, p. 156.

43) Hitler, *Mein Kampf*, p. 283.

44) Hitler, *Mein Kampf*, p. 286.

45) Monk, *Ludwig wittgenstein*, p. 278.

46) Dietrich Fischer-Dieskau, *Wagner and Nietzsche*, Sidgwick and Jackson, 1978, p. 52.

47) Fischer-Dieskau, *Wagner and Nietzsche*, p. 207.

48) Toland, *Adolf Hitler*, p. 180.

49) Bartley, *Wittgenstein*, p. 198.

50) Hitler, *Mein Kampf*, p. 282.

51) János Kristóf Nyiri, *Karl Wittgenstein: Politico-economic writings*, John Benjamins Publishing Company, 1984, p. 191.

52) *Die Fackel* 56(October, 1900), p. 7.

53) Hitler, *Mein Kampf*, p. 54.

54) Hitler, *Secret Conversations with Hitler*, edited by Edouard Calic, John Day, 1971, p. 66.

55) *Die Fackel* 31(February, 1900), p. 3.

56) Richard Rudolph, *Banking and Industrialization in Austria-Hungary*, Cambridge University Press, 1976, p. 108.

57) Robert Wistrich, *The Jews of Vienna in the Age of Franz-Joseph*, Littman Library of Jewish Civilization, 1988, p. 511.

58) *Die Fackel* 32(February, 1900), pp. 22~23.

59) McGuinness, *Wittgenstein*, p. 14.

60) Wistrich, *The Jews of Vienna in the Age of Franz-Joseph*, p. 510.

61) Rudolph, *Banking and Industrialization in Austria-Hungary*, p.96.

62) Adolf Hitler, *My New Order*, Angus and Robertson, 1942, pp.27~28.

63) McGuinness, *Wittgenstein*, p.17.

64) McGuinness, *Wittgenstein*, pp.17~18.

65) Sydney Jones, *Hitler in Vienna, 1907~1913*, Stein & Day Pub, 1983, pp.40~41.

66) Monk, *Ludwig wittgenstein*, p.8.

67) Toland, *Adolf Hitler*, p.45.

68) Peter Vergo, *Art in Vienna, 1899~1918*, Phaidon, 1975, p.156.

69) Wulf Schwarzwaller, *The Unknown Hitler*, translated by Aurelius von Kappau, edited by Alan Bisbort, Stoddart, 1989, p.28.

70) Vergo, *Art in Vienna, 1899~1918*, p.40.

71) Gottfried Fliedl, *Gustav Klimt*, Benedikt Taschen Verlag, 1994, p.156.

72) Vergo, *Art in Vienna, 1899~1918*, p.84.

73) Vergo, *Art in Vienna, 1899~1918*, p.78.

74) Bartley, *Wittgenstein*, p.90.

75) Bartley, *Wittgenstein*, pp.90~91.

76) Bruce F. Pauley, *From Prejudice to Persecution: A History of Austrian Anti-Semitism*, University of North Carolina Press, 1992, pp.207~208.

77) Hitler, *My New Order*, p.371.

제2장 트리니티의 첩자들

1) Monk, *Ludwig wittgenstein*, p.351.

2) Bartley, *Wittgenstein*, pp.34~35.

3) Bartley, *Wittgenstein*, p.35.

4) Sandra Darroch, *Ottoline*, Coward, McCann and Geoghan, 1975, p.212.

5) Paul Engelmann, *Letters from Ludwig Wittgenstein*, Blackwell, 1967, p.53.

6) Bartley, *Wittgenstein*, p.116.

7) Norman Malcolm, *Ludwig Wittgenstein: A Memoir*, Oxford University Press, revised 1966, p.30.

8) George E. R. Gedye, *Fallen Bastions*, Victor Gollancz, 1939, p.35.

9) Paul Feyerabend, *Killing Time*, University of Chicago Press, 1995, p.20.

10) Peter Wright, *Spycatcher*, Heinemann Australia, 1988, pp.255~256.

11) John Costello, *Mask of Treachery*, William Morrow and Company, 1988, pp.151~152.

12) Julian Bell, 'An Epistle', reprinted in I. Copi and R. Beard, *Essay on Wittgenstein's Tractatus*, Routledge & Kegan Paul, 1966, p.68.

13) Bell, 'An Epistle'.

14) Bell, 'An Epistle', p.68.

15) Quentin Bell, *Elders and Betters*, Pimlico, 1995, p.203.

16) Costello, *Mask of Treachery*, p.137.

17) Goronwy Rees, *A Chapter of Accidents*, The Library Press, 1972, p.123.

18) Bruce Page et al, *Philby*, revised edition, Andre Deutsch, 1969, p.64.

19) Peter Stransky and William Abrahams, *Journey to the frontier. Julian Bell and John Cornford: their lives and the 1930s*, Constable, 1966, p.90.

20) Ludwig Wittgenstein, *Philosophical Investigations*, second edition, Blackwell, 1958, p. viii.

21) Monk, *Ludwig wittgenstein*, p. 260.

22) Costello, *Mask of Treachery*, p. 250.

23) Monk, *Ludwig wittgenstein*, p. 260.

24) John Moran, 'Wittgenstein and Russia', *New Left Review*, LIII, May-June 1972.

25) Rush Rhees and Hermine Wittgenstein, *Recollections of Wittgenstein*, Oxford University Press, 1984, p. 205.

26) Monk, *Ludwig wittgenstein*, pp. 353~354.

27) Redpath, *Ludwig Wittgenstein*, p. 99.

28) Malcolm, *Ludwig Wittgenstein*, p. 30.

29) Monk, *Ludwig wittgenstein*, p. 354.

30) Redpath, *Ludwig Wittgenstein*, pp. 36~37.

31) Page et al, *Philby*, pp. 28~29.

32) Nigel West, *Seven Spies Who Changed the World*, Secker and Warburg, 1991, p. 117.

33) Patrick Seale and Maureen McConville, *Philby: The Long Road to Moscow*, Simon and Schuster, 1973, p. 93.

34) Fania Pascal, 'A Personal Memoir', Rhees, *Recollections of Wittgenstein*, Oxford University Press, 1984, p. 22.

35) Pascal, 'A Personal Memoir', p. 23.

36) Malcolm, *Ludwig Wittgenstein*, p. 28.

37) Seale and McConville, *Philby*, p. 55.

38) Pascal, 'A Personal Memoir', p. 18.

39) Richard Deacon, *The Cambridge Apostles*, Robert Royce, 1985, p. 101.

40) Rhees, *Recollections of Wittgenstein*, pp. 207~208.

41) Wittgenstein, *Philosophical Investigations*, p. 226.

42) Rhees, *Recollections of Wittgenstein*, p. 122.

43) Monk, *Ludwig wittgenstein*, p. 347.

44) Page et al, *Philby*, p. 76.

45) Monk, *Ludwig wittgenstein*, pp. 347~348.

46) Monk, *Ludwig wittgenstein*, p. 348.

47) Robert Skidelsky, *John Maynard Keynes*, Macmillan, 1992, p. 292.

48) Costello, *Mask of Treachery*, p. 165.

49) Costello, *Mask of Treachery*, p. 644.

50) Pascal, 'A Personal Memoir', p. 14.

51) *Economist*, 30 September-6 October 1995, p. 125.

52) Pascal, 'A Personal Memoir', p. 14.

53) McGuinness, *Wittgenstein*, p. 62.

54) McGuinness, *Wittgenstein*, p. 62.

55) Costello, *Mask of Treachery*, p. 191.

56) C. Haden-Guest, *David Guest. A Scientist Fights for Freedom (1911~1938). A Memoir*, Lawrence & Wishart, 1939.

57) Haden-Guest, *David Guest*, p. 59.

58) Haden-Guest, *David Guest*, p. 59.

59) Haden-Guest, *David Guest*, pp. 95~96.

60) Haden-Guest, *David Guest*, pp. 97~98.

61) Costello, *Mask of Treachery*, p. 203.

62) Page et al, *Philby*, p. 65, 68.

63) Wright, *Spycatcher*, p. 252.

64) Haden-Guest, *David Guest*, p. 69.

65) Haden-Guest, *David Guest*, p. 98.

66) Pascal, 'A Personal Memoir', p. 40.

67) Wright, *Spycatcher*, Chapter 17.

68) Wright, *Spycatcher*, p. 251.

69) Wright, *Spycatcher*, p. 253.

70) Wright, *Spycatcher*, pp. 255~256.

71) Wright, *Spycatcher*, p. 256.

72) Costello, *Mask of Treachery*, p. 193.

73) Redpath, *Ludwig Wittgenstein*, p. 47.

74) *Encounter*, 41 no. 2, August 1973, pp. 23~29. 이 글의 수정판은 다음에 실렸다. Rhees, *Recollections of Wittgenstein*, pp. 12~49.

75) Costello, *Mask of Treachery*, p. 197.

76) Monk, *Ludwig wittgenstein*, p. 272.

77) Costello, *Mask of Treachery*, p. 198.

78) Costello, *Mask of Treachery*, p. 199.

79) Pascal, 'A Personal Memoir', p. 22.

80) Pascal, 'A Personal Memoir', p. 22.

81) Pascal, 'A Personal Memoir', p. 31.

82) Seale and McConville, *Philby*, p. 130.

83) Monk, *Ludwig wittgenstein*, p. 350.

84) Monk, *Ludwig wittgenstein*, p. 352.

85) Costello, *Mask of Treachery*, pp. 251~252.

86) Seale and McConville, *Philby*, p. 20.

87) Redpath, *Ludwig Wittgenstein*, p. 53; Pascal, 'A Personal Memoir'도 참조.

88) McGuinness, *Wittgenstein*, p. 32.

89) Seale and McConville, *Philby*, p. 76.

90) Redpath, *Ludwig Wittgenstein*, p. 53.

91) Nigel West, *The Illegals*, Coronet, 1994, pp. 135~136.

92) Costello, *Mask of Treachery*, pp. 278~279.

93) Christopher Andrew and Oleg Gordievsky, *KGB The Inside Story*, Hodder & Stoughton, 1990, pp. 159~160.

94) Seale and McConville, *Philby*, p. 255 참조.

95) Page et al, *Philby*, p. 223.

96) Monk, *Ludwig wittgenstein*, p. 353.

97) Wright, *Spycatcher*, p. 215.

98) Rupert Butler, *Legions of Death*, Sheridan, 1994, p. 31.

99) W. J. West, *The Truth About Hollis*, Duckworth, 1989, p. 46.

100) John Wheeldon, 'A Conversation with Albert Glotzer on Trotsky', *Quadrant*,

November 1995, pp. 38~43.

101) Wright, *Spycatcher*, pp. 316~317.

102) Wright, *Spycatcher*, p. 320.

103) West, *Seven Spies*, pp. 98, 221.

104) West, *Seven Spies*, p. 99.

105) Anthony Cave Brown, *The Secret Servant: The Life of Sir Stewart Menziers, Churchill's Spymaster*, Penguin, 1987, p. 198.

106) Nigel West, *Molehunt*, W. Morrow, pp. 114~115.

107) Costello, *Mask of Treachery*, p. 599.

108) West, *Molehunt*, p. 115.

109) West, *Molehunt*, p. 115.

110) Costello, *Mask of Treachery*, p. 632.

111) Costello, *Mask of Treachery*, p. 242.

제3장 바그너와 『음악의 유대주의』

1) Fischer-Dieskau, *Wagner and Nietzsche*, p. 52.

2) Fischer-Dieskau, *Wagner and Nietzsche*, p. 207.

3) William Wallace, *Liszt, Wagner and the Princess*, Kegan Paul, Trench, Trubner & Co, 1927, p. 19.

4) Richard Wagner, *My Life*, translated by Andrew Gray, Cambridge University Press, 1983, p. 538.

5) Andreas Moser, *Joseph Joachim. A Biography*, translated by Lilla Durham & Philip Wellby, 1901, pp. 74~75. 지금은 회귀해진 이 책을 오스트레일리아 남부에서 찾을 수 있었다. 책을 찾는 데 도움을 준 빅토리아 국립도서관 측에 감사를 전한다.

6) Ernest Newman, *The Life of Richard Wagner*, vol. 3(1859~66), Cassell, 1945, pp. 269~271.

7) Sacheverell Sitwell, *Liszt*, Cassell, 1934, revised edition, 1955.

8) Du Moulin, Eckart, *Cosima Wagner*, Alfred A. Knopf, 1930, vol. 1, p. 61.

9) Bartley, *Wittgenstein*, p. 198.

10) Andreas Moser, *Joseph Joachim, A Biography*, translated by Lilla Durhan, Philip Wellby, 1901, pp. 34~35.

11) Kurt Wuchterl and Adolf Hubner, *Wittgenstein*, Rowolt Taschenbuch Verlag, May 1979, p. 19.

12) Moser, *Joseph Joachim*, p. 39.

13) Moser, *Joseph Joachim*, p. 50.

14) Moser, *Joseph Joachim*, pp. 56~58.

15) 이 도시의 상세한 내역은 다음을 참조하라. *Encyclopedia Judaica*.

16) Moser, *Joseph Joachim*, p. 134.

17) Wagner, *My Life*, pp. 501~502.

18) Jacob Katz, *The Darker Side of Genius: Richard Wagner's Anti-Semitism*, University Press of New England(Tauber Institute for the Study of European Jewry), 1986, p. 94.

19) Stanley Sadie ed., *New Grove Dictionary of Music and Musicians*, Macmillan, 1980, vol. 9, p. 653.

20) Paul Holmes, *Brahms : his life and times*, Baton Press, 1984, p. 49.

21) Walter Niemann, *Brahms*, Cooper Square Publishers, 1969, pp. 77~78 ; Malcolm MacDonald, *Brahms*, Dent, 1990, pp. 57~59.

22) Katz, *The Darker Side of Genius*, p. 94.

23) *Letters From and To Joseph Joachim*, selected and translated by Nora Bickley, Vienna House, 1972, p. 319.

24) Newman, *The Life of Richard Wagner*, vol. 3(1859~66), p. 276.

25) Katz, *The Darker Side of Genius*, p. 65.

26) Katz, *The Darker Side of Genius*, p. 67.

27) Wilhelm Richard Wagner, 'Das Judenthum in der Music', translated by W. Ashton Ellis, *Judaism in Music and Other Essays*, pp. 106~107.

28) Du Moulin, Eckart, *Cosima Wagner*, vol. 2, pp. 466~467.

29) *Theme and Variations*, 27.

30) Wagner, *Judaism in Music and Other Essays*, p. 121.

제4장 쇼펜하우어의 두 계승자

1) Ludwig Wittgenstein, *Last Writings on the Philosophy of Psychology*, Blackwell, 1982, vol. 1, p. 8.

2) Rhees, *Recollections of Wittgenstein*, p. 161.

3) Hitler, *Mein Kampf*, p. 10.

4) 다음에서 인용. Waite, *The Psychopathic God*, p. 46.

5) Rhees, *Recollections of Wittgenstein*, p. 158.

6) Wittgenstein, *Tractatus* 5.631.

7) Maser, *Hitler*, p. 124.

8) Arthur Schopenhauer, *On the Will in Nature*, translated by E. F. J. Payne, Berg, 1992, pp. 102~128.

9) 다음에서 인용. Toland, *Adolf Hitler*, p. 87.

10) Arthur Schopenhauer, 'Animal Magnetism and Magic', *On the Will in Nature*, p. 107.

11) Ludwig Wittgenstein, *Wittgenstein's Lectures*, edited by Desmond Lee, Blackwell, 1980, p. 21 ; G. E. Moore, 'Wittgenstein's Lectures in 1930~33', *Mind*, vol. LXIV, no. 253, January 1955, p. 26.

12) P. F. Strawson, *Individuals*, Methuen, 1959, p. 97.

13) Maser, *Hitler*, p. 125.

14) Ralph Waldo Emerson, *Essays and Other Writings*, E. W. Cole, undated, p. 21.

제5장 신비주의적 경험과 자아

1) Paul Lawrence Rose, *Wagner, Race and Revolution*, Faber and Faber, 1992, p. 95.

2) Rose, *Wagner, Race and Revolution*, p. 98.

3) Michael Tanner, *Wagner*, HarperCollins, 1996, pp. 142~143.

4) Wittgenstein, *Tractatus*.

5) Monk, *Ludwig wittgenstein*, p. 243.

6) Monk, *Ludwig wittgenstein*, pp. 243, 408.

7) 비트겐슈타인은 그 두 상태에 관한 설명을 다음의 책을 통해 알았다. William James, *The Varieties of Religious Experience*, Random House, 1929, pp. 391~393.

8) E. Conze, *Buddhism : its essence and development*, Harper & Row, 1975, p. 201.

9) Suzuki, *Living by Zen*, Rider, 1986, pp. 50, 72.

10) Graham Reed, *The Psychology of Anomalous Experience*, Hutchinson, 1972, p. 114.

11) R. E. L. Masters and Jean Houston, *The Varieties of Psychedelic Experience*, Holt Rinehart and Winston, 1966, p. 15.

12) Masters and Houston, *The Varieties of Psychedelic Experience*, p. 166.

13) M. H. Abrams, *The Mirror and the Lamp*, Oxford University Press, 1953, p. 347.

14) Abrams, *The Mirror and the Lamp*, p. 347.

15) Baron Byron, *Don Juan*, III, civ, pp. 6~8.

16) Byron, *Childe Harolde's Pilgrimage*, Canto III, p. lii.

17) Byron, *Childe Harolde's Pilgrimage*, Canto III, p. lv.

18) Byron, *Childe Harolde's Pilgrimage*, Canto IV, p. clviii.

19) Arthur Schopenhauer, *The World as Will and Idea*, translated by E. F. J. Payne, Dover Books, 1966, pp. 178~179.

20) P. M. S. Hacker, *Insight and Illusion*, Clarendon Press, 1972, p. 100, footnote.

21) G. Pitcher, *The Philosophy of Wittgenstein*, Prentice Hall, 1964, p. 8.

22) M. Drury, *The Danger of Words*, Routledge & Kegan Paul, 1973, p. ix.

23) Ludwig Wittgenstein, *Remarks on the Foundations of Mathematics*, Blackwell, 1967, p. 123.

24) Rhees, *Recollections of Wittgenstein*, p. 132.

25) Richard Wagner, *The Artwork of the Future*, reprinted in A. Goldnan and E. Sprinchorn, *Wagner on Music and Drama:A selection from Richard Wagner's prose works*, Victor Gollancz, 1970, p. 184.

제6장 쇼펜하우어, 로젠베르크, 인종 이론

1) 마예르에 관해 할프파스는 다음을 참고하라고 권한다. R. F. Merkel, 'Schopenhauer's Indien-Lehrer', *Jahrbuch der Schopenhauer-Gesellschaft*, 32(1945/48), Schmidt & Klaunig, pp. 158~181.

2) Wilhelm Halbfass, *India and Europe*, State University of New York Press, 1988, p. 106.

3) Halbfass, *India and Europe*, p. 107. 할프파스는 다시 쇼펜하우어의 다음 저서를 언급한다. Arthur Schopenhauer, *Handschriftlicher Nachlass*, Deussen XI, p. 459.

4) Halbfass, *India and Europe*, p. 110.

5) Arthur Schopenhauer, *The World as Will and Representation*, vol. I, pp. 356~357.

6) Halbfass, *India and Europe*, p. 111.

7) Kabir, *The Bijak of Kabir*, translated by Linda Hess and Shukdev Singh, North Point Press, 1983, p. 24.

8) Alfred Rosenberg, *Selected Writings*, edited by Robert Pois, Jonathan Cape, 1970, pp. 42~44.

9) Rosenberg, *Selected Writings*, pp. 42~44.

10) Hermann Rauschning, *Hitler Speaks*, T. Butterworth, 1939, p. 92.

11) Hitler, *Mein Kampf*, p. 283.

12) Francis King, *Satan and Swastika:The Occult and the Nazi Party*, Mayflower, 1976, p.172.

제7장 주술, 마법, 히틀러

1) Arthur Schopenhauer, *Parerga and Paralipomena*, translated by E. F. J. Payne, Oxford, 1974, vol.2, pp.227~309.
2) Wagner, 'The Artwork of the Future', *Wagner on Music and Drama*, p.181.
3) R. G. Collingwood, *The Principles of Art*, Oxford University Press, 1938, pp.59~61.
4) Collingwood, *The Principles of Art*, p.64.
5) Collingwood, *The Principles of Art*, pp.65~67.
6) Rauschning, *Hitler Speaks*, pp.208~212.
7) Collingwood, *The Principles of Art*, pp.68~69.
8) Heinrich Hoffmann, *Hitler was my Friend*, Burke, 1955, pp.135~137.
9) John Lukacs, *The Duel*, Oxford University Press, 1992, footnote 39에서 인용.
10) Bullock, *Hitler: A Study in Tyranny*, p.35.
11) Schopenhauer, *Parerga and Paralipomena*, vol.I, p.229.
12) Schopenhauer, 'Animal Magnetism and Magic', *On the Will in Nature*, pp.106~107.
13) Schopenhauer, *Parerga and Paralipomena*, vol.I, p.229.
14) Giulio Cesare Vanini, *De admirandis arcanis*, Galatina, 1985.
15) Rauschning, *Hitler Speaks*, pp.240~243.
16) Maser, *Hitler*, pp.167~168.
17) Rauschning, *Hitler Speaks*, p.233.
18) Charles Bracelen Flood, *Hitler: The Path to Power*, Houghton Mifflin, 1989, p.244.
19) Rauschning, *Hitler Speaks*, p.238.
20) Peter Washington, *Madame Blavatsky's Baboon*, Secker & Warburg, 1993, p.31.
21) Marion Meade, *Madame Blavatsky*, Putnams, 1980, p.449.
22) Josephine Ransom, *A Short History of the Theosophical Society*, Theosophical Publishing House, 1938, p.21.
23) Ransom, *A Short History of the Theosophical Society*, p.17.
24) Ransom, *A Short History of the Theosophical Society*, p.17.
25) Ludwig Wittgenstein, 'Remarks on Frazer's Golden Bough', edited by Klagge, James, Nordmann, *Philosophical Occasions 1912~1951*, Alfred Hackett Publishing Company, 1993, pp.116~117.

제8장 마음을 여는 열쇠

1) Ralph Waldo Emerson, *Emerson's Essays*, Essay 9('the over-soul'), Collins, undated, p.159.
2) Wittgenstein, Tractatus 5, p.541.
3) Wittgenstein, Tractatus 5, p.5421.
4) In Weitz, p.31.
5) Richard Wagner, 'Erkenne dich selbst', *Bayreuther Blatter*, February-March 1881, translated as 'Know Thyself' by W. Ashton Ellis, reprinted in *Religion and Art*, Bison

books, 1994, p. 264.

6) David S. Shwayder, 'On the Picture Theory of Language', *Essays on Wittgenstein's Tractatus*, edited by Irvind M. Copi and Robert W. Beard, Routledge and Kegan Paul, 1966, p. 307.

7) Jaakko Hintikka, 'On Wittgenstein's "Solipsism"', Copi and Beard, p. 160.

8) Wittgenstein, *Philosophical Investigations*, s. 253.

9) Strawson, *Individuals*, p. 97.

10) Wittgenstein, 'Preface', *Tractatus*.

11) Ludwig Wittgenstein, *Philosophical Remarks*, Barnes & Noble Books, 1975, p. 91.

12) D. M. Armstrong and Norman Malcolm, *Consciousness and Causality*, Blackwell, 1984, p. 116.

13) Ludwig Wittgenstein, *Zettel*, section 498.

제9장 정신과의 합일

1) Philip Kapleau, *The Three Pillars of Zen*, Beacon Press, 1967(Anchor Press, 1980).

2) R. C. Zaehner, *Our Savage God*, Sheed and Ward, 1974, pp. 210~211.

3) Thomas Traherne, 'My Spirit', *The Oxford Book of English Mystical Verse*, pp. 71~73.

제10장 비트겐슈타인과 정신적 사회주의

1) Ludwig Wittgenstein, *Notes for Lectures*, 1930, p. 281.

2) Wittgenstein, *Notes for Lectures*, p. 282.

3) Wittgenstein, *Philosophical Investigations*, p. 222.

4) Wittgenstein, *Philosophical Investigations*, s. 293절.

5) Ludwig Wittgenstein, *Blue Book*, p. 71.

6) E. R. Dodds, *The Greeks and the Irrational*, University of California Press, 1951, pp. 100~101.

7) Wittgenstein, *Blue Book*, p. 61.

8) Ludwig Wittgenstein, *Wittgenstein's Lectures 1932~1935*, edited by Alice Ambrose, University of Chicago Press, Phoenix edition, 1982, p. 21.

9) Schopenhauer, *On the Will in Nature*, vol. I, pp. 18, 100.

10) Suzuki, *Living by Zen*, pp. 73~74.

11) Wittgenstein, *Philosophical Investigations*, s. 407.

12) Blyth, *Zen and Zen Classics*, vol. I, Hokuseido, 1960, p. 73.

13) Wittgenstein, *Notes for Lectures*, pp. 310~311.

14) Malcolm, *Ludwig Wittgenstein*, p. 49.

15) Wittgenstein, *Blue Book*, p. 50.

16) Frank Jackson, *Perception*, Cambridge University Press, 1977, p. 83.

17) Ludwig Wittgenstein, *Philosophical Grammar*, University of California Press, 1974, p. 393.

18) 다음을 참고하라. Ludwig Wittgenstein, *On Certainty*, Harper, 1969, s. 41, p. 7; *Remarks on Colour*, p. 51, s. 261.

19) Wittgenstein, *Blue Book*, p. 50.

20) Suzuki, *Living by Zen*, p. 103.

21) Robert Carew-Hunt, 'The Theory and Practice of Communism', edited by Nigel West, *The Faber Book of Espionage*, Faber, 1994, pp. 268~270에 재수록.

제11장 아비세나와 아베로에스

1) Dmitri Gutas, *Avicenna and the Aristotelian Tradition*, E. J. Brill, Leiden, 1988, p. 3.

2) Gutas, *Avicenna and the Aristotelian Tradition*, p. 117 ; Bayhaqi, *Tatimma*, 56/68 인용.

3) Gutas, *Avicenna and the Aristotelian Tradition*, p. 130, footnote.

4) F. E. Peters, *Aristotle and the Arabs*, New York University Press, 1968, p. 167.

5) Soheil M. Afnan, *Mantiq*, pp. 2~4, quoted in *Avicenna, His Life and Works*, Greenwood Publishing Group, 1980, pp. 89~90.

6) Gutas, *Avicenna and the Aristotelian Tradition*, p. 175.

7) *Hudud al-Alam*(The Regions of the World—A Persian Geography, AD 982), translated by V. Minorsky, edited by C. E. Bosworth, E. J. W. Gibb, Luzac, 1970, 21a 67(p. 108).

8) Al Beruni, *Al Beruni's India*, edited by E. C. Sachau, S. Chand, 1964.

9) Avicenna, *Canon of Medicine*, translated by Gruner, The Classics of Medicine Library, 1984, p. 512.

10) Avicenna, Sarirasthanam, vol. IV, chapter 5, verses 6~7(p. 441).

11) Avicenna, Sarirasthanam, vol. IV, chapter 5, verses 20.

12) Richard Walzer, *Greek into Arabic*, Cassirer, 1962, p. 26.

13) Colette Sirat, *A History of Jewish Philosophy in the Middle Ages*, Cambridge University Press, 1985, p. 157.

14) Moses Maimonides, *Guide for the Perplexed*, translated by Shlomo Pines, Dover, 1950, I, 68.

15) Averroes, *The Incoherence of the Incoherence*, translated by S. Van den Bergh, Leiden, 1954, reprinted 1978, pp. 28~29.

16) Gottlob Frege, 'The Thought : Logical Enquiry', edited by E. D. Klemke, *Essays of Frege*, University of Illinois Press, 1968, p. 521.

제12장 논증 : 아퀴나스와 스트로슨

1) Sister Rose Emmanuella Brennan SHN, 'introduction to Aquinas's *On the Unicity of the Intellect*', Herder, 1946, p. 201.

2) 확실히 등장하는 곳은 다음과 같다. *Summa Contra Gentiles*, chapter LIII, AD 1261~64 ; *Summa Theologica*, Q76, AD 1266~72 ; *De unitate intellectus contra Averroistas*, chapter V~VII, 1269. 이 저작들의 연대는 David Knowles, *The Evolution of Medieval Thought*, Vintage Books, 1962, pp. 260, 271, 272.

3) Reynold A. Nicholson, *The Mystics of Islam*, George Bell, 1914, reissued in Penguin Arkana, 1989, p. 152.

4) Tomas Aquinas, *On the Unicity of the Intellect*, 1981, p. 258.

5) Victor Gollancz, *A Year of Grace*, Penguin, 1950 reissued 1955, p. 470.

6) Tomas Aquinas, *Summa Contra Gentiles*, translated by the English Dominican Fathers, Burns Oates, 1923, chapter LVI, p. 134.

7) Aquinas, *Summa Contra Gentiles*, p.138.

8) Aquinas, *Summa Contra Gentiles*, Q76, Art. 2.

9) Aquinas, *De unitate*, p.245.

10) Aristotle, *Metaphysics* VIII.

11) Aquinas, *De unitate*, p.246.

12) Aquinas, *Summa Contra Gentiles*, 1a, lvi, 2.

13) Aquinas, *De unitate*, VII, p.267.

14) P. F. Strawson, *Individuals*, Methuen, 1959.

15) Strawson, *Individuals*, pp.96~97.

결론

1) Wittgenstein, 'Remarks on Frazer's Golden Bough', p.35.

부록

1) Maser, *Hitler*, p.133.

2) Hanfstaengl, *Missing Years*, p.162.

3) Hanfstaengl, *Missing Years*, p.163.

4) Clausewitz, 'The Campaign of 1812 in Russia', p.200.

찾아보기